网络空间作战建模仿真

司光亚　王艳正　著

科学出版社
北　京

内 容 简 介

通过构建计算机模型，在作战实验室中对网络空间作战进行仿真实验研究，对于创新网络空间新作战概念和促进新时代军事运筹发展具有重要作用。本书在归纳网络空间作战建模仿真面临的新挑战的基础上，形成一套相对完整的建模仿真理论和方法体系，对网络空间作战建模仿真进行了积极有益的探索。

本书适合军事学、计算机科学与技术、网络空间安全、信息与通信工程等学科师生，以及网络空间作战理论创新、先进建模仿真技术研究人员使用，也适合关注网络空间技术发展和作战样式变革的广大读者阅读。

图书在版编目(CIP)数据

网络空间作战建模仿真/司光亚，王艳正著. —北京：科学出版社，2019.3
ISBN 978-7-03-059214-9

Ⅰ.①网… Ⅱ.①司…②王… Ⅲ.①信息战-作战模拟-仿真模型 Ⅳ.①E866

中国版本图书馆 CIP 数据核字(2018)第 241830 号

责任编辑：魏英杰 / 责任校对：郭瑞芝
责任印制：吴兆东 / 封面设计：铭轩堂

科 学 出 版 社 出版
北京东黄城根北街 16 号
邮政编码：100717
http://www.sciencep.com
涿州市般润文化传播有限公司印刷
科学出版社发行 各地新华书店经销
*
2019 年 3 月第 一 版 开本：720×1000 1/16
2026 年 1 月第六次印刷 印张：21 1/4 插页：2
字数：434 000

定价：160.00 元

(如有印装质量问题，我社负责调换)

作 者 简 介

司光亚，1967年3月出生，国防大学联合作战学院副院长，博士生导师，少将军衔。曾获中国科协“求是”杰出青年实用工程奖、全国优秀科技工作者、全军学习成才先进个人等奖励。入选国家“百千万人才工程”和军队首批创新人才工程，享受国务院政府特殊津贴。

长期从事军事运筹学、大型计算机兵棋系统研发与运用等相关领域的教学和科研工作，主持完成多项国家、军队重大课题研究。先后获国家科技进步奖二等奖2项，省部级科技进步奖一、二等奖十余项。

王艳正，1976年11月出生，博士，国防大学联合作战学院工程师，专业技术上校军衔。

长期从事大型计算机兵棋演习系统中新型空间作战建模仿真相关教学和科研工作，主持完成4项国防科研课题研究，参与20余项国家、军队重大课题研究，发表论文40余篇。先后获军队科技进步奖二等奖3项、三等奖3项。

序　一

从作战模拟的角度来看，网络空间不同于传统的物理空间，我把它归为第二类空间。因为这个空间是一个虚拟空间，其中的所有运动规律都与物理空间不大相同，所有的作战行动都会按照其独特的规律进行。比如，在物理空间中，坦克可以以每小时 69 公里的速度机动，而在网络空间中实体运行的速度都以光速进行。而且，这个空间又与认知空间关联，其运行规律又不一样，是物理空间与认知空间的桥梁。人类对物理世界的很多认知都是借助网络空间映射完成的，这就免不了出现无意的误差或有意的误导，如电子干扰。因此，对网络空间、网络作战行动及效果进行建模仿真，就给我们带来很多的难题。

第一，网络空间建模难，难就难在网络空间虚无缥缈，与传统建模方法相比有很大不同。在这个虚拟空间中，"实体"都不是实的，而是"虚"的，如何描述就很成问题，如病毒、木马和漏洞。由于与物理空间的运动规律不一样，对虚体行为的描述也非常困难，比如信息的流动、拥塞或传播，又如系统启动、软件运行、接口方式等。其实，就是对网络空间本身建模，也不像物理空间中的地理环境那样直观，不是只对网络链路建模就可以完成的，而是需要从不同层次按不同逻辑进行才行。这也不是一件容易的事情。

第二，网络空间作战建模更难，难就难在网络作战行动很难描述。网络作战涉及的部队、武器装备、编制编成、指挥控制等如何描述？网络防御、网络攻击、网络建设、网络控制等各种作战样式如何描述？各种作战行动，如漏洞挖掘与补丁、主动休眠与唤醒、情报侦察与反侦察、DDoS 攻击与主动防护、摆渡攻击、黑客行为等如何描述？想一想哪一件都不是简单的事情。这不是将传统的陆、海、空、天作战行动平移到网络空间就可以的。而且，网络空间作战的兴起也就是近些年的事情，许多作战理论和方法还都在摸索之中，就更谈不上建模与仿真了。

第三，网络空间作战效果的表达更是难上加难，难就难在这些效果很多都是以体系或间接的方式体现的。这种体系或间接效果会涉及多级的连锁反应和级联失效，能影响到多大范围，毁坏到什么程度，都是难以计算的。例如，对电网的攻击影响范围多大，间接影响到的交通又有多大等。即使是对直接效果计算，因为网络作战行动规律还没有被很好地总结，又缺乏基础性数据，因此也很难完成，比如漏洞挖掘效果的概率多大？病毒感染的过程如何反映？都很难给出确切的结论。最后，由于虚拟空间的计算结果直观性缺乏，人们又没有深刻的经验，因此在可信度上就很难衡量，自然很难被大家认可。

第四，还有另外一个难题，就是网络空间作战行动模型与其他作战行动模型接口很难。这是因为网络空间与物理空间不在同一个空间，所以两者之间的相互影响如何正确接口就成为难题。而且，网络行动的影响效果经常体现在体系和局部两个极端上，在仿真模型的颗粒度、仿真步长，以及层次选择上，就会经常出现相互矛盾的情况。因此，在不同的作战模拟系统中，如兵棋系统，如何建立两个空间的相互影响关系，就需要从系统体系结构上重建，而不仅仅只是对模型进行扩展。

这样的问题其实还有很多。但不管困难如何大，网络空间作战已经摆在我们面前。世界许多国家，比如美国的网络战部队已经成军，网络战已成为未来战争绝不会缺席的组成部分。作为作战训练、战争模拟、武器装备发展的重要工具，网络空间建模仿真已经不是想不想搞的问题，而是必须去解决，以及如何去解决的关键问题了。国内外许多学者已经开始了这方面的研究，做了大量的工作，取得了很多进展。但也毋庸讳言，由于难度太大，很多工作仍在摸索之中。

但我们不可能等到把一切都想清楚再去做，事实上那也是不可能的。只有通过不断实践去摸索，才能深化认识和理解，才能知道我们是否走在了正确的道路上。正如恩格斯所言：认识就其本性而言，或者对漫长的世代系列来说是相对的，而且是逐步趋于完善的。由于历史材料的不足，甚至永远是有缺陷的、不完善的，而谁要以真正的、不变的、最后的、终极的真理标准来衡量它，那么他只能是证明他自己的无知和荒谬。对于网络空间作战建模仿真这个新生事物来说，就更应该如此。

《网络空间作战建模仿真》一书，可以说就是作者在这个领域长期探索的阶段性成果。这本书是司光亚及其团队经历了大约十五年思考的结晶和工作成果的总结。不同于其他网络仿真的技术书籍，它从一开始就从作战角度思考问题，这就使该书有了其他技术书籍所没有的特点和创新的意义。书中提出的很多理论和方法都具有开创意义，研究的很多案例也都有很好的参考价值。虽然还是初步研究成果，也可能没有完全解决和回答上面提出的那么多难题，但进行尝试本身就值得肯定。我相信，读者可以从中读出他们对网络空间和网络作战行动的深刻理解和思考，以及对虚拟空间建模仿真方法研究的心得与体会，更能够读出他们对攻克这个领域难题的决心和必胜的信心。

司光亚教授和王艳正博士希望我能为他们的书写个序，所以我有幸先睹为快。写序不敢当，但我作为他们的师长很愿意谈点感想，并向读者推荐此书。相信该书的出版，一定能够促进我国网络空间作战建模仿真理论、方法与技术的研究和发展，为新一代战争模拟系统的研发提供有力的支持！

胡晓峰少将

国防大学教授

中国仿真学会副理事长

序　二

十多年磨一剑，司光亚教授和王艳正博士合著的《网络空间作战建模仿真》即将出版，意义非常重大。这是面向战略战役层次利用建模仿真手段研究网络空间作战的为数不多的一部重要著作。他们带领团队在网络空间建模领域已深耕多年，其中很多内容具有很重要的理论和学术价值，我很早就想看到他们将这些长期积累的研究成果整理出版，今天能够看到书稿非常高兴。

该书直面学界公认的网络空间作战建模重大难题。网络空间已发展成为国家安全的新疆域和联合作战的新作战域，应用前景广阔。当前，网络空间作战正以其威力巨大的战争潜力和优势明显的作战样式，剧烈颠覆着人们的国家安全观、战争观和联合作战理论，已引起各国政府、军队和学界的广泛重视。在作战实验室中，利用建模仿真手段研究网络空间作战是一条意义重大的可行思路，业界广泛认同未来战争在很大程度上将是在实验室中设计出来的。但是，不同于陆、海、空、天等自然物理空间，网络空间及网络空间作战更多地集中在信息域和认知域，以往重视地理位置机动、火力打击毁伤、有生力量伤亡的传统建模理论和方法，在网络空间作战建模时大量失效，人们在描述网络空间新概念武器、新作战样式和全新作战效果时茫然失措。在阅读本书时，广大读者朋友会惊喜地发现作者完全没有回避这些重要且头痛的问题，体现了研究团队的学术敏锐和勇敢胆识，提出这些问题本身就是对该领域研究的一个重要贡献。

该书创新了一套相对完整的网络空间建模理论和方法体系。每一种建模理论和建模方法都与建模目的有直接关系，这一点对于网络空间建模同样也适用。司光亚和王艳正两位同志从国家安全和网络防御作战角度，针对在战略战役层次缺乏支持安全分析、战法创新、指挥训练、装备论证，以及方案评估等的网络空间模型的迫切需求，创造性地提出一系列网络空间作战建模仿真解决方案。书中围绕网络空间建模框架、网络空间作战实体建模、网络空间作战行动建模和网络空间作战网络化交互效应建模，创新了诸如虚实结合、静动结合、自适应认知规则，以及级联失效等建模先进理念和方法。更为难得的是，他们还介绍了研究团队多年来长期积累的大量丰富的实践案例，非常有助于读者理解相应的建模理论和方法，也能够为业界专业人员开展类似的网络空间建模仿真研究提供有效的理论和实践借鉴。

该书开启了网络空间作战建模仿真研究的广阔舞台。目前，除了这些创新性的建模理论和方法，网络空间作战建模仿真还有很多基础性的工作要做。例如，本书提到的网络空间建模框架和网络化交互效应建模，到底还会有多少新的建模要素需要加进建模框架？它们之间是何种关系？网络空间作战交互最为基础的单元级效应到底还有哪些？该如何分类并进行描述？同时，网络空间作战建模仿真急需的数据工程该怎么设计、建设？诸如此类基础性问题还需要长期艰苦的研究工作。此外，网络空间和网络空间作战才初见端倪，未来必将迅猛发展。

该书迈出了可喜的第一步，关于下一步网络空间和网络空间作战将会以何种无法预测的方式加速演进？网络空间建模还会面临哪些现在还无法想象的难题和挑战？这些都需要业界继续保持敏锐的学术态度，继续开拓网络空间建模仿真研究领域。

“十年隐忍苦耕耘，
宏著终成宇内闻。
诚惶不避欣为序，
献芹共勉草玄君。”

预祝司光亚教授的团队能够在网络空间作战领域再有新的建树！

郭世泽研究员
国家信息技术安全研究中心

前　言

从PC时代到最初的互联网时代，再到规模巨大的移动互联时代，网络化已经成为信息时代的特征。尤其是当下，伴随着云计算、大数据、人工智能的飞速发展，智能物联网时代也已初露端倪，智慧城市、智慧地球将很快从概念变成现实，人类将生活在一个更加智能的网络化空间。人类以什么样的方式生产生活，就会以什么样的方式作战。网络空间从诞生的第一天起，就已经是一个新型作战空间。未来的战争，对抗各方不但依托网络空间围绕保持已方网络空间行动自由并限制对方网络空间行动自由而展开激烈对抗，而且还要借由网络空间制权向陆、海、空、天等作战空间实施跨域作战。在该领域，美军一直走在前列，不仅成立了独立的网络作战司令部，网络战部队也已成军，并在打击IS的行动中首次实施了战术层级进攻性网络空间作战。其他各国也不甘落后，网络空间作战已经不是一个炒作的概念而是现实的作战行动。作为研究战争的重要工具，网络空间的建模仿真已然成为一个绕不开、躲不过的关键问题，也是当前军事运筹和建模仿真领域的一个热点问题，更是一个难点问题。作为长期从事作战模拟的科技工作者，和国内外许多学者一样，我们也在该领域进行了一些初步探索。

从2004年研制第一个网络模型算起，我和团队同事开展网络空间建模仿真研究已有15个年头了。当时，在胡晓峰教授的指导和支持下，我们研究的重点是战略决策模拟系统，由于需要构建涵盖政治、经济、军事、外交等领域的“全球战争空间”模型，自然而然地就把国家关键基础设施建模纳入研究视野，围绕战略模拟训练的需要，开始探索通信网、电力网等国家关键基础设施网络的建模。到了2007年，我们团队开始研发全军第一个大型计算机兵棋系统，研究重点转到战役层次的体系对抗仿真问题。我具体牵头负责新型信息化武器装备、新型作战力量和新型作战行动建模的任务，就开始围绕指挥控制网、预警探测网、通信网等战场网络及相关作战行动开展建模仿真研究。2010年，网络空间作战的内外大环境都发生了巨大变化。其标志性事件就是美军在2010年正式宣布组建网络战司令部，多个国家军队先后出台一系列实质性举措。此时，网络空间已经被公认为是一个新的作战空间，成为作战模拟领域不得不研究的一个新的对象，我们开始更为系统地开展网络空间作战建模仿真理论与方法研究，并得到国家自然科学基金委员会和原总装备部预研重点基金的支持，又经过8年多的艰苦努力，在网络空间作战实体、作战行动和作战效果的建模理论、建模方法和关键技术等方面取得了一些突破和进展，构建了一批用于训练的仿真模型和原型系统。

本书要介绍给大家的内容，就是我们对这 15 年里关于网络空间作战建模仿真实践探索的梳理和总结。需要说明的是，这些研究主要是来自我们在战略、战役层次作战模拟领域的建模仿真实践，有些地方不一定完全适用其他层次和类型。考虑本书是目前专门讨论网络空间作战建模仿真的为数不多的著作之一，借此希望本书能对从事该领域研究的专家学者提供一些参考，并希望得到广大读者朋友们的指正和批评。伴随网络空间和网络空间作战样式的不断发展，网络空间作战建模仿真研究也将面临更多新的挑战。本书介绍的网络空间作战建模仿真成果还仅仅是初步的，我们也只是本着科技工作者的科研热情，且怀着谦逊的心情将这一家一时之言介绍给广大读者，哪怕只引起“网络空间作战很重要，非常值得在作战实验室中用建模仿真手段进行研究”的学术共鸣，我们便感到欣慰了！

本书是在近 30 份研究报告、博士论文和博士后研究报告基础上重新梳理提炼完成的，可以说是汇集了整个团队的研究成果，是集体智慧的结晶。书稿撰写的具体分工如下：司光亚负责全书设计和统稿，并撰写第 1、2、7 章；王艳正撰写第 3～6 章，并参与全书统稿。书中直接或者间接引用了宋勇、张芳、张枣、徐义、智韬、李春亮、吴元立、王飞、丁剑飞等博士学位论文中的部分内容或成果，附件中是他们的有代表性的学术成果。此外，还参考了赵晔博士后、李昌锦博士后、秦欣博士后、孙超博士后、肖宝亮博士等研究报告中的部分成果。许多研究人员和研究生也参与了相关内容的研究和原型系统的研发工作，他们是张明智、杨镜宇、罗批、李志强、吴曦、贺筱媛、张阳、杨国强、赵国辉、唐本富、王玉帅、朱尚卿、夏腾飞、李保强、梁荣晓、齐剑男等。胡晓峰教授和郭世泽研究员不仅在研究过程中给予了很多直接的指导，还欣然为本书作序，感谢他们的充分肯定和鼓励。

感谢国家自然科学基金“Cyber 网络化效应建模方法研究”(61273189)、“基于仿真大数据的武器装备体系效能评估及复杂性机理研究”(U1435218)等项目的支持。感谢装备发展部武器装备预研重点基金项目和武器装备预研项目的大力支持。感谢军委战略规划办公室、战略支援部队、军事科学院、国防科技大学、电子信息体系国防科技重点实验室、中国科学院软件研究所等多家合作单位给予我们的支持和帮助。还要特别感谢汪成为院士、李德毅院士、沈昌祥院士、戴浩院士、尹浩院士、吴曼青院士、方滨兴院士、陈志杰院士、吕跃广院士、王沙飞院士，以及邹鹏、吴玲达、老松杨、郭世泽、赵刚、杨林、战晓苏、苏金树、钟力、詹世贤、朱俊茂、陆余良、汪永益、徐帆江、王积鹏、吕品、白亮等领导和专家的关心帮助与大力支持。本书引用了许多国内外的文献资料，在此对相关文献的作者和研究人员一并表示感谢。

感谢国防大学校首长、校机关，国防大学联合作战学院院领导、院机关，以及国防大学原信息作战与指挥训练教研部的各届领导和专家给予我们的帮助和支持，为我们提供了优越的科研环境和全军顶级的实践平台。感谢联合作战学院联合作战演训中心的领导和全体同志的支持和帮助。本书的完成是我们整个团队共同努力的成果。感谢胥秀峰博士对本书大量公式格式的修正。感谢战略支援部队杜娟高工和段榕高工对本书给予的有益指正。感谢科学出版社的魏英杰编辑，为本书的出版提出了许多具体的建议并付出了辛勤的劳动。

最后，特别感谢我们的家人，在十几年的研究过程中，他们始终是我们最坚强的后盾！

司光亚

目　　录

第 1 章　新　挑　战

1.1 引　　言

“一旦技术上的进步可以用于军事目的并且已经用于军事目的，它们便立刻几乎强制的，而且往往是违反指挥官的意志而引起作战方式的改变甚至变革。”①随着科学技术，特别是信息技术的飞速发展，人类迎来了大变革的网络时代。人们在享受网络带来的空前便利与繁荣的同时，网络空间也正成为维护国家安全的新疆域和争夺军事制权的新作战域。

进入 21 世纪，两个事件让无数军事爱好者着迷，也让无数军事专家陷入沉思。第一个事件，2007 年 4 月，爱沙尼亚成为历史上第一个政府级别关键基础设施遭受大规模网络攻击的国家，标志着网络攻击成为一种能够影响国家安全的新型威胁。第二个事件，2007 年 9 月 6 日，以色列成功偷袭叙利亚疑似核设施，以色列非隐身战机之所以能突破叙利亚严密的防空体系，其间极有可能借助了网络攻击手段。在军事领域，该行动几乎已成为网络空间作战的经典案例。此后，2008 年俄格冲突中的网络空间作战、2009 年针对伊朗核设施的“震网”病毒攻击、2010 年的西亚北非“茉莉花革命”、2013 年斯诺登披露的“棱镜门”事件、2014 年索尼公司遭网络攻击、2016 年乌克兰电网遭网络攻击，以及 2017 年俄运用电子对抗手段应对无人机蜂群袭击，都不断强化着这样一个趋势：网络空间作战正以一种迥异于传统物理空间作战的全新姿态登上战争舞台。十余年间，网络空间作战已向人们展现了其影响深远、神秘莫测、飞速发展的一面。令人不禁浮想，未来的网络空间作战会发展成什么样子？会怎样影响未来的信息化局部战争？

1.2 新　空　间

网络从最初谋求互联的人造产物，开始逐步进入战争视野。在这个历程中，有很多标志性事件。

1836 年，电报诞生，使人类迈出远程通信的第一步，所采用的摩斯电码与计算机通信的二进制比特流原理近似。

---

① 参见《马克思恩格斯军事文集》第 2 卷，战士出版社，1981 年版，第 362 页。

1876 年，贝尔发明电话，电话交换系统诞生。

1962～1968 年，包交换网络诞生，而互联网正是基于包交换来传输信息的。

1969 年，互联网的标志——阿帕网诞生。在其后的十余年间，人们依托阿帕网，先后创造了电子邮件(包括域名符号)、调制解调器、TCP/IP 协议等，从而奠定了网络的核心技术基础。

1988 年，“莫里斯蠕虫”揭开了第一次重大的、恶意的基于互联网的网络攻击，导致大部分地区的互联网中断，人们开始意识到网络安全问题的严重性。

2002 年，时任美国总统的小布什发布了第 16 号国家安全总统令，组建网络战联合功能构成司令部。这是世界上第一支网络战部队，由于成员平均智商都在 140 分以上，被媒体称为 140 部队。

2008 年，美国国家安全 54 号总统令和国土安全 23 号总统令签署《国家网络安全综合计划》(俗称信息安全曼哈顿计划)，以及美国国防部副部长签署的行动备忘录《网络空间作战定义》，分别对网络空间和网络空间作战进行了定义，从此开启了美国政府和军队关于网络空间战略规划与建设的大幕。

2011 年，新修订的《中国人民解放军军语》中增加了关于网络战的定义，开始将网络战纳入我军军事斗争领域。

网络空间是处于核心地位的新型战争领域，相对传统领域，具有天然优势，先入者、优势方将占有绝对的有利位置，更好地理解未来战争的制胜机理，控制战略制高点，并赢得战略主动。

1.2.1 概念内涵

随着网络和网络空间攻防技术的迅猛发展，网络空间作为新领域作战空间正向联合作战核心作战域加快演化。网络空间作战成为联合作战中越来越现实的作战样式。进一步研究网络空间和网络空间作战的概念内涵，有助于展开后续的建模仿真研究。

1. 网络空间

网络空间对应的英文是 Cyberspace。Cyberspace 的英文词根 Cyber，源自维纳的控制论——Cybernetics，其基本含义是“控制”。又因其电磁学性质而集成了感知、连通、传输、处理、控制等一系列重要能力，产生出种种与地理位置无关的、虚拟的、实时或延时的沟通和控制互动体验。因此，美军最早将其引入新军事变革领域，并推动对网络空间认识的不断深化，使之由虚拟的计算机网络空间进一步扩展到泛电磁领域的物理域、信息域和认知域。各国对网络空间给出了多种定义，虽然表述不同，但内涵始终还是网络(generally known as the net)。

目前，美军对 Cyberspace 的理解已统一于《美国国防部军事术语辞典》所给的定义，即信息环境内的全球领域，由相互依赖的信息技术基础设施网络组成，包括因特网、电信网、计算机系统，以及嵌入式处理器和控制器。同时，美军在国防部和空军分别制订的《网络空间作战条令》进一步丰富了 Cyberspace 的内涵，指出：其是人造的领域，与空中、陆地和海洋等自然领域有较大区别，其节点存在于所有自然领域，其活动能够促进自然领域的自由活动，又受自然领域活动的影响，通过它，自然领域间还可以相互影响。这样定义的好处是将网络空间界定为看得见、摸得着的客观实在，便于操作、实用性强；其缺点是缺乏深刻描述，并未对网络空间进行深层次思考，未形成理性认知。

2012 年前，我国各界对于如何理解 Cyberspace 有过深入的思考和激烈的讨论，形成许多有益的观点。除直译为“赛博空间”外，汪成为院士曾建议将其译作“控域”，原总装系统内称网电空间，均对当时和后来的研究有所帮助。其后，国防大学率先提出：“未来战争是涵盖陆、海、空、天、网、电、核等领域的全域多维联合作战。”进一步将网络空间提升到全域多维联合作战的一个新领域，不仅拓展了联合作战中有关作战域的范畴，更是从未来全域多维联合作战的崭新视角来认识网络空间。

我们将网络空间界定为由国家关键基础设施网络、军用信息网络，以及它们所承载的信息构成的信息活动空间。其中，国家关键基础设施网络包括互联网、电力网、能源网、交通网、电信网、金融网等，也称战略网；军用信息网络泛指战场网络。战场网络大致包括三大类。

① 军用战略信息网络，即国防信息基础设施，是由光缆、微波、短波和卫星等多种通信手段组成的综合信息网络，是军队战略指控系统的连接“纽带”。

② 战役战术信息网络，是指战役指控系统所依托的信息网络，是战役兵团和战术兵团(单位)遂行作战任务的基本网络平台，如数据链系统、战术互联网等。

③ 装备了可联网的嵌入式处理器和控制器的信息化武器系统网络，如高度智能的无人机蜂群网络等。

在此基础上，形成如下对网络空间的基本认知。

(1) 内涵一：“网、电、人”是网络空间的三个基本特征①

概括起来，网、电、人分别反映网络空间的三大特征，即网是前提、电是基础、人是根本。

网是指存在于网络空间各域、各层次，组成、结构、功能、尺度各异的广义信息网络。特别要强调的是，网络是形成网络空间的必要前提，无法联网而独立存在系统组分不属于网络空间范畴。

---

① 参见胡晓峰，王艳正，司光亚《Cyberspace 的建模与仿真研究综述》，《中国电子科学研究院学报》，2011 年 16 卷 3 期，第 226 页。

电是指由广义电磁频谱范畴内的各类电子信息设备构成的基础设施，是网络空间的物质基础，也是联系和整合其他空间资源的平台。

人是指网络空间是由人建造并由人控制的。人是其中不可或缺的元素。不同于传统空间的自然环境属性，网络空间是依据人的意志产生的，它服务于人的认知和行为，并最终影响和作用于人。

在体系对抗背景下，网络空间既包含遍布在陆、海、空、天各作战领域内的战场通信网、指控网、传感网等军用网络，也包含通信基础设施、各类关键基础设施控制系统等在内的民用网络。但需要说明的是，只有已联网或可被联网的电子信息设备才算网络空间实体，否则依然是传统空间的物理实体，不具有网络空间能力和特性。事实上，自然物理空间与人的认知之间正是依托网络这一实体介质，通过信息流这一虚拟载体，实现相互映射和交互，进而对整个体系产生影响。

(2) 内涵二：网络空间是虚实结合的一体化空间

网络空间是一个实在与虚拟相结合、有形与无形相统一的空间，它由实在空间(自然物理空间)和虚拟空间两部分构成。实在空间是指陆、海、空、天等有形的自然物理空间。虚拟空间是指电子信息设备受到控制，并由信息流关联而形成的无形信息空间。实在空间与虚拟空间存在以下关联和差异。

首先，实在空间与虚拟空间的实体和行为可以相互映射、如影随形。实在空间发生的实体毁伤会导致虚拟空间相应的实体不复存在；相反，虚拟空间行为产生的实体状态改变，也会导致实在空间相应实体失效或性能变异。也就是说，同一实体在实在空间和虚拟空间可以以相同的状态、不同的形式同时存在。虚拟实体的行为可以通过实体的客观存在产生具体效果。

其次，实在空间是虚拟空间的着眼点，虚拟空间依托其存在，但又相对独立。与实在空间不同，虚拟空间并没有相对稳定的固有形态，而是会因不同方、不同能力和不同视角表现出差异。因此，在实际对抗中，网络空间往往可以由可感和可控两部分来划分。其中，可感是指在当前视角下能够被己方能力感知的战场态势；能力强可感范围就大，能力弱可感范围就小。可控是指在当前任务空间内基于认知所能够控制的作战实体和目标；己方资源一般情况可控，但也可能因受到敌方干扰或控制而不可控。同样，敌方资源也可以通过一定的手段使其由不可控变为可控。可感部分和可控部分都会随着对抗中各方能力的变化而动态改变。

实际上，网络空间是一个从宏观到微观，从实体到虚拟，从物质到认知的一体化空间，如空气一般，无处不在。

(3) 内涵三：网络空间强调对人的认知行为的影响

信息基础设施的简单组网并不能理解为就是网络空间，因为网络空间特别强调的是控制行动对认知的影响。只有与人的感知、理解、判断和决策等过程融合，反映人的意志或影响人的认知，才是真正意义上的网络空间。网络空间的存在具有虚拟性，也就是存在状态的无形性，它在对抗过程中会依据人的意识产生并随时间动态变化。随着信息技术的不断发展和普及，网络空间中各种网络的类型、规模、覆盖范围和应用领域不断扩展，使得抽象的信息空间与人和物结合的愈加紧密，也越来越强调控制在网络空间中的核心作用。

事实上，网络空间对抗行为除了发生在物理电磁空间中的软硬毁伤行动，网络空间内的信息对抗行动，还包括认知空间内的控制行动。有别于传统对抗行动，它是在物理域、信息域和认知域的延伸和链接，任何单一作战行动或单一武器平台，都会通过多网联动和多域交联作用于人，并通过人对网络空间的整个生命周期产生推动作用。

(4) 内涵四:网络空间是整体视角下的新型作战空间

网络空间作为国防与军队建设，以及未来战争不可忽视的新领域，完全不同于传统的自然物理空间。它不是陆、海、空、天自然物理空间的简单延伸，而是需要从更高的层面对未来联合作战作战域的整体再认识。网络空间依托信息网络，通过信息等沟通物理空间与人的认知，并基于网络空间展开体系对抗，造成一系列跨网跨域的级联效应，进而影响联合作战整体能力。因此，网络空间既独立于陆、海、空、天自然物理空间，又存在于其中，并把分散于陆、海、空、天相对独立的人造信息系统联系起来，成为唯一一个人造的、能发挥且能影响联合作战整体作战能力的新型作战空间。

(5) 内涵五:信息系统、网络信息体系到网络空间层层递进

通常，我们所讲的网络信息体系是指围绕构建联合作战体系，依托信息基础设施，集成各类信息系统所形成的复杂系统，是信息系统、预警探测、武器控制等功能系统的综合集成，是安全统一的网络信息共享环境和信息服务保障环境融合的有机整体。其核心内容包括基础网络、信息系统、信息和信息安全。按概念内涵区分，信息系统是网络信息体系的构成要素，网络信息体系又是网络空间的实在支撑，或者叫客观基础，即网络空间的概念涵盖网络信息体系的概念，网络信息体系的概念又涵盖信息系统的概念，实现了具有我国、我军特色的信息化概念的逐次发展。这些概念都强调对体系的联和通。基于信息系统、基于网络信息体系，就是基于网络空间，将原先单独存在、独立发挥作用的系统聚合成相互关联、互相影响的装备体系和作战体系，使体系作战能力的生成和释放有了必要的条件和基础。

(6) 内涵六:网络空间强调的广义网络反映联合作战的网络化特征

联合作战体系是各系统组分通过信息系统聚合而成的。聚的基础是信息系统，聚的形式和表现是网络。可以说，无网不成体系，网络化已经成为信息化条件下体系的基本特征。网络空间强调的广义网络既包括物理层的通信网络，又包括逻辑层的指控网、传感网和火力网。这些网络之间又存在复杂的依赖和交互关系，因此网络空间的广义网络内涵非常准确地刻画了联合作战体系的网络化特征。

2. 网络空间作战

网络空间作战是一个新概念。目前,全军的认识还不统一,有人认为它等同于网络战,就是"在信息网络空间,为破坏敌方网络系统和网络信息,削弱其使用效能,保护己方网络系统和网络信息而实施的作战行动。"也有人认为它不同于网络战,是一种全新的作战样式,包括软毁伤、硬打击。

既然有争议,不妨先看看美军是如何界定网络空间作战,美军叫 Cyberspace Operation。美军对于网络空间作战以及网络空间作战与信息作战的区别是这样理解的,即网络空间作战是对网络能力的运用,其首要目的是在网络空间或通过网络空间达成作战目的。网络空间作战包括计算机网络战,以及运用和防御全球信息栅格的活动。同时,认为网络空间作战与信息作战有区别,网络空间行动不完全等同于信息作战。信息作战可以在网络空间实施,也可以在其他领域进行。网络空间作战为信息作战提供支援,而网络空间之外的信息作战行动也会影响网络空间作战。

综合美军的看法和我军的定义,我们认为"网络空间作战是联合作战中的一种新型作战样式,是对在网络空间或通过网络空间实施的各种作战行动的统称。"可见,网络空间作战包括网络战,但并不限于网络战。其主要作战的目的是破击对方作战体系、削弱对方战争潜力、影响对方作战决策和战斗意志,同时保护我方网络空间的安全。

1.2.2 新边疆

人类的每一次技术创新与突破,最终都会极大地拓展实践活动的领域和空间,其中也必然涉及战争领域。我们知道,机械、化学、航海、电磁,以及航空航天等技术的发明和发展,让人类活动实现了由近到远、由平面到立体、由可见到不可见的巨大跨越,国家安全和军事冲突也由陆上发展到海洋,再到空中、太空和电磁领域。

网络空间技术的创新与发展带来的变化更为深刻。马克思认为人的本质属性是社会性,从一定意义上可以理解为相互关联、相互影响对人类至关重要。而网络空间技术使得人与人之间的联系和影响变得空前便利。人类的视野和活动范围达到了前所未有的深度和广度,导致政治、经济、社会、金融、文化,乃至军事等各个领域均发生了深刻变革,进而引发思想观念、生活方式和战争形态等的根本转变。

网络空间安全问题已被提升到关乎国家利益和国家安全的战略高度。国家的民用和军用基础设施高度依赖网络,网络空间已成为国家安全的重要内容。国家越发展,对网络空间的依赖性就越高,网络空间的脆弱性问题就越突出。网络空间被视作国家安全的"神经系统"和"阿喀琉斯之踵",一旦出现漏洞,事关国计民生的许多信息系统都有可能成为网络攻击的目标，一旦陷入瘫痪，就会引发重大的国家安全问题。网络安全已成为国家安全的软肋。

兰德公司报告指出，工业时代的战略战是核战争，而信息时代的战略战主要就是网络战。网络战与核战有两个相似之处：一是网络战所造成的大范围毁伤不亚于核弹；二是网络战同样可以实施不分军民的无差别攻击。此外，网络战又具有影响社会稳定，关系经济发展，左右舆论心理，决定战争胜负等战略价值。因此，很多国家都将网络空间正式列入国家安全的新边疆。

在这方面，美国走在世界的前列。早在2002年，时任美国总统小布什就签署了国家安全第16号总统令，要求由国防部牵头，组织中央情报局、联邦调查局和国家安全局等部门共同制定网络空间战略，在确保美国军民网络信息系统安全的情况下，攻击和破坏敌方网络信息系统。2003年2月，美国公布了《确保网络空间安全国家战略》报告，正式将网络空间安全提升到国家安全的战略高度。奥巴马上台之初，更是将网络空间安全视为维护美国国家安全的首要任务，立即要求对美国的网络空间安全进行为期60天的全面评估，强调"网络空间及其带来的威胁都是真实的，保护网络基础设施将是维护美国国家安全的第一要务。"2011年后，美国先后直接制定或主导推出《网络空间国际战略》《网络空间行动战略》和《塔林手册》等，谋求网络空间控制权，进一步强化网络空间战略主导权。

1.2.3 新样式

网络空间技术的发展正改变着战争形态和作战样式，使网络空间作战成为需要重点关注的新型作战样式，对军事力量体制、未来战争转型、整个战争形态均产生革命性冲击。

衡量一种作战样式是否在国家层面被认可和被重视的核心标准，就是看它是否能引发与该作战样式相关军事力量体制的变革。网络空间和网络空间作战正在加速引发军事力量体制的深刻变革。

(1) 引发网络空间作战指挥体制的变革

美国、俄罗斯、韩国、土耳其等已相继成立专司网络空间作战的指挥机构。美国于2010年率先组建了网络战司令部，随后在各战区司令部组建了两个与网络战相关的指挥机构：战区网络作战控制中心和隶属于国防信息系统局的战区网络作战中心，对辖区内的全球信息栅格实施统一协调、维护与利用，并协调军民网络部门的指挥协调工作，已具备很高的网络空间实战指挥控制能力。

(2) 引发网络空间作战力量体系的变革

目前，美军已经组建了133个团，总计6200名人员的网络空间作战力量，其中包括68个网络防御团、13个国家任务团、27个作战任务团，以及25个技术支持团，形成了能力完备、组织合理的网络空间作战力量体系。

(3) 引发网络空间作战技术手段的变革

网络空间作战相关技术手段包括网络战指挥信息系统、网络战武器等。随着网络空间受重视程度和网络空间技术水平的提高，各国研发掌握的网络空间作战技术手段越来越多，并将其列入最高机密，以保持战时突然性。据报道，目前至少有 140 个国家开展了网络空间作战武器的研制，很多已实验并投入使用。例如，攻击伊朗核设施的“震网”病毒、美国提出的“数字大炮”新概念武器，以及“舒特”系统、网络中心协同目标瞄准系统(network centric collaborative targeting，NCCT)、X 计划等。其中，很多技术手段均引发作战理念的深刻变革，例如震网病毒带来了从软攻击到硬伤害毁伤机理的变革。

有什么技术打什么仗，对手怕什么就打什么。这是判断战争未来走向的基本原则。众所周知，网络空间技术的发展使网络空间作战成为可能，信息化达到一定程度的国家或地区都害怕网络空间遭到攻击。因此，网络空间必将有力推动未来战争的转型。

回顾海湾战争以来的信息化局部战争，网络空间这一新型作战领域逐渐进入战争范畴，已经从多年前的科幻场景走到战争舞台的聚光灯下。网络空间作战已经成为一种崭新的作战样式正式走上战争舞台。

1.2.4 新机理

网络空间改变了传统的军事力量结构、作战样式和作战释能方式，给战争制胜机理带来深刻的影响。

从军事力量结构来看，网络空间作战力量是新质战斗力的主要载体之一，是国防和军队战斗力新的增长点，也悄然改变着军事力量的传统结构。在美军率先组建网络战司令部和网络战部队的引领下，很多国家在网络空间作战力量的建设上也紧随其后，在世界范围内兴起网络空间军事力量建设的热潮。据联合国裁军研究所 2013 年 6 月份统计，已有 47 个国家组建网络战部队或有军方介入网络空间安全领域，较上年度增加了近 50%，约占国家总数的 1/4。同时，还有 67 个国家或地区组建了非军方网络空间安全机构。网军已成为比传统军种更受重视、发展更快的新型军种。

从作战方式来看，传统的战争一般通过大规模兵力、火力交战，大量消耗敌方有生力量，攻占敌方领土等方式实现战争目的。进入 21 世纪后的现代战争，主要通过远程精确打击、小规模特种作战、破袭敌方作战体系、夺取制信息权等方式达成战争目的。在未来战争中，依网制网、越网跨域，甚至是网控民意，都有可能成为网络空间作战领域的重要作战样式，给战争和作战带来巨大变化，最主要的特征是从有形资源的争夺，向对无形资源的争夺演变。农业时代和工业时代的战争，主要是争人、争领地、争邻海、争领空、争能源。信息时代和网络时代，战争的目的更多地变为争信息、争网络、争舆论、争控意识、争控制权。

从作战释能方式来看，农业时代将士兵体力和冷兵器的效能发挥到了极限，工业时代主要是释放热兵器的机械物理能，核时代的几个主要军事强国高度重视热核兵器作战效能的发挥。到了信息时代和网络时代，在不断将常规作战效能推向极致的同时，进一步向突破地理空间、人的认知和心理极限的方向发展。网络空间作战对于战争的效能从物理毁伤、化学毁伤和电磁毁伤，向信息毁伤、心理毁伤和意识控制方向演进。

1.3 新特点：如何认识网络信息体系和网络空间

2012 年以来，全国、全军高度关注海洋、太空和网络空间安全，尤其加大了对网络空间的研究。但是，在研究过程中发现网络空间毕竟只是一个空间，缺乏研究所需要的外化的东西，也就是缺少实实在在的研究客体。网络信息体系的提出，正好使解决这个问题有了可能。结合对网络信息体系和网络空间的研究和理解，我们认为有以下四个新特点。

1.3.1 网络信息体系是网络空间的实在支撑

近年来，国家大力推进“互联网＋”战略，全军也先后提出多种不同的信息化建设框架，各军种也不断探索各自独具特色的网络信息体系相关建设模式，有力推动了国家、军队信息化建设的加速发展。没有这些网络信息体系的建设，网络空间的建设与研究就缺少了实在支撑。说到底，网络空间就是和陆、海、空、天并列的一个特殊的战争空间，与这些空间一样，也需要有作战装备、作战力量、作战方式和作战效果等要素的实在支撑。类似于陆地、海洋和空中分别在陆、海、空等空间的地位和作用，网络信息体系就是网络空间的实在支撑，没有网络信息体系就没有网络空间。

1.3.2 网络空间不是传统作战领域的“简单扩展”

网络信息体系支撑下的网络空间，主要依托电磁装备与网络设施，通过联网而成。其最终的目的是服务于人感和人控。核心内涵就是一个建立在客观实在支撑（网络信息体系）之上，为人的认知服务的虚实结合空间。它不是陆、海、空、天自然物理空间（第一类空间）的简单延伸，而是目前唯一一个人造、人控的空间，属于第二类空间范畴，与陆、海、空、天等自然物理空间有着本质的区别。这些区别主要是从网络空间与自然物理空间，以及人的认知之间的关系来看的，网络空间的主要功能是建立除自然感观之外的，人的认知与自然物理空间相联系的第二桥梁。因此，为开展后续研究，需要从网络空间角度出发对战争涉及的所有空间进行必要的概念性描述。其中，自然物理空间包括存在于陆、海、空、天等自然范畴内，能被人所感知的客体；在认知空间，人是主体，从作战来看重点是指挥、决策的人，要对他们的认知行为进行描述；网络空间着眼的重点是自然物理空间之间、自然物理空间与人的认知之间的各种跨域关联，以及跨域关联之后产生的各种跨域效应。因此，最好不要在同一个尺度上思考和研究自然物理空间与网络空间的问题，网络空间绝不是自然物理空间的简单延伸，而是新增的截然不同的一个空间。

1.3.3 网络对抗不能简单等同于网络领域的行为对抗

不同于传统火力战、电子战行动，网络空间对抗的突出特征是“网”和“人”，就是基于网络信息体系，面向人的认知。因此，网络对抗不是简单的对抗行为。网络对抗应该看成是与网络信息体系和人的认知密切相关的所有行动过程和整体效果，包括与网络部队、网络战武器、指挥信息系统等网络空间要素相关的探测、利用、攻击、防御等行动过程，影响人的感知、判断、决策、指控等认知行为，以及对其他战争空间的跨域影响和对战争结果的最终影响等。总的来讲，网络对抗受人控制，反映人的意志，服务人的认知，并通过人施加到自然物理空间之上，最终影响人的战争意志，始于人且终于人。此外，从战争的角度来讲，网络对抗已超越单纯的军事领域，涉及与信息网络基础设施相关的所有领域，如电信网、物联网、电力网等国家关键基础设施，也包括国家间的体系对抗，是大尺度、网络化的。

1.3.4 网络空间的作用域是整个体系

网络空间在体系能力形成与释放过程中发挥了核心、基础作用。网络空间是信息化装备体系和作战体系的基础框架，是构成体系作战能力的核心要素，从一定程度上讲，就是基于信息系统的体系作战能力中所讲的基于信息系统。因此，网络空间作用的发挥决定体系的整体能力，在网络空间具有优势能使体系能力及效能大幅提升，起到倍增器的作用；在网络空间具有劣势可使其体系整体能力成倍衰减，甚至造成体系坍塌，届时就是体系的脆弱点和崩溃点。因此，最好不要只将网络空间各要素看做是整个体系的某一类要素，应该强化网络空间的作用就是体系的整体作用，将网络空间影响的关注点放在反映体系网络化结构基础、网络化交互过程，以及网络化级联效应等整体性问题上。

1.4 新挑战：网络空间作战建模仿真面临诸多难题

利用建模仿真手段研究网络空间及应对网络空间作战，具有很多天然的优势，也有不少无法回避的难题，但终归是一个值得探索且具有重大价值的方法和手段。

谈到优势，除了建模仿真手段本身的特点，网络空间的很多特质也决定了利用建模仿真的便利性，主要有三。一是网络空间敏感，网络空间事关国家和军队安全，影响面大，不允许频繁组织实兵实装演习，建模仿真手段则可以多次演练网络空间作战。二是网络空间新，没有足够的实战案例来充分支撑思辨性研究，很多新型机理性问题和新型作战技术与概念可以利用建模仿真手段来研究。三是网络空间作战多无声且无形，不便于运用图上演练、沙盘推演等方式来体现和检验，而建模仿真手段恰恰具备对网络空间作战可视化演示的潜力。正是基于上述原因，运用建模仿真手段研究网络空间正成为业界广泛认可的一种可行思路。

认可归认可，但问题还是无法回避。概括起来，网络空间作战建模仿真面临两个基本问题：一是方法本身的问题，二是内容方面的挑战。

关于方法本身，对网络空间作战进行建模仿真，非常重要的问题有两个。第一个问题是建模仿真需要的网络空间作战现实经验少。我们知道，建模是对客观事物的抽象，网络空间作战建模就是对网络空间作战的抽象，要抽象就需要对网络空间作战有了解，包括了解网络部队、网战武器、网络作战过程，以及网络作战效果，要有这些方面足够准确、翔实的数据。但很多情况是，网络空间作战战例少，还没有像陆战、海战、空战一样成为常态，也未真正见到战争期间发生公开的大规模网络对抗；即使有机密网络攻击事件发生，攻击方一般说不准攻击将产生的具体后果，很多情况下也不承认运用网络战手段攻击过别人，防御方更多的是讲不清攻击的来源和攻击过程，即使清楚，相关方往往也不会现身说法，别人更是很难拿到一手材料，多数情况猜测成分居多。因此，一方面建模需要网络空间作战数据；另一方面却又拿不到这些数据。这个问题将长期存在。

第二个问题是网络空间作战总是以令人难以置信的速度快速演化。例如，现实中的很多网战武器从未对外披露，也未经过实战检验，尤其是软件形式的网络病毒，甚至极有可能会由于设计攻击方的一次系统更新、一次软件升级便彻底失效，对涉及此类的网络空间作战进行建模研究更是难上加难。这个问题也是网络空间作战无法回避的。

关于内容，相对于传统领域建模仿真而言，网络空间作战建模仿真面临更多挑战。主要是由网络空间作战样式新、网络对抗过程复杂决定的，这里面既有复杂信息网络建模问题，也有新型网络空间实体建模问题、网络空间行动建模问题、网络化交互效果建模问题，还有网络空间作战带来的体系效能评估问题。下面分别论述这些挑战。

1.4.1 网络空间实体建模问题

相对于陆、海、空、天等自然物理空间的实体，网络空间实体有诸多不同之处。

① 网络空间作战力量方面，属于新质战斗力范畴，已不能以火力、人数、机动等指标来衡量其作战能力。

② 网络空间武器方面，如病毒、软件系统等，多以代码等软件形式存在，已不像飞机、坦克、军舰、导弹等以物理硬件实体形式存在。

③ 网络空间作战目标方面，尤其是战场网络目标多表现出跨域归属的特性，如野战指挥方仓，既属于陆战平台，又属于战场网络目标。

对于这些网络空间实体而言，如何描述它们在网络空间的信息域、认知域属性？如何反映软件与物理实体的关系？如何刻画网络属性与物理属性的关联？都是建模要面对的重大挑战。以往注重火力、机动的物理实体建模思路和方法已不能满足这些网络空间新型实体的建模需求，需要创新和突破。

1.4.2 网络空间作战行动建模问题

网络空间作战行动不同于陆、海、空、天自然领域的作战过程，更多的不是兵力、物质、能量的流动，而是信息传输、处理、利用的过程，主要集中在信息域和认知域。同时，网络空间作战行动还具有智能性、自适应性等复杂特性。因此，对网络空间作战行动建模，需要针对信息域和认知域的对抗过程，重点描述基于认知规则的网络空间作战自适应对抗行为过程。例如，“舒特”系统行动建模，集网、电、火于一体，针对电磁信号入侵、电磁敏捷干扰、释放网络病毒、网络设备控制，以及伪造命令实施信息欺骗等多种任务，构建自适应行为模型。又如，“震网”病毒组成结构复杂，具备激活、传播、攻击、隐藏等行动功能。对于这些网络空间作战行动过程和行为环节如何建模，是网络空间作战建模要解决的重要问题。

1.4.3 复杂信息网络建模问题

对于网络信息体系而言，网络是中心、是形态；信息是主导、是灵魂。两者结合才形成体系，是信息化的基石，更是形成体系作战能力的基石。无网不成体系，体系因网而聚，网络对于网络信息体系和网络空间既是基础环境，又是对抗和作战的目标背景。对于战争体系、作战体系和装备体系而言，网络有很多外延存在，分类不同，名称不同。按功能应用划分，既包括国际互联网、电力网、电信网、能源网、金融网，以及各种交通网等国家关键基础设施网络，也包括指控网、传感网、通信网、火力网等军事信息网络（也叫作战指挥网、情报保障网、通信基础网和武器控制网）。按层次划分，国家关键基础设施网络又称战略网，军事信息网络也称战略网（更底层的，也有叫战术网的）。按形式和媒介划分，包括有线网（如光纤网）、无线网（移动网、数据链、卫星网等）。此外，也有按网络承载划分的，包括指挥专网、军事综合信息网和资源管理网等。不管按哪种类型分，体系背景下的网络都具有复杂网络特性，异构、大尺度、动态演化等特征明显。在网络空间作战建模仿真研究中，网络建模始终难度非常大。传统建模大多仅对单个实体进行描述，而针对大规模的复杂信息网络的建模方法并不多，对网络节点与边到底该如何描述，如何处理模型分辨率与模型规模之间的矛盾等问题,需要探索行之有效的方法。

1.4.4 网络化交互效应建模问题

在网络空间作战建模仿真研究的范畴中,网络化交互效应是指由网络对抗行动造成的复杂的影响效果。这些效果不但包括行动直接造成的,而且包括行动间接造成并在体系中进一步传播开来的,并且间接及传播效应更需要特别关注。相对于网络对抗行动过程的不确定性,网络对抗造成的网络化交互效应更加不确定,其产生机理也异常复杂。从网络攻击的角度讲,直接交互效果强依赖被攻击方,其网络状态是否还是攻击时的状态?网络对抗实际效果是否与预期效果相符?甚至,造成的毁伤效果在被攻击方网络或整个体系内是否扩散?如何扩散?是否已经失控?这些问题都是网络化交互效应建模需要考虑解决的难题。

1.4.5 网络空间带来的体系能力评估问题

由于网络空间作战对未来联合作战的影响越来越大,使构成作战体系的各系统之间的交互更加频繁,耦合更加紧密,作战能力的整体性更加突出,体系特征更加明显,从而使体系能力评估更加困难。同时,如何评估网络空间及其作战行动对作战的影响,也是网络空间作战建模仿真需要面对的一个新问题。

之所以讲体系能力评估是网络空间作战建模仿真面临的挑战,还有两个具体原因。

① 体系能力评估涉及建模问题。不同于以往简单的能力评估,网络空间建模仿真给体系能力评估带来很多变化,例如网络空间作战建模中的不确定性、相互关联性等让评估体系能力变得更加复杂,单纯的仿真数据统计分析已无法满足体系能力评估的需求,体系能力评估过程中出现了评估模型建模、数据模型建模等新问题,其中很多问题都应归结到建模上来。这就有了仿真模型和评估模型的进一步细分,应该是建模仿真认识上的一个进步。

② 体系能力评估是一个应该且值得研究的重大问题。与网络空间相关的体系能力无论对体系仿真、能力分析,还是体系贡献度等研究都非常重要。研究它为思考这些问题带来很多新思路和新方法。

此外,体系能力评估仿真的检验性环节可以验证网络空间作战建模仿真方法的可行性和正确性,反过来也会促进和完善网络空间作战建模仿真的研究。总之,在网络空间作战建模仿真研究中,应该研究与网络空间相关的体系能力评估问题。但是,具体应该如何理解这个网络化的新型体系,它会涌现出什么样的新能力?如何评价网络信息体系、网络作战行动、新型网络作战力量或武器对体系的贡献度?这些都是体系能力评估的新问题。

1.5 小　结

从社会生活到人类战争，网络空间正逐步释放其“魔力”，推动与人类战争和军事行动产生前所未有的深刻变革。网络空间绝对不是陆、海、空、天等自然物理空间在同一尺度上的简单延伸，将是在认识层次或维度上的空间升华，还有很多更新的特征需要我们深入观察与思考。随着网络攻防技术的发展与军事运用，网络空间作战建模已成为仿真领域业界公认的热点和难点。以《兵棋推演艺术》的作者彼得·佩拉为首的美军多位专家一致认为，网络空间是作战模拟的“圣杯”，既重要，又神秘，极具挑战性，值得奋力探索。

第2章 新 思 路

2.1 概 述

2.1.1 建模基本概念

要对包括网络空间作战在内的各种不同系统进行模拟，首先就要建立系统的模型(model)。所谓系统模型，就是对一个系统在某一方面本质属性的描述，它以某种确定的形式(如文字、符号、图表、实物、数学公式等)提供关于该系统的知识。建模依据的是相似性原理，而相似与否取决于所要研究的目的和问题。系统模型一般不是系统对象本身，而是对现实系统的描述、模仿或抽象。换言之，模型是对相应的真实对象和真实关系中的那些有用的和令人感兴趣的特性的抽象，是对系统某些本质方面的描述，它以各种可用的形式提供被研究系统的信息。

所谓建模(modeling)，就是对所要模拟的系统特征进行抽象抽取的过程，也是利用模型来代替系统原型的抽象化(形式化)过程。这种抽象的过程需要经过一定程度的简化并依赖于部分假设。建立一个准确的模型是进行仿真的前提和必要条件。一般按流程划分，建模又可分为概念建模、数学建模和程序建模。

① 概念建模一般由领域专家完成。其主要工作是把需要描述的内容表达清楚，依据的是领域理论、条令条例、领域知识和经验认知等。描述的主要内容有基本概念、背景、要素、流程和指导等。概念建模的要求是准确和规范，对简单系统进行概念建模可以采用自然语言的方式，但对复杂体系普遍采用格式化的方法。

② 数学建模属于第二个阶段，也有人叫逻辑建模，通常由领域专家和技术专家共同完成。目标是将概念模型转化为更规范、具有一定结构性和过程性的逻辑模型或数学模型。具体将抽象的概念和过程归纳为相关的规则、条件和约束等，其间强调检验模型描述和需求的合理性，检验知识与规则是否完备，以及是否有冲突，进而建立模型的逻辑或数学描述。

③ 程序建模就是用合适的程序实现上述模型。程序模型不是对前述模型的简单转换，需要在该层次上重新考虑，以达到所需的仿真模拟为目标，完成满足需求的计算机程序。在这个过程中，运算方法、过程控制、时钟推进等都要在软件系统实现时统一考虑。

所谓仿真(simulation)，就是利用模型进行实验的活动，也称模拟。简言之，模型是实际系统与实验目的之间的桥梁，而仿真是基于模型的实验活动。

2.1.2　建模框架的作用

建模框架(framework of modeling)，就是指导建模工作的可复用的体系结构。在战争体系研究中，建模框架主要用来指导概念建模，以期规范战争相关领域知识的抽象，其最大的特点有两个。一是，可复用，即可重用，建模框架不是一次性产品，是对某一类或若干类重要领域建模工作在方法论层面的概括。在该领域未发生本质性变化时，建模框架都应该适用，即使发生某些重大变化，建模框架也不会出现颠覆性变化，往往是在继承基础上的创新和发展。借用面向对象的软件工程术语，建模框架更像对象原型，而特定目的和背景下的特定问题建模应该是建模框架的实例化。二是，建模框架是一个体系结构，描述了建模要素及其相互关系，回答了关于对哪些内容建模和怎么建模的基本思路。建模框架强调完整性，强调概括性，同时还强调层次性。下面简要说明建模框架的作用。

1. 管理建模要素

战争体系建模，更具体地讲，战争体系某新领域建模往往一上来说不清的问题，就是对该领域的哪些内容建模？这些建模内容之间有什么样的关联关系？因此，如何确定并组织建模要素就是首先要解决的问题。这正是建模框架的根本作用。建模框架管理建模要素包括两个层面的问题。

① 确定建模要素，即模型内容。这对新领域建模尤为重要，因为新领域建模先验知识不明确，经常处于不断发展变化的过程中。

② 确定建模要素间的关系和层次，即如何组织这些模型内容，只有对建模要素的层级关系确定清楚，才有可能进行抽象和建模。

2. 确定建模指导

确定并组织好建模要素后，对于建模框架来讲，其最重要的作用就是制定建模指导，即针对建模要素要如何建模的问题。通常一个比较好的建模框架要给出明确的建模指导，这个建模指导既可以是原则，又可以是方法。对于简单系统而言，建模框架确定的建模指导一般就是具体的建模方法，操作性会比较强，依据它甚至可以直接进行数学建模。对于战争复杂体系来讲，建模框架通常不会，也不可能给出具体的建模方法，往往是大致明确建模思路、建模原则等建模指导。而在实际建模过程中，再根据具体模型内容，依据建模框架提供的建模指导来确定具体采用的方法。

2.2 EBI战争体系建模框架[①]

战争体系建模是体系对抗仿真的基础。采用什么建模理念和方法学进行建模,直接影响战争体系描述的方式和结果。我们研究团队在借鉴系统论、面向对象及使命任务空间概念建模(concert modle of mission space,CMMS)思想的基础上,提出战争体系建模的EBI(entity behavior interaction)建模框架及方法。所谓EBI建模框架,是指从顶层对建模内容和方法进行抽象,即描述的内容可归结为对实体、行为和交互三个方面进行建模。这种以实体为核心的建模方法,能够较好地反映当时战争体系的整体建模特点。

2.2.1 实体、行为和交互

EBI建模框架是在基于对战争一般性规律认识的基础上形成的,认为任何战争体系都可以用实体、行为和交互来描述。其中,实体是第一位的,所以该方法也称实体中心或基于实体的建模。这种方法描述了战争空间的基本组成要素,以及这些要素发挥作用的过程。

1. 实体

(1) 实体的基本概念

实体是抽象出来的战争空间内客观存在的(或想象中的)事物,是对客观事物的质的规定(属性和功能)。实体既可以是行动的主体(执行者),也可以是行动的客体(如目标等)。提出实体这一概念的根本意义在于,把握真实世界中最稳定的要素,并围绕这些要素提取值得关注的信息,映射为一个相对稳定的模型要素。基于实体的概念建模还有一个重要的优点,就是便于通过实体间的关联确定实体间发生交互的可能性,使交互的发生符合客观规律。此外,基于实体的概念建模更容易识别数据的来源和去向(通常表现为源实体的属性和目标实体的属性)。

(2) 实体的种类和属性

实体的种类可以有多种划分方法。按实体存在的时间可分为永久实体和临时实体。按实体的行为自主性可分为智能实体、非智能实体或动态实体、静态实体。在一般的作战体系中,我们将实体分为单元实体、聚合实体和环境实体三类。单元实体是基本实体。聚合实体是由若干实体聚合而成的实体。环境实体主要用来描述环境对象。

---

① 参见胡晓峰,杨镜宇,司光亚等《战争复杂系统仿真分析与实验》,国防大学出版社,2008年版,第185页。

实体的类型提供了实体的类属信息。例如，作战类实体，依据其所统配的兵力和武器装备，一类实体通常具备固有的执行特定种类作战行动的潜力，具体表现为一个特定的可执行任务集。实体的类型也是对作战使命空间进行对象分析的基本信息。当任务赋予某一实体后，该实体就会按照要求执行任务列表中的所有行为，直到不能执行或者完成任务。因此，实体是行为的主体，没有实体就无法完成任务。

在概念描述中，一个属性是实体的特征、特性或性质，状态是实体所具有的内部和外部形态与特征。实体的状态取决于为实体定义的全部属性值的组合。实体属性根据其变化的特征可分为静态属性和动态属性。静态属性一般不发生变化，而动态属性则要随着实体的活动不断变化。静态属性定义了实体的固有品质，在模型执行过程中，静态属性，如燃料容量、基地位置等，通常不改变。动态属性的集合描述了实体可变化的状态，会随模型的运行而改变，如当前燃料量、机动平台的位置、作战能力等。

(3) 建立实体的基本原则

不可能对战争体系的各层次的所有实体都进行建模，而应该根据研究问题的需要选取要建模的实体。确定实体的基本原则如下。

① 明确体系的范围。在所确定的体系空间内选择和设计实体，构建实体模型、行为模型和与之相关的交互模型。

② 实体分辨率要适度。实体分辨率是指模型所描述的实体粒度。实体分辨率越高，要求对实体的描述就越详细。然而，并非分辨率越高越好，实体分辨率与建模的层次有关，一般建模层次越高，实体分辨率越低。

③ 重点考虑实体间的交互。在决定模型是否应包含某一实体时，应判定模型是否需要描述这个实体与其他实体的交互。如果需要发生交互，则应对该实体建模，否则不予考虑。

2. 行为

(1) 行为的相关概念

行为是一个广义的说法，包括实体可以执行或发生的任务动作、行动或任务过程，也可以称为行动。行为模型主要描述行为如何触发、如何结束，以及在战争环境和其他相关因素的影响下，行为的执行实体及目标实体的属性和状态改变的过程。

实体行为是指实体对环境表现出来的任何变化。实体的行为分为行动和动作。而部分实体的行动是由任务驱动的，因此行动也称为任务。实体动作是实体能够做出的最小的具体行为，一般是由人力或自然力产生的一个事件，从而引起实体状态的变更或转换。换言之，动作是指实体所具备的能力或功能属性，是不可分或不必要再分的最基本和最底层的行为要素。实体任务是由一个或多个动作组成的具有明确意图或目标的行动过程。任务可以由一个或多个动作或任务组成，简言之，任务是具有明确意图的最小行为单位。

任务一定具有执行主体，也就是任务一定要通过某个实体来完成。简单来说，任务实际已经具有动作执行的主体、动作作用的目标和明确无误的意图要求，是动作的具体化(或称实例化)。任何任务的执行都会导致一部分实体之间发生交互并产生状态的变化。从战争模拟的角度讲，任务可以称为“作战”或“行动”，及至战役任务或战略任务。任务可以由一个实体单独完成，也可以由多个实体共同完成。依据特定的目标而实施的一系列任务组合和过程就称为使命(mission)。具有共同的组织、目标或特征的使命集合，称为使命空间(mission space)。由于使命与任务的概念非常接近，有时使命空间也称为任务空间。

(2) 行为的描述

行为描述战争空间的动态变化，一般需要随时间展开，是有时间跨度的动态过程。既可以根据参与实体的聚合度，也可以根据行动时间的分辨率进一步分解。行为分解到什么程度合适，通常由建模目标来决定。当分辨率对系统应用目标而言已经足够时，就不需要再分解了。通常分解到一个行动可作为最小粒度实体的动作来描述时为止。一个行动可由这些动作在因果顺序、时间顺序上的组合构成。同样，若干同一层次的行动可组合为更高层次的行动。一个行动的下一层行动，可以看作这一行动的阶段或步骤。概念模型应依据相应的领域行为原则，对这些行动的组成要素进行排序，从而定义行动的内部运行机制，或者明确行动的逻辑流程，这就构成行动过程控制的规则体系。为保证模型的逼真度，行动执行过程的规则必须符合真实世界对应行动的客观规律，必须通过相应的行为选择，准确体现对行动的临机干预和各种条件的反应。

3. 交互

(1) 交互的概念

交互也称实体相互作用效果，描述了在实体完成行为的过程中，对各有关实体产生的相互作用结果。这些效果反映在实体对象的属性和状态的变化上，即对行动主体和客体双方的影响。行动通过改变相关实体的属性和状态，或环境对象的属性来推动整个战争体系状态的演变。

实体与实体之间发生的相互作用最终都会转化为物质、能量和信息的交换。而在建模时，这些都要用信息数据的形式来表示，即需要将每一个影响因素量化为一个交互参数，并根据这些交互参数来计算实体间行动的相互作用和影响。也就是说，交互是对在实体之间，通过动作或任务实现信息、物理及能量交换的描述，动作最终的作用效果和结果都要通过交互反映出来。任何实体行为都是在特定的时间、空间环境中发生的。主动实体必然也与周围的其他实体存在各种各样的联系，如物理的、化学的、生物的、心理的、信息的联系等。通过交互，主动实体与被动实体之间将有物质流、能量流和信息流的产生与转移，并导致实体状态的变化，激发新的行为和交互。一般说来，这个过程包括三个阶段。

① 主动实体发出一个交互。

② 被动实体接受一个交互。

③ 主动实体和被动实体都将由于交互发生状态的改变。

行动效果的计算方法是模拟算法的核心，描述各战争空间要素(时间、空间、属性、状态)间互相影响的关系。作战行动最基本的效果就是毁伤、机动、信息传递等。行动是有目的的，但行动的效果不一定都是满足预期的。这是由战争的复杂性决定的，战场上经常存在与行动执行者目的相反的行动效果。例如，电磁压制原来干扰的是敌方目标，结果却干扰了己方目标。

在体系对抗仿真建模中，交互分为两种类型：一种是内部交互，即本方体系内部实体间的交互；另一种是外部交互，即对抗的两个作战体系实体间的交互。内部交互侧重于物质和信息交互，交互的目的往往是促进体系效能发挥。外部交互侧重于能量交互，降低、压制对抗方体系效能的发挥。

(2) 交互的描述

交互必须有主动实体和被动实体，而这两者之间又必须存在能够满足交互的关联。只有这些关联存在，才有可能进行交互，产生相互作用。也就是说，这些关联描述了发生交互的条件和可能。关联与交互是两个不同的概念。一般说来，关联的作用时间较长，即使任务完成，这种关联也可能存在。而交互虽然在作用时需要一个过程，但在描述时一般都看作是一个瞬时的事件，而且只会发生在任务的执行过程中。从概念上说，交互是任务间的关系，而关联是实体间的关系。

2.2.2 实体、行为和交互之间的关系

实体、行为和交互的概念虽然划分的十分清楚，比较好分别建模，但三者之间存在非常密切的关系，需要加以说明。

动作与任务的差别在于动作只是一个行为能力，而任务是一个具体的行为过程。由一个实体完成的一系列动作组成的动作序列，仍然可以看作是动作，不管其中每一个更小的动作针对的是否为同一个对象。动作与实体匹配后就成为任务，其中应该包括所有动作执行的相关因素和对象，包括主体、客体、时间、条件等。显然，由许多个实体作为主动实体去完成的动作，只能是任务，因为需要描述这些实体之间及其动作之间的相互关系，很难将动作序列完全与实体独立抽取出来，而形成更大的动作(序列)。很多模型将许多动作预置为任务选项中的动作选项，在下达任务时，只需选择执行实体、动作和条件即可。许多动作最后都在任务层次作为

命令被下达。事实上,这些动作序列和目标实体确定后,交互方式也被隐含在动作之中。例如,“炮击某目标”这个动作,实际上已经产生了主动实体和被动实体的交互,只是交互结果在没有确定实体前未实际计算而已。

实体、行为和交互三者之间的关系如图 2.1 所示。可以看出,动作、任务和使命是一个多层组合与包含的关系。一个动作可以服务于多个任务,一个任务可以由多个动作或任务组成,一个使命可以包含多个不同实体执行的不同任务,一个任务可以服务于多个使命,具有统一目标的使命集合构成使命空间。

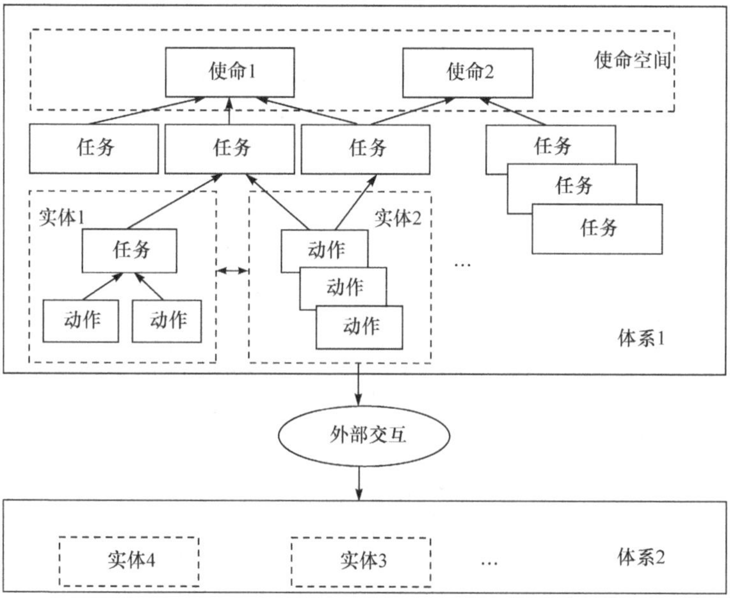

图 2.1 实体、行为及交互概念关系示意图①

交互是动作通过动作行为完成的对实体状态的改变。动作是实体自身状态的变化原因,交互则是实体状态变化的结果。动作和交互密不可分,它们之间的关系表现在两个方面。

① 动作是一个实体施加于另一个实体的行为,因此它是也仅是实体状态变化的外部触发。实体的行为过程将决定实体所处的状态和内部作用机理。

② 在实体行为过程中,该实体也将不断地对其他相关实体施加影响,即向其他实体发出交互,因此交互是动作对交互双方或多方作用的结果。

总之,实体的行动反映实体的行为,实体的行为决定动作的结果,任何实体要完成某项任务,都需要依靠行为表现出来。行为总是相对实体而言的,行为由实体发出,最后又影响到实体的状态。实体发出的主动动作及过程称为行为,而被感知

① 参考了胡晓峰等《战争复杂系统仿真分析与实验》,国防大学出版社,2008 年版,第 195 页。

的只是实体的状态。行为的结果由交互描述，而行为描述的重点在于过程。

2.2.3 EBI 建模框架

在信息化的背景下，战争同时发生在物理域、信息域、认知域，以及三者之间。因此，战争体系描述和建模应该反映三域结构特点，反映战争体系整体和不同层次的 OODA 对抗过程。我们研究团队很早就提出 EBI 建模框架①，是对 CMMS 中 EATI(entity action task interation)方法在体系层面的拓展，目的是对体系对抗仿真建模提供指导。

所谓 EBI 建模框架是指从顶层对建模内容及相关方法进行约束和规范，即描述和内容可归结为对实体、行为和交互进行建模。如图 2.2 所示为基于三域分层结构的 EBI 建模框架，但并没有明确具体的建模机制。因此，应该针对战争体系不同领域和不同层面内容的特点，选取相应的建模方法。

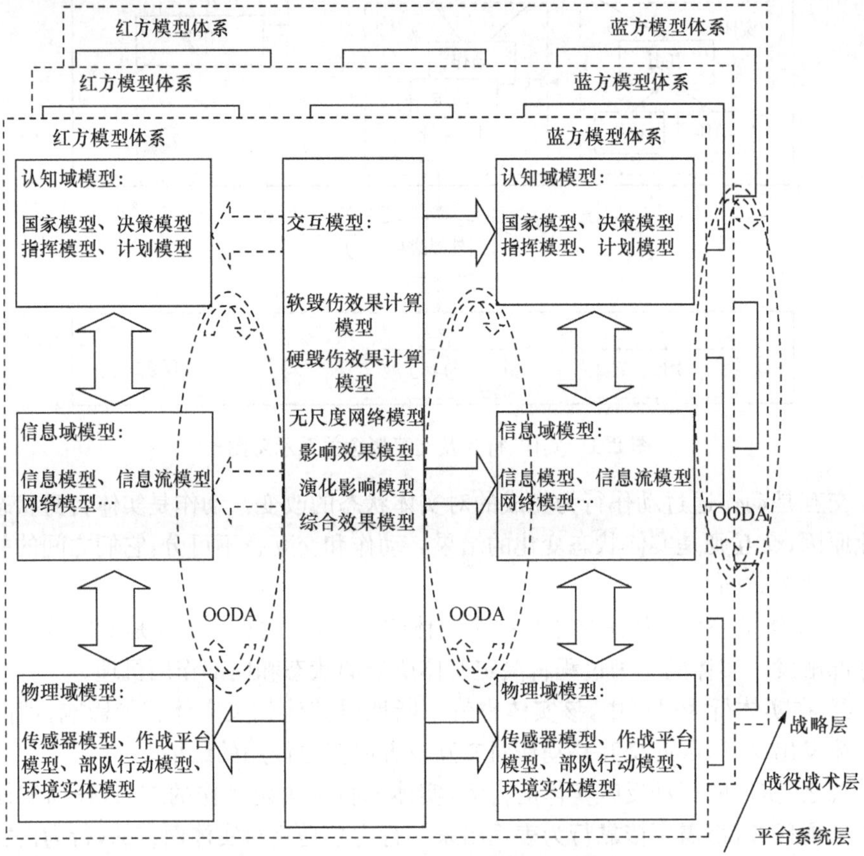

图 2.2　基于三域分层结构的 EBI 建模框架

① 参考了胡晓峰等《战争复杂系统仿真分析与实验》，国防大学出版社，2008 年版，第 196，197 页。

在这个框架中，以军事领域作为建模对象进行了说明。首先，框架分为三层，分别对应物理域、信息域和认知域，每个域都有相应的模型。其中，物理域描述的是在战争空间中存在的任何实体，包括武器平台、指挥所、通信设备，也包括决策者本人。这些在物理空间的存在是整个战争体系的基础。信息域则描述与信息相关的模型，包括信息流、网络行为、软件过程等各种模型。认知域属于决策范畴，既包括指挥、决策模型，也包括指挥流程模型。其次，红蓝双方的模型按层次一一对应，在同等层中建立对抗关系。第三，红蓝模型之间是交互模型，这些模型描述各个实体行为的交互结果，这些结果通过交互模型进行计算。第四，在战略、战役战术及平台系统等不同的层次都存在模型体系，均按 OODA 环进行体系对抗。

2.3 EBNI 建模框架

本节在网络空间概念内涵分析和 EBI 建模框架的基础上，研究提出符合网络空间特点的新的战争体系建模框架。我们称之为面向网络空间的战争体系 EBNI (entity behavior networked-interaction)建模框架。该建模框架的核心是继承 EBI 战争体系建模理论，进一步构建能够描述网络空间信息化和网络化特征，反映以 OODA 循环为信息流控制主线，跨物理域、信息域、认知域三域体系对抗过程的网络空间模型框架，重点是突出网络和网络化建模，分实体、行为、网络化交互三个层次，通过依托物理实体构建虚拟实体、基于网络和电磁产生行为、面向认知形成网络化交互效果，确定战争复杂体系背景下网络空间建模的基本思路。

EBNI 建模要特别关注以下三个方面。

① 低层的信息相关实体模型，从实体表达、信息行为、网络化交互角度对网络空间中信息使用和对抗进行描述。

② 广义的信息网络建模，涉及通信网络、传感网络和指控网络等模型，表现信息化网络实体物理连接和逻辑关系。

③ 复杂的网络化效应建模，针对自适应信息对抗行为和网络化交互建模，刻画信息化武器装备在网络化对抗过程中的效应倍增和级联失效机理。

如图 2.3 所示，EBNI 建模框架提出物理实体模型、物理行为模型、环境实体模型、通信网络模型、国家关键基础设施物理网络模型、虚拟实体模型、信息行为模型、指控网模型、传感网模型、战场计算机网模型、感知模型、识别模型、判断模型、决策模型、单元级效应模型、系统级效应模型和体系级效应模型等 17 类模型要素。

该框架能够描述网络空间信息化、网络化特征，反映以 OODA 循环过程为信息流控制主线，合理区分物理域、信息域、认知域三域体系对抗特点的网络空间新型模型框架。该框架以网络描述为核心，反映依托物理实体构建网络和消息等信

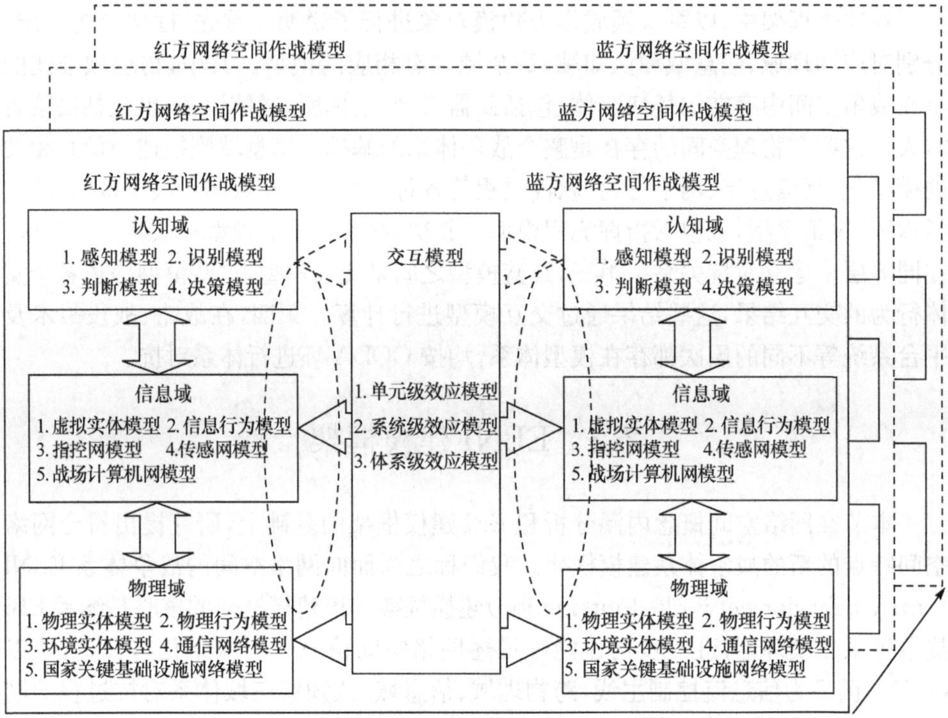

图 2.3 面向网络空间的战争体系 EBNI 建模框架

息实体，基于规则构建自适应行为模型，基于网络和级联传播描述网络化交互等建模基本思路，通过扩展已有的 EBI 体系建模理论，固化形成网络空间 EBNI 建模框架，即将网络空间建模要素具体为实体、行为和网络化交互三方面。

概括起来，相较 EBI 建模框架，多使命空间下，网络空间三域分层结构的 EBNI 构建框架具有如下改进。

① 更加强调网络空间的网络化特性。这里的网络不仅仅是通常所讲的通信网络，更是一种广义的信息、能量、物质交换关系，如各类指挥、控制、探测，甚至是对抗等关系的复杂网络，具体包括通信网络、传感网络、指控网络和战场计算机网络等。

② 更加强调对信息域网络空间实体和网络空间构建的建模。在物理域模型的基础上，通过对网络空间实体电磁网络属性的建模，营造网络空间所包含的复杂电磁和复杂网络环境。

③ 更加强调对网络空间实体自适应性行为的建模。突出基于网络和电磁的通信、探测、指控、干扰等行为建模，同时关注组网条件下这些行为的自适应性建模，为表现网络空间的复杂适应性打下基础。

④ 更加强调对网络空间网络化交互的建模。具体包括软毁伤和硬毁伤的毁伤交互、网络间的网际交互,以及网络空间与物理域的域间交互三个层次,重点突出交互造成的级联效应建模理论与方法。

2.3.1 网络空间实体建模要素及建模指导

1. 网络空间实体相关模型要素

网络空间相关实体模型包括实体结构、实体状态模型,以及实体关系模型。

(1) 实体结构与状态模型

实体结构与状态模型(E_Model)用 BNF 范式约束如下,即

<E_Model>∷=<P_Model><C_Model><En_Model>

其中,E_Model 指网络空间实体,用来描述网电实体的结构与状态,主要分布在 EBNI 建模框架的物理域和信息域,按物理实体模型(P_Model)、虚拟实体模型(C_Model)和环境实体模型(En_Model)来分类组织。

物理实体模型指网络空间作战部(分)队,以及信息化程度较高的武器装备平台,如网络任务部队、飞机、坦克、舰船等。虚拟实体模型指信息实体,以及以软件形式存在的网络武器和网络防御系统等。环境实体模型指能影响前两类网络实体模型能力发挥的自然环境实体模型和人造环境实体模型,如陆地、海洋、太空、电磁,以及战场设施等。

(2) 实体关系模型

在网络空间作战建模仿真领域,实体关系模型主要泛化为信息网络模型。下面以战场网络模型为例,描述战场网络模型(N_Model),即

<N_Model>∷=<CommunicationNetWork><C2NetWork><SensorNetWork><BattleComputerNetWork>…

其中,N_Model 包括物理域的战场通信网络模型(CommunicationNetWork)和信息域的战场指控网络(C2NetWork)、战场传感网络模型(SensorNetWork),以及战场计算机网络模型(BattleComputerNetWork)等。

以战场通信网络模型(即网络实体间的通信关系)为例,描述如下,即

<CommunicationNetWork>∷=[{<ComRel>}]

<ComRel>∷=<ID>{<PlatformID>}{<ComDevID>}<Type><Protocol_Model><MessageType><BandRate><Delay>

<Type>∷=<NetworkType><StatusType>

<NetworkType>∷=<LandLine>|<Simple>|<Duplex>|<Broadcast>

<StatusType>∷=<Primary>|<Standby>

<MessageType>∷=<Command>|<Track>|<Report>

战场通信网模型由多个具体的通信链路构成，也可为空。一个通信链路需要明确参与者、工具和通信关系约束等构成要素，分别对应通信关联平台(PlatformID)、通信采用的具体设备(ComDevID)和通信协议(Protocol_Model)。此外，通信关系还需定义类型(Type)与消息类型(MessageType)、带宽(BandRate)，以及延时(Delay)等参数。其中，类型又分通信网络类型和网络状态类型。通信网络类型包括有线、单工、双工和广播等方式。网络状态类型有首选网络和备用网络之分。消息类型指通信传输所支持的不同消息类，包括命令、轨迹和情报等。

2. 依托物理实体构建虚拟实体模型的建模指导

(1) 突出信息和认知属性构建信息化物理实体模型

信息化的物理实体主要包括网络空间作战力量实体和信息设备实体，包括网络空间作战力量实体、通信节点实体、传感器设备实体、干扰设备实体、信息处理实体和战场计算机实体等。信息化物理实体是网电实体和消息实体依附的基础性实体，它的构建并不是与现实中的信息设备采取一一对应的关系，而是采用功能模块组合的方式。现实中的信息设备多采用一体化综合集成的设计开发思路，更新换代快和功能集成多造成模型适用性与模型重用性的矛盾。以功能模块组合的方式构建信息设备，集成现实设备的功能，可以增加模型的灵活性，便于模型的集成管理、添加和修改。

按作战域、专业和网络功能的不同，信息化物理实体有不同的分类模式。按作战域划分，包括陆、海、空、天等实体；按网络功能划分，包括通信、指控、传感和作战实体等。对于信息化物理实体，都需要构建结构模型，来深入揭示实体的物理构成要素及要素间的关系。

(2) 依据物理实体的信息行为流程构建消息实体模型

消息实体是以信息承载的内容和方式进行格式化描述的。消息是承载信息的表现形式，格式化的意思是将消息的文字、符号、图像等表现形式统一到数字比特的格式上而不具体区分，这种做法可以与通信网络中通信路径和通信协议中的通信容量属性统一起来。信息流的建模通过信息实体在信息设备实体和网络实体中的流动过程来表示。消息实体模型按照功能分为航迹消息、状态消息、指挥控制消息等类型。航迹消息是传感器设备对目标实体的探测结果。状态消息是在存在隶属或支援关系的作战单元之间通报自身位置、战损、任务等状态。指挥控制消息是指挥控制单元根据战场态势进行判断和决策的结果。

① 消息实体模型的一般结构。

消息实体模型按消息的构成一般包括消息头、消息本体和消息标志三部分。按这三部分，消息实体模型的结构和规则应合理划分。例如，广泛应用的 Link-16，情报消息实体由一个或多个字组成，包括初始字、扩展字和继续字，字的长度通常为 70bit(最大不超过 75bit)。消息的命名规则通常是将消息标识为 J*n*.*m* 的形式，其中 *n* 表示大类(0～*n*)，用于区分消息的不同用途，如指挥、报告、航迹等，*m* 表示其中的小类(0～*m*)。

例如，图 2.4 描述的 J13 消息，在 J13“平台与系统状态”中，J13.0 表示机场状态消息，J13.1 表示空中状态消息，J13.2 表示地(水)面状态消息。对于每一种消息，Link-16 还详尽地规定了每个字的格式，即其所包含的数据元素、数据元素的长度及其在该字中所处的位置。例如，规定 J13.0(机场状态)由初始字 J13.0I、扩展字 J13.0E0、继续字 J13.0C1 和继续字 J13.0C2 组成，而 J13.0C1(机场天气)又由风向、风速、能见度等数据元素组成，即 J13.0C1(自低位起)的第 8～14 位表示风向，第 15～21 位表示风速等，依此类推。

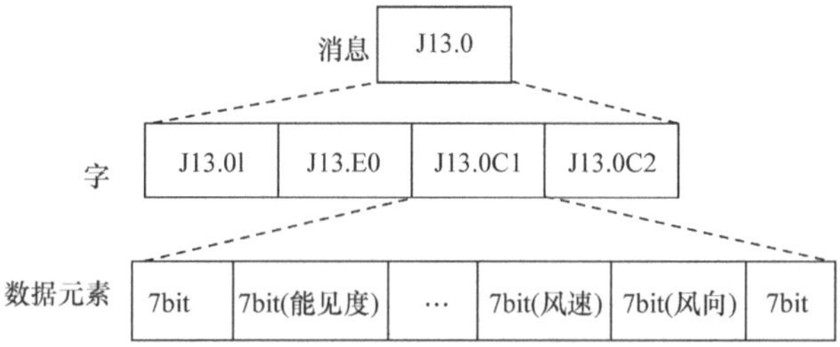

图 2.4 格式化消息组成示例

② 消息实体模型语义描述。

消息实体模型的语义是指消息各组成单元(数据元素)的含义。以继续字 J13.0C1(机场天气)为例，虽然根据消息的结构可以知道第 8～14 位表示风向，但是仅凭从高位到低位的二进制代码 0001101，仍然无法解读其中包含的信息，无法了解机场的风向。因此，Link-16 中给出了关于风向的以下信息。

名称：风向。

取值：0～73 为合法取值范围，其中 0 表示未报告风向，1～72 表示确定风向，73 表示风向是变化的，74～127 没有意义。

(3) 依托物理实体模型构建网络空间虚拟实体模型

网络空间虚拟实体不同于飞机、坦克等传统物理实体，不再过分强调机动速度、火力毁伤等物理和能量属性，而更加关注探测、通信、控制、信息欺骗、网络通信等信息域和认知域属性，多以信息、软件等虚拟实体形式存在，如计算机病毒、木马等。因此，在网络空间实体建模中特别提出虚拟实体模型，并不是说脱离物理实体建模单独建模，相反，虚拟实体建模离不开物理实体，必须构建在物理实体模型基础之上，二者具有依存，甚至随动等复杂关联关系。因此，最好采用依托物理实体模型的方式构建网络空间实体模型。

如图 2.5 所示，网络空间实体模型与物理实体模型之间存在依存和随动的关系。其中,P_Model 依据实体客观存在形式构建,主要刻画实体的物理及能量参数,包括地理位置、自身状态、几何外形、机动特性、火力毁伤、物理通信等属性;C_Model 在 P_Model 的基础上,通过抽象信息域和认知域的属性得到,主要刻画网络探测、感知、决策、控制、消息、信道等属性。此外,对 C_Model 和 P_Model 之间的映射关系进行建模,主要刻画依存关系、随动关系、制约及影响关系等。

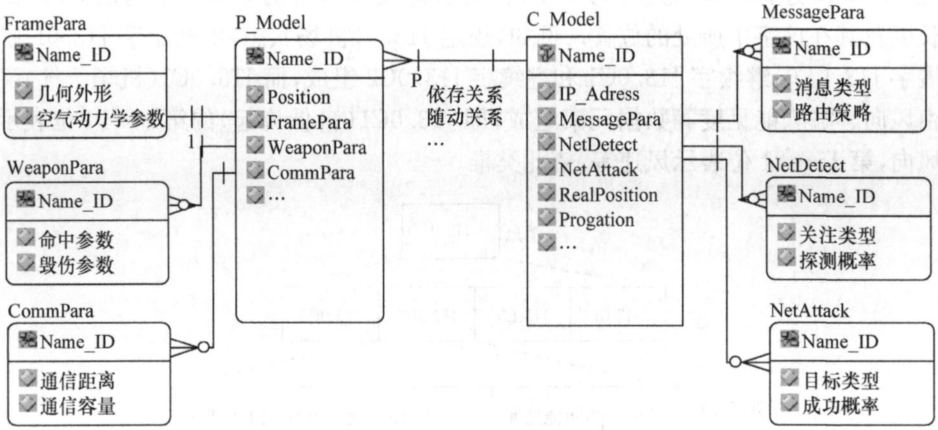

图 2.5　P_Model 与 C_Model 以及两者之间的关系示意

2.3.2　网络空间行为建模要素及建模指导

1. 网络空间行为模型要素

网络信息体系是一种广义的信息网络,是各类连接、信息传输,甚至对抗等关系构成的复杂网络,其实体行为涉及物质、信息、能量等各种形式的交换。例如,攻击实体的机动与毁伤、传感设备的探测与预警、通信节点的信息存储与转发、指控网络的决策与指令下达、病毒实体的传播与感染等各种行为。

实体行为建模是在能力基础上对实体在一定时空条件下动态变化的描述。从不同层次来看,网络空间作战涉及的实体行为大致描述如下。

<B_Model>::=<PB_Model>|<IB_Model>|<RB_Model>

<PB_Model>::=<Mobile>|<Damage>|<Destroy>|…|<Jamming>

<IB_Model>::=<MessageBehavior>|<CyberEnityBehavior>

<RB_Model>::=<AppBehavior>|<IdentifyBehavior>|<JudgeBehavior>|<DecisionMaking>

实体的行为模型包括平台机动、火力毁伤等物理行为模型(PB_Model),各种

基于网络和电磁的消息传输、处理转发、病毒感染的信息行为模型(IB_Model),以及基于感知、识别、判断和决策等的认知行为模型(RB_Model)。

从行为的类型来看,行为模型可以分为在体系对抗过程中预先规划的预置行为模型(Init_Behavior)和基于触发→响应模式的临机行为模型(Resp_Behavior),即

<BehaviorType>::=<Init_Behavior>|<Resp_Behavior>

物理行为模型是对实体位置、速度等实体物理属性的描述,其类型相对单一、固定,普遍采用预置行为模型;相对于物理行为模型,信息行为模型和认知行为模型涉及信息化装备实体及人的参与,具有更强的自主性和自适应性,可以采用基于规则的临机行为模型。在 EBNI 建模框架指导下的信息化装备实体行为建模是传统行为建模的继承和发展,重点刻画实体的信息行为和认知行为。

2. 基于规则的网络空间自适应行为建模指导

与位置机动、火力打击等传统物理空间对抗行为相比,网络空间对抗行为具有明显的信息交互、认知对抗和自动作战等自适应性特点。例如,战场网络侦察监视、分布式拒绝服务(distributed denial of service,DDoS)攻防、网络蠕虫攻防等。这些网络空间自适应行为多集中于信息和认知领域,且具有与目标网络状态强相关、时机瞬间性、作战过程变化快速等特点,对抗涉及复杂的网络攻防环境感知与判断、网络作战资源协同、网络作战流程管理与控制、网络攻防效果分析与评估等复杂环节。

因此,对网络空间作战自适应行为建模最理想的方式是采用自主 Agent 或智能多 Agent 的方法,利用在智能认知、自主学习、自主协同等方面的优势更好地描述未来信息化战争中高度智能化的网络空间作战。当前,网络空间处于对抗技术和作战样式不断发展的过程中,供 Agent 学习提升的网络空间作战案例还不够丰富。在这种情况下,基于规则的网络空间自适应行为建模就成为比较合适的选择。

依据有限的网络空间作战案例和作战构想,提炼形成网络空间对抗的自适应规则,在网络空间感知、识别、判断和控制等环节形成具备自适应性的网络空间对抗行为模型。在 EBNI 建模框架下,形成基于规则的网络空间对抗行为建模指导。大致来讲,就是从建模类型上,网络空间对抗行为模型可以分为预置行为模型和临机行为模型。其中,预置行为是在仿真执行前就预先规划好的行为方式。预先规划内容主要包括行为的时间和行为的内容,主要模式是“At time Do action”,即特定时间执行特定行为。临机行为是以触发-响应的形式决定后续行动,强调行为的随机性和自主性特点。

2.3.3 网络化交互建模要素及建模指导

1. 网络化交互模型要素

交互是由一个实体产生的作用于另一个实体的一组具有特定含义且相互关联的影响因素或相互作用效果。对于网络空间来说，描述其交互的效应模型主要包括三个层次，即网络空间基本行动直接造成的单元级效应模型、网络空间作战行动在网内间接造成的系统级效应模型，以及网络作战行动跨网跨域传播引发的体系级效应模型。

单元级效应模型主要描述网络空间行动在其内部造成的交互效果，主要是指所有网络空间对抗行动，包括网络战场预置、网络欺骗、网络控制、网络阻塞瘫痪、网络防护，以及基于网络的电磁空间对抗引发的直接效果。系统级效应模型则用来描述直接效果经由信息网络引发的后续更大范围的间接效果。例如，人们常说的效应倍增器和级联失效等，就包括信息网络内部和不同信息网络之间的交互效应传播模型。体系级效应模型主要描述交互效果造成的不同领域间的跨域影响，如网络空间作战对联合作战效果的影响、控制域对物理域的影响等。

2. 基于网络依赖和级联传播的网络化交互建模指导

分别针对网络空间基本对抗行动、行动效应网内传播，以及效应的跨网跨域传播等网络化交互的三个建模层次，提出具体的建模指导。

(1) 基于元效应理论构建网络空间作战行动直接交互模型

针对网络基本对抗行动造成的单个实体、单系统平台级的信息域影响效果，对照网络战场预置、网络情报获取、网络控制欺骗、网络阻塞瘫痪和网络防御等五大类网络对抗行动，细化并匹配基本的网电交互元效应及其序列。所谓元效应，是指最底层、最细节的交互效果。网络交互元效应包括计算网络资源争夺类元效果、网络实体增删类元效果、网络控制权变更类元效果、网络情报得失类元效果、计算机系统安全类元效果和网络状态还原类元效果等，用以描述网络攻防行动造成的诸多作战效果。典型元效应模型大致包括计算资源的占用、消耗和释放，连带产生带宽耗尽的阻塞和信息处理能力耗尽的瘫痪等效果，以及控制权转移、情报的获取与失窃、漏洞的发现和修补、病毒木马等网络战武器的捕获和免疫、实体的增删、系统的修复等。这些元效应模型的具体参数值最好是源于各类网络靶场实验的权威数据。

(2) 基于级联传播动力学模型描述同质网络内部的系统级联失效

同质网络级联失效传播是指单一网络内局部的失效致使网络内其他组件直接或间接受到毁伤的过程。网络化系统通常可以抽象为拓扑网络的形式加以研究，系统组件用节点表示，组件之间的关系用边表示，节点和边分别赋以权重来表示在网络中传输的流或服务。当网络中的某些节点和/或边由于内在或外在因素导致失效时，失效部分的功能或者被网络的其他部分取代，或者由于其功能的无法替代性而直接造成与之相关节点功能的部分或完全丧失，而这两种情况都将导致网络中流或服务的重新分配。由于网络中节点和边的负载有限，随着失效部分的增加、流或服务的重新分配将进一步导致过载节点的失效，当整个网络中的失效节点的数量达到一定的程度将导致整个系统功能的降级，乃至崩溃。

(3) 基于网络依赖构建网络空间跨网跨域体系级效应传播模型

网络空间中不同网络和领域之间存在多种关联依赖关系，包括物理关联、信息关联、地理关联和逻辑关联等。通过对这些网络依赖进行建模，描述网络体系对抗行动产生的直接效应经由依赖模型，向跨域、跨空间、跨系统、跨层次等网络空间体系层面进行级联传播，产生的效果不再局限于点或面，用以反映基于网络空间网络化交互引发的连锁反应、延迟效果及倍增效果等体系综合效果。

2.4 小　结

本章介绍了建模框架的作用，以及 EBI 已有建模框架中的实体、行为和交互的基本概念。在此基础上，提出了面向网络空间的战争体系 EBNI 建模框架，并明确该框架下的网络空间作战建模要素和建模指导。接下来，基于 EBNI 建模框架，第 3～6 章将分别对网络空间实体、行为、网络(实体关系)和网络化交互等具体内容的建模方法展开研究。

第3章 实体建模

在EBNI建模框架内，网络空间实体建模既包括网络空间实体结构与状态建模，也包括实体的网络关联关系建模。本章主要研究单纯意义上的实体结构与状态建模，而对于实体关联关系的建模将在第5章介绍。需要说明的是，网络空间实体划分为物理实体和虚拟实体。物理实体主要指存在于网络空间的具有物质属性的实体，例如网络空间作战力量、信息化程度比较高的武器装备平台及其装配的战场计算机系统、嵌入式控制器和处理器等。虚拟实体包括计算机病毒、网络攻防软件系统，以及战场信息等实体。针对网络空间实体的分类标准，具体研究网络实体双层概念模型建模思路、物理实体建模、虚拟实体建模，以及两者间的关联依赖关系建模等内容。

3.1 网络空间作战力量与装备

网络空间作战力量与装备是网络空间实体的基础支撑部分。当前，国外网络空间作战力量与装备建设已取得巨大发展。在展开建模研究之前，有必要立足公开资料，简要介绍国外主要网络空间作战力量与装备发展的基本情况。

3.1.1 国外网络空间力量建设情况

1. 美军网络空间力量

2009年末，美军率先成立网络司令部，正式开始正规化、规模化的网络战力量建设。2010年，美军又先后组建了各军种网络空间司令部，包括空军第24航空队、海军第10舰队、陆军第2集团军和海军陆战队网络空间司令部。2015年，美军宣布将于2018年完成133支网络任务部队作战能力的建设任务。这些网络任务部队整体上分为三类：网络防护部队，用于增强传统防御措施，并保护美国国防部网络；国家任务部队，用于保护美国及其利益免受重大网络攻击；战斗任务部队，用于将网络行动融入作战计划，从而辅助作战司令部。建成后，将标志着美军的网络空间作战正式走向战场，并正式融入联合作战。2016年10月，以改革为主基调的《2017财年国防授权法案》关键质询期，美军有意升格网络司令部，强化网络空间作战与其他领域作战的联合。目前，美军已将网络司令部由原先战略司令部下属的二级司令部升格为独立的职能司令部，使其网络战力量与其他领域作战力量的联合作战有了更为顺畅的指挥关系保障。

2. 日本自卫队网络空间力量

2008 年 3 月，日本自卫队联合参谋部成立自卫队指挥通信系统队。这是日本自卫队第一支信息化专业队，由司令部、保密检查队、中央指挥所运用队和网络运用队构成，主要负责管理自卫队的通信网络和网络防御。2011 年，正式组建专业的网络空间防卫队。2014 年 3 月，日本自卫队成立融合指挥通信系统部队和各军种网络战力量的网络空间防护队。同年 5 月设立内阁网络安全官。2015 年 1 月，成立网络安全本部和内阁网络安全中心。目前，日本网络空间力量体制已基本成形，大致包括联合参谋部自卫队指挥通信系统队（下辖网络运用队、保密监察队、中央指挥所运营队、网络空间防卫队）、陆上自卫队参谋部通信团（下辖中央野外通信群、中央基地系统通信队、通信保密监察队、系统防护队）、海上自卫队参谋部系统通信队（下辖中央系统通信队、移动通信队、保密监察队、横须贺系统通信队、吴港系统通信队、佐世保系统通信队、舞鹤系统通信队、大凑系统通信队）、航空自卫队参谋部系统通信队（下辖系统管理群、保密监察群、移动通信队），约 5000 人，具备网络防护、病毒清除、木马检测和程序修复等防御能力。据媒体报道，其已拥有对其他国家核心网络及国家关键基础设施实施网络攻击的能力。

3.1.2 国外网络空间武器装备基本情况

1. 美军网络空间武器装备

美军网络空间作战武器装备处于绝对领先水平，指控、侦察、进攻、防御、训练等装备门类齐全、技术先进。在指挥控制方面，已启动 X 计划，加速网络空间作战指挥控制自动化、工具化进程，目的是推动网络空间作战融入联合作战。同时，还加强了网络控制武器的研制，包括开发社会工程控制类装备、木马病毒、网络空间舆论系统等。在网络侦察方面，除大量电子侦察船、电子侦察飞机和电子侦察站，还拥有“梯队”、“高级侦察员”、“ADVISE”、“NCCT”、“网络蚂蚁”、“移动战术云”，以及“爱因斯坦Ⅰ、Ⅱ”网络响应与入侵监测系统等。网络进攻方面，据媒体报道，美军已研制了 2000 多种计算机病毒武器，其中就包括大名鼎鼎的“震网”病毒、“舒特”系统等。网络防御方面，包括 2008 年启动的 5 年 400 亿美元的网络防御计划，以及后来的“网络基因组”计划、“完善公民”项目、主动动态防御系统和“爱因斯坦Ⅲ”入侵防御系统等。在网络训练方面，除各种网络演练活动，还大力建设了“联合网络空间作战靶场”“国家网络靶场-NCR”“网络城市”系统等。

2. 日本自卫队网络空间武器装备

据报道，日本自卫队也开展了大批网络空间武器装备的研制。在电子与网络侦察方面，日本自卫队除拥有大量先进的侦察卫星、电子侦察飞机，以及电子侦察站，还研制了“预警网络攻击与感染病毒告警系统”、“网络安全分析装置研制试制项目”。2012年，有媒体报道，预警网络攻击与感染病毒告警系统已可显示近20万个网络地址攻击情况。从2014年开始，日本防卫省在信息网络上布设了大量探测软件进行侦察预警，并开始分析互联网数据，研制了从社交网络上提取情报的网络侦察系统。网络进攻装备方面，研发了大量“网络瘫痪战”攻击软件，开发了反向溯源攻击的网络病毒，拥有网络攻击病毒1500多种。在网络防御系统方面，除前面的告警系统，还研制了大量先进的网络防御系统。在网络训练方面，拥有网络安全分析系统，据称可用于网络空间部队的专业技术训练。

3.2 网络空间实体建模思路

3.2.1 网络空间实体概述

单看网络空间作战力量与装备，网络空间实体就已经够复杂了。这其中，既有有形的部队实体，又有以软件形式存在的无形武器装备。并且，这些网络空间实体需要描述的属性和能力又完全迥异于传统物理空间的作战实体，描述重点从物理域向信息域和认知域延伸。此外，网络空间实体还不仅仅只有网络空间作战力量与装备，很多信息化程度较高的传统物理空间作战平台，也需要增加相应的信息域属性描述。例如，装配了数据链系统的电子战飞机，既可以在网络空间内部实施作战，也可以通过网络空间使其成为网络攻击目标。因此，往往建模时也需要将这些信息化作战平台纳入网络空间实体建模范畴，进一步增加网络空间实体建模的难度。这时，特别需要一个符合这些特点的网络空间实体概念建模思路。

网络空间实体划分大致考虑以下两种情况。

① 认为网络空间实体主要包括三类。一是网络空间作战新型力量，如网络空间作战部队；二是网络空间新型武器装备系统，如战场网络病毒、带硬件的网络防护系统等；三是网络上产生和传输的各类信息。

② 在认同第一种情况的同时，进一步将属于物理空间的信息化作战平台，如电子战飞机，也纳入网络空间实体范畴。前面也大致讲了，主要原因是它本身就是网络空间作战部队的主要作战支援装备，已经有大量的网络攻防技术装备装配在这些作战平台上，例如美军的“舒特”系统已装在EC-130H电子战飞机上。

综上所述，网络空间实体建模对象可初步限定在网络空间新型作战力量、网络空间新型武器装备系统、网络信息实体，以及网络空间作战支援平台等。

3.2.2　虚实结合的网络空间实体建模

EBNI框架对于网络空间的实体建模明确了基于物理实体构建虚拟实体的建模指导，即采用虚实结合的方法构建网络空间实体模型。在前面描述的基础上，我们将网络空间实体模型进一步分为物理层和虚拟层来抽象描述。如图3.1所示给出了虚实结合的网络空间实体建模示意图。

在物理层，对应的网络空间实体称为物理层实体，主要描述存在于自然物理空间的网络空间作战相关实体，包括网络空间新型作战力量、网络空间作战支援平台等。这类实体的主要特点是真实的物理存在，例如网络空间作战部队，有实际编制、人员、部署位置等属性信息。

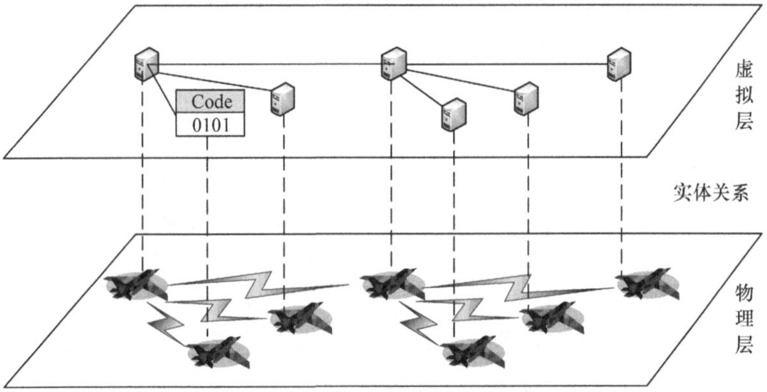

图3.1　网络空间实体虚实结合建模思路示意图

虚拟层主要对应网络空间虚拟层实体，用于描述存在于信息域、认知域的网络空间作战相关实体。典型的网络空间虚拟实体包括网络信息和网络武器等。此外，有些情况下，还需要对物理实体向信息域和认知域进行必要的映射和抽象。例如，为描述网络空间作战流程，对网络攻防部队或网络设备、网络链路等进行的认知域抽象，类似于刻画虚拟角色、虚拟主机和虚拟信道。

此外，还要构建物理层实体与虚拟层实体的关系模型，以描述网络空间物理层实体和虚拟层实体模型各自内部和两层模型之间的关联关系。其中，网络空间物理实体内部关系模型主要描述物理层实体间的组构、控制和电磁等物质和能量的关联关系，如装配、探测、干扰等。虚拟层实体内部主要描述嗅探、感知、寄生、传播等信息域、认知域关联关系。物理层实体和虚拟层实体之间的关系，重点描述映射、驱动、依存和随动等影响与约束关系。

3.2.3　关于网络空间实体模型的粒度

我们知道，模型粒度与建模目的相关，网络空间实体建模粒度也不例外。以网络空间安全分析和作战防御为研究目的，立足于联合作战背景下体系对抗建模仿真需求，关于网络空间实体模型的粒度，主要需考虑以下情况。

① 考虑联合作战体系对抗中的网络空间作战是结合高度抽象和深度具象的矛盾体。一方面，网络空间具有典型的复杂系统特点，实体种类多样和层次规模繁多且关系复杂，如果建模粒度过细，可能会使中高级指挥员关注重点由作战指挥偏向战术技术细节。另一方面，与传统火力战相比，网络空间作战又往往依赖细节，有些网络对抗行动，甚至是具有战略战役性质的战术技术行动，如果建模粒度太粗，很可能无法反映网络空间独特的作战特点。这两方面使得网络空间实体建模粒度抉择的难度极大。

② 考虑联合作战体系对抗中的网络空间实体建模与其他目的的建模有所不同。目前，已有不少关于网络空间实体建模的方法和系统，依据建模目的的不同，主要有两类。第一类是网络靶场，通常用于网络空间装备效能分析评估、网络空间攻防战法研究、网络战士技能训练等，代表性的系统包括美国的 NCR、日本的 StarBed、加拿大的 CASELab 等。此类系统采用的典型建模方法是实物、半实物与高粒度的仿真模型相结合，多数尤其重视用实体网络来模拟目标网络，高粒度仿真模型仅用作补充。第二类是网络仿真软件，主要用于网络性能分析和网络病毒传播分析等，例如基于大规模网络仿真软件来仿真恶意软件传播的 CyberSim 和用于网络安全态势的分析工具 Cauldron 等。它们多是采用网络驱动内核加传播算法的单纯仿真方法，模型分辨率相对较高，甚至对发信机、收信机、数据包、协议等底层细节实体进行建模。此外，也有零星的、片断的战场网络空间建模仿真，主要以网络攻防效果仿真为主，但建模技术细节未见公开。

总之，与网络靶场和网络仿真软件要求的逼真度不同，体系层面的网络空间实体建模既不可能采用实际网络，也没有必要对计算机网络设备硬件、协议，甚至是数据包进行建模，我们比较倾向于采用面向效果、基于能力的粗粒度实体建模方法。

3.3　物理层实体建模

网络空间物理层实体，是指存在于物理空间的网络空间作战相关实体。所谓存在于物理空间，就是指在陆、海、空、天等空间有实在物理位置且以物质形式存在。网络空间作战相关实体，是指在网络空间内部或通过网络空间彼此间产生网络利用、攻击、防御等行动交互的实体，既包括行动主体，涉及网络空间作战部队、网络空间作战支撑平台等，也包括行动目标，即行动主体之外的网络目标。当然，网络空间作战部队、网络空间作战支撑平台也可以被当做目标而受到网络攻击，但因具有攻击能力，仅作特殊目标，建模时归到主体建模范畴。本节主要探讨网络空间作战行动主体的建模，即网络空间作战部队建模和网络空间作战支撑平台建模，网络建模在后续章节展开研究。

3.3.1　基于能力的网络空间作战部队建模

在联合作战体系对抗层面，传统领域作战部队建模一般采用聚合体建模方式。例如，陆军部队模型的基本粒度通常为营以上，主要描述人员、装备、物资等有形资产，以及机动、火力、防御等物理域属性。

网络空间作战部队属于新型领域作战力量。对其进行建模主要是在继承传统领域作战部队模型的基础上，以网络空间作战能力描述为主，重点刻画网络利用、攻击、防御等信息作战能力。也就是说，网络空间作战部队模型，也要描述传统领域部队模型的人员、装备、物资等有形资产，以及机动、火力、防御等物理域属性。这方面仍可以继续沿用传统领域作战部队的建模方法，但是这不属于建模重点。建模的重点应该放在网络空间作战部队的信息作战能力描述。下面举例说明。

我们从网络空间安全分析和防御研究的角度出发，对某类网络空间作战部队模型(CyberUnit)进行 BNF 范式描述。

＜CyberUnit＞∷＝＜Unit＞＜Net_Atb＞＜Cap_Atb＞；

＜Net_Atb＞∷＝＜NetDefenseDeg＞＜CnctedState＞＜AttackedState＞…；

＜Cap_Atb＞∷＝＜CheckCap＞＜RepairCap＞…；

＜CheckCap＞∷＝＜0＞|＜1＞|＜2＞|＜3＞|＜4＞|＜5＞

CyberUnit 除继承传统领域部队模型(Unit)的物理域属性(外形、机动、火力、防御等)，还需要重点描述的属性有两类：一类是网络属性(Net_Atb)，即其作为网络目标所具有的攻防状态属性，主要涉及防御等级(NetDefenseDeg)、被接入状态(CnctedState)、被攻击状态(AttackedState)、被攻击可见和接入可见等；另一类是网络攻防对抗能力属性(Cap_Atb)，主要有检测能力(CheckCap)、修复能力(RepairCap)、接入能力、窃密能力、阻塞能力、扰乱能力和控制能力等。对于层次较高的体系级建模仿真，这些能力属性可以为粗粒度，通常多是枚举型变量。

3.3.2　组件化的网络空间作战支援平台建模

通常潜在对手实施网络空间作战，特别是战场网络作战，往往需要运用原本属于物理空间的武器装备作战平台，如电子战飞机、预警飞机、电子侦察船等。这些传统作战平台因搭载了战场网络作战系统或设备，在建模时被归类为必要的网络空间作战支援平台模型。虽然这些网络空间作战支援平台大多已经在物理空间上建立了较为完备的模型，但仍需在已有模型的基础上加以扩展，以便描述对网络空间作战的支撑能力。其主要方法是将网络空间作战支援平台所搭载的网络空间作战相关的信息化设备作为实体组件进行描述，并为组件添加信息作战属性。

1. 信息化设备组件化

信息化设备组件化是指将编配或装配在部队实体或装备平台上的在网络空间作战中至关重要的信息化设备，作为网络空间作战支援平台的信息作战组件进行描述。例如，对于装配有某型通信模块可执行网络对抗行动的飞机平台，在建模时根据其功能描述为信息接收模块、信息发送模块、信息处理模块、辅助决策模块及其他功能组件，此类组件和原有飞机模型一起构成网络空间作战支援飞机的实体模型。

2. 扩展网络空间相关的信息作战属性

在完成网络空间作战支援平台所搭载信息作战设备的组件化之后，接下来扩展这些组件的网络空间相关信息作战属性。例如，用于信息网络保障的某通信设备主要工作频率为 3GHz，这个工作频率属性决定了该组件可以受到该频段范围内的电子干扰而产生网络攻击效果，进而又可以影响相关虚拟实体的状态和行为，比如可以影响基于该通信设备的信息传递行为。通过扩展信息作战属性，构建的网络空间作战支援平台模型不但具备传统的物理域属性，而且还能描述指挥控制、通信传输、传感探测等网络空间作战支撑功能，进而建立网络攻防装备或设备与网络空间作战支援平台的关联关系。这样就可以较为合理地描述网络空间作战装备到平台实体的装配，以及作战支撑关系。

3. 网络空间作战支援平台模型的举例描述

按在网络空间作战中的具体支撑功能，其相对应的实体模型(P_Node)主要有指挥控制平台(C2Node)、核心通信平台(BattlefieldRouter)、情报分发平台(InforDistributeNode)和作战单元搭配平台(InforWeaponPlatform)等。举例描述如下。

<P_Node>::=<C2Node>|<BattlefiedRouter>|<InforDistributeNode>|<InforWeaponPlatform>…

<C2Node>::=<Name><Position><ComInforType><UpNode><WifiFrequency><AntiJamLev><C3iDevHealth><AntiEMPLev><Status>…

<Status>::=<Dead>|<Live>|<Sleep>;

<AntiJamLev>::=<1>|<2>|<3>|<4>|<5>;

<AntiEMPLev>::=<1>|<2>|<3>|<4>|<5>;

<ComInforType>::=< Detect>|<Move>|<Conceal>|<Attack>;

<BattlefieldRouter>::=<Name><Position><ComFrequency>

<AntiJamLev><MaxRouteNum><AntiEMPLev><Status>…

<Status>::=<Dead>|<Live>|<Sleep>;

<ComJamLev>::=<1>|<2>|<3>|<4>|<5>;

<AntiEMPLev>::=<1>|<2>|<3>|<4>|<5>;

<InforDistributeNode>::=<Name><Position><ComFrequency><InfoDisTag><AntiEMPLev><Function><Status>…

<Status>::=<Dead>|<Live>|<Sleep>;

<Function>::= <Detect><Move><Conceal><Attack><UpLink>;

<AntiEMPLev>::=<1>|<2>|<3>|<4>|<5>;

<InforWeaponPlatform>::=<Name><Position><ComFrequency><C3iDevHealth><Function><UpNode><AntiEMPLev><Status>…

<Status>::=<Dead>|<Live>|<Sleep>;

<Function>::= <Detect><Move><Conceal><Attack><UpLink>;

<AntiEMPLev>::=<1>|<2>|<3>|<4>|<5>;

例中，指控平台的建模描述具有层次特性，重点用于反映不同指控节点的指挥关系，其主要描述产生的控制命令类型(ComInforType)、上级指挥节点(UpNode)、信息系统完好程度(C3iDevHealth)、抗电磁脉冲等级(AntiJamLev)等属性；核心通信平台主要描述通信频率(ComFrequency)、抗电磁脉冲等级(AntiJamLev)等属性；情报分发平台是提供战场数据存储和数据查询的服务节点，主要描述信息接收节点列表(InfoDisTag)、通信频率(ComFrequency)和抗电磁脉冲(AntiEMPLev)等级等属性；单纯作战单元搭载平台是战场中能够执行网络空间攻防行动的信息化作战单元，主要刻画其能够执行的功能(Function)、上级指挥节点(UpNode)、信息系统完好程度(C3iDevHealth)和抗电磁脉冲(AntiEMPLev)等级等属性。为了能够描述节点状态(Dead、Live或Sleep等)，每个节点还需要具有节点状态(Status)属性。此外，网络空间作战支撑平台还具有节点名称(Name)、地理位置(Position)等自然物理空间的其他属性。

3.4 虚拟层实体建模

所谓虚拟层实体是相对于物理层实际存在的实体而言的，主要是指网络空间作战涉及的信息域和认知域实体。虚拟层实体的概念外延主要包括以软件代码形式存在的网络病毒、安防程序等网络战系统或武器，以及以数据包形式存在的各种战场网络信息。此外，还包括为描述网络空间自身运作和对抗过程而从认知层面上抽象描述的逻辑实体，如网络身份（可称虚拟主体）、逻辑链路（可称虚拟信道）等。

3.4.1 虚拟层实体建模思路

对上述网络空间虚拟层实体进行建模，无法简单套用物理层实体建模方法，需要总结分析虚拟层实体的特点，提出有针对性的建模思路。网络空间虚拟层实体不能单独存在，与物理层实体之间具有依存和随动等关联依赖关系。同时，虚拟层实体建模与物理层实体建模相比，不再强调空间位置的机动、基于物质和能量的火力与防护等物理域属性，而是应该更加关注信息域和认知域属性。其建模最好遵循以下思路。

① 基于功能构建虚拟层实体模型。虽然虚拟层实体都可以从信息网络技术的角度加以详细描述，但是这样描述不符合联合战役体系层面网络空间作战的建模需求，建模重点不应该是从底层构建网络空间技术视图。因此，需要从作战的视角对涉及的虚拟层实体进行适度简化，以网络空间作战原则、作战能力和效果等为重点进行功能性描述。

② 有些虚拟层实体需要单独建模。虚拟层实体是网络中客观存在的数据、代码，以及需要描述的逻辑主体，对于网络空间作战仿真不可或缺。同时，由于这些虚拟层实体完全不同于物理层实体，也不可能全部将虚拟层实体融入物理层实体模型。在多数情况下，需要将虚拟层实体看作有独立功能、能独立抽象的实体进行描述。例如，木马、蠕虫等网络空间武器，都具有种群数量、探测能力、感染能力、进化能力等相对独立的信息属性和行为能力。因此，在多数情况下，此类实体建模时应根据不同类型的虚拟层实体分别进行描述，体现虚拟层实体有别于物理层实体的独立特性。

③ 虚拟层实体模型要有描述关联依赖的属性。虚拟层实体不能脱离物理层实体而存在，它们的关联依赖虽然可以独立进行描述，但是仍然需要添加必要的属性以支持关联依赖的描述。虚拟层实体模型主要以信息、软件或功能抽象等虚拟形式存在，其产生、行动，以及消失等状态或行为必须寄存于特定的物理层实体才有意义。因此，为了描述这种关联依赖，最好在虚拟层实体模型中有记录其与物理层实体的属性。

④ 虚拟层与物理层实体间的某些关系也可单独描述。虚拟层实体和物理层实体之间关系复杂，不但虚拟层实体与物理实体之间具有依存、随动、驱动等约束关系，多个虚拟层实体之间也存在一定的约束关系。例如，网络信息的频繁传输可能会使传输数据的信道误码率更高；感染了蠕虫病毒的虚拟主机性能可能会下降，甚至瘫痪；恶性和良性蠕虫病毒间可能相互制约等。这些实体之间的关系难以在实体属性内部描述出来，有时需要对它们之间的关系进行单独建模。

以上是网络空间虚拟层实体建模的基本思路，对于不同的虚拟层实体，建模过程会有不同，但大致都会遵循。下面以网络消息和网络蠕虫病毒建模为例，简要阐述网络空间虚拟层实体的建模过程。

3.4.2 建模实例1：网络消息建模

在网络空间作战建模仿真中，消息是通过信息载体传递的数据和信息，对其建模是对这些数据和信息从作战视角进行的抽象。一般来说，以火力战为代表的物理空间建模往往并不强调描述消息，极少数情况下，对消息进行建模也只是从通信角度描述信息的产生、传播、接收和处理等过程，这些还不能满足网络空间作战的建模需求。网络空间作战建模需要从认知角度描述消息的作战用途，其中也会对消息行为进行建模，但重点有所不同。同时，在某些情况下，网络空间建模还要描述消息和载体之间的依存关系，例如消息被篡改后，消息载体有可能依据被篡改的消息发生相应变化；当消息载体被摧毁后，其上的消息也会随之消失。

以面向战略战役层次的消息实体建模为例，其目的是通过描述网络信息体系中消息的基本分类，以及与网络空间作战密切相关的消息内容，以支持网络空间作战关于消息利用和围绕消息展开的攻防对抗行动，并反映消息对体系整体对抗效果的影响。消息模型(P_Message)的示例可以用BNF范式描述如下，即

<P_Message>∷=<ID><Type><Body><Sender><Receiver><SendTime><LifeTime><Condition>…；

其中，ID表示消息的标识符，每一个消息都应该有一个唯一的标识符，一般在消息生成时赋值；Type表示消息类型，是战略战役层面消息建模的主要内容，依据消息类型决定运维环境、对抗行动、通信流量等重要问题，对网络空间作战建模至关重要；Sender和Receiver分别表示消息的发送方和接收方；SendTime和LifeTime表示消息的发送时间和存续时间；Body表示消息体，是网络空间作战需要重点关注的消息模型的关键属性；Condition表示消息的状态属性，一般在对抗过程中根据网络空间环境或对抗行动动态变化。

下面重点对消息模型中的消息分类和消息体两个核心属性进行描述。

1. 消息分类

按用途不同，联合作战中的消息主要描述为三个基本类型，即指控类消息、情报类消息和报告类消息。

① 指控类消息主要用于描述指挥控制信息的消息，涉及威胁判断、下级选择、目标分配、任务指派与调整、作战协同等详细分类。该类型的消息是网络信息体系对抗建模的基础支撑，也是消息模型的主体分类。

② 情报类消息主要用于描述侦察预警信息，包括情报感知、目标识别、威胁判

断、情报分发、情报更新，以及情报注销等具体类型。由于情报对于体系对抗的极端重要性，此类消息往往是量最大、最频繁的网络消息。

③ 报告类消息用于描述实体任务或状态信息彼此通告的实际情况。例如，上、下级实体间周期性的状态报告，以及下级向上级报告任务接收或执行情况的报告等。此类消息是网络信息体系实体间协同的重要支撑和体现，也是网络空间对抗需要关注的重要消息类型。

2. 消息体

要满足网络消息的基本功能，使消息真正成为网络空间其他实体能够识别和利用的信息，就需要对消息进行格式化描述。这就是消息模型中消息体的主要描述目的和描述依据。针对联合作战体系仿真的需要，将消息体分为消息头、消息内容和消息标志位等三类子属性进行描述。

① 消息头包含消息新生成后的预置信息，目的是帮助网络信息体系能正确解释和处理消息，包括中继标识、优先级、大小、最大可转发次数、战场协议适用度描述等基本信息。

② 消息内容包含消息的主要内容，用于实现消息的主体功能，包括所描述实体的任务信息、定位信息、报告信息、消息状态、已转发次数、已经过的路由，以及威胁警报等信息。

③ 消息标志位用于指示模型运行过程中实体的状态或作战信息，目的是使用事先指定的各个标志位表示相关状态信息，从而在模型运行时快速准确地判别各种情况，主要内容包括消息的状态（如消息被接收、转发，传输失败、成功等）、敌我标识、可否执行命令、状态是否需要更新、目标是否被命中等多方面、多层次的判断性信息。

3.4.3 建模实例 2：网络蠕虫病毒建模

网络蠕虫病毒是一种能够利用系统漏洞通过网络进行自我传播的恶意程序。利用网络攻防、密码学和计算机通信等技术开发的网络蠕虫病毒，往往具有高度的自动化和智能性，可以实现对目标网络的降级、瘫痪、破坏，甚至是窃密。特殊条件下也可用于网络防御，已成为最常见的网络空间武器。因此，为进行网络空间防御研究，有必要对网络蠕虫病毒进行建模仿真。

1. 恶意蠕虫模型

恶意蠕虫（malicious worm）是网络空间作战攻击方为窃密、降低、破坏、瘫痪对方网络节点、部分或整个网络而使用的蠕虫病毒。一般来讲，一种恶意蠕虫只能攻击具有特定操作系统、特定端口或具有特定漏洞的主机。建模时，我们的一个例

子是在联合作战体系仿真过程中将恶意蠕虫看作是一种特殊的作战数据包，用BNF 范式大致描述如下，即

<MaliciousWormModel>∷=<WormType><InfectedOS><ScanPort><TTL><WormData><AttackAbility><GroupQuantity>…

其中，InfectedOS 表示恶意蠕虫能够感染作战实体的计算机、处理器或控制器的操作系统类型，一种蠕虫病毒一般只能感染特定的操作系统；ScanPort 表示恶意蠕虫在搜索发现脆弱性主机时所扫描的端口号，只有当脆弱性主机开放相应端口时，蠕虫病毒才能对其进行感染；TTL 表示扫描的蠕虫数据包在网络中生存的时间，一般用其能够转发的最大跳数来衡量，用于描述网络信息体系中出现蠕虫传播的能力属性；WormData 表示蠕虫病毒攻击方的信息，一般描述攻击方的实体 ID、版本号及病毒能力信息等，用于依据计算模型来表现攻防作战效果；AttackAbility 表示该蠕虫病毒的攻击能力；GroupQuantity 表示蠕虫病毒的种群规模，用于描述该类型蠕虫病毒在网络中的传播扩散速度，也可以用于描述蠕虫病毒防御策略对恶意蠕虫病毒的控制水平。

2. 良性蠕虫模型

良性蠕虫(benign worm)也是一种特殊的网络蠕虫，在网络中具有与恶意蠕虫类似的行为能力，目标主机利用良性蠕虫可以清除已感染的恶意蠕虫或修复其漏洞。良性蠕虫本身具有自主性、灵活性特征，利用其对恶意蠕虫进行防御，不但具有较好的防御效果，而且可以节省额外硬件设施的配置费用。参考恶意蠕虫，良性蠕虫的 BNF 范式可以描述如下，即

<BenignWormModel>∷=<WormType><InfectedOS><ScanPort><WormData><TTL><GroupQuantity><BenignWormFunction><Benign-WormStartupType>

<BenignWormFunction>∷=<UpdateHost>|<ClearupMalicious-Worm>|<CompositeFuntions>

<BenignWormStartupType>∷=<Active>|<Passive>|<Hybrid>

良性蠕虫模型与恶性蠕虫模型所具有的相同属性这里不再赘述。这里重点描述良性蠕虫所具有的功能作用(BenigWormFunction)及其启动方式(Benign-WormStartupType)。

按照不同的功能需求，良性蠕虫的能力可以分为三种。

① 良性蠕虫可以发现并升级具有漏洞的脆弱性主机(UpdateHost)，使其对特定恶意蠕虫具有免疫能力。

② 良性蠕虫可以发现已经感染特定恶意蠕虫的主机，并清除主机中的恶意蠕虫(ClearupMaliciousWorm)，但主机还可能重新被恶意蠕虫感染。

③ 具有上述两种良性蠕虫的能力(CompositeFunctions)，如果主机为脆弱性主机但没有感染恶意蠕虫，则对其进行升级；如果主机已感染恶意蠕虫，则清除之，并升级主机。

按照不同的启动方式或传播过程，良性蠕虫也可以分为三种，即主动型(Active)、被动型(Passive)或混合型(Hybrid)。

① 主动型良性蠕虫可以主动扫描并发现网络中感染恶意蠕虫的主机或脆弱性主机，感染主动型良性蠕虫的主机可以以一定的速率产生良性蠕虫数据包，数据包的目标地址按照一定的算法设定，如随机生成算法等。

② 被动型良性蠕虫不能主动发现脆弱性主机或感染蠕虫病毒的主机。感染被动型良性蠕虫的主机只是等待恶意蠕虫的扫描，一旦发现恶意蠕虫的扫描数据包，则根据数据包的源地址或发送路径定位感染恶意蠕虫的主机，并向已感染恶意蠕虫的主机发送良性蠕虫数据包，清除主机中的恶意蠕虫。

③ 混合型良性蠕虫指具有主动型和被动型良性蠕虫共同的功能，既可以随机扫描网络中的脆弱性或已感染病毒主机，也可以根据恶意蠕虫的扫描主动定位相应主机。

一般来说，主动型良性蠕虫效率更高，但是容易造成网络中良性蠕虫数据包过多，进而影响网络传输效率。被动型良性蠕虫可以在一定程度上降低良性蠕虫数据包过多的现象，但工作效率相对较低。根据良性蠕虫的传播状况，主动型和被动型良性蠕虫可以相互转化。在网络中发现恶意蠕虫初期，可以释放主动型良性蠕虫，获得更好的防御效果；当网络中良性蠕虫达到一定规模时，使主动型良性蠕虫转化为被动型良性蠕虫，从而达到控制网络中良性蠕虫数据包数量的目的。

3. 网络蠕虫病毒相关模型的状态转移关系

从网络蠕虫病毒攻防的角度，网络空间中的主机可分为四种类型，即脆弱性主机(suspicious node)、已感染恶意蠕虫病毒主机(malicious worm infected node, MWI node)、已感染良性蠕虫主机(benign worm infected node，BWI node)和具有免疫能力的主机(immune node)。其状态转移关系如图 3.2 所示。

脆弱性主机指网络中没有恶意蠕虫或被恶意蠕虫感染的计算机节点。为了真实建模战场计算机网络环境，每一个脆弱性主机都能够利用背景流量生成 Agent (background traffic generate Agent，BTGA)产生网络背景数据。

MWI 主机指当脆弱性主机感染恶意蠕虫病毒后就可以转变为 MWI 主机，在主机中的恶意蠕虫 Agent(malicious worm Agent，MWA)就将被启动。MWA 启动后将控制该主机并开始按照一定速率产生恶意蠕虫数据包扫描其他节点。

BWI 主机指当脆弱性主机或 MWI 主机感染良性蠕虫时将变为 BWI 主机，在主机中的良性蠕虫 Agent(benign worm Agent,BWA)就将被机动,包括清除恶意蠕虫或升级主机,开始产生并发送良性蠕虫数据包等。

免疫主机指已经升级而不能被恶意蠕虫或良性蠕虫感染的网络主机。

上述三种主机类型都可以直接被升级为免疫主机。

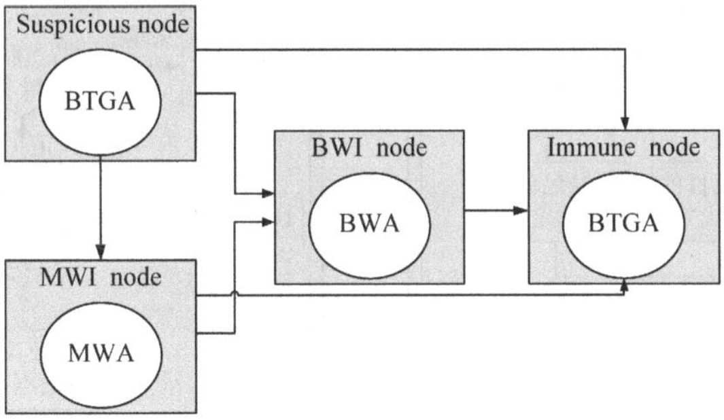

图 3.2 蠕虫攻防过程中不同节点模型之间的状态转移关系

4. 基于数据包的蠕虫攻击与防御行动描述

网络蠕虫病毒攻防行动涉及相关网络蠕虫数据包的产生、目标地址的设定、蠕虫负载的确定,以及目标主机接收到网络蠕虫数据包的相关处理。这里重点描述恶意蠕虫与混合型良性蠕虫的攻防行动过程,如图 3.3 所示。

① 在开始阶段,选定网络中某两个主机节点分别为 MWI 节点和 BWI 节点,作为攻击行动的发起端和防御行动的起始端,其他节点为脆弱性节点或免疫节点。为验证不同的攻防效果,MWI 节点与 BWI 节点可以设定为网络中的不同位置。

② MWI 节点中的 MWA 开始产生恶意蠕虫数据包,数据包产生的速率根据网络蠕虫的能力可以设为不同值。为模拟正常的网络环境,网络中所有节点根据其服务能力产生正常数据包,作为网络背景流量,以验证网络蠕虫在不同网络背景流量下的攻击与防御效果。

③ 设定蠕虫数据包的源地址为其寄宿主机网络地址,目标地址按照一定的算法产生,例如随机算法或根据地址列表扫描邻居节点。蠕虫数据包的负载大小按照一定的分布确定。

④ 网络蠕虫数据包被发送到网络中,并根据其数据包目标地址被路由到目标主机。为仿真数据包在网络中路由的真实情况,如果目标主机的地址不可达,则蠕虫数据包应被路由到与目标地址前缀最接近的路由器,然后再销毁;每被路由一次,网络蠕虫数据包的 TTL 值减 1,当 TTL 减为 0 时,数据包也被销毁。

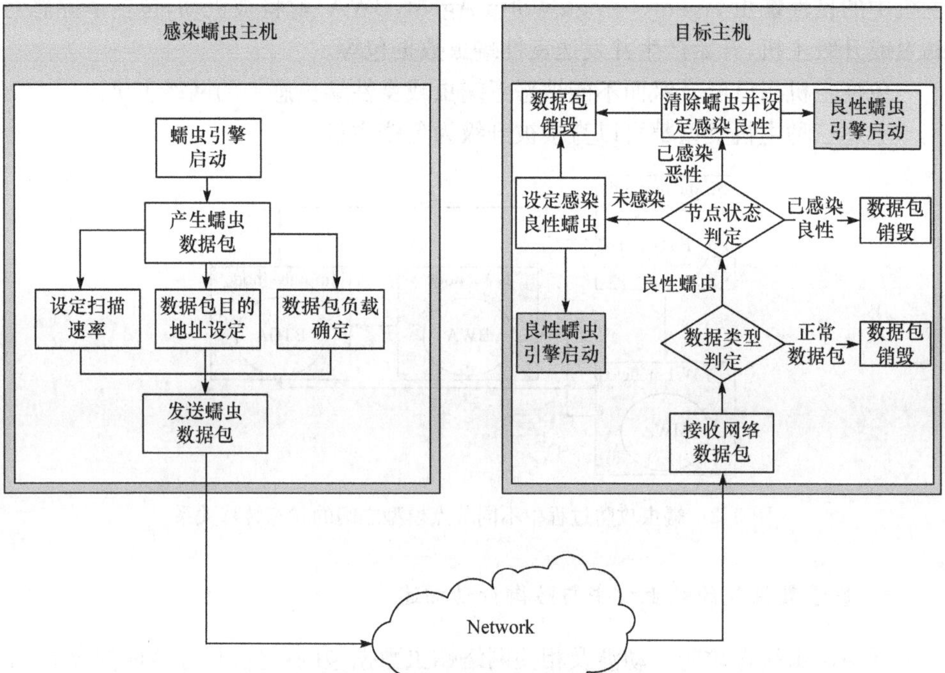

图 3.3　数据包级别的网络蠕虫攻防行动描述

⑤ 目标节点接收到数据包时,首先分析数据包的类型。如果数据包为普通数据包,则直接销毁。如果数据包类型为恶意蠕虫数据包,则判断节点的状态属性,当节点为免疫节点、BWI 节点或 MWI 节点时,则直接抛弃该数据包;当节点为脆弱性节点时,则设定该节点为 MWI 节点,并启动节点中的 MWA,同时使恶意蠕虫病毒的 GroupQuantity 加 1。

⑥ 当网络中 MWI 节点达到一定数量或网络中第一个 MWI 节点的 MWA 开始产生恶意蠕虫数据包达到某一时间时,BWI 节点中的 BWA 开始启动,并按照一定的速率产生良性蠕虫数据包。良性蠕虫数据包的设定与恶意蠕虫数据包的设定类似,这里不再赘述。

⑦ 当目标节点接收到良性蠕虫数据包时,首先判断节点是否为免疫节点或 BWI 节点,如果是,则直接丢弃良性蠕虫数据包;如果节点为脆弱性节点,则设定该节点为 BWI 节点;如果节点为 MWI 节点,则修改该节点为 BWI 节点,终止 MWA 并启动 BWA,同时使恶意蠕虫病毒的 GroupQuantity 减 1。

⑧ 如果节点为 MWI 节点,则持续产生恶意蠕虫数据包扫描网络,直到仿真结束;如果节点为 BWI 节点,则持续重复良性蠕虫的工作过程。

5. 仿真实验验证

为分析基于抽象数据包的蠕虫病毒攻防行动过程,并验证模型的正确性,下面基于 OPNet 对蠕虫病毒攻防行动模型进行仿真实验验证。仿真实验的网络拓扑结构如图 3.4 所示。

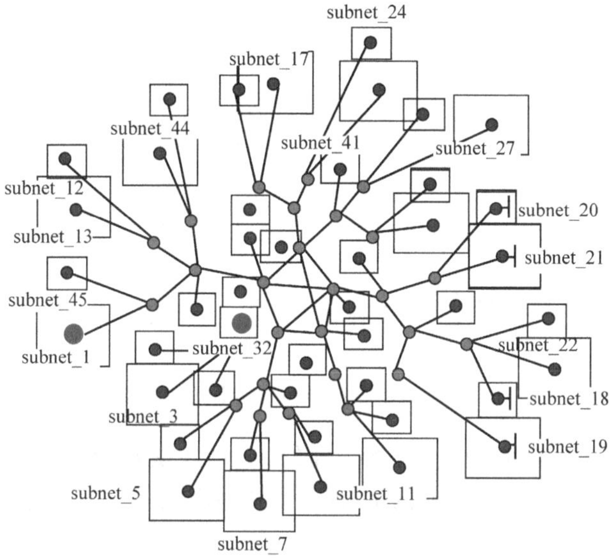

图 3.4 蠕虫病毒攻防行动实验的战场网络拓扑结构

该网络共有 45 个子网、27 个核心路由器,以及若干内部路由器和边界路由器。每一个子网表示不同指挥级别的指控中心,按照级别的不同分别有 50～200 个计算机主机节点,网络中共有计算机主机节点数约 5400 个。实验中的良性蠕虫为混合型良性蠕虫,具有清除恶意蠕虫和升级主机的功能。实验初始时网络中只有一个 MWI 节点和一个 BWI 节点,感染蠕虫病毒的节点每隔 5s 发送一个蠕虫扫描数据包。仿真运行开始 40s 后,MWI 节点中的 MWA 开始启动。

(1) 蠕虫初始位置

当网络中某一节点感染蠕虫病毒时,会根据其连接路由器的路由表随机扫描其邻居节点,以发现脆弱性主机。蠕虫在网络中的初始位置会对网络蠕虫的攻击效果产生重要影响。设定恶意蠕虫的初始位置分别在战场网络的核心位置和边界位置,即子网 subnet_32 和子网 subnet_1。实验结果如图 3.5 所示。

由此可见,当恶意蠕虫的初始位置位于网络边界,即位于 subnet_1 时,网络中感染蠕虫病毒的主机数量上升较为缓慢;当恶意蠕虫的初始位置位于网络核心,即位于 subnet_32 时,网络中感染恶意蠕虫的主机数量明显加快。在恶意蠕虫开始

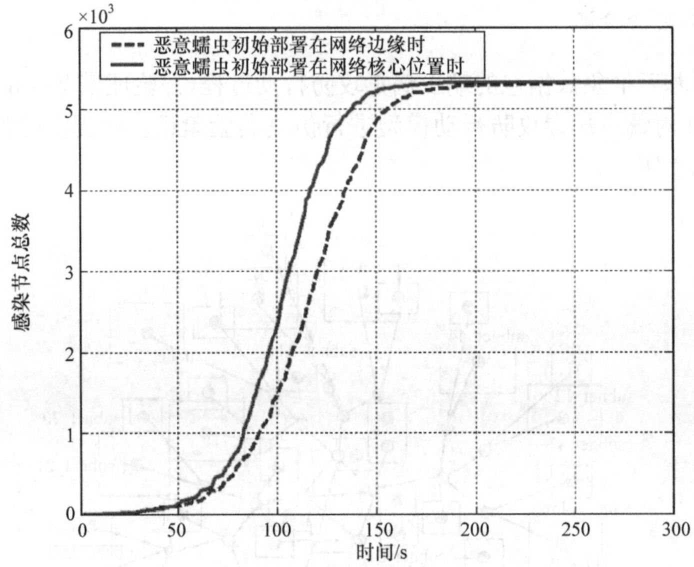

图 3.5 恶意蠕虫初始位置对其攻击效果的影响

传播 90s 后，从网络核心位置开始传播的 MWI 主机数量已经是从网络边界位置开始传播的 MWI 主机数量的两倍，前者也比后者提前 50s 达到 MWI 主机数量的最大值。

(2) 延迟时间

在实际战场网络环境中，探测发现网络中发生蠕虫病毒攻击需要一定的时间，所以从恶意蠕虫病毒开始发动攻击到良性蠕虫开始进行防御往往需要一定的延迟时间。这个延迟时间的大小对于网络蠕虫的攻防效果也有重要影响。相对攻击方来说，网络边界位置更容易渗透，设定恶意蠕虫的初始位置位于网络的边界，即 subnet_1。对于防御方来说，网络核心位置才是重点防护的对象，设定良性蠕虫的初始位置位于网络的核心，即 subnet_32 中。对于不同的延迟时间时，蠕虫攻防效果如图 3.6 所示。

实验分别设定延迟时间为 0s、40s 和 90s，为有效控制网络中蠕虫扫描数据包的数量，避免影响网络传输效率，良性蠕虫的扫描速度是恶意蠕虫的一半。从实验结果可以看出，良性蠕虫能够非常有效地控制恶意蠕虫病毒的攻击行动；当延迟时间增加时，网络中 MWI 节点主机数量的最大值变大，MWI 节点存在的时间也会变长。因此，快速有效地发现恶意蠕虫并释放良性蠕虫对防御恶意蠕虫的攻击至关重要。

(3) 网络背景数据

为模拟网络环境，要在网络中增加背景流量，以分析在不同网络背景流量时基

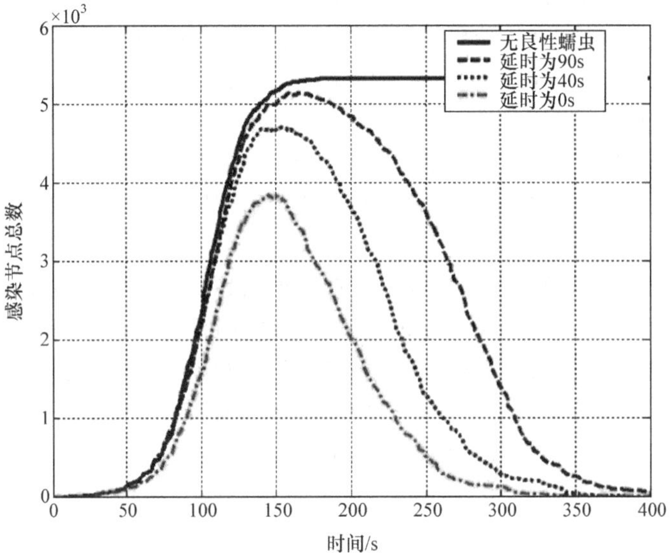

图 3.6　不同延迟时间时的蠕虫攻防效果

于良性蠕虫的攻击和防御效果。实验设定恶意蠕虫的初始位置位于 subnet_1，良性蠕虫的初始位置位于 subnet_32，仿真开始 10s 后，初始 MWI 主机节点中的 MWA 开始启动，延迟 90s 后，初始 BWI 主机节点的 BWA 开始启动，我们分别设定网络背景流量为 0、1.8×10^{9}bit/s 和 1.8×10^{10}bit/s。实验结果如图 3.7 所示。

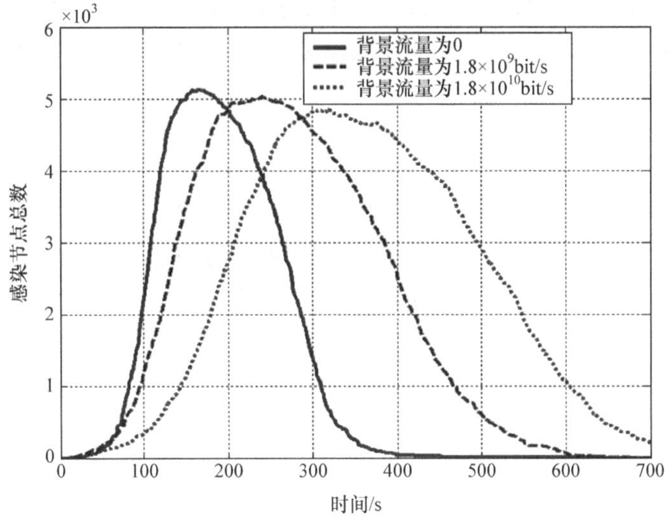

图 3.7　不同背景数据对蠕虫病毒攻防效果的影响

可以看出，当网络没有背景流量时，MWI 节点数量上升更快，在很短的时间内就达到最大值，良性蠕虫的防御效果也更加明显，MWI 节点数量下降更快，在网络中存在的时间也更短。随着背景流量的增加，无论恶意蠕虫的攻击效果，还是良性蠕虫的防御效果都明显下降。这主要是因为随着网络背景流量的增加，网络信息传输效率下降，蠕虫数据包在网络中传输的延迟增加，无论是恶意蠕虫数据包，还是良性蠕虫数据包在网络中传输的时间更长，从而影响网络攻防效果。这也在一定程度上验证了模型的正确性。

在数据包级别建模蠕虫病毒攻防行动不但可以充分体现网络拓扑结构、网络流量、初始攻击位置对蠕虫病毒攻防效果的影响，而且可以描述网络空间中具体节点感染蠕虫病毒的时间，以及感染蠕虫病毒后节点信息能力的变化。这种高逼真度的仿真对于建模具有不同节点类型的网络空间及网络空间作战行动是必要的。网络空间中不同类型的节点往往需要承担不同的作战任务，对体系能力具有不同的影响力，高逼真度的仿真将为下一步的网络攻防综合效能分析尤其是体系效能的分析评估提供良好的支撑。

3.5 实体间关联关系建模

物理层实体与虚拟层实体间的关联关系对于网络空间作战建模仿真非常重要，描述它可以体现网络空间作战所具有的“作战资源一次性使用”“逻辑作战空间”，以及“网络空间是沟通物理空间到认识空间的第二桥梁”等独特特点。物理层实体与虚拟层实体之间的关联关系也非常复杂，其中最典型的有两种，即虚拟层实体对其他实体之间的寄生约束关系和虚拟层实体与物理层实体属性值之间的数量约束关系。

3.5.1 寄生约束关系

网络空间作战涉及的消息、网络武器等虚拟层实体是以数据、信息、代码等形式存在的。除相互之间可以彼此影响，还需要寄生或依存于特定的具有数据存储、信息处理和转发功能等功能的物理层实体，如果物理层实体被摧毁，寄生或依存于该物理层实体的虚拟层实体也会随之消失。而单个物理层实体中可能存在多种类型和数量的虚拟层实体，物理层实体的位置和信息能力会在一定程度上约束并限定虚拟层实体数量、属性和行为能力。其寄生约束关系描述如图 3.8 所示。

与生物学概念中的“寄生”概念相比，虚拟层实体所寄生的物理层实体可以看作该虚拟层实体的宿主实体，但是网络空间物理层实体与虚拟层实体之间的依存、寄生关系与生物学的“寄生”概念也有明显的区别。

首先，从作用方式来看。在生物学概念中，生物宿主一旦死亡就会从自然界中

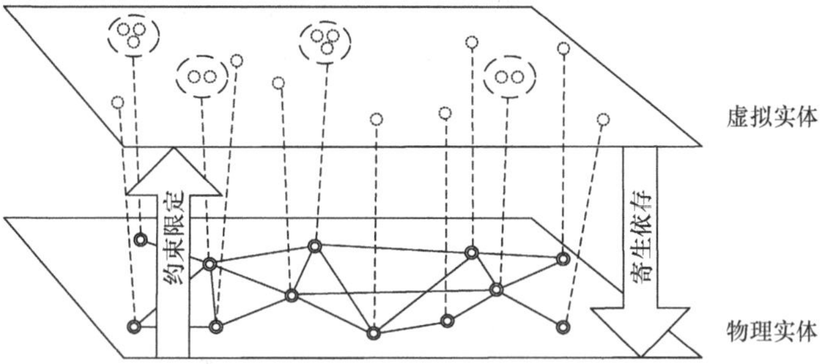

图 3.8　虚拟层实体相对于物理层实体的寄生约束关系

永久消失，而该生物的寄生体可能会随该生物而消亡，也可能重新寻找新的宿主。而虚拟层实体是依赖于物理层实体的操作系统或软件而存在的。物理层实体如在作战过程中遭到破坏而消失，物理层实体的操作系统或软件可能会无法启动，寄生于其上的虚拟层实体也就随之消失。例如，计算机蠕虫病毒需要寄生于某计算机节点，计算机节点被毁伤后在其之上的蠕虫病毒也就不复存在。同时，物理层实体也可以通过操作系统或软件的关闭，而使虚拟层实体暂时从网络空间中消失。这时的物理层实体只是没有了信息属性，但是仍可以发挥相应的位置机动、火力打击等物理功能。

其次，从作用时间来看。在生物界中，宿主死亡的一瞬间，其所寄生的生物体不会马上消亡，往往还可以在宿主中存活一定的时间，具有明显的延迟特性。而在网络空间中，物理层实体消失的时刻，也是其所寄生虚拟层实体消失的时刻，不会存在任何延迟，也不能通过一定的方式在物理层实体消失后的瞬间使虚拟层实体脱离该宿主主机重新寻找新的寄生主机的现象。当网络空间中的物理层实体通过一定的方式重新启动后，其所寄存的虚拟层实体可能不复存在，但在大多数情况下还可以重新发挥作用。例如，存储于物理层实体固定磁盘上的木马、蠕虫病毒、恶意软件等虚拟层实体，在物理层实体关机重启后仍可以发挥作用，而处于物理层实体内存中运行处理的数据包，在物理层实体关机重启后肯定就不复存在了。

3.5.2　属性值数量约束关系

除了寄生约束关系，虚拟层实体的状态变化和物理层实体的状态变化都会给彼此带来双向的随动影响。例如，虚拟主机的信息处理能力下降到一定阈值，其依存的物理层实体的指控能力（如火控系统能力）也会丧失。这种随动产生的相关性并不是行为和交互产生的，而是由于在双层模型概念框架下，需要对同一个建模对象从两个视角做两次抽象，因此产生的物理层实体和虚拟层实体实际上是同一个建模对象在不同角度的不同看法，这种处理导致存在依存关系的物理层实体和虚拟层实体之间的属性值有着条件相关性。物理层实体与虚拟层实体行为之间的随动是相互的，彼此影响、互相约束，产生随动效应，构成关联闭环，进而相互影响各自在其所处空间内的性质和状态。其相关作用机制如图 3.9 所示。

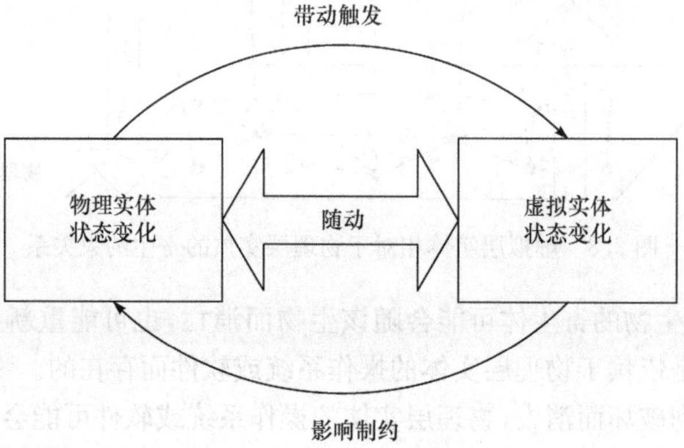

图 3.9 虚拟层实体与物理层实体的相关作用机制

首先，物理层实体在物理域的交互导致的状态变化会带动或触发虚拟层实体的状态变化，进而影响虚拟层实体的行为。作为虚拟层主机依存的信息化武器平台，物理层实体如果遭受电磁脉冲弹攻击而导致信息系统损坏，那么虚拟层主机也会发生相应的性能降低。在网络空间中，如果处于指控位置的车载移动计算机感染了蠕虫病毒，并被从一个战场移动到另一个战场中，那么该移动计算机能够连接到的其他计算机、连接后能够传输数据的带宽、数据在相应链路中的传输误码率等网络环境肯定会发生变化。在这种情况下，寄生于该网络蠕虫病毒能够扫描到的链路数、系统类型、开放端口等肯定会随之改变，这会进一步影响蠕虫病毒的传播和感染等行为。

其次，虚拟层实体的信息行为会影响和制约物理层实体的物理行为和信息行为。网络空间武器装备都属于信息化的装备平台，其攻防行动都必须依靠一定的操作系统或应用软件才能正常进行，而寄存于相应物理层实体的虚拟层实体如果影响或破坏了该物理实体操作系统或应用软件的运行，那么物理实体的行动肯定会受影响，甚至无法进行。例如，战场中信息化坦克的主控计算机感染了蠕虫病毒，而该蠕虫病毒会持续向该计算机能够连接的其他计算机节点发送探测数据包，同时还可能破坏主控计算机的数据信息。这不仅会影响信息化坦克正常命令的接收和信息的反馈，而且会影响信息化坦克的打击精确度，甚至使其无法机动。

从建模的角度，这种属性值数量约束关系 VI 可以视作 k 条约束规则 RV 的集合，即

$$\mathrm{VI}=\{\mathrm{RV}_i \mid i\in\mathbf{N}, i\leqslant k\}$$

其中，每条约束规则 RV 都是约束条件 C_V 和约束关系算法 g 的二元组，记做 RV∷$<C_V, g>$。

在描述时，为了清晰无二义性，可以从两个方面加以描述。概念说明部分采用自然语言描述。此部分用自然语言说明，虚交互的意义和生效范围，由于自然语言容易掌握，利于领域专家开发。

约束规则部分可结合采用自然语言和伪代码加以描述。自然语言容易掌握，预定义的伪代码也兼顾格式化描述的要求，两者结合可以较为精确地描述概念模型，也便于开发和模型检查。

3.6 小结

本章针对网络空间实体建模，在已有物理层实体建模的基础上，主要对网络空间实体的建模思路、各类实体建模方法和实体间典型的关联依赖关系进行研究，重点分析了网络空间实体双层概念模型建模思路，以及虚拟层实体的建模方法、虚拟层实体之间和虚拟层实体与物理层实体间的关联依赖关系等问题。

第4章 行为建模

网络空间作战行为涉及多种不同类型实体的多种不同行为，既包括战场网络战范畴传感实体的感知行为、指挥实体的决策行为、战场计算机实体的网络攻防行为等，又包括战略网络战范畴的各类国家关键基础设施信息流的产生、传递及消耗，信息转发与路由行为、信息处理行为、信息对抗行为，以及认知个体的接受信息、传播信息、相信信息、被信息迷惑而产生更进一步的社会连锁行为的认知行为等。此类行为与火力毁伤等自然物理空间的传统对抗行为相比，具有明显的自适应性特点。网络空间行为的自适应性，尤其是在信息层次和认知层次对抗行为的自适应性是网络空间作战建模需要关注的重点。

4.1 网络空间作战行为的自适应性分析与模型框架

4.1.1 自适应性分析

1. 自适应性是人的行为复杂性在网络空间对抗行为中的内在反映

网络空间是一个人造空间，所有的对抗行为均面向人的认知，服务于人的认知，并作用于人的感知、识别、判断与决策等具体认知环节，始于人而终于人。人的行为复杂性影响，甚至决定网络空间作战行为的特征。网络对抗行为的形式不论是在认知域，还是在信息域，其对抗目的和对抗效果都集中在认知域，而人在认知域自主的决策行为特征，从本质上决定了网络空间作战对抗行为的自适应性。

2. 自适应性是网络空间作战特点的自然体现

网络空间作战几乎可以光速到达且强依赖于目标特征，与传统作战相比，战机更是稍纵即逝。因此，很多情况下，需要结合目标快速变化的情况依预案实施自动化作战。这是网络空间作战在实施环节具备高度自适应性的主要原因，是在多变的复杂网络空间战场中，实现快速感知、主动适应和及时响应的制胜机理。

3. 行动自适应和结构自适应是网络对抗自适应性的两个方面

网络对抗自适应性主要表现在行动自适应和结构自适应两方面。行动自适应是指网络空间对抗行为实体在执行特定任务过程中或与其他实体交互时，在具体行动方面发生适应性状态改变或响应的现象。例如，因目标网络状态改变，网络攻击实体临机调整攻击手段或策略。结构自适应就是网络结构自适应，是网络对抗行为自适应性特别重要的另一个方面，主要是指网络行为实体在与环境或其他实体交互时，因通信、指控、感知、协同等特殊需求，在组网结构方面发生的适应性自我调整的现象。例如，因中间指挥实体的消失，网络行为实体通过动态组网来保障所需的越级指挥。

4. 网络对抗行为规则的三个基本原则

响应、时序和触发是描述网络空间自适应行为的三个基本原则。

① 响应指实体根据自身状态或外部环境的变化而产生临机行动的现象。响应可以是预先设置好的，在具体实现上多个响应以库的形式存储并参与运行匹配。同时，某些随机响应事件还可以当作经验被武器装备行为实体记忆下来，形成新的知识，快速响应，从而使网络对抗行为实体具备更高级别的学习能力。

② 时序指考虑行为实体在执行特定任务或使命时，其对抗行为往往由多个行动组成，以行动组合的形式存在，且行动之间具有明确的时间先后顺序，后一行动是在前一行动有效执行以后执行。网络认知行为规则的时序逻辑主要依据作战条令条例和作战经验等先验性知识进行确定。

③ 触发指在一定的作战环境中，网络对抗行为需要满足一定的触发条件才能发生，不同对抗行为在满足不同状态条件下的触发是实现实体对抗行为自适应的要素之一。

5. 自适应性集中体现于自主行为规则

通常，行为规则是实体在执行任务过程中必须遵循的规范、规定、程序、交战条件、行动步骤等，一般是作战经验、作战规律、作战条令的体现。行为规则在网络对抗行为建模中主要用于两方面。一方面是限定网络对抗行为实体能力在当时的环境条件下不能超出其实际能力。另一方面是用于约束或规划在网络对抗过程中可能发生的事件及处置方案。它描述网络实体行动的计划程序和要点，以及对可能发生的临机情况的处置方式。例如，DoS 防御行为规则规定了执行 DoS 防御的资源类网络实体的数量、防御措施、意外情况的处置等。下面将复杂自适应性理论与行为规则相关联，基于我们的建模仿真实践，提出网络对抗行为规则的基本准则。

(1) 体现网络空间对抗行为的体系化特点

需要考虑如何通过规则来体现网络空间对抗行为的体系化特点，如重组性、分散性、机动性、隐蔽性、互操作性、持续性等。重组性描述对抗实体依据预案或基于情况判断，保持实体关联关系或者实体行为有效性的体系复杂特征。分散性描述体系内作战资源和信息交互在网络空间内的分布特征。机动性和隐蔽性提供描述行为实体表现网络空间作战独特特征的能力。互操作性和持续性则可以体现体系内网络通信管理与节点间信息流处理对于提升体系整体效能表现出的能力。

(2) 区分不同网络对抗方的对抗能力

网络对抗是一个双方,甚至多方的动态博弈过程,目标策略不同、作战能力不同在一定程度上会直接影响博弈的实施与结果。因此,网络对抗行为规则应该体现对抗方不同的对抗能力特点。不同的能力会产生不同的决策,也会形成不同的作战过程。因此,针对不同作战方,即便是针对同一问题或情形,其规则描述也可能会有所区分。过分依赖模型随机性而忽略本质差异性要以牺牲模拟的真实性和可靠性为代价,很多情况下建模人员却经常忽视这一点。实际上,既可以考虑通过在规则模型内部区别不同方的过程性差异,也可以考虑通过模型外的参数调整,从而区分不同方的能力性差异。

(3) 考虑认知对网络对抗行为的重要影响

对于体系对抗背景下的网络对抗整体而言,网络行为实体将面临异常复杂的战场环境,如何表现真实的战场感知能力是生成规则时必须考虑的另一方面重要因素。只有考虑战场真实性因素,即能够表现在不指定目标或目标不明确的情况下,通过网络节点自身携带的传感器自主探测、识别或对其他信息源提供的探测信息,进行目标识别、确认、分类的能力,才能充分体现网络对抗过程中从态势感知到态势理解的认知过程。

4.1.2　自适应网络对抗行为规则形式化描述

假设对于某一网络对抗行为实体 E,将其物理实体属性 AP 和虚拟实体属性 CP 统一记作 EP;某一时刻,所有属性赋值后,得到 E 的实际状态集合 P;实体 E 面对的所有内外部环境,包括自然环境、行为客体状态和自身状态等要素,统一记作 S;实体 E 可能产生的所有交互效果,如信道阻塞、病毒感染等,记作 Y。

定义 4.1　网络对抗行为 B 为

$$B_E=\{<E,S,\delta,\lambda>|\delta:P\times S\rightarrow S,\lambda:P\times S\rightarrow 2^Y\}$$

$$B=\bigcup B_E$$

其中,B_E 表示实体 E 的网络对抗行为集合;$\delta:P\times S\rightarrow S$ 表示实体 E 的外部环境转化函数;$\lambda:P\times S\rightarrow 2^Y$ 表示可能的交互效果产生函数。

该式表达了实体在当前态势和自身状态下,产生信息对抗行为,并推动对抗态势以及交互效果的产生过程。

在此基础上,网络对抗行为具体类型 B^T 包括三类,用 BNF 范式描述如下,即

<B^T>::=<Condition-Responded>|<Scheduled>|<Informational>

<Condition-Responded>::={<Condition>}{<Respond>}

<Scheduled>::=[$<B_E^1><B_E^2>\cdots<B_E^n>$]

<Informational>::=<InforGene><InforTran><InforInce>…<Infor-Proc>

其中,依照规则的三个基本原则,可以将网络对抗行为类型抽象为条件响应型、时序型和信息处理型三类。

条件响应型由一组条件和相对应的响应组构成,其形式多为

If Condition1 is True,or Condition2 is True,…,or Condition*n* is True

Then Respond1 executes,or Respond2 executes,…,or Respond*m* executes

时序型主要由一组具体特定先后时序关系的行为组成。信息处理型主要包括信息产生、传输、接收和处理等行为环节组成。

定义 4.2 网络对抗行为规则条件 C 为

$$C: S\times W \rightarrow F$$

其中,W 表示网络实体 E 基于态势感知和决策辅助的行为执行阈值,包括网络目标识别标准、威胁判断标准、目标分配标准、网络攻击手段选择标准等诸多网络对抗行为规则判断标准;F 表示依据规则条件判断结论得出的 True 或 False。

该式表达了实体通过态势感知与外部环境相对比,依据行为执行阈值,得到信息对抗行为规则是否可执行的条件。

定义 4.3 网络对抗行为规则条件向具体对抗行为子集的映射$R^{C\rightarrow B}$,即

$$R^{C\rightarrow B}: C^i \rightarrow B^i$$

该式表示在单个规则条件判断的基础上,将可行的规则条件集合映射到具体行为子集的过程,从而形成基于规则的网络对抗行为。需要指出,这个映射过程要有相对完善的规则条件到对抗行为的映射表来支撑。

4.1.3 物理-信息-认知三域网络对抗行为模型框架

网络空间可以看作是一种广义的信息网络,是各类连接、信息传输,甚至对抗等关系的复杂网络,其实体行为涉及物质、信息、能量等各种形式的交换,甚至可以包括网络实体的机动与火力打击、战场传感设备的探测与预警、通信节点的信息存储与转发、指控网络的决策与指令下达等各种行为。

网络实体行为建模是在网络空间作战实体具有的能力基础上,对实体在一定时空条件下动态变化的行为抽象,是对网络实体在作战环境中能力及任务执行过程的描述。在信息化条件下,网络实体行为可以划分为多种层次和类型。从行为的层次来看,网络实体的行为模型包括平台机动、火力毁伤等物理行为模型(PB_Model),基于网络和电磁的消息传输、处理转发、病毒感染的信息行为模型(IB_Model),以及基于感知、识别、判断和决策等的认知行为模型(RB_Model)。基于层次的信息化网络实体行为的实体描述如下,即

<B_Model>::=<PB_Model>|<IB_Model>|<RB_Model>

<PB_Model>::=<Mobile>|<Damage>|<Destroy>|…|<Jamming>

<IB_Model>::=<MessageBehavior>|<CyberEnityBehavior>

<RB_Model>::=<AppBehavior>|<IdentifyBehavior>|<JudgeBehavior>| <DecisionMaking>

从行为的类型上，行为模型可以分为在体系对抗过程中预先规划的预置行为模型(Init_Behavior)和基于触发→响应模式的临机行为模型(Resp_Behavior)，规范如下，即

<BehaviorType>::=<Init_Behavior>|<Resp_Behavior>

物理行为模型是对实体位置、速度等实体物理属性的描述，其类型相对单一固定，普遍采用预先规划的预置行为模型。相对于物理行为模型，信息行为模型和认知行为模型涉及信息化装备实体及人的参与，具有更强的自主性和自适应性，可以采用基于规则的临机行为模型。在EBNI建模框架下指导的网络对抗行为建模是传统行为建模的继承和发展，重点刻画网络信息行为和认知行为。

4.2　网络空间物理行为建模

网络空间物理行为主要是指符合自然物理空间对抗典型特点的网络对抗行为，包括发生物质交换和能量交换的行为，重点是基于网络关联关系实施的电磁空间能域、频域等特殊对抗行为，对于火力对抗，以及单装对单装的简单电子对抗等行为不再涉及。对于此类行为，以往电磁对抗领域采用的建模方法依然适用，只是建模重点转移到基于网络的对抗行为关联与行为协同上。

4.2.1　物理行为建模方法

物理行为模型是对实体位置、速度等实体物理属性的描述。其类型相对单一固定，普遍采用预先规划的预置行为建模方法，即在模型初始化阶段为信息设备设置初始属性值和参数值，确定信息行为的执行对象、作用对象和执行时间。

所谓预置式行为建模方法是仿真执行前在仿真想定中预先规划好作战实体行动方案。所谓预先规划好是指明确了行动的时间和行动的内容。预置式行动的特点是以明确的时间为标识，其模式是“At time Do action”，即特定时间执行特定动作。所有作战实体的预置行动方案就构成网络信息体系的时间行动序列。

物理域作战实体的所有行动一般均可采用预置方式进行规划，包括为轨迹规划、目标规划和其他行为规划等内容。

1. 轨迹规划

轨迹规划用于描述作战实体的初始位置和机动方案，可描述为

<Track>∷=[{<Waypoint>}]

<Waypoint>∷=<Index><Waypoint. Lat><Waypoint. Lon><Alt><Speed><Time><MoveMode><Type><Reliability>

<MoveMode>∷=<Beeline>|<TerrainFollowing>

<Type>∷=<Route>|<Target>|<Jam>|<Patrol>|<Defence>

一个作战实体的轨迹由多个路径点组成，特殊情况下也可没有任务路径点，如飞行编队中的僚机。路径点构成了作战实体的机动方案，其中第一个点描述作战实体的初始位置。路径点的描述参数包含序号、经纬度坐标、高程、作战实体速度、到达与结束时间、机动模式、路径点类型，以及到达该点的可靠性等。其中，机动模式包括直线式和地形跟踪式两种；路径点类型包括普通机动点、发射武器点、干扰点、巡逻点和防卫点等。

2. 目标区分

目标区分即作战实体的打击行动规划，一个作战实体可以有多个打击目标，也可以有对一个目标的多个打击方案，可描述为

<TargetDif>∷=[{<Target>}]

<Target>∷=<TargetID><LaunchTime><ImpactTime><Weapon><CaptivePlatform><Delay><Detect><WaypointID>

以上描述了作战实体的目标区分方案，可以包含多个打击目标方案或空。打击目标方案由目标作战实体的ID、发射时间与命中时间、选用的武器、发射延时、发射的探测条件，以及路径点等参数构成，其中发射时间与命中时间只需指定一个，另一个可以由武器飞行速度和距离解算得到；发射的探测条件是布尔变量，如果为真，则发射武器必须满足能够有效探测目标的条件；否则，不管是否能够发现目标均可发射武器。

3. 其他行动规划

与上述两类不同，作战实体的有些行动规划比较简单，往往只要指定行动时间即可，如探测、干扰、加油、起飞与返场等。其中，作战实体的探测与干扰行动，需指定传感器和干扰设备的开、关机时间；加油要指定加油时间和加油量；起飞与返场则只是指定行动时间。

4.2.2 建模实例:敏捷电子干扰行为建模

与网络空间作战密切相关的电子干扰行为建模,关注点由单-单-单的模式转向多-多-多的模式。所谓单-单-单的模式,是指以电子干扰实体、指挥控制实体与目标实体三者间一一对应的简单行为模式;多-多-多的模式,是指由网络空间联系起来的电子干扰实体、指挥控制实体与目标实体等实体间,进行更为复杂的对抗行为关系,一方面由于网络空间的作用,使电子干扰的作战效果成倍放大,另一方面电子干扰又可以反过来对网络空间产生巨大影响。具体到电子干扰样式,简单电子干扰和敏捷电子干扰刚好对应这两种模式。其中,简单电子干扰主要应用于电子战力量的早期形态,是单波束干扰,只有战术协同,没有干扰资源分配,把它归为传统领域建模范畴;敏捷电子干扰则主要应用于电子战力量的当前及未来形态,是多波束干扰,包含战术协同和干扰资源分配等环节,能够实现对战场空间作战任务变化的实时动态调整,最好放在网络空间作战行为建模中研究。

多波束敏捷电子干扰的概念模型如图 4.1 所示。从网络空间防御的角度看,其实质是解决电子战飞机的多个干扰波束相对雷达目标之间的威胁匹配问题。

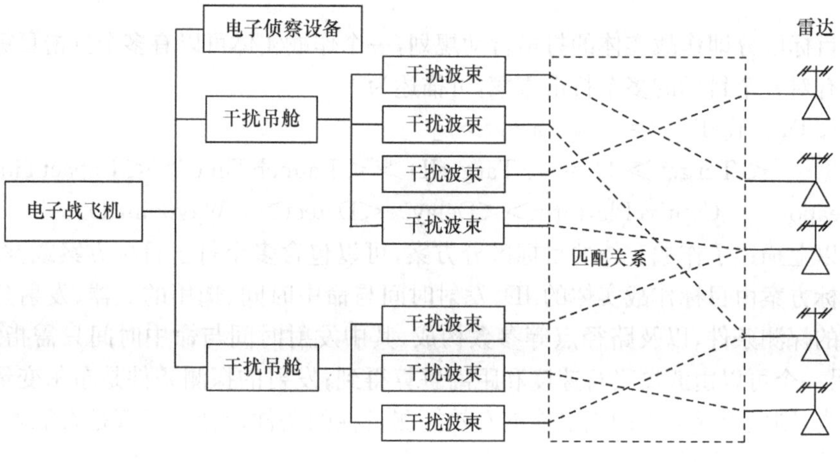

图 4.1 敏捷电子干扰概念模型

如图 4.2 所示为干扰波束与雷达辐射源匹配过程,主要包括形成电子侦察辐射源数据库、形成干扰兴趣列表和实时干扰目标列表等环节。

可以从数据转换角度对上述匹配过程进行阐述。

① 依据电子侦察辐射源数据库、干扰决策数据库形成干扰兴趣列表。

② 在实时干扰目标列表中删除干扰兴趣列表没有的目标。

③ 基于干扰机列表、威胁数据库、干扰兴趣列表,制定干扰策略。

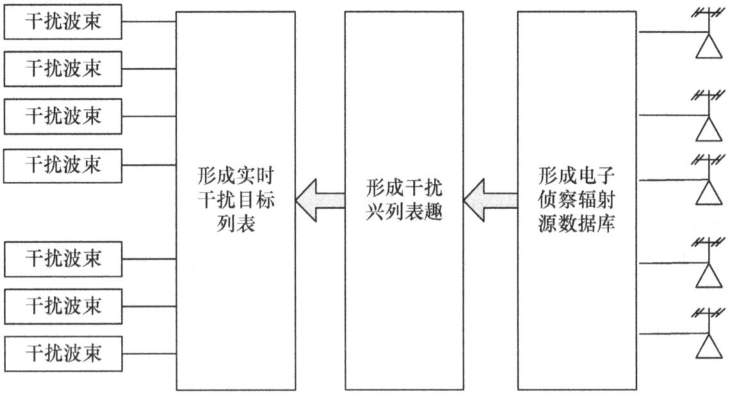

图 4.2　干扰波束与雷达辐射源匹配过程示意图

④ 针对实时干扰目标列表中每一个目标，若不在干扰兴趣列表中，则停止干扰、删除该目标。

⑤ 针对实时干扰目标列表中的每一个目标，若在干扰兴趣列表中，则继续干扰。

⑥ 干扰兴趣列表中的目标，若不在实时干扰目标列表中，则加入到实时干扰目标列表。具体过程如图 4.3 所示。

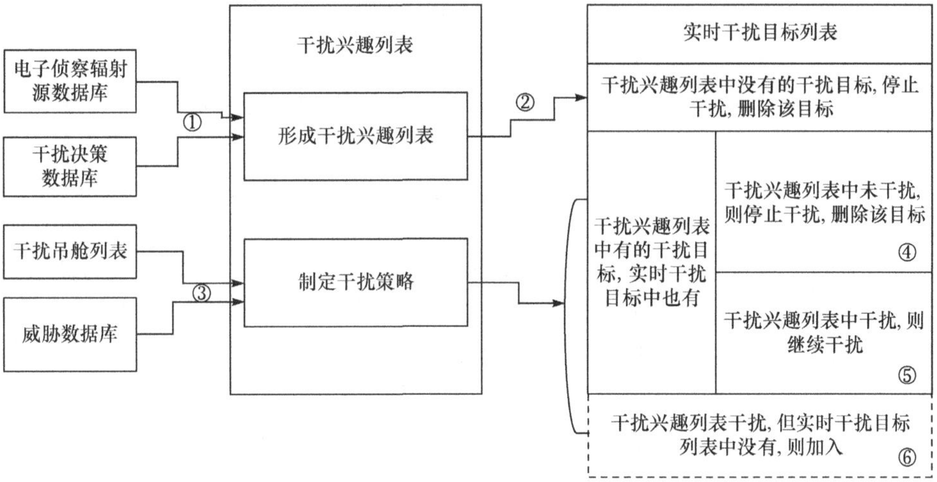

图 4.3　基于数据转换的干扰发射机与雷达辐射源匹配过程示意图

敏捷干扰基本流程如图 4.4 所示，主要包括如下步骤。

① 设置干扰机战术技术参数。

干扰机战术技术参数包括基本参数、敏捷干扰参数和威胁数据库等。

② 设置干扰决策数据库。

干扰决策数据库用于确定电子战飞机执行当前作战任务时需要干扰的目标平台及其配属的雷达。基于战术协同任务对这些雷达设置掩护自身、掩护航空兵、掩护指定空域所对应的威胁优先级。

③ 实时电子侦察战场雷达辐射源。

电子侦察过程是电子战飞机所配置的电子侦察设备实时侦察获取战场环境中的雷达辐射源信号，存入电子侦察辐射源数据库，供后续战场威胁评估使用。

④ 对侦察到的雷达辐射源进行战场威胁评估。

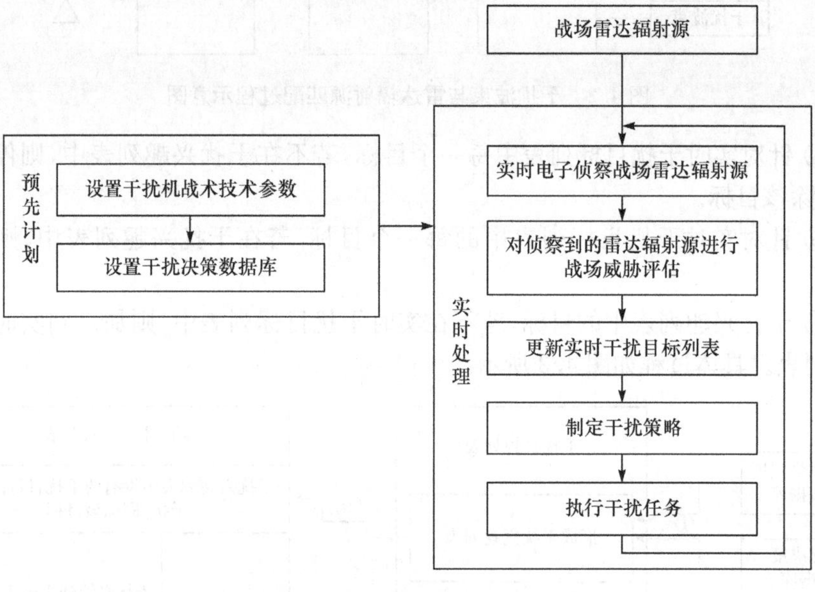

图 4.4　敏捷干扰基本流程

对侦察到的雷达辐射源进行战场威胁评估，主要是基于电子侦察实时获取的电子侦察辐射源数据库生成干扰兴趣目标列表。该过程主要是对电子侦察辐射源数据库中的雷达辐射源目标，从干扰决策数据库找出对应的威胁等级设置数值，依据战术协同任务计算雷达辐射源的威胁等级数值，然后按照威胁等级的大小对雷达辐射源进行排序，生成具有威胁优先级的干扰兴趣目标列表。

⑤ 更新实时干扰目标列表。

实时干扰目标列表记录了电子战飞机当前工作状态。战场威胁评估后，在制定干扰策略之前，需要依据本次干扰兴趣列表初步更新实时干扰目标列表。

⑥ 制定干扰策略。

制定干扰策略的过程是对干扰兴趣列表按威胁优先级从高到低的顺序，依次取出每个雷达辐射源，按照一系列的判断准则为每部雷达辐射源选择最佳干扰设备。

⑦ 执行干扰任务。

完成干扰策略制定后，需要更新实时干扰目标列表，更新的方法是将干扰兴趣列表与当前实时干扰目标列表对比。然后，对实时干扰目标列表中的每一个雷达辐射源执行干扰任务。

敏捷干扰包括预先计划与实时决策两个阶段，步骤①和②属于预先计划，在作战前设置；步骤③～⑦属于实时处理，在作战中循环执行。

在上述敏捷干扰基本流程中，步骤②和④对战场侦察到的雷达辐射源进行威胁评估，其实质是战术协同算法。步骤⑥实质是干扰资源分配算法。

在步骤⑤更新实时干扰目标列表过程中，实时干扰目标列表随着干扰兴趣目标列表的更新不断变化。实时干扰目标列表记录了上次干扰策略的最终结果，即对战场雷达辐射源分配干扰波束的最终结果。更新实时干扰目标列表时，主要存在两种情况。第一种情况是干扰兴趣目标列表为空。第二种情况是实时干扰目标列表中部分目标辐射源，已不在干扰兴趣目标列表中。对第一种情况，如果干扰兴趣目标列表为空，删除实时干扰目标列表中的每一个目标信息，清空该列表；关闭电子战飞机上已开机的每部干扰吊舱。对第二种情况，对实时干扰目标列表中的每一个干扰目标，判断是否在干扰兴趣目标列表中；如果不在，则删除该目标。

在步骤⑦执行干扰任务过程中，首先对实时干扰列表中的每一个干扰目标，判断是否在干扰兴趣列表中，如果不在，则从实时干扰列表删除；否则，继续干扰。然后，对干扰兴趣列表，检索出每一个正在干扰的目标，并判断是否在实时干扰目标列表中，若不在，则加入实时干扰目标列表。最后，依据实时干扰目标列表，确定电子战飞机中每一部干扰发射机的开关机状态，若开机，依据步骤⑥确定的干扰发射机对应干扰波束的频率、带宽、波束指向等参数实施干扰。

实际上，网络空间的物理行动与传统空间虽然行动类型和特点有部分差别，但一样可以通过为实体建立相应的预置行为模型来实现，二者在建模方法上基本一致。因此，为了突出网络空间行为的自主性和自适应性特点，应更注重在 EBNI 建模框架下指导的网络空间行为建模相对于传统行为建模的继承和发展，因此不再继续探讨物理行为模型，而着重研究网络空间的信息行为和认知行为建模问题。

4.3 网络空间信息行为建模

网络空间信息行为模型具有以下特色鲜明的行为特征。

① 信息行为的主体多为网络空间作战中信息域特征明显的实体。与依托火力、防护等传统作战实体进行的行为建模有所不同，信息化实体需要将与信息行为过程相关的信息获取、信息传输、信息处理和信息对抗等抽象出来，从简单的加权、

随机等建模方式转变为在机制、机理等层次深入描述信息活动的过程。

② 信息行为的承载对象是消息实体。信息获取行为生成目标情报消息，信息传输行为在通信网络中传输指挥控制消息、情报消息、通信管理消息和状态通报消息，信息处理行为实现对情报消息的优化、融合和处理，信息对抗行为阻止对方体系获取和传输消息。

③ 信息行为除了需要描述微观层次实体的动作与任务，还需要描述宏观层次对网络信息体系的影响及制约。例如，通信传输行为除了要描述消息实体的产生、通信节点发送、转发和接收，还需要描述通信网络的通信容量、传输时延等动作属性造成的通信阻塞、通信延迟等制约因素。

按照行为执行者与作用者的关系，可以把信息行为分为两个类型。第一种类型是实体根据作战体系的指挥关系，接受上级指挥和控制命令、友邻的协同请求、下级的支援请求等情况作出的一系列行为活动，这类行为也称体系内部的协作性行为。第二种类型是实体为了适应战场环境或受到突然事件的干扰、侵害而采取的对外部刺激产生反应的一系列行为活动，又称体系外部刺激反应性行为。例如，同样是雷达传感器的关机行为，在收到上级命令或者按计划关机时，属于前者范畴；当检测到反辐射导弹的威胁关机时，属于后者的范畴。

总之，不管是哪种类型，从信息全生命周期的角度，网络空间作战涉及的信息行为通常包括信息获取、信息传输、信息处理、信息对抗等关键环节。下面针对这些环节举例研究网络空间信息行为建模内容。

4.3.1 信息获取

信息获取行为是围绕网络空间作战情报类消息的产生进行的，以传感类实体为例，通常分为单独实体信息获取行为和基于传感网的实体信息获取行为。单独实体信息获取行为是从单个实体角度描述的传感类实体获取目标位置、状态信息的行为过程。基于网络的实体信息获取行为是从网络角度描述传感类实体在组网条件下的行为过程。

以主动雷达类传感实体的信息获取行为建模为例，涉及的行为包括两类。第一类是雷达状态的设置动作，如雷达的开/关机，以及天线指向调整动作等。第二类是雷达探测动作。具体来讲，雷达信息获取行为是在预警、搜索、识别、跟踪等特定目的下的动作序列。对于不同类型和功能的传感类实体，信息获取行为的任务和动作序列有很大的区别，下面结合图 4.5 研究基于网络的传感实体信息获取行为建模。

1. 传感实体状态的设置动作

传感实体的设置动作完成对实体状态属性的初始化和修改。在图 4.5 中，实

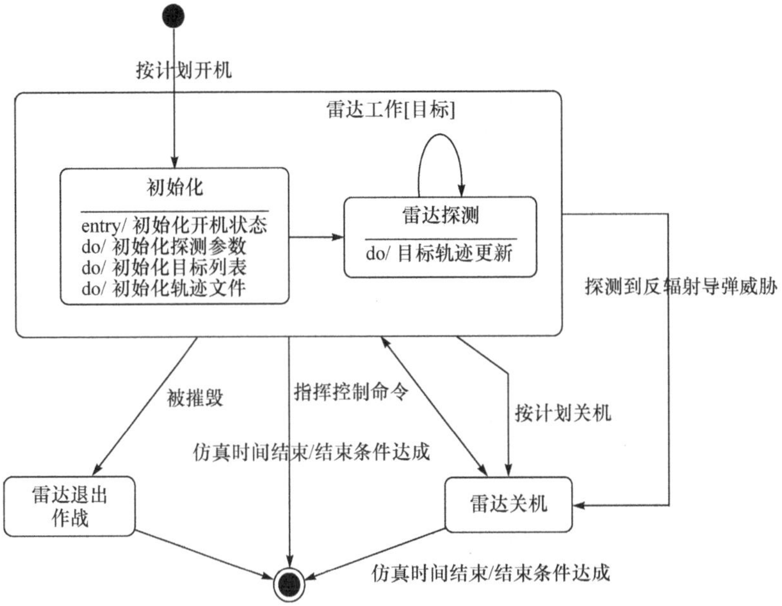

图 4.5　基于网络的传感实体状态转移图

体状态转移图采用 UML 建模方法对传感行为进行描述，仅当传感实体处于开机状态时，传感实体能够进行探测动作。传感实体接收指挥控制命令或按照预定计划，可以触发实体开机动作，每次传感实体开机动作的触发都要进行实体初始化设置，实体调整传感探测天线指向动作在实体状态初始化中执行。传感实体接收指挥控制命令、探测到针对传感网的威胁或按照预定计划都可以触发传感实体关机动作。当传感实体加载的作战单元损毁或仿真结束，传感实体退出仿真。

2. 传感实体探测动作

传感实体的探测动作是实体信息获取行为的核心和关键，通过对传感实体接收目标数据包，获取目标信息传递状态实际工作过程的建模，描述传感实体在复杂电磁环境下的工作机制。传感实体探测动作流程如图 4.6 所示。

(1) 生成目标列表

按照传感实体探测目标属性，通过距离、高度和速度的探测阈值对仿真涉及的所有武器装备平台进行过滤，生成探测目标列表。探测目标列表按照雷达与目标的距离进行排序，根据任务和处理目标批数进行调整。例如，执行跟踪任务，被跟踪的目标始终置于目标列表前列。

(2) 目标类型过滤

判断目标是否属于传感器能探测的目标类型。

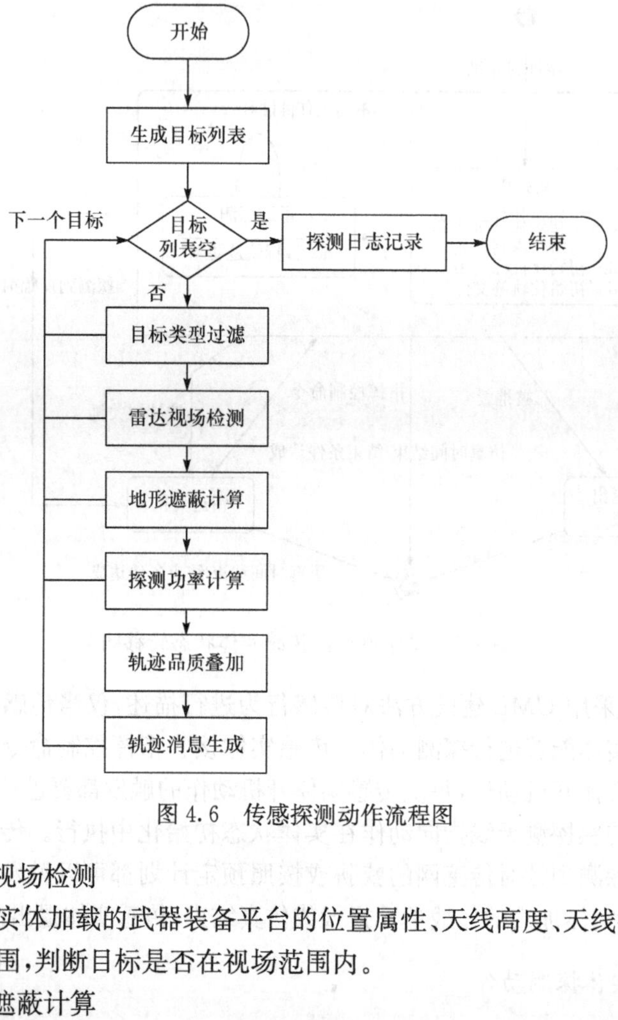

图 4.6　传感探测动作流程图

(3) 传感视场检测

通过传感实体加载的武器装备平台的位置属性、天线高度、天线指向和视场属性获取视场范围，判断目标是否在视场范围内。

(4) 地形遮蔽计算

与通信网络连通性计算中的地形判断相似，计算在目标与传感实体之间是否有地形遮蔽。

(5) 轨迹品质叠加

轨迹品质叠加描述传感器的探测误差，通过获取目标节点的运动状态属性，叠加相应的随机误差值(误差随机分布在节点属性中设置)，作为情报消息的参数。

(6) 情报消息生成

传感实体首先生成以所在作战单元为目的地的情报消息，即本地情报消息。然后，按照所在作战单元指挥控制规则集中轨迹管理规则的约定，以同本作战单元具有指挥控制关系和作战协同关系的作战单元为信宿的情报消息，即远程情报消息，通过通信网络进行传输。情报消息包含探测传感器信息，在作战平台处理情报消息时需要反向查询传感器功能属性。例如，提供的目标状态不够精确，仅提供的情报消息中的目标参数可以为作战单元指定作战诸元。

(7) 探测日志记录

为了便于统计和分析，在目标列表循环执行完毕后，对当前仿真时间传感实体的探测动作、探测目标进行记录。

3. 传感实体任务

传感实体任务是指由一个或多个传感实体动作组成的具有明确意图或目标的行动过程。不同体制和功能的传感实体执行不同的任务，传感实体任务必须与传感实体功能属性匹配，如搜索雷达的搜索任务算法，用伪代码描述如下。

```
[搜索任务](搜索雷达 ID，开机时间，关机时间，雷达天线指向)
Begin
初始化雷达参数；//调整雷达天线指向
雷达开机(开机时间)；
    Loop(当前时间<关机时间)
       {
          雷达探测；
          If   雷达探测到目标
          Then 跟踪任务(跟踪雷达 ID，当前时间，关机时间，当前天线指
          向)；
       }
雷达关机；
End
```

传感实体任务受雷达所在作战单元指挥控制规则集控制，将传感实体动作有序排列，将雷达动作事件加入仿真事件列表，推进仿真运行。传感实体任务可以是计划行为，也可以是临机行为。计划行为在行为建模中以任务列表的形式进行规划。临机行为的处理由指挥控制规则集中的作战管理规则控制。

4. 基于网络的信息获取行为

传感网是网络信息体系的网络子类，能够从体系整体性的角度对各型传感器资源进行管理和资源配置。其行为主要通过调用传感器资源应用方案实现，包括资源配置与预案配置。资源配置用于对传感器的工作范围、工作时间、轨迹融合时的配置权重进行分配和管理。预案配置是在传感网络的拓扑结构发生变化时，如传感网络节点对应的传感实体毁伤，传感器与轨迹应用作战单元之间无法达成消息传输，对传感器资源的配置方案进行重新配置。

4.3.2 信息传输

信息传输是针对通信类实体的在通信网络中由信源至信宿的行为过程。信息传输行为模型通过通信实体对消息实体的发送和接收描述信息传输的微观机制，通过通信网络实体的连通性计算和路由计算描述信息传输的宏观机制。

信息传输行为的主体是通信实体和通信网络。通信实体进行信息传输行为的动作包括两类。第一类是通信实体状态的设置动作，如通信实体的开/关机动作。第二类是通信实体的消息传输动作，如消息发送、消息转发、消息路由，以及消息清除等。通信网络行为的动作包括网络连通性判断、路由计算等。信息传输行为的任务是基于消息实体的属性产生动作序列。

1. 通信实体的状态设置动作

通信实体的设置动作完成对通信实体状态属性的初始化和修改。通信实体状态转移图采用 UML 建模方法描述通信实体状态设置动作，如图 4.7 所示。

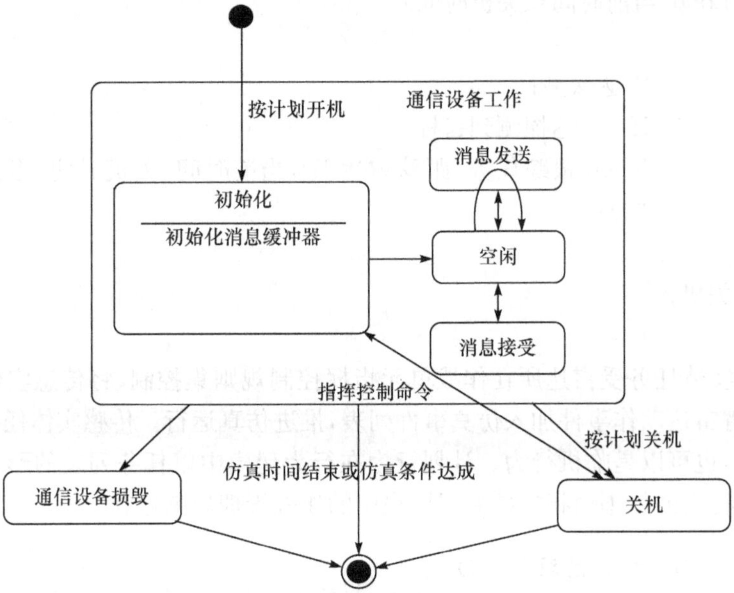

图 4.7 通信实体状态转移图

仅当处于开机状态时，通信实体能够执行消息传输动作。接收指挥控制命令或按照预定计划，可以触发通信实体开机动作，每次通信实体开机动作的触发都要进行初始化设置。通信实体接收指挥控制命令或按照预定计划都可以触发通信实体关机动作。当通信实体加载的作战单元损毁或仿真结束，通信实体退出仿真。

通信实体状态设置动作可以灵活地表现体系对抗过程中的无线电静默等技战术原则的应用。

2. 通信实体的消息传输动作

通信实体的消息传输动作包括消息发送、消息接收、消息清除等，通过维护和更新通信实体的消息缓冲器来实现。消息缓冲器(图 4.8)采用带优先级的先入先出机制，消息按照优先级依次进入相应的缓冲分区，根据优先级高的先出和先入先出两条规则依次输出。通信实体发送和接收的消息自动排列到相应优先级缓冲分区的底部；通信实体接受的消息，处理后从缓冲分区内移除。

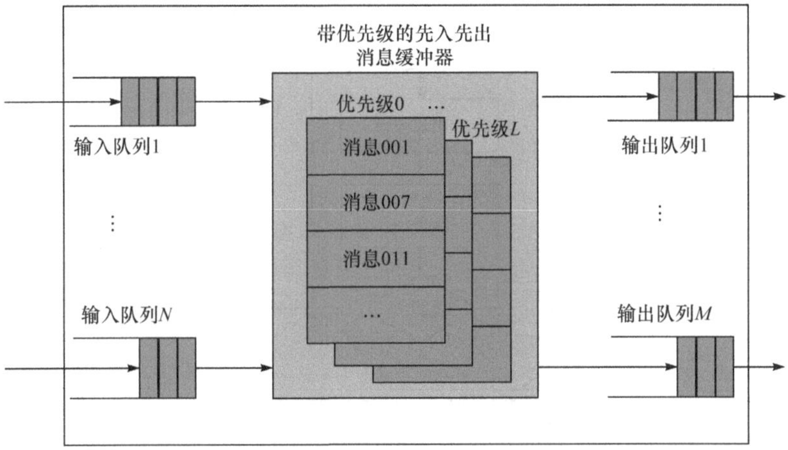

图 4.8　通信实体模型中的消息缓冲器

通信输入队列和输出队列表示通信实体在通信网络中映射而成的通信网络节点所连接的通信路径。通信路径的通信容量由通信网络协议规定。消息发送和消息接受动作的处理延时按照通信路径的通信容量、通信节点的处理能力和消息的优先级获取消息的延时时间。

3. 通信网络的信息传输动作

通信网络的信息传输动作包括匹配网络、连通性计算、路由计算。匹配网络是针对要传输的消息实体的信源和信宿，选择进行传输的通信网络。通信网络连通性根据地形数据和环境数据对通信链路列表中发生状态变化的路径进行连通性计算。通信网络拓扑解析在通信实体状态更新的基础上，对路由信息和链路列表进行修改。

4. 信息传输任务

信息传输任务是指有具体明确意图的信息传输行为,即具体消息实体的传输过程,可以分解为信息传输动作序列。信息传输任务的工作流程如图 4.9 所示,描述了消息由信源传输到信宿的过程。

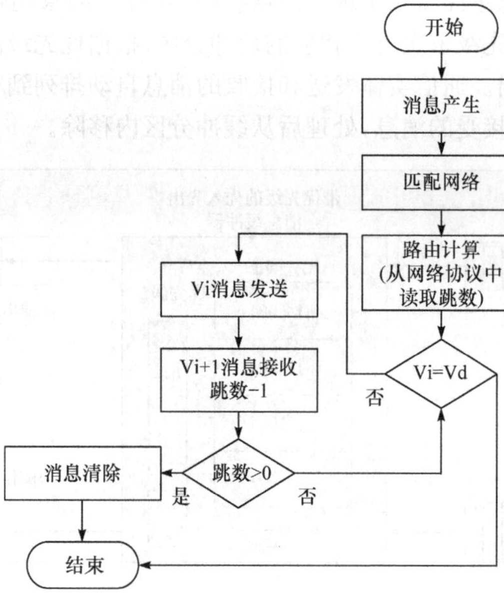

图 4.9　信息传输任务流程图

通信节点实体对消息的处理延时和通信节点的处理能力由通信节点实体的相关属性决定,通过通信路径的通信流量(可以使用统计流量作为背景流量)和通信节点的处理能力,根据通信路径的长度计算传输延时,将传输延时与处理延时相加即获得通信事件的执行时间。消息的传输延时计算如下,即

$$T=T_{\mathrm{send}}D+T_{\mathrm{trans}}D+T_{\mathrm{recv}}D$$

其中,$T_{\mathrm{send}}D$、$T_{\mathrm{trans}}D$、$T_{\mathrm{recv}}D$ 分别表示发送实体信息处理时间、通信网络传输延迟时间、接收实体信息处理时间。

通信传输延时受消息类型、消息优先级、通信网络阻塞程度、消息传输延时和消息处理延时等因素的影响,其中最重要的是消息传输延时。消息传输延时并不是固定值,与网络的繁忙程度和通信节点的处理能力相关。

5. 信息转发

在信息行为模型中,通信实体发送信息到最终目的地(信宿),并不需要其到信宿的直接通信连接，转发节点可以接收从发送方传来的信息，再通过转发直至到达信宿。定义跳数为信息从信源到信宿之间可被转发的次数，如果指定为 0 跳，意味着该信息不可被转发。信息转发流程如图 4.10 所示。

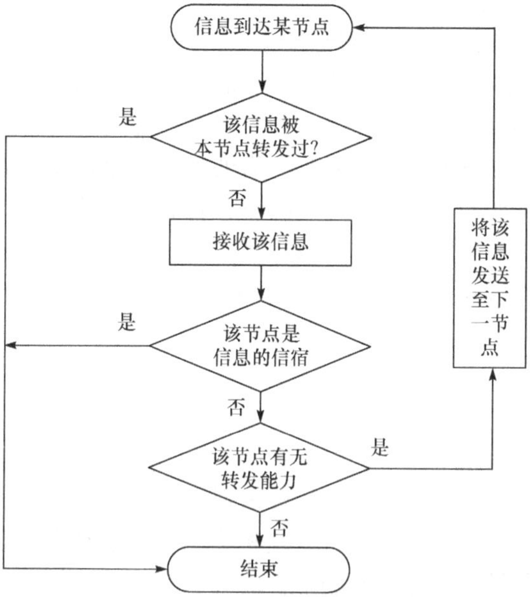

图 4.10　信息转发流程图

当某个节点接收到信息后，如果该节点不是信息的信宿，且该节点具有中继转发能力，那么该节点就根据信息数据中的转发节点列表向下一个节点转发信息。节点具有转发信息的能力可能引起信息在网络中来回跳动，为了防止节点对同一信息进行多次转发，信息中包含一个确认 ID 列表，当节点转发一条信息时，便将本节点独有的 ID 号放置到该信息的确认 ID 列表中。这样每个节点在接收信息前，首先检查信息的确认 ID 列表以确认本节点是否转发过该信息，如果已经转发过，不再接收该信息。

6. 信息路由

路由是由信源节点到信宿节点进行信息传输的全过程。在实际通信过程中，节点对之间的路由往往不是唯一的，因此信息传输过程中必然涉及路由选择的问题。在网络空间战场通信基础设施网络中，节点位置、链路状态和网络拓扑结构是动态变化的，因此信息传输采用的路由算法必须能够迅速而有效地计算出一条最佳的传输路由，并且还要能自适应地进行调整、修正，甚至重新计算。

选择路由方式，除要考虑路由算法的收敛性和易实现性，还要考虑战场的通信环境。路由算法一般遵循以下原则。

① 最短路由准则,即传输过程中跳数要最少。

② 最小时延准则,即信息传输时延要最小。

③ 泛洪路由准则,即每个节点在收到信息时,只要这条信息不是发给自己的,而且未曾被其转发过,就立即向相邻节点转发该信息。

最短路径准则与最小时延准则形式相似,实质却不相同,最短的路径并不一定是时延最小的路径,因为信息的传输还与网络负荷、业务量及传输速率等因素密切相关。在实际通信网络中,选择的路由方式考虑节点的生存性和适应性,要求节点具有较高的抗毁性,支持网络快速展开和临机接入等野战特殊需要。

在信息模块中,如果信源和信宿之间不存在直接链路,或者直接链路被堵塞,去向信宿的信息就不能被直接发送,该信息将通过合适的路由从其他节点转发至信宿。信息路由选项在网络动态运行设置中定义,当一条信息产生,对信息路由选项进行评估以决定信息采取何种方式发送。

4.3.3 信息处理

以指挥所、信息情报处理中心等信息处理类实体为例,信息处理行为具体包括轨迹、情报等信息融合行为和威胁与目标识别行为等。

对传感类实体而言,信息融合行为是将不同传感器获取的目标情报消息进行融合处理,获得新的情报消息。轨迹融合的算法是将获取情报消息的传感器按照类型、功能、轨迹品质和目标距离作为判断标准获取传感器可信度权值,对不同传感器获取的目标运动状态进行加权处理。融合后的目标运动状态可按式编号计算,即

$$P=\frac{1}{\sum Q_i}\sum Q_iP_i$$

其中,P 和 P_i 分别表示处理前后的目标运动状态矢量;Q_i 表示传感器可信度权值。

传感器可信度权值的获取函数可以针对具体的应用需要灵活配置。

目标识别行为是从目标情报消息中获取目标的识别信息,包括敌我识别和目标类型识别。敌我识别包括协同性敌我识别和非协同性敌我识别。协同性敌我识别是指如果目标和信息处理设备所在的作战实体处于敌我识别器的有效工作范围内,则判定识别有效,否则按照非协同性敌我识别处理。非协同性敌我识别和目标类型识别,主要针对目标的雷达反射截面积与预设雷达反射截面积表进行比对,得到目标的类型。目标识别对作战单元进行威胁判断和目标分配至关重要。例如,对于防空作战,敌方轰炸机的威胁比歼击机要大,所以要优先对敌方轰炸机进行拦截和打击。目标识别正是用于判断目标的类型,从而形成威胁态势,具有指挥控制功能的作战单元依此进行威胁判断和目标分配。

4.3.4 建模实例:基于 MAS 的 DDoS 攻防行动建模仿真①

DDoS 是影响网络安全的重要威胁之一,也是网络战中一种典型的攻防行动。根据 4.1 节和 4.2 节理论和方法的指导,结合 DDoS 原理与多 Agent 系统(multi-Agent system,MAS)的相似性,本节将基于 MAS 在数据包级别建模与描述 DDoS 攻防行动过程,重点突出 DDoS 攻防行动的对抗性和自适应性。

信息对抗行为是网络空间作战中信息行为建模需要关注的重点问题。由于对抗技术和对抗手段的多样性,网络空间作战领域的信息对抗行为异常复杂且各不相同。DDoS 攻防对抗是最具代表性的一种对抗行为,从网络安全防御的角度对其进行建模研究可以起到示范性作用。

DDoS 攻防涉及不同类型、不同功能的实体,这些实体之间彼此协调、相互配合,共同完成攻防任务,所具有的层次性、分布性、协作性等特点与 MAS 系统的交互、分布、智能等特性具有天然相似性。其建模示意图如图 4.11 所示,不同类型的 Agent 需运行于相应节点中。

1. DDoS 攻击 Agent

根据在 DDoS 攻击行为过程中的不同角色,可以将攻击 Agent 从三个不同层次划分为三种类型,分别为攻击决策层的主控 Agent、攻击控制层的中间 Agent 和攻击实施层的代理 Agent,如图 4.11 所示。

主控 Agent 是 DDoS 攻击实施的主控中心,可以接受攻击者的控制命令,并分发给下层 Agent。控制命令中的信息包括攻击目标的地址、攻击发起的时间和采取的攻击方式等。同时,可接收并处理来自其他 Agent 的信息,感知网络态势变化,为攻击决策提供信息支持等。

中间 Agent 是 DDoS 攻击行动的中继和过渡者,主要实现对下层攻击 Agent 进行局部控制和隐藏主控 Agent 的目的,包括分解细化自身任务并协调中继下层代理 Agent 之间的通信等。同时,接收来自攻击 Agent 反馈的信息,合理调整攻击任务并向主控 Agent 反馈。

代理 Agent 是 DDoS 攻击的直接执行者,可以对特定地址的目标主机发动基于 UDP 或 ICMP 的 DDoS 攻击,同时可以执行网络探测任务,感知任务执行情况和网络态势变化并反馈给上层的 Agent。

2. DDoS 防御 Agent

由于在 DDoS 防御中承担的任务不同,防御 Agent 可以分为数据收集 Agent、

① 参考了李春亮博士学位论文《战场计算机战建模仿真研究》,国防大学,2014 年。

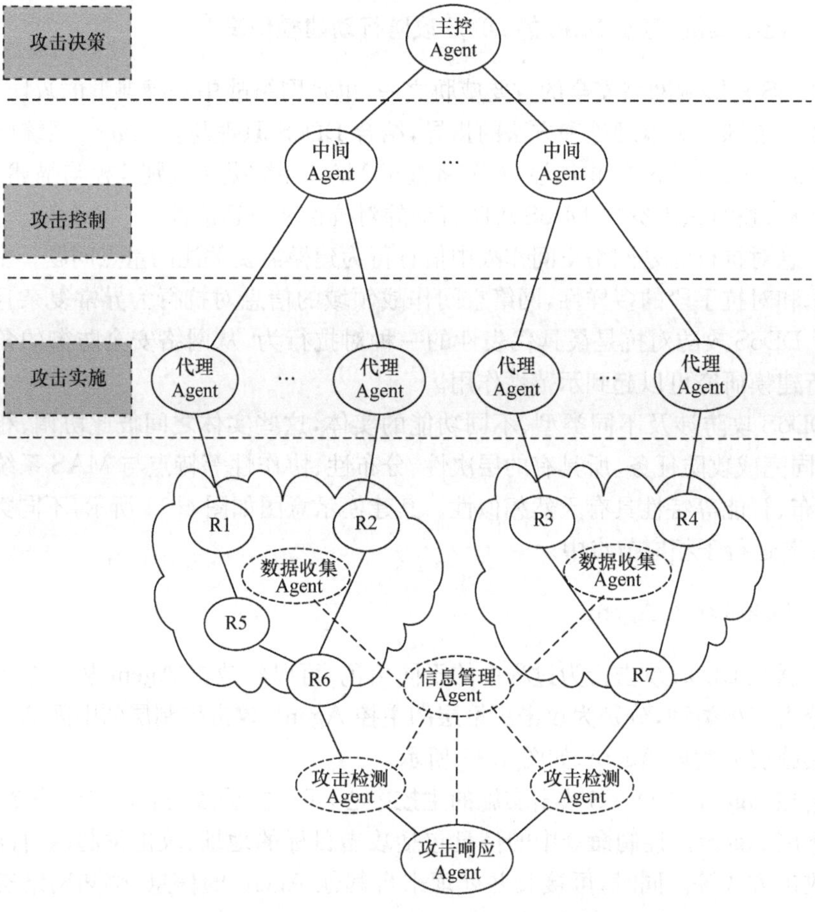

图 4.11　基于 MAS 的 DDoS 攻防行动建模示意图

信息管理 Agent、攻击检测 Agent 和攻击响应 Agent 等。

① 数据收集 Agent 运行于网络中的各个路由器中，平时在不影响网络正常通信的前提下，随机收集各个路由器的运行数据并提交给信息管理 Agent，也可以根据信息管理 Agent 的控制信息，收集特定路径上路由器的信息用于 DDoS 源地址的追踪。

② 信息管理 Agent 主要用于协调数据收集 Agent 的行为，接受数据收集 Agent 收集的数据并进行简单融合，提交至攻击检测 Agent 和攻击响应 Agent，同时根据响应 Agent 的具体行动安排控制数据收集 Agent 对特定路由设施进行数据收集。

③ 攻击检测 Agent 运行于边界路由器或目标节点，主要是根据数据收集 Agent 收集的数据，采用一定的算法(如信息熵检测算法)判断网络中是否存在

DDoS 攻击，如存在攻击，则向攻击响应 Agent 发出警告。攻击检测 Agent 的运行可以根据网络实际情况，由攻击响应 Agent 控制。

④ 攻击响应 Agent 运行于受保护的目标网络节点中，主要是根据数据收集 Agent 收集的数据和攻击探测 Agent 运行的结果对流入目标网络节点的特定数据包进行处理，降低 DDoS 的影响程度。同时，可以向信息管理 Agent 发送控制信息，使其协调数据收集 Agent 收集特定路由器上的数据信息，定位 DDoS 攻击源。

3. 模型描述

(1) DDoS 攻防 Agent 模型结构设计

DDoS 攻防 Agent 是用来描述 DDoS 攻击和防御实体的模型。其攻击和防御功能取决于不同攻防实体在 DDoS 攻防系统所扮演角色的不同，但一般都要具有自主性、分布性和可交互性等特点。DDoS 攻防 Agent 模型一般包括通信模块、感知模块、学习模块、功能模块、数据知识库和推理机等几个组成部分，如图 4.12 所示。不同类型和功能的 Agent 所关注的模块不同，应该根据仿真的需求确定。

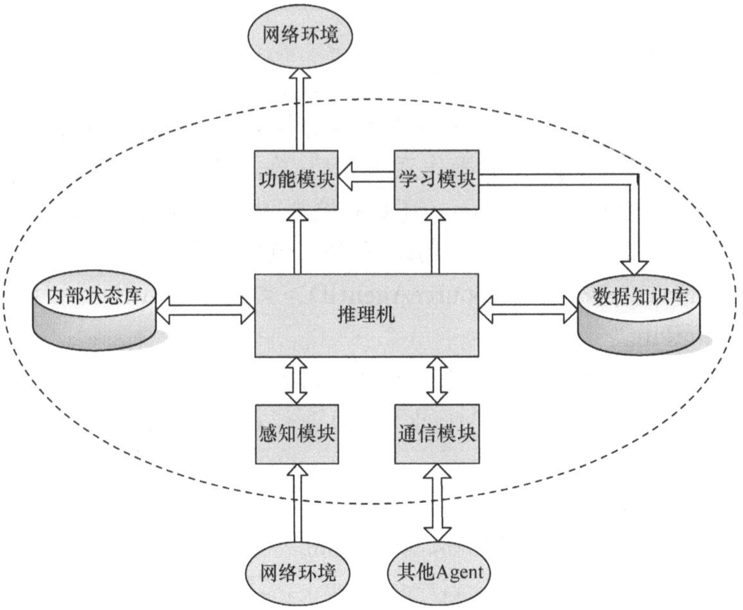

图 4.12 DDoS 攻防 Agent 模型结构示意图

通信模块用于本 Agent 与其他 Agent 进行信息交互，交互的内容和时机根据 Agent 的功能和行为确定。感知模块用于采集外部网络环境的数据，如数据收集 Agent 通过感知模块从路由节点或被攻击节点中获取实时网络数据。学习模块可以通过规则的增加、更新等措施，与推理机、数据知识库和内部状态库配合完成对网络环境变化的适应，是形成 Agent 适应性和自主性的重要模块，例如攻击响应 Agent 可以根据网络环境或攻击方式的变化，通过增加新的规则过滤可疑的数据包。功能模块是实现 Agent 功能的处理方法的集合，不同类型 Agent 的功能模块不同，例如攻击代理 Agent 的功能模块主要实现根据主控 Agent 的攻击控制命令在规定的时间内向特定目标发送特定格式的数据包，而攻击响应 Agent 则是根据攻击检测 Agent 的信息对特定数据包进行过滤。

(2) DDoS 攻击 Agent 模型描述

在基于 MAS 的 DDoS 攻防模型中，每个 Agent 都是具有明确边界、特定属性和攻防功能的活动对象。DDoS 攻击 Agent 是不同类型攻击节点的抽象描述，以功能模块的形式运行于实际的战场计算机网络节点中。其 BNF 范式可以表示如下，即

<DDoSAttackAgent>::=<AgentID><IPAddr><OSType><HostState><PortList><ServiceList><AgentBehavior>

<PortList>::=<PortNum><PortType><PortState>

<AgentBehavior>::=<Communicate>|[<AttackDecide>]|[<AttackControl>]|[<AttackExecution>]

其中，AgentID 表示 Agent 的 ID 号，一般指计算机节点名称；IPAddr 表示攻击 Agent 的 IP 地址，攻击 Agent 是不同类型攻击节点的抽象描述，具有特定的 IP 地址；OSType 表示攻击 Agent 的操作系统类型；攻击 Agent 都具有彼此通信的能力，承担不同角色功能的攻击 Agent 还具有控制、中继或执行攻击的行为。

DDoS 攻击 Agent 的行为可以用以下 BNF 范式描述，即

<Communicate>::=<SourceAgentID><EndAgentID><PackageFormats><DateRate>

<PackageFormats>::=<ICMP>|<TCP>|<UDP>

<AttackDecide>::=<AttackTarget><AttackType><AttackTime><AttackIntensity>

<AttackType>::=<ICMPFlood>|<TCPFlood>|<UDPFlood>

<AttackTime>::=<StartTime><StopTime>

<AttackIntensity>::=<High>|<Middle>|<Low>

<AttackControl>::=<AttackTarget><AttackType><AgentAttackList><AttackTime><AttackIntensity>

<AttackExecution>::=<Target><PackageFormats><PackageSendRate><PackageSendTime>

一般来说，攻击 Agent 的通信行为(Communicate)涉及发起通信 Agent 的 ID 号(SourceAgentID)、接收通信 Agent 的 ID 号(EndAgentID)、发送或接收数据包

的格式(PackageFormats),以及数据速率(DateRate)等。Agent 之间通信的数据包格式一般有 ICMP、TCP 或 UDP 数据包,与不同类型的 DDoS 攻击类型相关。

处于 DDoS 攻击最顶端的主控 Agent 可以完成攻击决策行为(AttackDecide),涉及攻击目标、类型、时间和强度的设定。攻击类型一般为 ICMP 泛洪(ICMP Flood)、TCP 泛洪(TCP Flood)或 UDP 泛洪(UDP Flood)攻击,攻击强度分为高度、中度或低度,决定了代理 Agent 向攻击目标发送数据的速率。

中间 Agent 完成攻击的控制行为(AttackControl)。根据所控制的代理Agent 列表,中间 Agent 主要向列表中的代理 Agent 转发攻击控制命令。

代理 Agent 完成攻击的具体行为(AttackExecution)。代理 Agent 根据中间 Agent 转发的控制消息以一定的速率向攻击目标发送网络数据包,进行 DDoS 攻击。数据包的类型由设定的 DDoS 攻击类型确定,包括 TCP、ICMP 或 UDP 等。数据包的目标地址设定为 DDoS 的攻击目标,源地址应设定为一个随机地址,防止攻击目标直接定位攻击源。代理 Agent 执行攻击行为时产生数据包的时间和速度根据攻击控制消息中的攻击时间和攻击强度确定。

(3) DDoS 防御 Agent 模型描述

对于遭受攻击的目标节点来说,被攻击的时间、方式和强度都是未知的,只能通过流经网络路由或目标节点的数据来判断。因此,相对于 DDoS 攻击 Agent,防御 Agent 要复杂得多,主要是各种攻击检测、攻击响应和目标定位等行为所涉及的算法。这里主要分析攻击检测 Agent、攻击响应 Agent 的属性和行为的设定。

① DDoS 攻击检测 Agent。

DDoS 攻击检测 Agent 的属性和行为需要根据所采用的检测算法来确定。DDoS 攻击的检测算法有多种,包括基于特征匹配、模型推理的误用检测,基于数据统计、模式预测等的异常检测,同时采用误用检测和异常检测的混合模式检测等。在兼顾 DDoS 检测速度、检测率,以及算法复杂度等因素的前提下,检测 Agent 属性和行为以基于信息熵异常的攻击检测算法设定,其 BNF 范式可以表述如下,即

<DDoSDetectAgent>∷=<AgentID><DetectTime><DetectPackageType><DetectPackageDomain><SlideWindowsLength><DetectBehavior>

<DetectPackageType>∷=<TCP>|<UDP>|<ICMP>

<DetectPackageDomain>∷=<IPSrcAddr>|<IPDestAddr><SrcPortNum>|<DestPortNum>

其中,DetectTime 表示检测的时间设定,攻击检测 Agent 可以根据需要设定检测的开始时间或结束时间;DetectPackageType 表示检测的数据包类型,针对不同类型的数据包所监视的数据包域不同,一般为源地址、目标地址、源端口、目标端口的一个或多个;SlideWindowsLength 表示利用信息熵算法进行攻击检测时,设定的

滑动端口的大小；DetectBehavior 表示攻击检测 Agent 的行为表示，主要涉及 DDoS 攻击检测判定的算法。

这里首先给出数据包序列信息熵的概念。假设一个数据包序列有 n 个随机的数据包，每个数据包出现的概率为 p_i，则该数据包序列的信息熵 H 可定义为

$$H = -\sum_{i=1}^{n} p_i \log_2^{p_i} \tag{4-1}$$

根据滑动窗口包含的数据包，利用式(4-1)可以计算出这些数据包的信息熵，当向下滑动一个数据包时，重新计算数据包序列的熵值。基于信息熵的攻击检测就是利用数据包序列信息熵的变化判定是否存在 DDoS 攻击。其具体算法描述如下。

算法 4.1　基于信息熵的 DDoS 攻击检测算法

Step1，从数据包序列中按顺序提取一个数据包。

Step2，获取数据包中某个域(如目标地址)的数据，设为 F。

Step3，设含有相同数据包域值的数据包数量分别为 $c_1, c_2, \cdots, c_n$(n 表示序列中不同数据包的个数)，若数量为 c_i 的数据包域值为 F，则 c_i++。

Step4，如接收数据包值小于 SlideWindowsLength，则返回 Step1；如接收数据包大于等于 SlideWindowsLe 时，则运行 Step5，此时有

$$c_1 + c_2 + \cdots + c_n = \text{SlideWindowsLength} \tag{4-2}$$

Step5，根据式(4-1)计算数据包序列的熵 H，其中

$$p_i = c_i / \text{SlideWindowsLength} \tag{4-3}$$

Step6，重新从数据包序列中顺序提取一个数据包，同时去掉上述滑动窗口中第一个数据包，设去掉数据包的域值为 F。若数量为 c_i 的数据包域值为 F，则 c_i−−，并返回 Step2。

随着滑动窗口的变化，数据包序列的熵 H 随之变化，根据 H 的变化可以绘制 H 的变化曲线，根据曲线的变化情况，可以判断 DDoS 攻击的产生，同时攻击响应 Agent 做出响应。

② DDoS 攻击响应 Agent。

通过 DDoS 攻击检测 Agent 检测到攻击后，为了降低 DDoS 攻击造成的损失，定位 DDoS 攻击源，可以通过设计攻击响应 Agent 对 DDoS 攻击做出反应。根据 DDoS 攻击响应 Agent 部署位置的不同，可以分为攻击源响应 Agent、中间网络响应 Agent、受害端响应 Agent。这里重点讨论受害端响应 Agent 属性和行为的设定。DDoS 攻击响应 Agent 的 BNF 范式可表示为

<DDoSResponseAgent>::=<AgentID><AgentPosition><ResponsePackageType><ResponseBehavior>

<AgentPosition>::=<Source>|<Router>|<Victim>

<ResponsePackageType>::=<TCP>|<UDP>|<ICMP>

ResponseBehavior 指在攻击检测 Agent 检测到 DDoS 攻击后，位于攻击目标位置的攻击响应 Agent 的动作。根据不同的攻击类型，响应 Agent 根据特定的规则做出相应的反映。攻击响应 Agent 的响应规则和动作可以用伪代码描述为

```
If(Package. SrcPortNum==Package. DestPortNum)
//如果数据包目标端口等于源端口
        Drop(Package);   //直接丢弃该数据包
If(Package. IPSrcAddr==Package. IPDestAddr||NotStandartIPAddr(Package. IPSrcAddr))
//如果数据包源 IP 地址等于目标 IP 地址或者数据包 IP 地址为非规则不可
//达 IP 地址时
{
        Drop(Package);   //丢弃数据包
        DataCollectAgent. Collect(Data);      //通知数据收集 Agent 收集
                                              //数据
        Traceback(AttackSourceIP);     //根据一定的回溯跟踪算法确定
                                       //攻击数据源
}
Elseif(Package. IPSrcAddr==AttackSourceIP)    //如果数据包地址为
                                              //攻击源的 IP 地址
Drop(Package);   //丢弃数据包
```

攻击响应 Agent 的行为规则不是固定不变的，可以通过用户手动增加或更新，也可根据对网络数据包的学习进行更新。

4. 仿真实验验证

(1) DDoS 攻防对抗实验

在上述模型类型、属性和行为分析的基础上，基于 Windows XP 操作系统平台和 OPNet 软件对基于 MAS 的 DDoS 攻防模型进行仿真实验。实验设定 1 个主控节点、5 个中间节点、10 个普通用户、50 个受控节点、1 个服务器及若干路由设施。网络环境如图 4.13 所示。主控 Agent、中间 Agent 和代理 Agent 分别运行于主控节点、中间节点和受控节点。数据收集 Agent、信息管理 Agent，以及攻击检测 Agent 分布运行于路由设施，攻击响应 Agent 运行于攻击目标节点。

主控 Agent 向中间 Agent 发送攻击命令，攻击起始时间设定为系统运行后 3～15min，攻击目标为服务器，攻击方式为 UDP 泛洪攻击。中间 Agent 控制代理 Agent 根据攻击时间和攻击方式的设定向服务器发起 UDP 泛洪攻击。攻击效果

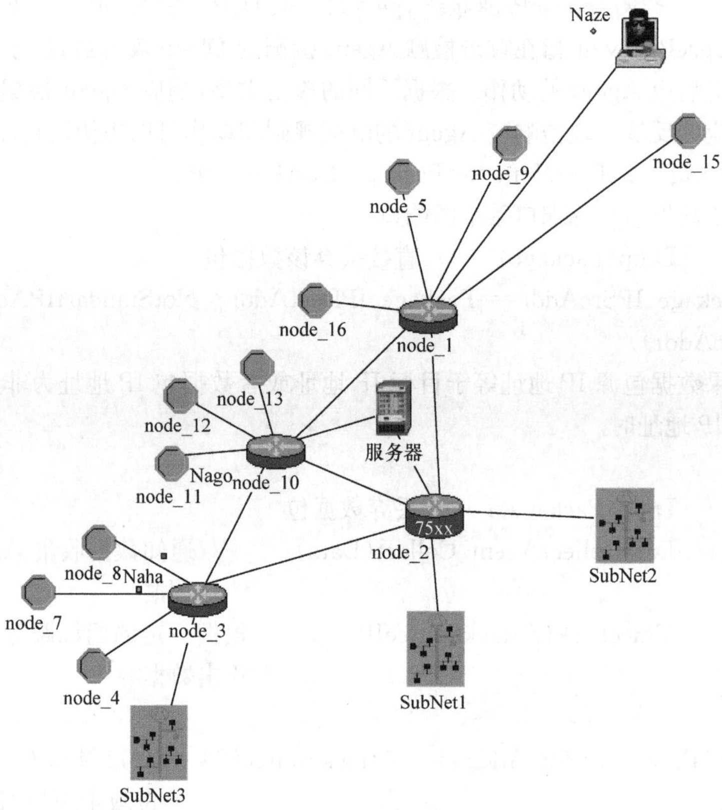

图 4.13　DDoS 攻防实验网络环境

如图 4.14 所示。可以看出，正常情况下访问服务器，所占用的服务器资源比例在3%左右；单个代理节点对服务器发起拒绝服务攻击时，所占有的服务器资源约占5%左右（每个代理节点向服务器发送数据包的速度，也就是攻击的强度可以由控制节点根据网络环境自动调整）；当有大量代理节点同时向服务器发送服务请求时，服务器资源占用比达到 80%以上，个别情况下甚至达到 100%，可以实现DDoS 攻击的效果。

在 DDoS 攻击防御端，当攻击检测 Agent 根据网络数据的信息熵变化判断出受到 DDoS 攻击时，通过一定的信息数据包告知服务器端攻击响应 Agent。攻击响应 Agent 根据预先设定的规则做出相应反应。防御的效果如图 4.15 所示。

可以看出，DDoS 攻击开始阶段，攻击检测 Agent 检测到服务器遭到 DDoS 攻击，但是由于难以判断发起攻击的攻击源、攻击方式，攻击响应 Agent 能够采取的规则有限，防御的效果并不明显。随着时间的增加，防御端 Agent 会确定攻击方

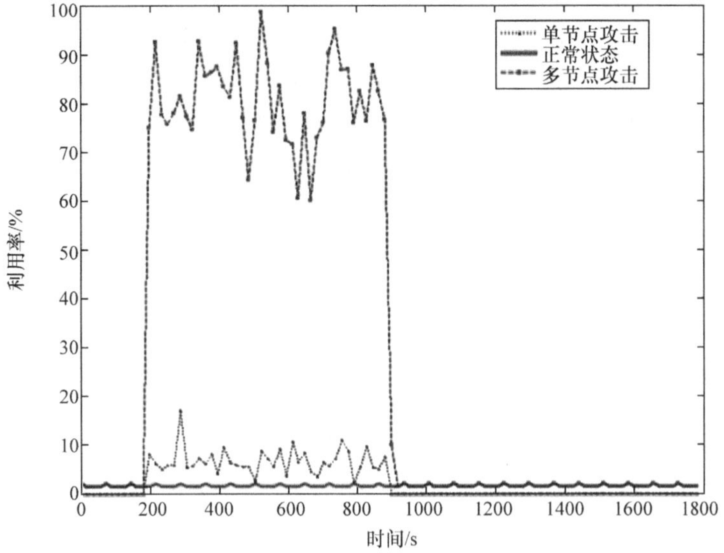

图 4.14　DDoS 攻击曲线图

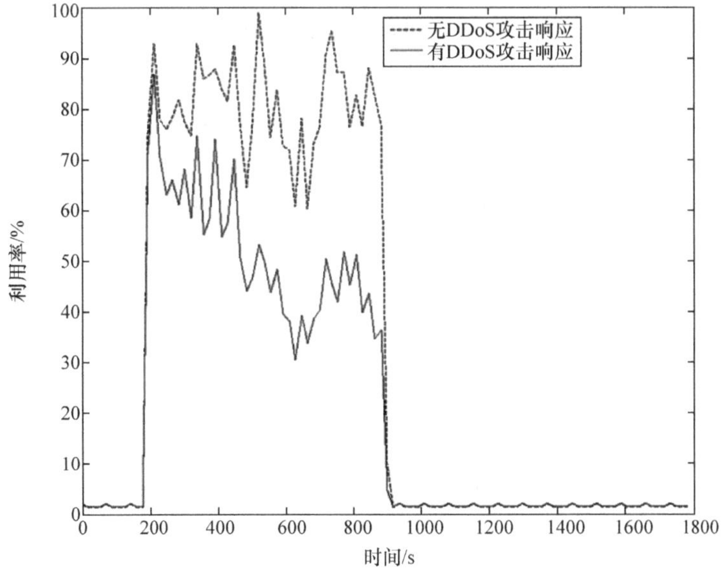

图 4.15　DDoS 防御效果曲线图

式和部分攻击源，攻击响应 Agent 能够过滤的攻击数据包随之增加，DDoS 攻击的效果也明显改善。利用现有的防御系统虽然不能完全防止 DDoS 的攻击，但是可以使服务器资源利用率基本控制在 50%以下。

(2) 网络拓扑对 DDoS 攻击的影响

DDoS 攻击是一种分布式网络战攻击行动,其攻击效果不但取决于攻击节点的数量,而且与网络的拓扑结构密切相关。这里建立两种不同的网络拓扑结构,验证不同网络拓扑结构对 DDoS 攻击效果的具体影响,如图 4.16 所示。网络拓扑 1 是一种抽象的星形网络拓扑,可用于模型最初的验证。网络拓扑 2 是一种相对网络化的拓扑结构,与实际网络结构更加相符。

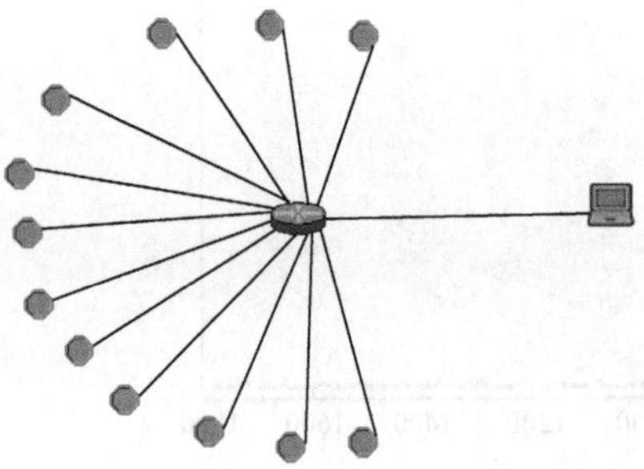

(a) 网络拓扑1

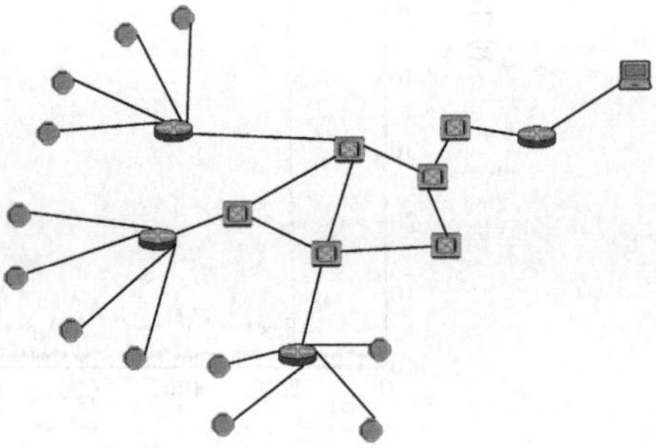

(b) 网络拓扑2

图 4.16 DDoS 攻击行动的不同网络拓扑

在其他参数完全相同的情况下,不同网络拓扑结构对 DDoS 攻击效果的影响如图 4.17 所示。

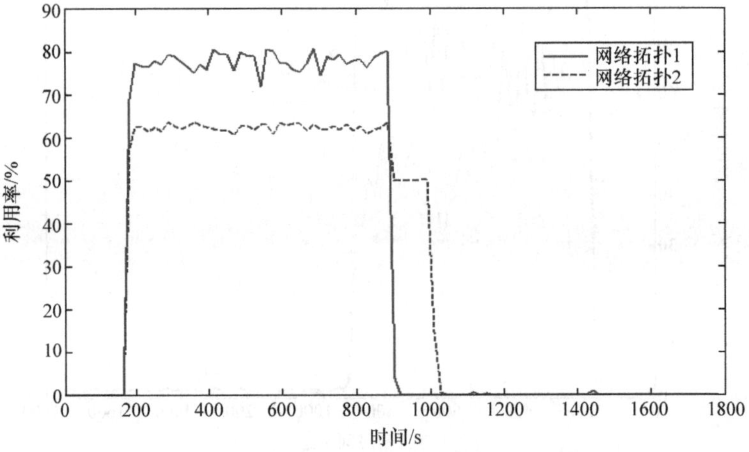

图 4.17 不同网络拓扑对 DDoS 攻击效果的影响

从实验结果可以看出,网络拓扑结构对 DDoS 攻击效果具有显著影响。在基于星形网络拓扑实施 DDoS 攻击时,网络拓扑结构比较简单,攻击节点发送的攻击数据包基本上可以直接到达目标节点,DDoS 攻击时间与效果产生时间基本一致。

在基于网络化的拓扑结构实施 DDoS 攻击时，网络结构相对复杂，分布于不同位置的攻击节点向目标节点发送的攻击数据包需要经过不同数量的节点链路，同时发送的攻击数据包也就需要经过不同的延时才能到达目标节点，产生的拒绝服务效果也相应有一定的延迟。总体来看，控制同样数量攻击节点实施 DDoS 攻击时，基于网络化的拓扑结构产生的攻击效果要弱于基于理想星形网络拓扑的效果，但是网络化的拓扑结构会使 DDoS 攻击产生一定的时间衍生效应。在实际网络战攻防行动中，要充分考虑网络拓扑对作战效果的影响。

基于 MAS 的 DDoS 攻防行动建模和仿真也是在数据包级别实现的，其本质也是基于自适应规则和抽象数据包对 DDoS 攻防行动过程的描述。从模型建立和仿真结果分析，基于自适应规则和抽象数据包实现 DDoS 攻防行动建模不但能够描述 DDoS 攻防行动的自适应和对抗性特征，而且能够体现不同网络拓扑对 DDoS 攻击行动的影响，为后续网络空间防御效能评估和决策优化提供良好的基础。

4.4 网络空间认知行为建模

4.4.1 认知行为模型概述

网络空间认知行为模型(RB_Model)包括感知行为模型(AppBehavior)、识别行为(IdentifyBehavior)模型、判断行为模型(JudgeBehavior)和决策行为模型(DecisionMaking)。认知行为模型的 BNF 范式描述如下，即

<RB_Model>∷=<AppBehavior>|<IdentifyBehavior>|<JudgeBehavior>|<DecisionMaking>

<AppBehavior>∷=<AppHost><AppTarget><AppPhase>

<AppPhase>∷=<Searching>|<Tracking>|<Locking>

<Searching>∷=<SensorControl><SensorState><SensorSearching>

<Tracking>∷=<SensorControl><SensorState><FindTarget><SensorTracking>

<Locking>∷=<SensorControl><SensorState><SenorLocking><TargetState>

<IdentifyBehavior>∷=<IdentifyHost><IdentifyTarget><IdentifyStyle>

<IdentifyStyle>∷=<TargetAttrib><TargetStyle><TargetProp>

<TargetAttrib>∷=<Friend>|<Enemy>|<Neutrality>

<TargetSytle>∷=<TargetType><AttackAbility><DefendAbility>

<TargetProp>∷=<Size><Distance><Altitude><Velocity>

<JudgeBehavior>∷=<JudgeBehaviorHost><JudgeContent><JudgeStyle>

<JudgeContent>∷=<Event>|<Situation>|<Target>

<Situation>∷=<FindEnemy>|<FindVulHost>|<HostIsAttacked>

<JudgeStyle>∷=<ThreatenGrade><FutureDevelop>

<ThreatenGrade>∷=<High>|<Middle>|<Low>

<FutureDevelop>∷=<Nice>|<Bad>

<DecisionMaking>∷=<MakingHost><CurrentSituation><DecisionContent>

<DecisionContent>∷=<Attack>|<Defend>|<Infect>|<Surveilance>

<Attack>∷=<AttackHostType><AttackHostNum><AttackStyle>

<Defend>∷=<DefendHostType><DefendHostNum><DefendStyle>

网络空间中的感知行为是各实体(AppHost)根据战场环境对作战目标(AppTarget)的探测行为,可以分为搜索(Searching)、跟踪(Tracking)和定位(Locking)三个阶段。识别行为是实体根据自身规则对目标实体类型(TargetStyle)、属性(TargetProp)和所属方(TargetAttrib)的辨别活动。判断行为是实体根据战场中的目标(Target)、事件(Event)或态势(Situation)的变化,对目标、时间和态势变化的威胁程度(ThreatenGrade)及发展趋势(FutureDevelop)进行的判断活动。决策行为是实体在感知、识别和判断行为的基础上,根据当前战场态势(CurrentSituation)对其控制实体下一步行动做出决定的活动(DecisionContent),如攻击、防护或者监视等。

上述范式对网络空间认知行为的四种类型进行了示范性描述。这种描述是基于规则进行网络空间认知行为建模的基础和前提。

4.4.2　基于临机规则的认知行为建模方法

由于网络空间作战中的认知行为具有明显的自适应性,采用基于临机规则的网络认知行为建模是较为可行的方法。所谓临机规则,是指以触发-响应的基本模式来决定实体下步可能的行动，强调网络空间作战实体认知行为的自主性特点。

1. 临机规则建模思路

临机规则建模采用建立的“触发判断、状态检验、控制响应”思路，实现对认知行为的自适应特性建模。其具体实现过程采用“触发-状态检验-响应”方式进行，即“触发条件是否满足-作战实体状态条件是否满足-响应是否发生”。因此，实现基于临机规则的认知行为模型的关键是对触发条件、作战实体状态判断和响应参数等模块，以及规则数据的建模。

如图 4.18 所示为在认知行为模型的每个步长中，模型不间断地判断当前实体是否满足触发条件。如果触发条件满足，进一步判断状态条件是否满足。如果状态条件不满足，临机行为响应终止，网络认知行为模型继续执行；否则，执行响应行动。响应行动结束后，执行预设行动或新的临机行动。

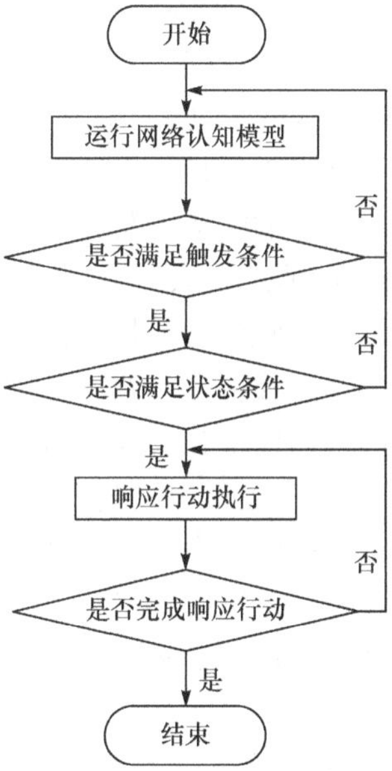

图 4.18　基于临机规则的网络空间认知行为模型流程图

基于临机规则的认知行为建模，可以增强实体认知行为的随机性和自主性，进一步体现网络信息体系对抗的不确定性，进而增加体系对抗仿真的真实性。临机规则可用 BNF 描述如下，即

<RespondedAction>::=[{<Trigger><Response><Priority>}]

实体的临机行为由多个触发与响应对偶构成，或为空，其中每对触发与响应均有一个优先权数值，当同时满足多个触发条件时，用于决定最高优先权的触发与响应先执行。下面分别对临机行为中的触发和响应进行研究。

2. 触发描述

触发是网络空间实体认知行为的“驱动器”，可用 DNF 范式描述如下，即

<Trigger>∷=<ID><TriggerEvent><LimitCondition><ProbabilityofReaction>

触发包括触发 ID、触发事件、触发限制条件，以及响应概率等。满足触发的基本程序是：首先判断实体相关事件是否与定义的触发事件相一致，然后检验限制条件是否允许触发，最后再由响应概率决定是否最终触发实体的响应。

下面介绍触发事件和限制条件两类内容的设计。

(1) 触发事件

触发事件是触发的核心，包括事件触发、威胁触发、任务触发、消息触发和实体触发等类型。

① 事件触发指由预定义的事件引起的触发，即当实体执行某一特定事件时，有可能触发实体的相关动作，如网络实体激活、战场管理事件、网络攻防等。

② 威胁触发是基于实体外部特殊威胁的触发行为，如反辐射导弹发射、网络攻击报警、网络威胁通报，以及网络目标指示等。

③ 任务触发指由实体执行任务的状态引发的触发，包括完成任务和中止任务。

④ 消息触发包括消息接收和消息获取两类。第一类是被动接收，属于被动式的消息触发。消息接收触发即当接收到某一特定消息时，响应被触发，但接收的消息必须是针对某一目标的轨迹消息或命令消息。第二类是主动获取，属于主动式的消息触发，基于获取消息的内容，即消息类型和通信协议，来引起实体的特殊响应。例如，基于截获消息的类型以指定的方式进行响应，可以通过定义截获消息列表为不同的消息提供相应的消息事件触发概率。如果截获的消息与列表中指定的消息类型相符合，则一个消息截获事件就会发生。生成服从均匀分布的随机数，与截获消息类型对应的消息事件触发概率比较，如果概率值超过随机数，则满足触发条件；否则，不满足触发条件。

⑤ 实体触发包括实体间接触发和实体直接触发。间接触发指通过某一实体定义的触发事件而引起另一实体的触发。例如，由战斗机基于地面雷达网威胁定义的威胁触发，从而引起电子干扰机的间接触发。直接触发指两实体间满足某种关系时引起的触发。例如，几何关系触发，当两实体在相对距离、速度、高度等方面满足某种定义的关系时，可以引起触发。

(2) 限制条件

触发限制条件涉及实体状态、目标状态和武器状态等。实体状态又可分为普通状态、阶段状态和任务状态。实体普通状态包括机动、待用和指挥单元。阶段状态有目标选择、引导、锁定、发射和交战等。任务状态可以是紧急起飞、打击目标、

空中巡逻、任务超时和低油量等。目标状态包括实体与目标的几何关系，以及目标行动限制。武器状态包括特定武器类型发射限制和武器存量限制。

3. 状态检验模型

作战实体能否对定义的触发作出响应还依赖于模型对作战实体状态的检测。例如，预警机实体被敌地对空电子战系统实施了高强度的电子干扰，通常情况下预警机可以召唤战斗机等进行反制。如果没有可供其指挥的战斗机，就不能进行此响应。因此，在设计网络空间作战关于预警机对抗行为的建模中，就可以根据状态检验模块设计实现需求。由于认知行为模型中的状态检验模块极其复杂，与作战条例、作战经验关系密切，通常都是网络空间作战建模中的核心技术难题，且不存在普适性的建模方案，往往需要一个问题一个问题地解决，是一个长期积累的过程。下面仍以网络空间作战中预警机网电对抗行动为例，对其认知行为模型涉及的状态检验内容进行示范性介绍。

在网络空间作战建模领域，预警机网电对抗行动的状态检验模块大致涉及组网及编队状态、实体交战状态、防护系统状态、被探测及被攻击状态、响应概率等多种情况。

① 组网及编队状态用来描述并记录与其他实体间网络链路的接连、连通，以及是否组成编队、长机或僚机状态等情况。

② 实体交战状态主要描述并记录确认交战行为的相关状态信息，涉及所属编队中有无需要引导的其他飞机实体，以及指挥控制待战情况、网络对抗情报支持任务的完成情况等。

③ 防护系统状态用来描述并记录实体自身网络电磁防护装备或系统的可靠性、可用性和待战情况，以及与该实体相关联的其他具有网络电磁防护能力的实体防护系统的状态信息。

④ 被探测及被攻击状态主要描述并记录实体被传感器、网络嗅探软件等探测源探测，以及被网络或电磁攻击的情况，包括探测和攻击源、探测和攻击时间，以及目前所处的状态等信息。

⑤ 响应概率是在上述状态条件满足的情况下，通过概率条件判断响应是否发生。通过响应概率和生成随机数的大小，决定响应是否发生。如果响应概率小于随机数，则响应发生；否则，响应不发生。

4.4.3　建模实例：面向信息传播的认知行为建模仿真①

关于网络空间作战涉及的认知行为建模仿真，以面向信息传播的认知行为为

① 参考了张芳博士学位论文《面向心理战的手机信息传播建模仿真方法研究》，国防大学，2011 年。

例进行重点探讨。

1. 信息传播建模概述

前面对“网络空间是物理空间到认知空间的第二桥梁”进行过专门的探讨，最大限度地发挥网络空间影响政府、民众，甚至军队的心理认知，是对这一理念的作战现实体现。在网络空间作战理论及实践方面，各国（地区）均广泛开展过相关的战法研究和探索，如网络心理战、网络舆论战、网络宣传战等均多次出现。深入研究这些网络空间作战的认知领域，就会发现其中的机理正是利用了信息传播在网络人群中的扩散与影响。

战略战役层次的信息传播问题涉及领域复杂、空间广阔，主要是国家（地区）在平时和战时，为达到一定的战略战役目的，以人的心理认知为目标，运用各种战略资源，采取多种形式的心理攻防手段所进行的战略层次的认知域对抗活动，是在战略战役层面征取舆论人心的斗争，是一种大心理战概念，关注的重点是人的精神和意志活动的过程和结果。

在实际研究过程中，网络空间作战认知域的较量以民众为目标、平战结合，通过信息较量、舆论争夺，以及民意控制手段，以转化国际社会和民众态度为目标。在和平时期，主要依靠网络媒体，如个人手机电信网，全天候向民众发送信息影响民意，以获得战略层面的效果。即使在战时，其影响目标也包括民众，主要是通过信息的传播，对对方民众包括作战人员家属攻心策反、激起民怨、激发反战情绪，以剥离民众与国家或政府、作战人员与家属之间的联系与沟通，间接削弱对方的军事能力；或者通过信息的传播，巩固本国和友好国家民众对战争的支持和拥护，转化对方民众的敌视态度，以期获得最广泛的支持和理解。

在这种以民众为目标、以舆论争夺及民意控制为目的的认知域作战中，手机等所在的电信网“参战”效果显著。其作用主要表现在战争动员、心理攻防等方面。伴随着全球性移动通信网络的蓬勃发展和手机信息传播业务量的迅猛增加，手机将成为战争动员的新载体，其广泛的受传对象不但使得动员信息的覆盖面更广，而且迅捷的传播速度和传播效率也缩短了动员时间，提高了动员效率，而手机短信和微信较强的个性化和互动性，使战争动员因动员信息的量体定做更易获得较高的动员效能。

2. 基于态度构建认知模型

态度是人们对特定对象所持的评价和行为反应的倾向，是外界刺激与个体反应之间的中介因素。个体对外界刺激做出的反应必然受态度的调节或影响。态度是一种特殊的心理过程，具有相对稳定性，也是一种持续的心理状态，是个体全部心理过程的具体表现。态度也是一个人内部心理和外部表现之间的媒介，是行为的准备或潜在行为，呈现出一定的强度，会给对方造成心理压力。态度在本质上是社会的，不仅是对社会的折射，也是在一定的社会关系互动中形成的，是“动作的趋向”、“行为的发端”。态度可以分为个体态度和群体态度两类，这是依据社会结构的层次性对态度进行的分类。个体态度一方面是指社会个体的态度，另一方面是指某个体与他个体的相互关系中形成的态度，也是个体层面上的态度，还是群体态度的一种形态。群体态度是群体中多数成员或全体成员对某一事件的共有态度，是个体间共同的见解和看法。个体态度和群体态度不仅互有区别，也相互联系。个体态度是群体态度的基础。群体态度在个体态度的基础上，经过个体间的互动才能形成。群体态度一经形成而产生的心理压迫力会对个体态度产生影响，甚至改造。有时个体会或者更愿意接受群体态度的影响，甚至改变个体态度，以保持与群体态度的一致。从电信网的信息传播过程来看，手机信息传播就是人们对信息的态度和行为的结果。

(1) 态度的基本构成

态度具有方向性和强度两个基本属性。方向性用连续区间[0,1]表示，0 为高度反对，1 为高度支持，中间的数值代表各种中间态度；而在某个方向上的强度，即个体对自己意见的坚持程度，也用连续区间[0,1]表示，当取值为 1 时，意味着个体对自己当前所持有的意见非常确定；当取值为 0 时，意味着个体对自己当前持有的意见完全不确定或者完全不自信。据此，定义态度为二维度结构模型 X，并记为

$$X\in[x_1,x_2]$$
$$x_1\in[0,1]$$
$$x_2\in[0,1]$$

其中，x_1 表示个体态度的方向性；x_2 表示个体态度在某一方向性上的强度。

例如，$X=[1,1]$可以表示对某事件持非常支持态度。

(2) 基于认知、情感和行为倾向的态度模型

心理学研究表明，态度可以由认知、情感和行为倾向等心理过程来描述，如图 4.19 所示。

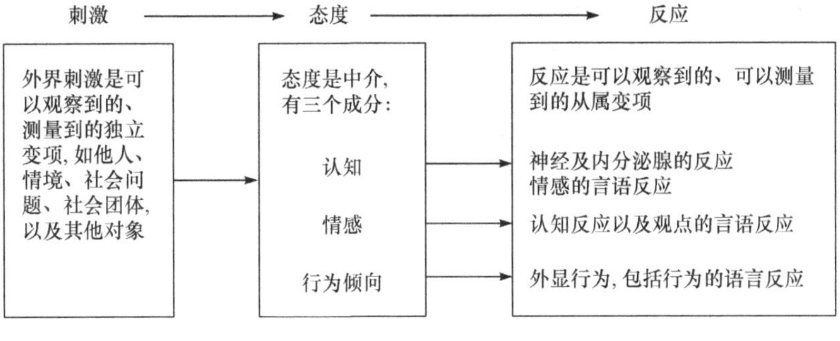

图 4.19 态度的过程描述

① 态度模型中的认知。

认知是个体对外界刺激本身特性的反应。人们总是凭借认知在心理上处理事件、加工信息，然后再产生相应行为。人在某一情况下出现的问题行为或不恰当行为反应，是由个体对该情境不正确或不精确的认知加工引起的。从认知角度讲，人总是在不断了解和适应自己所处的环境，但很多情况下，特别是战时，由于对有关政治、军事、安全等信息的不能获知或不准确获知，人们往往会按照自己原有的知识结构、信息处理能力、心理需求或意愿等去理解、强化或弱化相关信息，于是心理战信息传播便有了传播的空间和条件。认知与事实之间一般是存在差距的，它总是带有感情或评价，因此必然与态度构成的情感成分和行为倾向成分紧密相连。也就是说，认知会受到情绪和行为倾向的影响。态度中的认知决定了信息接收者对信息刺激做出的反应，是态度模型的输入。

根据受众认知的特点，定义受众对信息的认知为二维空间 R，两个维度为关注度和理解度，并记为

$$R\in[r_1,r_2]$$
$$r_1\in[0,1]$$
$$r_2\in[0,1]$$

其中，$r_1>0.5$ 表示个体对信息及相关事件比较关注，$r_1<0.5$ 表示个体对信息及相关事件不太关注，与信息内容重要性（与个体的相关性）和信息内容的可了解程度等有关；$r_2>0.5$ 表示个体对信息内容比较了解，$r_2<0.5$ 表示个体对信息内容不太了解，与个体的受教育程度和生活环境等有关。

② 态度模型中的情感。

情感是人对客观事物的态度体验与相应行为反应，与人的切身需要和主观态度相联系。情感表明个体对信息涉及的事物或事件的评价，喜或恶，从中获得的是不适感还是愉悦感。情感是有方向性的，有正情感和负情感之分。正情感是积极的情感，如尊重、喜欢等。负情感是消极的情感，如害怕、反感、仇恨等。当然，不管正情感，还是负情感都有不同程度的强弱之分。在态度的三个构成要素中，情感是重要因素，是态度的动力和核心，对态度的强度和持久力具有重要影响，而在情感的众多因素中，情绪又具有重要的作用，有时情绪甚至是态度的表达。

由于战争等危机时期，在仅能通过手机与外界进行沟通的情况下，社会公众会因信息的内容不同产生不同的情感。因此，模型只考虑个体的情绪，不涉及具体的情感基本元素，所以用得到一致认同的两极性学说，将情感定义为二维二极空间。两个维度分别表示战时由信息引起的情感的愉悦度（正情感和负情感）和唤醒度（情感在某一方向的程度，如强或弱），即情感空间 Y 可以表示为

$$Y\in[y_1,y_2]$$
$$y_1\in[0,+1]$$

$$y_2 \in [0,+1]$$

其中，y_1 是情感的愉悦度，0 表示负情感，1 表示正情感，$y_1>0$ 表示当前情感为正情感，如喜欢、愉悦、向往等；y_2 是情感的唤醒度，0 表示情绪很弱，1 表示情绪很强，$y_2>0.5$ 表示当前情感比较其强烈；[0.5,0.5]表示情感状态为平静。

③ 态度模型中的行为倾向。

行为倾向是个体预先具有的心理状态或心理定势，是个体在某种社会情景中态度目标将要采取行动的心理准备，是行为的准备状态。因此，行为倾向决定了个体对态度目标要采取的行动，反应认识活动的能动性和自觉调节性，是在行为时所作的意识上的加工并付诸实现的过程。由于人们对所处情境等的不同认识，会产生不同的情感，因此会导致不同的传播行为。由于心理特征不同，行为倾向也就有了差异，表现在对同样的事物，其认识和处理的方式也有所不同。一个人的行为倾向与个性紧密相连，现实生活中了解了一个人的个性，就可以预知这个人的行为倾向。个性作为区别于他人的心理特征，在心理学研究领域也表述为人格，不同的人格对外界刺激做出的反应也不同。

本模型基于 Eysenck 的二维度人格基本模型，将个体的行为倾向定义为二维度结构模型，两个维度分别为外向性（外向-内向）和稳定性（不稳定-稳定）。由此，个体的行为倾向就可以用空间中的某一点来表示，即行为倾向 H 可以表示为

$$H \in [z_1, z_2]$$
$$z_1 \in [0,+1]$$
$$z_2 \in [0,+1]$$

其中，z_1 表示个体行为的外向程度，0 表示完全内向，1 表示完全外向；z_2 表示个体行为的稳定程度，0 表示完全稳定，1 表示完全不稳定。

例如，$h=[0.2,0.2]$表示内向且不易变的行为倾向，这样的个体行为比较稳定，不容易冲动；$h=[0.5,0.5]$表示行为倾向较中性的人。

④ 认知、情感和行为倾向三者间的关系。

认知、情感和行为倾向三者是互相依赖、协调一致的，它们之间的关系如图 4.20 所示。

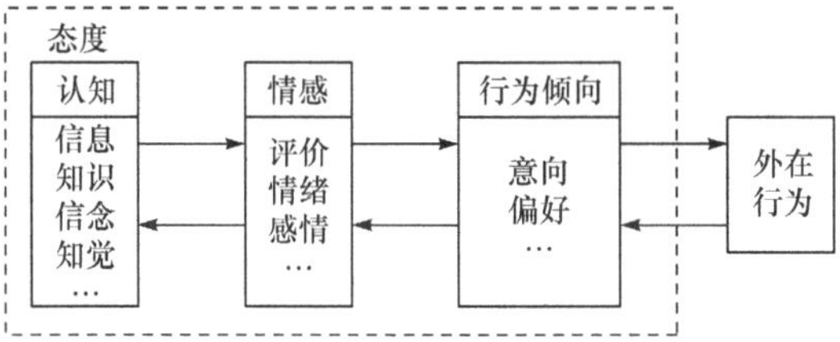

图 4.20 态度的构成

认知是态度构成的基础,直接决定了态度的倾向性和方向性。情感是态度构成的动力,决定态度的持久性和强度。行为倾向是态度构成的准备状态及与外界环境进行沟通交流的媒介,是态度的外在显示和最终体现。

态度是认知、情感、行为倾向三者的统一,任何一项要素发生偏离都会导致态度的失调和作用的不完整。其中,尤以情感定势和行为习惯对完整态度的形成具有重要的作用。当然在特殊情境下,认知、情感及行为倾向的作用方向也可能发生背离,呈现出反向作用,致使个体的态度呈现出矛盾状态:个体对某一信息并不相信,但在行动上却传播此信息。这里的研究不涉及这类特殊情况。

在手机信息传播过程中,受众的心理过程都包含认知、情感和行为倾向三种成分。不论对手机信息内容相信与否,都是基于人们对手机信息内容的一定认知基础之上,只是手机信息内容除了具有重要性外,其模糊性会在某种程度上影响人们对手机信息的认知。由于战时的特殊性,在手机信息传播过程中,人们会产生惊恐等不同情感,而会不会继续传播,则是行为心理倾向的体现。

(3) 信息传播与态度的改变

网络空间作战经常进行信息传播,其目的是影响心理认知客体的态度及行为,而态度是行为的准备。基于认知的任何态度改变都是在接受到的信息与态度客体的既有态度存在差异,并引起其心理压力的情况下发生的。

态度的改变是指态度客体已经形成的态度在接受某一信息或意见的影响后引起的变化,主要表现为态度方向性的改变和强度的改变。方向性的改变表现为态度发生方向性的变化,即个体对某人某事的态度由一端变成另一端,如从信谣到不信、从支持某种舆论到反对某种舆论等。强度的改变表现为在原有倾向性上的增强或者减弱,即个体对某人某事的态度在同一侧不同位置的变化。例如,社会公众某个体对某一信息本来不赞同,现在变得极力反对,这就是态度强度的变化,如肯定态度中的“有好感”、“喜欢”与“痴迷”三者的程度就明显不一样。

通常情况下,态度的改变是在信息传播或兼有劝导的作用下实现的,如图 4.21 所示。

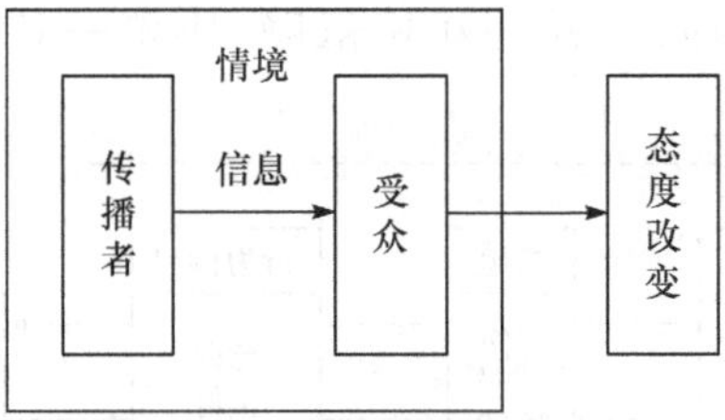

图 4.21　态度变化的情境模型

在信息传递过程中,影响态度变化的主要因素有信息的可信度、信息内容的结构、受信者的特点、收信者参与传递的活动等。也就是说，引起态度改变的原因来自两个方面。一个方面是态度内部的需求欲望、个性特征、兴趣爱好等。另一个方面是态度外部的生活环境、群体的态度等。

因此，在手机信息传播研究中，将不同传播者对信息不同的、复杂的态度放到信息传播模式中去研究，并通过信息传递的反馈，进一步研究个体对某一信息的态度及相应的行为效应。

手机电话是语言传播，是手机用户之间的直接交流，交流的结果可能会引起双方态度的变化，对双方情绪或态度的现状，以及情境的感受更为直接。而手机短信和手机上网的信息却可以是多种形式，如文字、图片、动画等，是手机用户和手机用户通过信息进行的间接交流。由于这种间接交流的双方并不在同一情境中，传播时存在"去现场感"。交流的结果往往是个体根据自身的认知、当时的情绪和态度对信息加以感知，而产生新的情绪和态度，而且由于"去现场感"，容易对信息产生错误理解或理解偏差，甚至产生谣言并广泛传播引发严重后果。因此，对于不同的传播方式应该建立不同的心理模型，以反映不同手机信息类型对受众心理的影响。

3. 手机用户 Agent 的传播行为模型

网络空间作战涉及的个体具有构成多样性和行为不确定性，多 Agent 建模中 Agent 具有适应性、移动性、自主性和交互性等特征，反映 Agent 主动的、"活"的特点，也正是 Agent 具有的这种动态的行为特征，才可以通过对 Agent 间的传播行为来模拟网络空间作战整体"涌现"行为。

研究过程并不关注 Agent 的坐、立、行等无关行为，而重点是描述各类 Agent 的信息传播行为，如接受信息、传播信息、相信信息、被信息迷惑，而产生更进一步的认知行为等，这些行为的本质在于对 Agent 状态的影响。以 Agent 静态属性和关系属性为基础的手机传播关系网络，为 Agent 提供行为空间。而动态行为的实现，即信息的流动空间则建立在 Agent 的行为属性上，它规定了 Agent 在不同状态下的所有可能行为能力和动作集合，赋予 Agent 在某种状态下可能的动作子集，并作用于其他 Agent，从而使系统的状态改变。

(1) 手机用户 Agent 的行为特征描述

手机用户 Agent 的行为属性主要包括手机用户 Agent 进行手机信息传播可以使用的途径，以手机为终端的信息传播有手机电话、手机短信、手机微信三种不同的方式。一般情况下，每一手机都具有电话和短信两种基本功能，手机微信为常见的信息传播功能选项。

Agent 在以手机为终端进行通信时，对手机的使用具有某种偏好或特点。例如，很少使用手机电话而以手机短信为主，或者以手机电话为主而很少使用手机短信。特别是，对于手机微信用户，使用偏好更明显。通过分析，将手机用户 Agent

的行为特征描述如下，即

$\text{Attri}_{\text{Behavior}} = <$ Co, Predilection, Get, Phone, Short-message, Micro-blog, Status, Rule, Cb $>$

其中，Co 表示通信覆盖情况，描述手机用户 Agent 的手机是否可用，0 表示手机不在服务区，不可以使用，1 表示手机在服务区，可以使用；Predilection 为手机用户 Agent 使用手机进行传播的特点，主要分为主动型（用 1 表示）、被动型（用 0 表示）两类，主动型手机用户会积极使用电话、短信或微信把信息传播给他人，而被动型手机用户对于信息的处理则较为迟钝，甚至只是信息的终结者，不会再把信息进行新的传播；Get 为手机用户 Agent 获取信息的能力，与个体受国防与军队教育程度相关，定义为[0,0.25)、[0.25,0.5)、[0.5,0.75)、[0.75,1]上的实数；Phone、Short-message 和 Micro-blog 分别表示手机用户通信时手机电话传播、手机短信传播和手机微信传播的行为模式。

结合手机信息传播的实际，手机信息传播时虽然手机短信可以在电话或微信时接收，但一般情况下，同一时间个体的手机信息传播行为只能是手机电话、手机短信、手机微信中的一种，待电话和微信结束时才选择短信行为。

以上三种行为模式下的相关模型可描述如下。

Status 为手机用户 Agent 对信息的感知状态模型，其值 0 为"易感态"（尚未收到或看到信息），1 为"感染态"（已收到或看到信息）。

Rule 为手机用户 Agent 的行为规则模型，规定手机用户 Agent 在某种状态条件下可采取的传播行为。

Cb 用来规定手机用户 Agent 是否会产生连锁行为，Cb=0 不会产生社会连锁行为，而 Cb=1 会产生社会连锁行为。定义为

$$M_{\text{Cb}} = (1+i_3) \times qy_1 \times tx_1$$

当 $M_{\text{Cb}} > 0.5$ 时，Cb=1；当 $M_{\text{Cb}} < 0.5$ 时，Cb=0。

(2) 手机用户 Agent 的传播行为模型

手机用户 Agent 除了具备 Agent 基本的在某一区域的移动行为，其选择的手机信息传播方式决定了其不同的传播行为。

① 手机用户 Agent 的手机电话传播行为。

手机用户 Agent 的手机电话传播行为或状态有以下四类。

Phone_mode1 表示手机用户 Agent 电话不在线，即不在通话状态。

Phone_mode2 表示手机用户 Agent 进行电话拨号行为，即手机电话呼叫行为。此时，其手机处于占线状态，不能响应其他手机用户 Agent 的呼叫。

Phone_mode3 表示被叫方手机用户 Agent 对呼叫电话的行为，其行为可以接受呼叫，也可以是不接受呼叫，接受呼叫则双方建立通话联系，不接受呼叫则不能建立通话联系。同时，定义未接和拒接均表示被叫方拒绝呼叫。

Phone_mode4 为在线状态，表示主叫和被叫手机用户 Agent 处于电话通话状态，即正在进行电话传播行为。

② 手机用户 Agent 的手机短信传播行为。

手机用户 Agent 的手机短信传播行为或状态有以下五类。

Sm_mode1 表示手机用户 Agent 的短信行为初始状态，即没有任何短信行为。

Sm_mode2 表示接收，手机用户 Agent 收到一短信，此行为完全是被动的，取决于手机用户 Agent 之间是否有手机连接，以及连接的手机用户之间是否有短信发送行为。

Sm_mode3 表示查看，手机用户 Agent 传播短信是主动的，而接受却是完全被动的。收到短信后，由于短信总会与个体利益、兴趣等密切相关而又带有不确定性，大多数手机用户 Agent 并不会立即相信或者不相信，而会通过各种手段进行查阅，因此 Sm_mode3 表示手机用户 Agent 是否对短信进行查询。由于个体知识、能力等的不同，对短信的查阅结果也不同，导致查阅后对短信的态度会有所改变，因此改变短信内容进行转发，或者认为此信息不足以继续关注而不转发。对短信查询后再进行修改比直接修改对信息内容的影响要小。

此行为后，手机用户 Agent 对短信的态度、态度的不确定性，以及 Agent 认定的短信内容重要性和模糊性都会有所改变，但是由于 Agent 精力、兴趣等的有限性，模型中手机用户 Agent 进行查询的次数受到限制。

Sm_mode4 表示修改，有的手机用户 Agent 收到短信并经过查询求证后，会修改或删减短信的内容，用 Sm_mode4 表示 Agent 对短信的修改行为，修改后短信内容的重要性和不确定性会发生改变，同行为方式 Sm_mode3，手机用户 Agent 对短信内容的修改次数也受到限制。

查询后对信息的修改分为两种情况。一是极端个体，即怀有恶意的手机短信传播者，这部分的数量虽然很少，但是他们对信息重要性和模糊性的改变是直接的。

Sm_mode5 表示发送，表示手机用户 Agent 对短信的发送，短信发送依赖一定的社会关系和传播途径，手机用户 Agent 进行短信发送的次数也受到限制。

③ 手机用户 Agent 的手机微信传播行为。

手机微信传播时的行为有以下四种模式或状态。

Wb_mode1 表示发表微信。

Wb_mode2 表示主动关注其他手机微信用户，即微信跟随行为，关注是一种单向、无需对方确认的关系。

Wb_mode3 表示对微信进行评论。

Wb_mode4 表示转发主动关注手机微信用户的微信。

手机用户 Agent 在某种状态下会选择哪种行为由 Agent 的行为规则确定，且在同一时刻，手机用户 Agent 只能使用一种途径将信息传送出去，但是手机短信的接收，以及手机微信的跟随和被转发则不受限制。手机用户 Agent 的传播行为模型示例如图 4.22 所示。

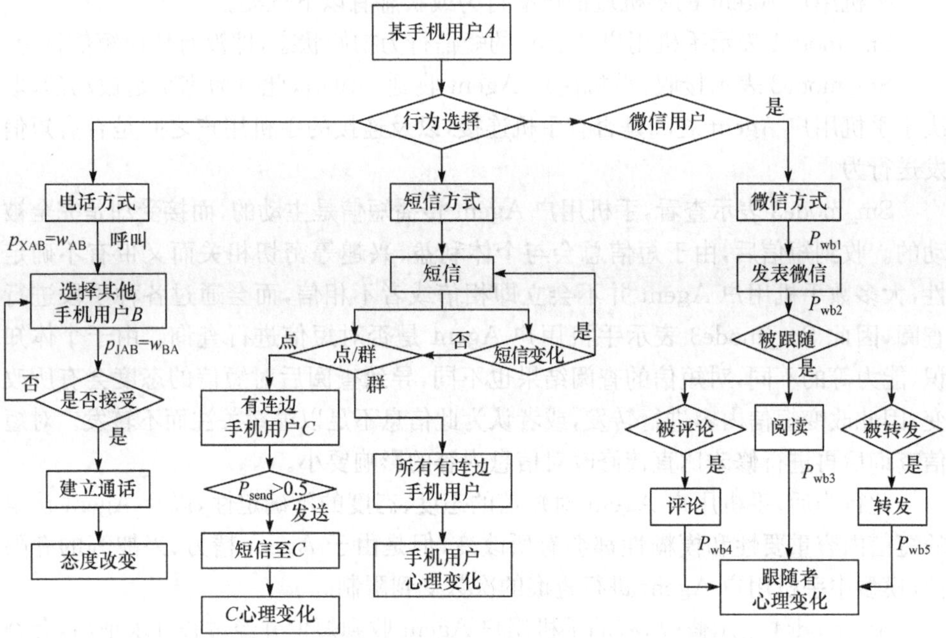

图 4.22 手机用户 Agent 的传播行为模型示例

核心算法描述如下。

算法 4.2 手机电话传播行为模型

Begin

Step1：选择感知了事件信息且偏好手机电话方式的某手机电话用户 A；

Step2：选择另外一手机用户 B；

选择的依据是呼叫方 A 对被叫方 B 的连出边的权重，即

$p_{XAB}=w_{AB}$；

Step3：A 向 B 发出电话呼叫；

Step4：B 接受 A 的呼叫的概率 $p_{JAB}=w_{BA}$；

Step5：若 B 接受呼叫，则双方建立通话关系，依据基于语音信息的态度转变模型改变通话双方的态度；

Step6：若 B 不接受呼叫，则呼叫行为停止；

End

算法 4.3　手机短信传播行为模型

Begin

Step1：选择接收到短信的手机用户 A，

根据基于阅读信息的心理模型，A 产生相应的心理状态；

Step2：A 是否修改短信内容？

若是，信息重要性和模糊性进行(0,0.5)的改变

修改的概率为 $D_{\text{change}}=\text{Get}\times[r_1,r_2][i_z,i_m]^{\mathrm{T}}/2\times(1+\lg i_3/10)$

若否，信息重要性和模糊性不变；

Step3：选择短信发送方式：

若点，执行 Step4；

若群，执行 Step5；

Step4：选择一手机用户 C，选择的概率是 $p_{\text{XAC}}=w_{\text{AC}}$；

$P_{\text{send}}=[x_1,x_2][h_1,h_2]^{\mathrm{T}}/2\times(1+\lg i_3/10)$；

若 $P_{\text{send}}\geqslant 0.5$，$A$ 发送短信至 C，

若 $P_{\text{send}}<0.5$，A 不发送短信；

Step5：选择与 A 有连边的所有手机用户，

$P_{\text{send}}=[x_1,x_2][h_1,h_2]^{\mathrm{T}}/2\times(1+\lg i_3/10)$；

若 $P_{\text{send}}\geqslant 0.5$，$A$ 发送短信；

若 $P_{\text{send}}<0.5$，不发送短信；

End

算法 4.4　手机微信传播行为模型

Begin

Step1：手机微信用户 W_i 以概率 P_{Wb1} 就事件信息发表微信

$P_{\text{Wb1}}=r_1\times(1+\lg i_3/10)$

若 $r_1\geqslant 0.5$，则发表微信，产生相应的心理状态；

若 $r_1<0.5$，则不发表微信；

Step2：手机微信用户 W_i 以概率 P_{Wb2} 转发短信到微信

$P_{\text{Wb2}}=i_z\times(1+\lg i_3/10)$

若 $i_m\geqslant 0.5$，则上传短信至微信；

若 $i_m<0.5$，则不上传；

Step3：手机微信用户 W_i 以概率 P_{Wb3} 编写短信到微信；

$P_{\text{Wb3}}=x_1$；

若 $x_1\geqslant 0.5$，则编写短信并上传至微信；

若 $x_1<0.5$，则不上传；

Step4：手机微信用户 W_i 的微信内容被其跟随者 W_j 以概率 P_{Wb4} 阅读

$$P_{\mathrm{Wb4}}=1 \;/\; S_{jf}\times(1+\lg i_3/10)$$

S_{jf}表示W_i的跟随者W_j关注的微信用户数量；

Step5：微信内容被所有关注该微信的用户以概率 P_{Wb4}评论

$$P_{\mathrm{Wb4}} = P_{\mathrm{Wb3}} \times \frac{\alpha \cdot \sum S_{ic}}{\sum\limits_{t-t_0} S_{if}} \times (1 + \lg i_3/10)$$

α 表示手机微信用户微信评论行为偏好的随机系数；

S_c 表示该微信被评论数；

S_f 则表示该微信用户的跟随者数量；

Step6：微信内容被关注该微信的用户以概率P_{Wb5}转发

$$P_{\mathrm{Wb5}} = P_{\mathrm{Wb4}} \times \frac{\beta \cdot \sum S_{iS}}{\sum\limits_{t-t_0} S_{if}} \times (1 + \lg i_3/10)$$

β分别表示手机微信用户微信转发行为偏好的随机系数；

S_S 表示该微信被转发的数量；

S_f 则表示该微信用户的跟随者数量；

End

(3) 基于演化博弈理论的信息传播连锁行为模型

信息得以在受众中不断传播并产生不同效果，甚至后果，是自私个体间合作的结果。手机信息传播也不是个体行为简单叠加的结果，而是涉及众多手机用户Agent 的合作涌现。

① 演化博弈理论。

在经典博弈论中，所有个体都是理性的，也认为对方是理性的，同时个体对收益矩阵信息完全了解，因此所有个体最终都会采取纳什均衡策略。但是，在现实且复杂的环境中，个体是没有能力选择最佳策略以获得最大收益的，只能根据其掌握的局部信息采取启发式的方法，做出令自己“满意”的决策，即个体是有限理性的。

演化博弈理论就是着重研究有限理性的个体如何在重复博弈过程中，通过自适应学习来实现自身收益最大化的问题，对一个静态的决策过程赋予动态演变的思想。其定义表述如下。

第一，局中人数量为 $N\to\infty$。

第二，每个时间演化步按照一定法则选取部分局中人以一定频率匹配进行博弈。

第三，局中人采取的对策可以按照一定法则更新，所有局中人的策略更新法则相同。但法则更新比博弈频率要慢得多，局中人可以根据上一次更新对策成功与否选择、调整下一次更新。

第四，局中人可以感知环境、吸取信息，然后根据自己的经验和信念，在策略更新法则下更新策略。

第五，策略更新法则可能受到局中人所在网络拓扑结构的影响。

目前，演化网络博弈的研究已取得一定的成果。传统的博弈模型主要是囚徒窘境博弈和铲雪博弈，关注合作的涌现和合作的时空特性。另一种模型是"演化争当少数者博弈模型"，其核心思想是少数者获胜，是基于经验的、非理性的、不完整信息条件下的博弈，更接近实际情况。

受演化网络博弈研究的启发，并考虑手机信息传播本身的博弈特点，建立手机信息传播博弈模型，将手机用户 Agent 看作参与博弈的局中人，并合理地认为这些局中人随着时间的演化会与其"邻居"(与其有手机联系的其他手机用户 Agent)进行博弈。

② 基于演化博弈理论的行为决策模型。

在信息传播过程中，个体除了可以执行传播行为，基于传播行为引起的个体心理变化还会引发进一步的社会连锁行为，如抢购、集会等。由于执行某种连带行为会影响个体的预期收益，并且这种预期收益还与其他个体态度的社会连锁行为密切相关，因此手机用户会对其他个体的社会连锁行为进行估计，然后再选择自己的行为。

在一定数量的手机用户 Agent 中，每一次所有"相遇"的手机用户 Agent 先进行信息沟通，再在此基础上按照收益矩阵进行博弈以确定是否有社会连锁行为。博弈结束后，所有手机用户 Agent 更新自身的策略，然后手机用户 Agent 再根据相遇者前一时刻的策略进行博弈。两次博弈结果的最佳策略就是手机用户 Agent 该时刻的策略。

由于人群中手机用户 Agent 的行为是随机的，因此手机用户 Agent 之间可能再次"相遇"。此时，由于记忆特性，一个 Agent 会对另一个 Agent 过去的行为有所记忆，并据此对是否选择社会连锁行为再次做出选择。

除此之外，现实中的 Agent 选择社会连锁行为，还是"从众心理"或"群体压力"作用的结果，即手机用户 Agent 社会连锁行为的执行取决于人群中产生社会连锁行为的手机用户 Agent 的数量，因此"相遇"的手机用户 Agent 的社会连锁行为会形成一种网络效应。这种网络效应会提高 Agent 选择社会连锁行为的概率，形成一种放大效应，进一步扩大选择社会连锁行为的人群规模。

定义 I_1、I_2 和 I_3 分别表示"相遇"手机用户双方都产生社会连锁行为，不产生社会连锁行为及行为不一致(一个产生而另一个不产生)时的收益。个体感知到信息后，产生的连锁行为会对自身的收益带来影响。

假定个体产生连锁行为和不产生连锁行为的收益分别为 A 和 B。

若 $B>A$,则产生连锁行为表面上是增加了个体的收益,但实际是造成个体的利益损失,损失为 $B-A$。

若 $B<A$,则不产生连锁行为。表面上是增加了个体的收益,但实际是造成个体的利益损失,损失为 $A-B$。

若 $I_1=40$、$I_2=10$ 和 $I_3=5$,则博弈收益结构如表 4.1 所示。

表 4.1　连锁行为博弈矩阵

个体 M \ 个体 N	产生连锁行为	不产生连锁行为化
产生连锁行为	40,40	5,5
不产生连锁行为化	5,5	10,10

产生连锁行为和不产生连锁行为手机用户的收益分别为 10 和 40,即产生连锁行为表面上是增加了个体的收益,但实际是造成个体的利益损失,损失为 30。

参数 I_1、I_2 和 I_3 可以由用户在一定范围随机设定。

手机用户社会连锁行为决策模型示例如图 4.23 所示。

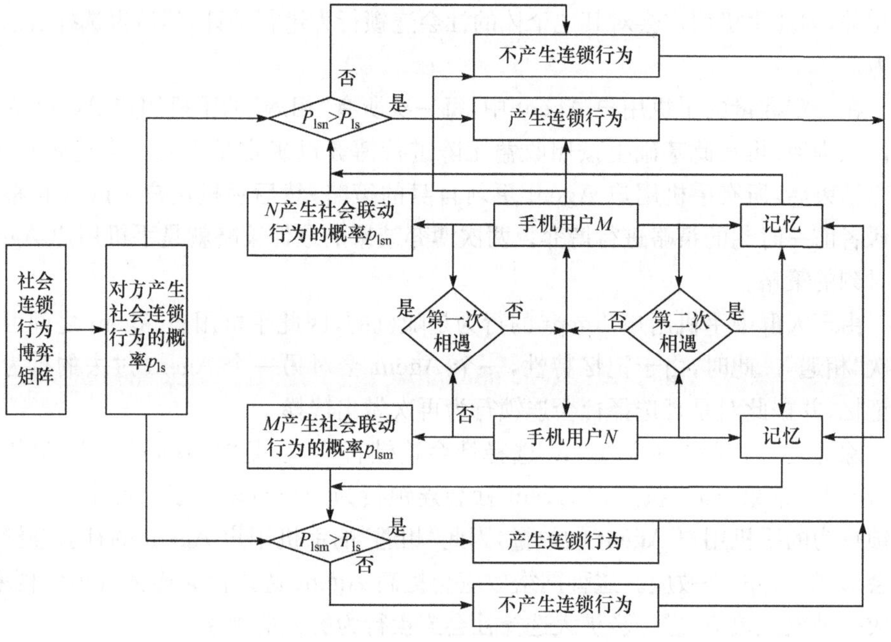

图 4.23　手机用户社会连锁行为决策模型示例

核心算法如下。

算法 4.5　博弈演化算法

Begin

Step1:定义 ρ 为手机用户 Agent 认为对方产生连锁行为的可能性

$I_1\times\rho+(1-\rho)\times I_2=(1-\rho)\times I_2+I_3\times\rho$

则 $\rho=(I_2-I_3)/(I_1+I_2-2\times I_3)$

Step2:手机用户 Agent M 与手机用户 Agent N 相遇;

M 认为 N 产生连锁行为的为 ρ_{MN};

若 $\rho_{MN}\geqslant\rho$,M 的最优策略是产生连锁行为;

若 $\rho_{MN}<\rho$,M 的最优策略是不产生连锁行为;

Step3:手机用户 Agent M 与手机用户 Agent N 再次相遇;

第一次相遇后 N 和 M 是否均有连锁行为?

若有,则 M 的最优策略是产生连锁行为;

若无,则 M 的最优策略是不产生连锁行为;

Step4:M 观察与之相遇所有个体;

若一半以上的 Agent 有连锁行为,则 M 选择产生连锁行为;

若一半以上的 Agent 无连锁行为,则 M 选择不产生连锁行为;

End

③ 短信媒介 Agent 的传播行为模型。

短信媒介 Agent 是手机信息传播系统向手机用户发送短信的媒介 Agent,其传播行为可以描述为

$$\mathrm{Attri}_{\mathrm{Media}}=<\mathrm{Com},\mathrm{Rule}>$$

其中,Com 描述短信媒介 Agent 是否具有短信发送功能,即 0 表示手短信媒介 Agent 不可以发送短信,1 表示手机短信媒介 Agent 可以发送短信;Rule 为短信媒介 Agent 发送行为规则,规定手机用户 Agent 在某种状态条件下可采取的传播行为,如短信性质、发送时间、发送范围等。

短信媒介 Agent 的传播行为模型如图 4.24 所示。

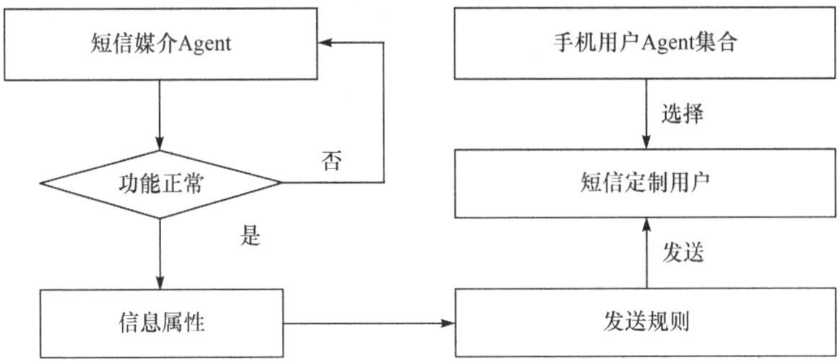

图 4.24　短信媒介 Agent 的传播行为模型图题

首先,确定短信媒介 Agent 对事件信息的态度及其不确定性。对短信媒介

Agent 的建模采用的是拟人化方法。在控制 Agent 控制下，确定短信媒介 Agent 是否具有短信发送功能，若短信媒介 Agent 具有短信发送功能，则执行短信发送功能；若短信媒介 Agent 不具有短信发送功能，则不执行短信发送功能；短信媒介 Agent 具有短信发送功能，选择短信发送的目标对象。由于短信媒介 Agent 向手机用户 Agent 发送的短信，实际上是手机用户 Agent 向短信媒介 Agent 定制的短信，建立手机用户 Agent 与短信媒介 Agent 的对应关系，假设每一个手机用户只能与一个短信媒介 Agent 建立定制短信业务或者不建立点至短信业务。定制的规则为，视短信媒介 Agent 为特殊的手机用户，根据其影响范围建立手机用户 Agent 号码列表作为其定制对象。

短信发送规则是定期向定制用户发送短信，事件步长可以根据系统的仿真运行步长确定。由于短信媒介 Agent 是在手机信息传播网络上的高层 Agent，因此每次交互时，每个短信媒介 Agent 都会同时对多个手机用户 Agent 产生影响，其影响范围为和该短信媒介 Agent 有短信媒介服务业务的手机用户 Agent。收到短信的手机用户按照手机用户 Agent 的相应心理和行为规则进行进一步操作。

短信媒介 Agent 的传播行为特征模型规定了短信媒介 Agent 的传播行为规则，以及与手机用户 Agent 的交互规则。

4. 仿真实验

采用 NetLogo 4.0.2 集成开发环境实现面向心理战的手机信息传播原型系统，主要实现以下几类仿真模型，即手机用户人际关系网络生成模型、手机关系网络模型、手机用户心理模型和手机信息传播主体的行为及交互模型。基于该原型系统，开展以手机信息传播为例的网络空间作战认知行为仿真验证实验。

(1) 模型初始化

仿真模型的初始化必不可少，对于手机信息传播系统而言，需要创建参与手机信息传播的主体，并为主体提供生存空间，为手机信息传播动态行为的实现提供静态的传播基础。

① 支持多异质类 Agent 的生成。手机信息传播系统中的传播主体有手机用户、短信媒介服务商、基站和控制部门等。手机用户是具有高度智能性和主动性的主体，用 Agent 可以很好地描述个体属性和决策逻辑；其他主体是不具备智能性的被动主体，可以用被动的 Agent 描述。各类 Agent 具有区别与其他主体的属性、行为特征，各类 Agent 之间可以进行交互，并在交互的基础上改变各自的状态和行为。

② 支持手机电话、短信、微信关系的建立。能够反映以手机为终端的电话和短信传播。以手机号码为传播的起点和终点、以手机用户社会关系为基础的传播特征，能够描述以微信用户为节点的无标度特性。

③ 支持仿真实验背景设置。支持生成与实际手机信息传播环境相符的仿真空间,能对仿真实验中的危机事件进行处理,将事件内容映射为模型可识别的符号语言。

(2) 仿真运行

仿真运行是手机信息传播行为在允许的空间内进行的信息流动,即仿真实验的执行。

① 支持主体的自主行为。主体可以自行决定自己的行为,同时所有主体行为的执行是并发的,没有实现确定的顺序。

② 支持单步运行和多步运行。依据仿真实验的目的,可以选择所需的仿真执行例程。

③ 支持仿真参数设置和实验管理。可以建立多个实验设置,自动进行多次仿真实验,对参数空间进行扫描,目的是提高仿真实验的执行效率,为模型运行中的多个参数,以及随机因素进行研究和分析。

(3) 结果输出

如图 4.25 所示为原型系统的主界面。结果输出主要为仿真实验提供多种形式的数据显示或收集方式,以记录仿真运行的过程和结果。实现了三种有特色的认知行为输出方式。

① 可视化实时输出,支持显示整个传播空间上所有传播主体行为的动态变化,获得对仿真运行过程的直观认识。

② 定量动态显示,仿真研究时获取定量数据是非常必要的,定量动态显示支持所需信息的动态显示,如变量、表达式等。

③ 实时变量图形,支持随仿真运行绘制仿真曲线或直方图。

(4) 面向心理战效果评估的认知行为仿真实验

对手机传播建模仿真方法进行研究的目的,并不是试图对手机信息传播的普遍规律作深入的研究,或者提出有广泛影响的传播模式,或者开辟心理学、传播学领域研究新方向,而是通过研究模型来研究实际社会,为心理战研究提供一些全新视角的研究工具或科学方法,并将其应用或服务于网络空间作战涉及的心理认知作战研究。

① 实验背景及模型参数的设定。

第一,实验背景。

选取 20××年某国总统选举中因手机电信网信息传播而引发进一步社会危机这一事件的数据作为研究样本。

第二,人口数据。

将目标地区锁定为其首都,目标人群为该地区 15 岁以上 65 岁以下的人口。在这部分人口中,约有 80%具有读写能力,受过教育,其他 20%为文盲。根据这一

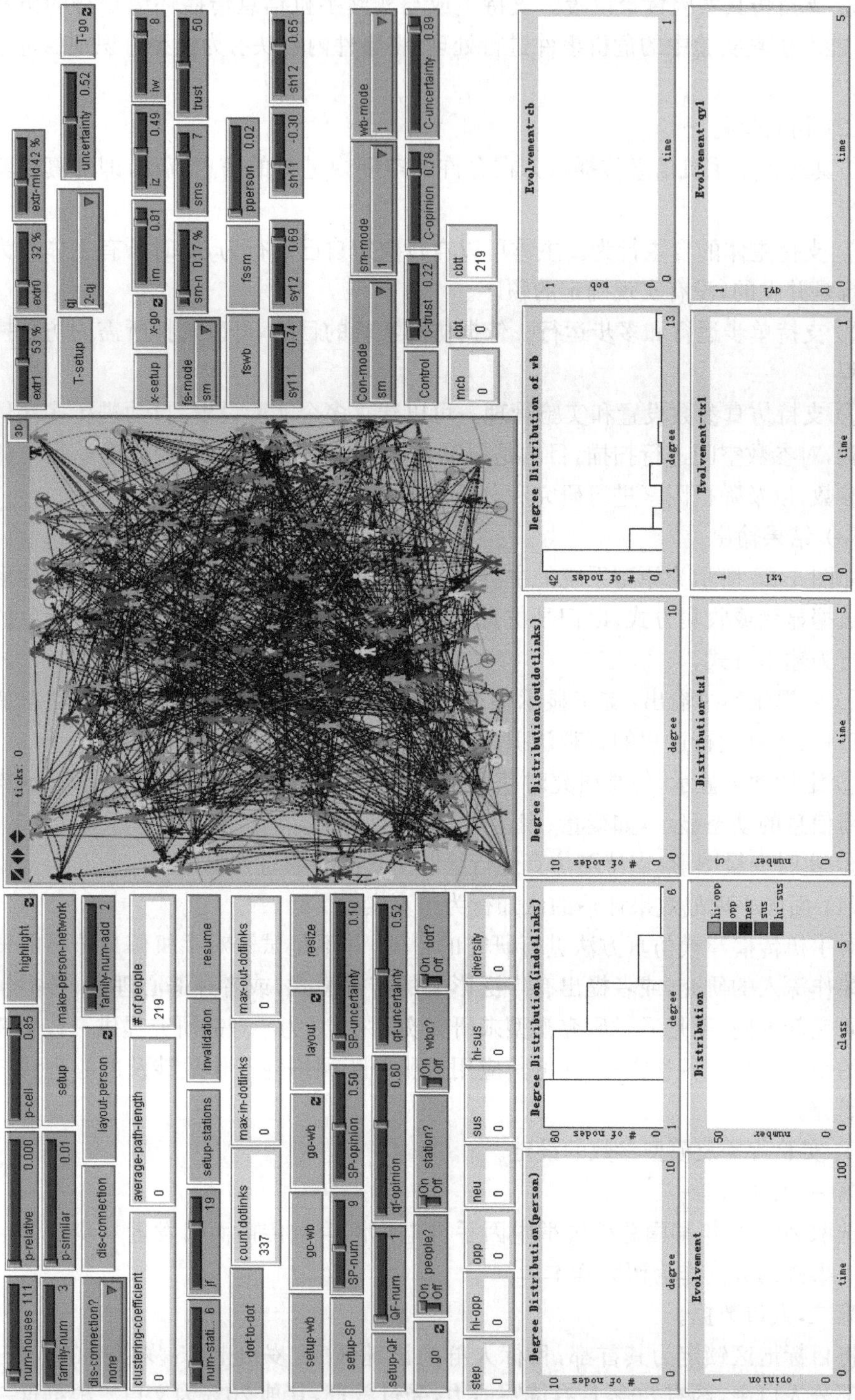

图 4.25 原型系统界面图题

比例，设置人口的教育属性，并与手机使用方式相匹配，即文盲人口只能使用手机电话方式。建模时，在抽象一些主要因子的基础上，通过对设置的参数在随机范围内选取。

如图 4.26 所示为民众个体的部分初始基础数据，主要包括按照顺序排列的个体编号、家庭编号、文化程度、政治倾向等。

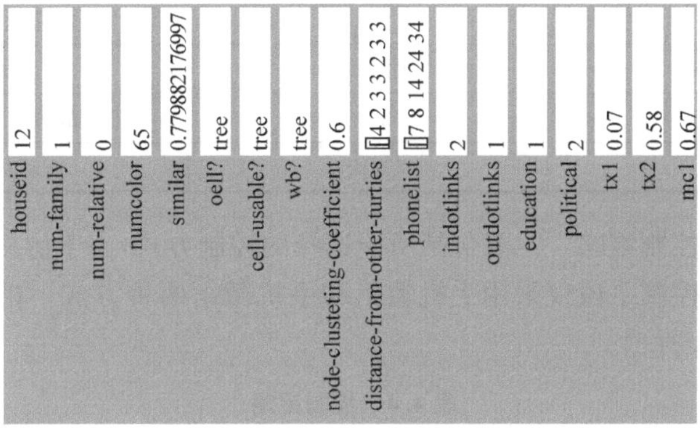

图 4.26　个体属性部分列表

第三，仿真参数。

对于仿真参数的设定，主要包括三部分。

其一，模型系统的初始化。包括手机关系网及传播心理和行为参数的设定，包括民众的手机普及率、可视区域内基站的数量及影响范围、各类 Agent 个体对某事件的态度和行为等。相关参数及变量的设置如表 4.2 所示。

表 4.2　模型系统初始化参数

参/变量	取值	涵义
num-houses	50～10000	家庭数量
family-num	1～6	家庭中的人口数
p-cell	50%	手机普及率
num-station	1～10	手机基站数目
Jf	基数为 15，1～5 的增幅	手机基站覆盖范围
num-qf	1	心理战信息发送群发器
num-SP	5	短信媒介数目

其二，心理战实施方所采取的传播策略。例如，针对目标对象的信息内容的属性（包括重要性、不确定性，以及危机程度）、信息实施的对象、信息发布的方式，以及频率等。由于心理战实施方发送的具有一定重要性、模糊性，而且又有较高危机强度的信息，从而引发民众的广泛关注和传播，继而引发进一步的后果。相关参数

及变量的设置如表 4.3 所示。

表 4.3 传播策略参变量

参/变量	取值	涵义
i1	0.75	信息内容重要性
I_2	0.25	信息内容模糊性
I_3	8	信息内容危机性
fs-mode	手机短信	信息发送方式
sm-n	20%	心理战短信初始目标数量
sms	1/天	信息发送频率

其三,传播控制策略。主要包括所能选择的控制方式,由于仿真事件具有很强的时效性,因此控制手段仅采用手机短信和手机微信两种方式。相关参数及变量的设置如表 4.4 所示。

表 4.4 控制策略

控制策略	控制方式	受控对象
$\text{Tactics}_{\text{Sm}}=1$		短信媒介 Agent
$\text{Tactics}_{\text{Sm}}=2$	手机短信	手机用户 Agent
$\text{Tactics}_{\text{Sm}}=3$		手机基站 Agent
$\text{Tactics}_{\text{Sm}}=4$		核心性手机用户 Agent
$\text{Tactics}_{\text{Wb}}=1$		手机基站 Agent
$\text{Tactics}_{\text{Wb}}=2$	手机微信	手机用户 Agent
$\text{Tactics}_{\text{Wb}}=3$		特殊微信 Agent

其中,手机短信控制方式包括控制短信媒介 Agent、手机用户 Agent、手机基站 Agent、核心性手机用户 Agent,而手机微信控制方式包括控制手机基站 Agent、手机用户 Agent、特殊微信 Agent 等方法。手机短信控制方式和手机微信控制方式在某些控制方法上存在一致性,如控制手机基站 Agent。

② 手机信息传播对认知行为的影响效果评估指标。

研究中,以认知行为影响效果为评估指标,来验证构建的模型在网络空间心理战应用及研究中的可信性。并以此为基础,通过对仿真模型进行传播设置和运行控制,对手机信息传播系统进行多次实验运行,观察模型系统所呈现的宏观模式,归纳提炼其蕴含的一般性规律,为我军有效利用信息传播规律和信息技术装备,巧妙制定与灵活运用心理对抗的战略战术,在军事及非军事领域获取心理对抗的胜利提供帮助。

根据所提出的个体态度为核心的心理模型,手机信息传播的心理作用过程如

图 4.27 所示。

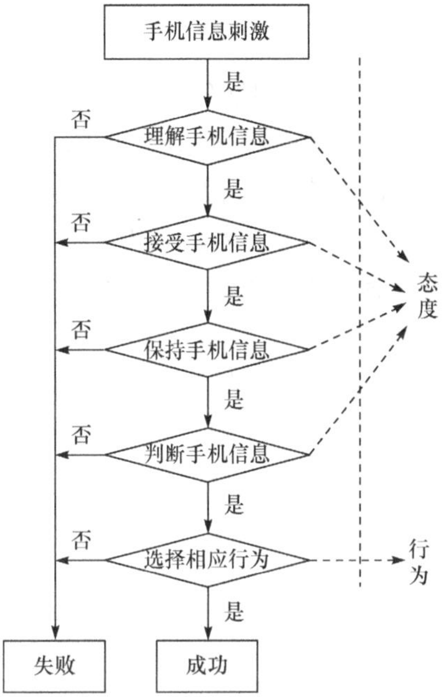

图 4.27　手机信息传播的心理作用过程

心理战效果的评估是以一定的尺度和标准来衡量心理战效果的活动。对心理战,特别是对在战略层次显效的心理战效果进行评估,一方面要剥离出研究的重点问题,如某国选举问题等;另一方面要抽取心理战中共同的要素,如民众态度、心理体验等。

虽然信息传播是心理战实施时的重要过程,信息传播的速度、范围等会对心理战效果产生影响,但对于进攻方而言,最关注的并不是手机信息传播的到达率等与传播相关的参数,而是由信息传播引起的心理战对象心理与行为的改变,以及由此引起的进一步的或连锁的反应。

由于在以民众为攻击目标的心理战中,以手机信息传播为主要作用手段的实质是攻击民众的认知与信念,以迫使其接受己方目标,要么放弃抵抗意志,最终停止对抗,结束战争;要么使社会产生动荡,不战而胜。因此,本研究对心理战效果评估的重点在于民众目标对象的信念,也就是民众态度的变化上,即手机信息传播心理影响效果的评估指标是个体态度的变化及其可能引发的社会连锁行为。

③ 仿真实验与分析。

由于心理战效果的评估具有相对性,实施心理战前后民众的心理状态和行为反应会有所不同,因此对基于手机信息的心理战效果评估采用对照法。对照法既可以比较同一群体在心理战信息传播前后的心理状态及行为反应来评估其效果，也可以比较同一群体使用不同传播方式时的传播效果。

第一，同一群体在心理战信息传播前后的心理状态及行为反应。

首先，利用对个体态度进行等区间划分，将[0,1]划分为[0,0.2)、[0.2,0.4)、[0.4,0.6)、[0.6,0.8)和[0.8,1]作为横坐标，分别表示民众对两候选人 A 和 B 中 A 的支持态度为坚决反对、反对、中立(或无所谓，不关注)、支持和坚决支持(对 B 则相反)，而 5 个区间内态度的所有个体数目则为纵坐标。信息传播常常会引发连锁性的社会行为。以信息传播是否会引起个体的社会连锁行为作为度量标准继续进行模型实验，利用 Netlogo 图形"Evelvement-cb"表示模型结果，其中横坐标为仿真时间，纵坐标为所有个体的社会连锁行为变量 cb 的分布。

实施心理战前，民众对候选人 A 的支持分布情况如图 4.28 所示。

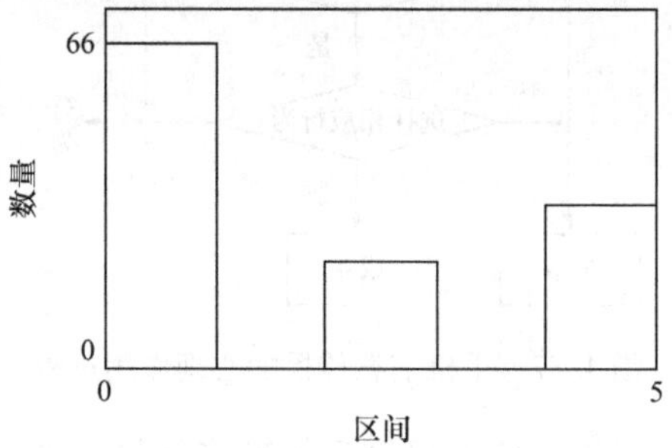

图 4.28 选举结果的预期分布

对 A 持反对态度的民众的态度分布如图 4.29 所示。

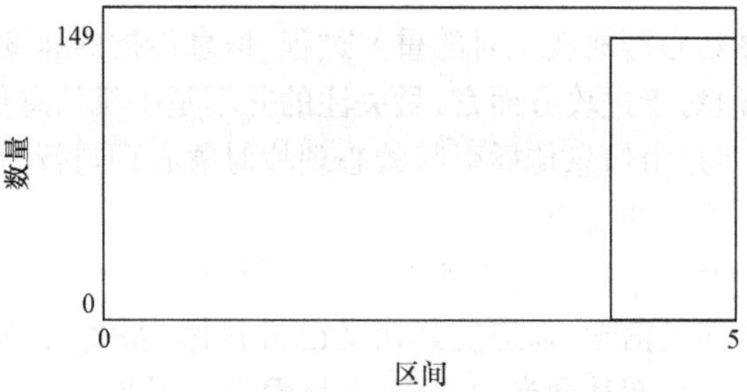

图 4.29 无信息攻击时民众的态度分布

心理战攻击方在民众中以短信的形式发送具有煽动性的短信。施加重要性、模糊性，以及危机强度分别为 0.8、0.5、8 的信息后，对 A 持反对态度的民众态度和情绪的演化过程如图 4.30 和图 4.31 所示。

图 4.30 为信息传播开始时民众情绪和态度的变化。图 4.31 为传播经过某时

长后民众情绪和态度的演化结果。

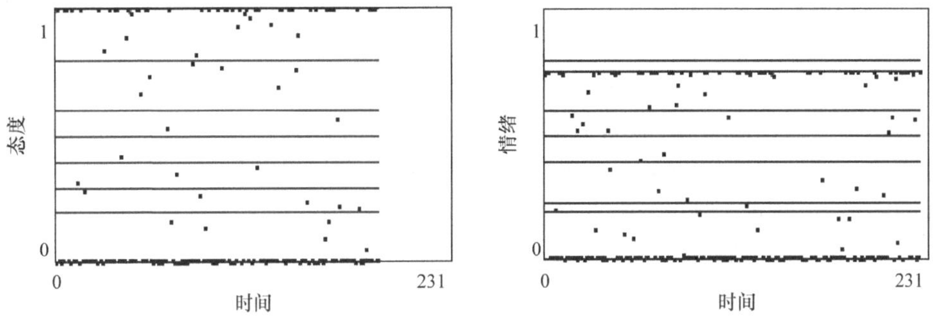

图 4.30 信息攻击后初始情绪及态度的状态分布

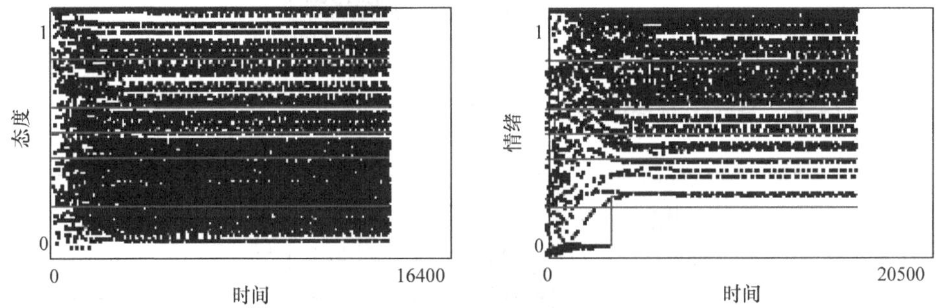

图 4.31 信息攻击后某时刻情绪及态度的状态分布

由信息攻击前后对 A 持反对态度的民众情绪和态度的状态分布，以及攻击初始时刻和攻击后某时刻民众情绪及态度的状态分布可知，在高危机情况下，不确定性的信息容易引起民众情绪和态度的反复无常的波动，而心理状态反复无常的波动，是引发社会连锁性的导火索。

由信息传播引起的个体社会连锁行为结果如图 4.32 所示。

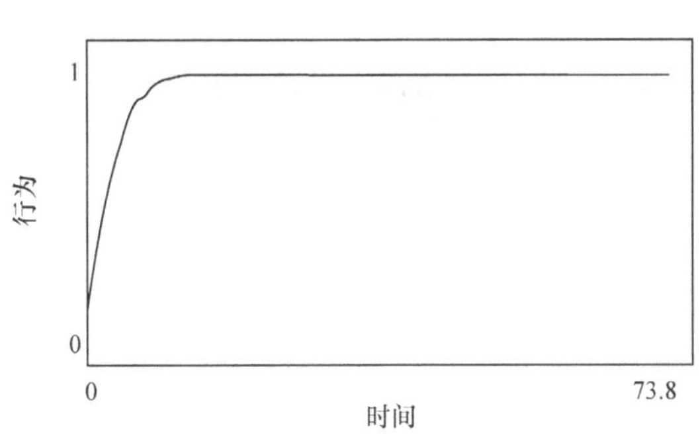

图 4.32 个体社会连锁行为结果

由图可知，心理攻击后，民众个体中开始出现社会连锁行为的个体比例随着个体态度和情绪的变化迅速增长，其增长的结果是可能在民众中引发信息传播行为之外的更进一步的行为，如集会、游行等。

第二，同一群体在不同心理战信息传播前后的心理状态及行为。

仍然以图 4.33 和图 4.34 所示的无信息攻击时对 A 持反对态度的民众的态度分布为基础，分别对该群体实施重要性、模糊性、危机强度分别为 0.8、0.01、1 的信息攻击，以及重要性、模糊性、危机强度分别为 0.8、0.01、8 的信息攻击。心理战实施后的效果分别如图 4.33 和图 4.44 所示。

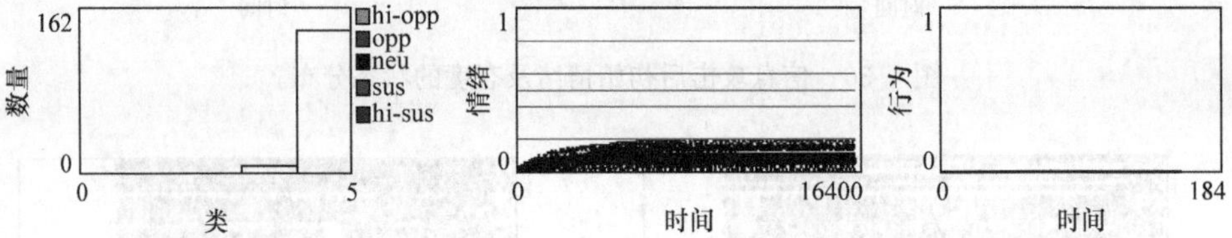

图 4.33　重要性、模糊性，以及危机强度分别为 0.8、0.01、1 时心理战的效果

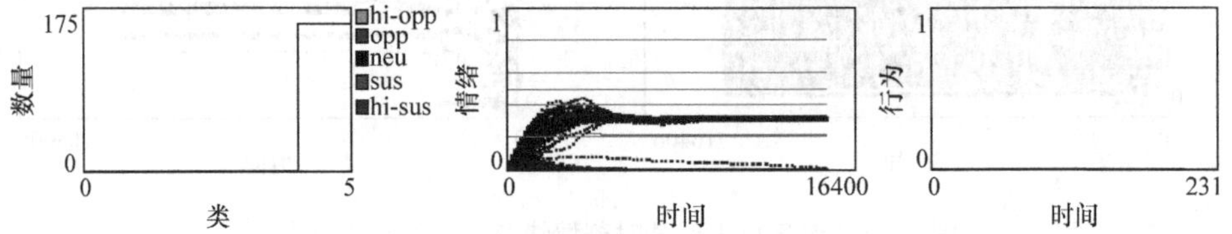

图 4.34　重要性、模糊性，以及危机强度分别为 0.8、0.01、8 时心理战的效果

比较可知，在个体态度的方向性比较坚定的条件下，不管事件危机强度为多少，都很难改变个体的态度并引起个体情绪在唤醒度上的变化。

重要性、模糊性，以及危机强度分别为 0.8、0.5、1 的信息的攻心效果如图 4.35 所示。

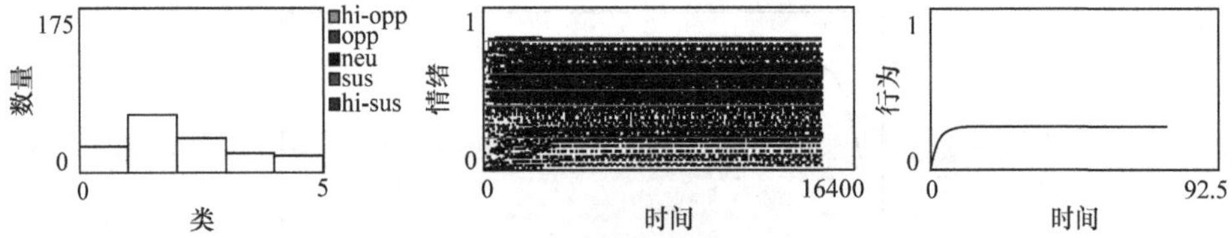

图 4.35　重要性、模糊性，以及危机强度分别为 0.8、0.01、8 时心理战的效果

综合分析，在个体态度比较坚定的条件下，相对于清晰的信息，具有模糊性或不确定性的信息更容易迷惑受众，引起受众情绪和态度的波动。

第三，同一群体使用不同手机传播方式时的传播效果。

假设民众的态度均匀分布(图 4.36),情绪为平静,即情绪变量的唤醒度为 0.5。

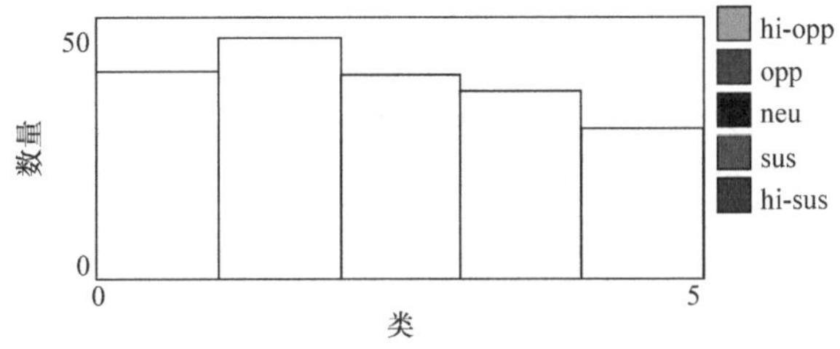

图 4.36 民众态度的均匀分布

然后,以重要性、模糊性,以及危机强度分别为 0.8、0.01、8 的信息实施心理攻击,观察民众个体态度、情绪,以及行为的变化情况,如图 4.37～图 4.39 所示。

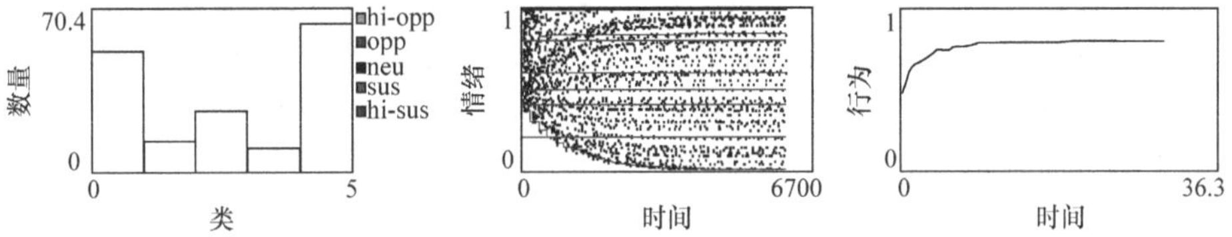

图 4.37 手机电话传播方式时态度、情绪及行为的演化

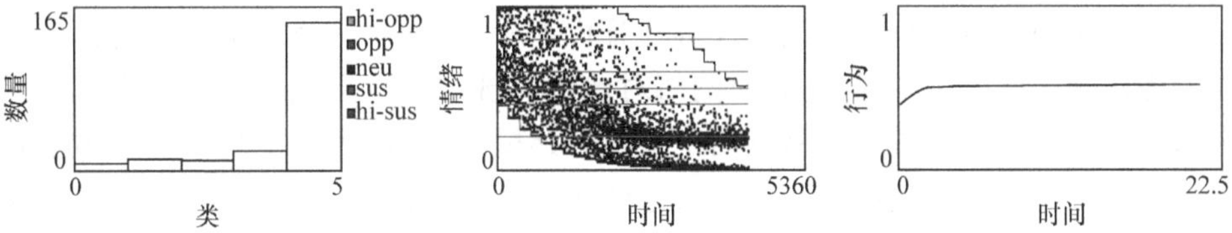

图 4.38 手机短信传播方式时态度、情绪及行为的演化

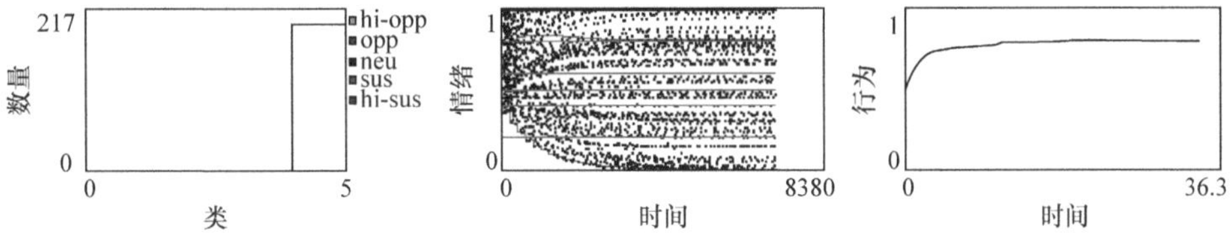

图 4.39 手机微信传播方式时态度、情绪及行为的演化

对比可知,手机电话传播的到达速度较慢,但是其引起的情绪变化及态度变化具有较大的波动性,更容易使个体产生异于常态的行为,这是由于手机电话传播时,选择通话的双方的关系更为直接和亲密。这种即时而直接的交流状态,使双方

更容易感受到彼此情绪的变化,也更容易产生行为上的跟随性。手机短信传播的到达速度较快,由于信息传播时个体处于相对"独立"的空间,反而更容易产生负向的情绪,民众易产生一边倒的态度状态。手机微信的传播速度最快,更容易引起个体情绪和行为的异常。这是由于相对于手机电话一对一、手机短信一对多,手机微信呈现的是一种多对多的传播状态。这种状态使传播个体关注他人或被他人关注的机会大大提高,传播的效率范围更广,速度更快。

④ 实验分析结论。

本节利用实现的原型系统开展的心理战效果评估仿真实验,通过对同一群体在心理战信息传播前后、同一群体在不同心理战信息传播前后、同一群体使用不同传播方式时的传播效果的研究。对于心理战信息传播中"什么时候传、传什么"这一关键问题,可以得出以下结论:实施心理战攻击可以选择危机时刻或有重大事件及危机事件发生时。此时,具有迷惑性的信息更容易传播,更容易引起民众态度和行为的变化,而且作为具有社会属性的人,其传播环境越独立,越容易引起负向信息的传播,更容易达到心理攻击的效果。因此,在遭受心理攻击时,不但要扩大自身的信息传播优势,还要剥夺或削弱对方的传播优势,封锁或封闭信息传播反而更容易带来负面影响。

4.5 小　结

本章从网络对抗行为的适应性机理分析入手,给出了网络对抗行为建模要遵循行为规则建模的基本思路,并对网络对抗行为规则进行形式化描述。重点探讨网络空间信息行为建模和网络空间认知行为建模两部分,其中网络信息行为主要研究信息获取行为、信息传输行为、信息处理行为和信息对抗行为等进行了有代表性建模研究。同时,提出认知行为描述方法,对基于临机规则的网络认知行为进行了建模研究,并侧重研究了基于信息传播的认知行为建模实例。

第 5 章　网 络 建 模

网络既是网络信息体系的环境与支撑，同时也是网络空间作战的主体目标；既可以表达成实体间的关系，也可以看作具有独立功能和独特性质的特殊实体。对于整个网络空间而言，根据层次不同，网络又有多种客观称谓。例如，从层次上讲，有战略网和战场网之分。战略网指的是国家（地区）范围内的互联网、交通网、电力网等关键基础设施网络。战场网多指通信网、指控网、传感网等军用信息网络。考虑信息网络的极端重要性和特殊性，单独对信息网络模型进行研究非常有必要，具体理由有两点。一是信息网络对于网络空间来说极端重要，是网络空间存在与作战的前提，起着类似于基础设施的核心作用。二是信息网络构建相对于网络装备、武器和作战部队等实体模型而言具有其特殊性，在描述构成信息网络的“点”和“边”时各有侧重点。例如，在网络建模中，强调对“点”的组网功能，以及“边”包含的关联关系的描述。

5.1　网络形式化描述

网络的形式化描述是综合采用图、表、公式、逻辑语言等方式对网络进行与自然语言相对应的描述，目的是规范对网络的表达，在作战人员与建模技术人员之间形成对网络的描述共识。网络形式化描述是网络概念建模的核心，也是构建网络仿真模型的重要前提与必要基础。

5.1.1　网络的基本特点与形式化描述要求

为有效描述复杂的信息网络，需要对其基本特点进行归纳。考虑网络空间体系对抗过程中关联关系的复杂性，对信息网络进行描述要关注三个基本特点。

（1）网络拓扑结构具有整体性和构成广泛性

网络包含的链路不仅仅针对某一部分节点间的关联关系，而是所有节点间全部关联关系的集合。例如，战场网络中的“边”，既有网络消息传输依赖的信道，又有网络对抗产生的交互。同时，这些“边”既包括战场网络内部的，又包括与其他网络间的“边”。

（2）网络拓扑结构中“边”具有方向性

在实际信息分发过程中，通信网有消息发送方和消息接收方之分。指控网的“边”具有明确的上下级、从属和控制与被控制的关系。网络对抗形成的“边”的方向性更加明显，其中每一条对抗交互链路都是有方向的，起点是交互的发起者，而终点是交互的承受者。例如，某方网络武器平台节点 P_1^R 采用 DDoS 手段攻击另一方网络节点 S_1^B，该交互就是由 P_1^R 到 S_1^B 的有向链路，即 $P_1^R \xrightarrow{\text{DDoS 攻击}} S_1^B$。同时，网络拓扑结构中两节点间可能存在多条具有方向的链路，即有可能两节点间的链路是由多个有向链路构成的链路集合。例如，战场网络中某方节点 P_1^R 和另一方节点 S_1^B 之间，除存在攻击交互，还有节点 S_1^B 网络侦察探测到节点 P_1^R 的行为，则这两节点间存在两个有向对抗交互链路，即 $P_1^R \xrightarrow{\text{网络攻击}} S_1^B$ 和 $S_1^B \xrightarrow{\text{网络扫描}} P_1^R$。

(3) 网络具有生长性

在网络空间动态对抗中，很多网络实体会随时增加或消亡，整个信息网络的拓扑结构也会不断调整，造成网络拓扑结构不断演化，包括通信网、指控网、传感网，甚至战略网等均具有生长性。

考虑以上特点，认识到要想对信息网络进行有效地描述需要满足以下三个基本要求。

① 描述的直观性，即直观地描述网络中的节点和“边”。

② 描述的完整性，要能够完整地记录链路所包含的信息。

③ 描述要适应复杂系统仿真对于网络拓扑结构数学计算和分析的需求，即网络拓扑结构描述要能够支持数学计算与分析。

传统的图论方法可以描述网络拓扑结构，而任意网络的拓扑结构又可以用节点间关联信息的邻接矩阵形式来描述。图论方法主要以图形方式来描述网络，特点是形象、直观。邻接矩阵通过将节点间链路，以及链路包含的信息抽象成矩阵中的数据单元，便于应用数理统计和矩阵理论来计算与分析网络的拓扑结构。因此，可以根据需要综合运用图形、数字、表格、格式化语言、UML 方法、ER 图等方法，描述网络空间中信息网络描述的分层多视图结构。

5.1.2 网络动态演化描述

基于规则的分层多视图自适应信息网络描述方法的指导思想是：针对网络空间信息网络的复杂特性，以及信息网络形成与对抗过程中存在的逻辑拓扑结构自我调整和动态演化现象，可以基于自适应性规则，重点对各信息网络动态关联关系、信息网络变结构机制描述，以及信息网络交互过程等难点问题进行描述。

主要用来描述网络节点和网络链路自我调整规则，如指控关系变更规则和通信网络动态组网规则等。通过规则来表现网络节点和网络链路的动态调整，如图 5.1 所示。网络自我调整机制的描述反映信息网络的自适应性。

图中描述了局部空中指挥控制网络的自我调整过程，初始条件下 1 架预警机指挥控制另 1 架预警机及 3 架歼击机，组成小型指控网络。随着网络空间对抗

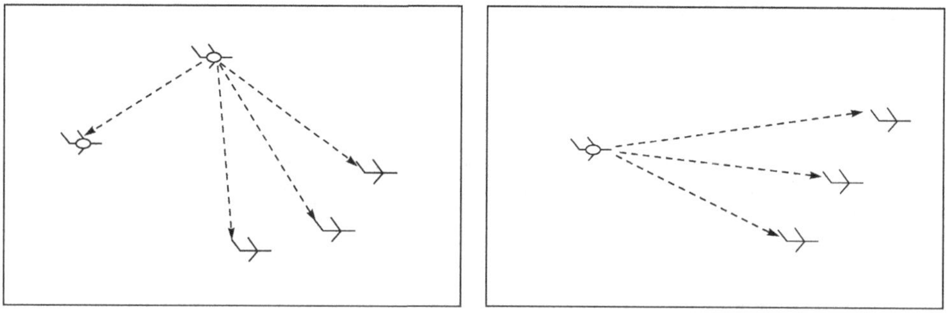

图 5.1　空中指挥控制网络的自我调整

造成指挥单元，即某型预警机失效后，此指控网络按照指挥接替规则，将原先充当下级的预警机调整为其他 3 架歼击机的上级指挥单元，进而保持该指控网络的稳定。

5.1.3　网络分类分层描述

战略战役体系对抗涉及不同类型、不同层次的网络，从本质上要求对网络进行分类、分层的描述。

通常，从战争和军事行动的角度讲，整个网络空间的网络可以分为战略网和战场网。战略网是国家关键基础设施网，按用途及功能又包括互联网、电信网、交通网、能源网和金融网等。战场网特指军用信息网络，又大致包括三大类。

① 战略信息网络，即国防信息基础设施，是由光缆、微波、短波和卫星等多种通信手段组成的综合信息网络，是军队战略指控系统的连接“纽带”，如 C^4ISR 信息系统网络。

② 战役(包括战术)信息网络，是指战役指控系统所依托的信息网络，是战役兵团遂行作战任务的基本指控平台，如战术互联网等。

③ 装备了可联网的嵌入式处理器和控制器的信息化作战平台网络，如高度智能的无人机蜂群网络等。

这些战场网络，按功能又可区分为通信网、指控网、传感网和战场计算机网络等。与民用信息网络相比，战场网络具有物理隔绝、复杂异构、层层加密和协议专用等特性。此外，也可以进行不同类型的分层描述，即对不同层次的网络，可以从不同视角采用不同的描述方法。例如，兰德公司的马丁在《美国如何打赢网络战争》中，将网络用三层结构进行描述，自底向上，分别为最底层的物理层、中间的语法层和顶层的语义层。

5.1.4　网络多视图描述

建模需求不同，对网络空间中信息网络的描述角度亦不同。结合网络信息化对抗的建模需求，在信息网络形式化描述方面，可以采用多视图的网络描述思路。下面以基于图形的网络关联关系描述视图、基于矩阵的网络关联关系描述视图、信息网络变结构机制描述视图、网络交互关系描述视图、网络交互过程描述视图，以及网络节点分级描述视图等为例简单介绍。

1. 基于图形的网络关联关系描述视图

该方法主要采用点、线等图形要素描述网络基本拓扑结构，以及不同网络间的依赖关系（主要是通信网络对其他网络的支撑关系）。图 5.2 给出基于网形的网络拓扑结构描述示例，主要描述在物理通信网支撑下的指控网、传感网、计算机网络拓扑结构，以及这种支撑过程中的网络选择关系。

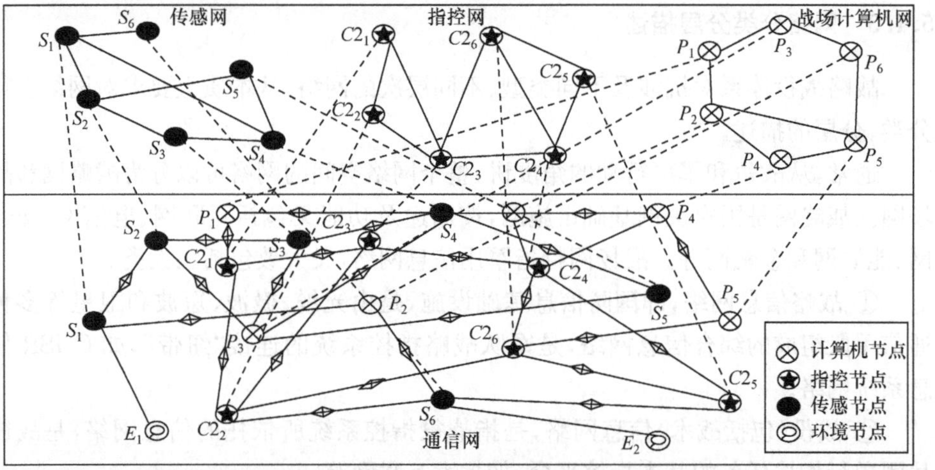

图 5.2　基于网形的网络关联关系描述示例

传感节点 S_2 到计算机节点 P_3 之间存在两条通信链路，即 $S_2 \to P_3$，以及 $S_2 \to S_3 \to P_3$。这种情况下，要想将传感实体 S_2 获取的目标情报消息传输给行为节点 P_3，在判断通信链路的有效性后，还需要在可能的链路之间进行路由选择。

2. 基于矩阵的网络关联关系描述视图

利用矩阵这种数学方法描述体系中的信息网络，有利于对信息网络进行量化，便于组织网络性能分析和后续建模研究。

如图 5.3 所示为一个简单的战场网络拓扑结构的邻接矩阵描述示例。矩阵中

节点间链路用关联关系 C 来表示，可以定义为一个三元组，即

$$C=\langle 链路类型, 消息类型, 连通状态 \rangle$$

其中，网络链路类型可以包括有线和无线链路等；消息类型指该链路上可支持的特定消息种类，可以是命令消息、航迹消息、情报消息等的一种或多种；连通状态是指连通、阻塞或断开状态。

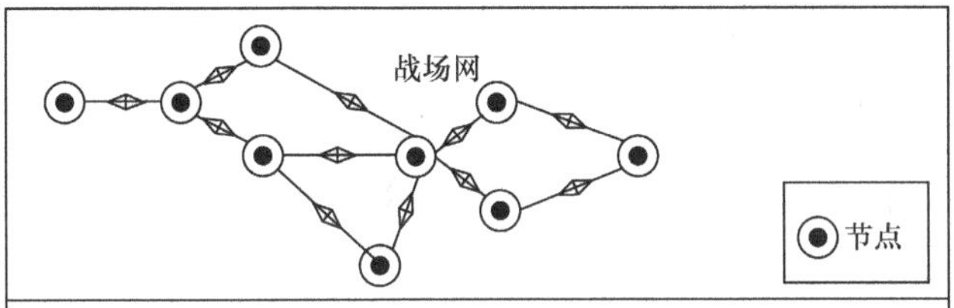

	C_1	C_2	C_3	C_4	C_5	C_6	C_7	C_8	C_9
C_1	0	C_{12}	0	0	0	0	0	0	0
C_2	C_{21}	0	C_{23}	C_{24}	0	0	0	0	0
C_3	0	C	0	0	0	C_{36}	0	0	0
C_4	0	C_{42}	0	0	C_{45}	C_{46}	0	0	0
C_5	0	0	C	0	0	C_{56}	0	0	0
C_6	0	0	C_{63}	C_{64}	C_{65}	0	C_{67}	C_{68}	0
C_7	0	0	0	0	0	C_{76}	0	0	C_{79}
C_8	0	0	0	0	0	C_{86}	0	C_{88}	C_{89}
C_9	0	0	0	0	0	0	C_{97}	0	0

图 5.3 战场网络拓扑结构的邻接矩阵描述示例

3. 基于有向图的网络交互关系描述视图

有向图描述方法可以清晰地表现网络的方向性特点，主要用于描述由各种信息交互关系构成的网络。这种网络中的边，专指网络空间实体之间发生的具体信息交互关系，如组网探测等。这些边具有明确的方向性，有向图描述形式为

$$\mathrm{II}=P_i^m \xrightarrow{\mathrm{NoII}} P_j^n$$

其中，II(informational interaction)表示信息交互，是 m 方体系中第 i 个实体 P_i^m 与 n 方体系中第 j 个实体 P_j^n 发生的名为 NoII 的信息型交互。

例如，蓝方传感实体 S_1^B 探测红方作战实体 P_1^R 的信息型交互，可以表示为 $S_1^B \xrightarrow{探测} P_1^R$。

4. 基于活动图的网络交互过程描述视图

假设红蓝双方网络空间武器装备体系以 OODA 环(observe、orient、decide、act)，即观察、判断、决策、行动的形式进行对抗。

如图 5.4 所示为信息交互网络关联关系活动图描述视图，包括信息交互网拓扑结构二维图形描述(图 5.4(a))和对应的信息交互的活动图描述(图 5.4(b))。信息交互网络拓扑结构的图描述方法还有很多，例如用以描述交互时序的事件流程图和甘特图，这里不再赘述。

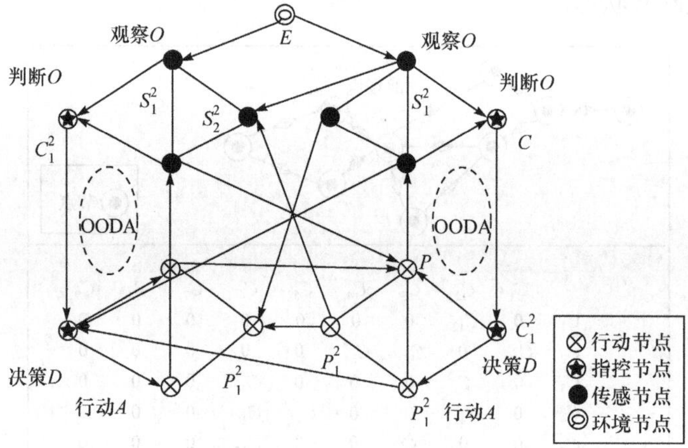

(a) 示意性的信息交互网拓扑结构二维图形描述

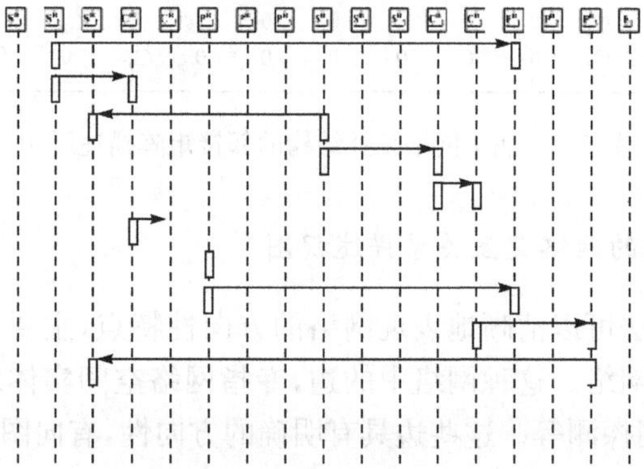

(b) 部分信息交互网络关联关系的活动图描述

图 5.4　信息交互网络关联过程活动图描述视图

5. 信息网络变结构机制描述视图

所谓变结构是指当网络出现不稳定性时，网络往往表现出一定的自适应性特点，通过结构的自我调整来维持网络的稳定。简单地说，网络变结构机制就是网络自适应性的表现。以指挥控制网络为例，其自适应性集中表现为指控关系的动态调整机制，当发现指挥上级或下属失效或被摧毁，网络空间实体很多情况下会自我选择接替指挥单元，相应指挥关系发生演化，组成新的指控网络链路。如图 5.5 所示为指挥关系动态调整机制描述视图，指挥关系动态调整机制还需要描述其他多种调整模式。

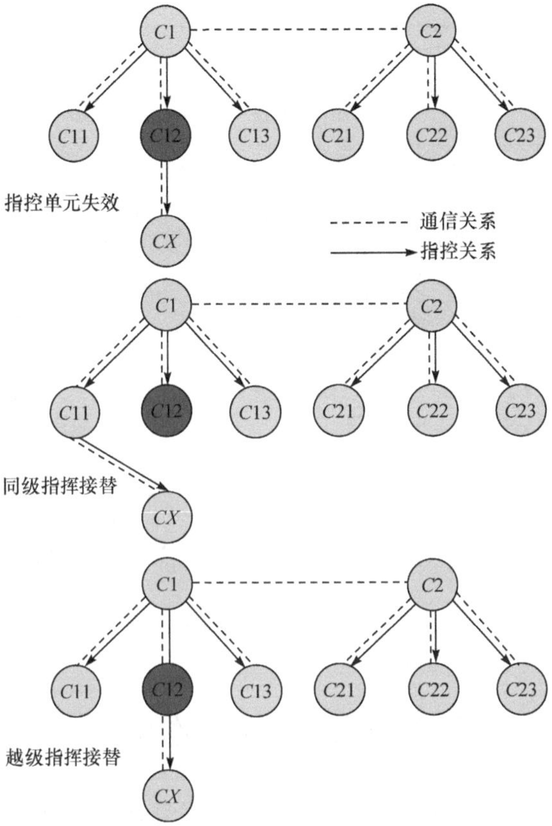

图 5.5 指挥关系动态调整机制描述视图

6. 网络节点分级描述视图

网络空间信息网络的复杂性与网络节点分级标准及分类的复杂性有紧密联系。所谓网络节点的分级，就是在不同层次，网络节点具体的分辨率信息。我们知道，不同层次侧重的描述对象粒度有所不同。

如图 5.6 所示为联合作战体系在战略战役、战术和装备平台层面的网络节点分级视图。战略战役层次强调对力量集团的关注。战术层次将重点放在聚合级作战单元上，如信息化程度较高的战斗机编队等。装备平台层则单纯考虑网络空间装备实体。高层次作战单元是低层次作战单元和相关指控实体的聚合体。

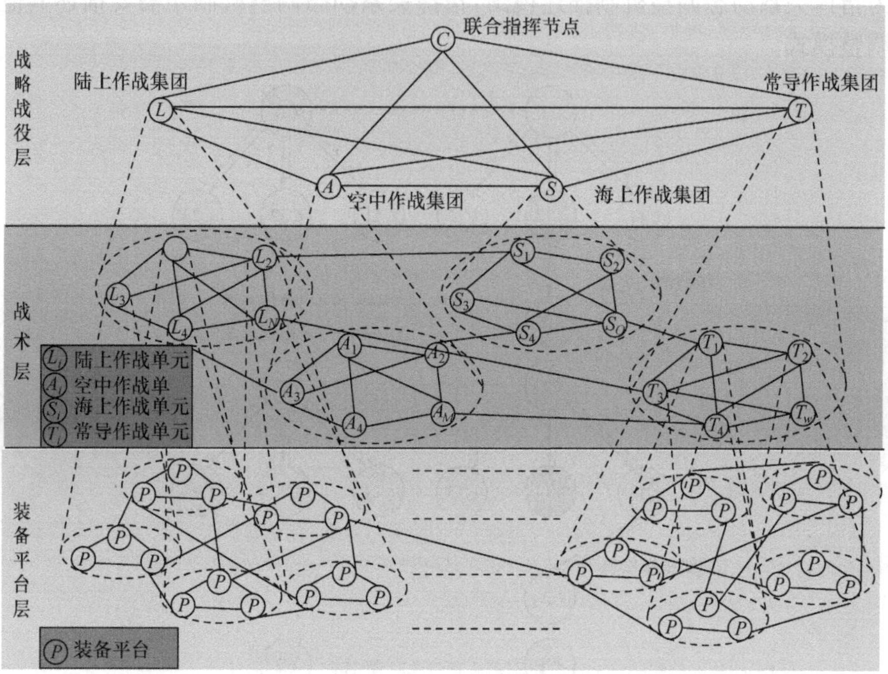

图 5.6 联合作战体系中网络节点的分级描述参考视图

5.2 网络建模基本思路

网络空间的信息网络具有异构、大尺度、关联复杂、动态自适应等复杂网络特性，如何有效描述信息网络并进行建模是网络空间作战建模研究的难点问题。为此，提出"基于数据静态映射＋基于算法动态生成＋基于规则动态演化"静动结合的信息网络建模技术，重点探索战略网络抗毁机制和战场网络动态变结构机制等建模难题。具体思路大致如下。

① 信息网络的骨干结构依靠可信数据构建。针对各类信息网络中的骨干网络结构，采用依托可信数据源的方式，按 1∶1 和适度抽象进行较高逼真度的建模。例如，国际互联网陆上骨干网路由器级拓扑建模、战场网络基于 IP 网的指挥信息系统网络环境建模，以及战场通信网栅格化传输网络建模等。

② 局部网络采用模型算法生成。对于缺乏可信数据源的局部网络，采用基于模型算法的方式构建，例如国际互联网局部拓扑生成算法和战场计算机局域网动态生成模型等。

③ 信息网络的动态结构基于规则自主演化。对于数据映射与算法生成相结合构建的信息网络模型，进一步针对网络空间作战过程中的网络动态演化特征，解

决信息网络动态变结构机制的建模问题,重点建模研究通信动态组网机制、指控关系自动接替机制、传感自动补盲与交替跟踪机制和卫星网接力机制,探索网络空间作战中网络信息体系弹性特征建模问题。

下面以战场计算机网络、战场传感网络和全球互联网络建模为例,进一步阐述网络建模思路和方法。

5.3 建模实例1:战场计算机网络建模①

战场计算机网络是指利用不同类型通信设备和链路,将战场内位置不同、功能独立的计算机或具有计算机功能的节点连接起来的,能够实现战场信息传输、处理、存储和资源共享的战场网络系统。战场计算机网络节点既包括基于计算机的指挥控制节点(如指挥方舱)、情报分发节点(如信息融合中心、情报中心)、核心通信节点(如战场路由器),也包括嵌入计算机芯片,以及能够连接到战场计算机网络的信息化武器装备平台等。战场计算机网络的链路包括连接各种类型计算机网络节点的有线、无线和光纤链路等。战场计算机网络建模的主要对象,包括战略信息网络和战役(术)信息网络。这些战场计算机网络具有物理隔绝程度高、复杂异构、层层加密和协议专用等特性。

5.3.1 网络静态基本结构描述与分析

战场计算机网络具有明显的层次性。例如,全球信息网络(global information grid,GIG)是美国现代战争体系的信息基础支撑,其骨干结构主要就是战场计算机网络。在美国国防部首席信息官关于GIG的指南中指出,GIG按照逻辑功能的不同被分为若干层次,即局域网(LAN)、园区网(CAN)、作战地域网(OAN)、城域网(MAN)和广域网(WAN)。LAN由传输媒介和互联设备组成,实现有限物理区域(如基地、指挥所)内战场计算机的互联。CAN是在同一边界内的一系列LAN的互联,在美军的战场信息网络中,CAN常常被认为是指挥所或台站范围内的网络环境。OAN是将已部署部队有机连接起来的军事设施。MAN主要用于提供LAN与WAN之间的连接,也可提供LAN之间的连接。WAN用于互联地理区域较大的网络,为其他网络提供路由、交换和网关功能。WAN即GIG的主干核心网络,由于传输信息量大,位置相对固定,主要是一些光纤网络。GIG的高层视图如图5.7所示。

由于指控关系的层次性和通信保障的区域性,各国战场计算机网络也多具有明显的层次性特征。战场计算机网络的基本拓扑结构是由旅、营(或相当于旅、营

① 参考了李春亮博士学位论文《战场计算机战建模仿真研究》,国防大学,2014年。

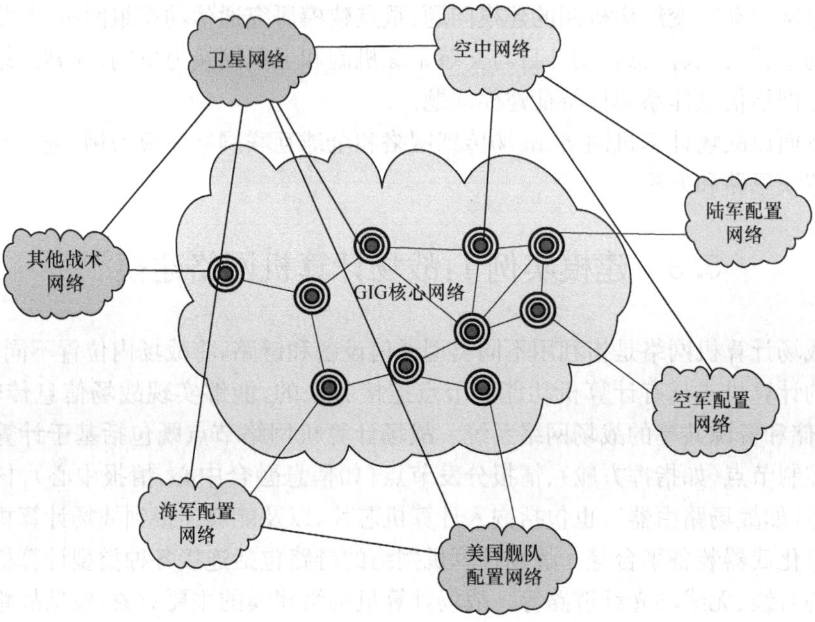

图 5.7　GIG 高层视图

的作战单位)及以下的计算机平台组成的战场计算机网络自治域系统(autonomous system,AS)。由地域分组网作为主干网络完成各战场计算机网络自治域系统的连接,实现战区级战场计算机网络的互联。

综合以上分析,战场计算机主干网络主要是指将处于不同区域和承担不同任务的战场计算机子网连接成一个整体的战场核心网络。从组成上讲,计算机主干网络指战场中层次较高、位置相对固定、动态性相对较小的计算机核心节点或链路,如战场中的核心路由节点和光纤链路等。计算机主干网络节点和链路一般都具有很好的防护性和隐蔽性,不易被敌方发现或摧毁,在任务执行过程中,位置和功能变化一般不大,动态性不强。同时,组成骨干网络的节点和链路的级别较高,数量较少,数据容易获取,可以基于静态映射方法直接进行描述。

5.3.2　骨干网络的静态映射方法

静态映射指利用已有的数据和静态描述方法把实际物理空间中的实体和属性转换为仿真空间中实体模型的过程,主要确定不同空间实体在属性、功能和关联关系的对应关系。属性和功能模块是实体模型的基本组成。连接关系指网络的拓扑连接。

为了建立不同空间实体的静态映射,应根据具体的建模需求,选定合适的分辨率,确定不同空间实体的静态映射方法。战场计算机骨干网络的静态映射,可以利用 BNF 范式形式化描述如下,即

<StaticMapping>::={<SourceEntity>}{<TargetEntity>}<MappingArithmetic>

<SourceEntity>::=<ID><EntityType><EntityAttribute>

<EntityType>::=<Router>|<C2Node>|<Link>

<TargetEntity>::=<ID><EntityType><EntityAttribute>

<MappingArithmetic>::=<NodeMapping>|<LinkMapping>

<NodeMapping>::=<StateMapping><QuantityMapping>

<LinkMapping>::=<SourceNode><EndNode><LinkAttribute>

静态映射(StaticMapping)可以抽象成一个三元组。其中,SourceEntity 表示物理空间源实体的集合,TargetEntity 表示仿真空间目标实体的集合,MappingArithmetic 表示不同空间中不同类型实体的具体映射算法。从组成上讲,战场计算机骨干网络的实体主要包括战场核心路由节点和光纤链路,处于较高层次的指控节点也可以是成为战场计算机骨干网络的重要组成。MappingArithmetic 表示根据已有战场计算机骨干网络数据建立其相应仿真模型的方法,主要包括节点映射方法(NodeMapping)和链路映射方法(LinkMapping)。

战场计算机骨干网络节点映射方法主要包括状态映射(StateMapping)和数量映射(QuantityMapping)两种。状态映射是指根据建模需求和建模分辨率,将战场计算机骨干网络节点状态转换为相应网络实体模型属性值的过程。例如,根据任务安全需要和实际作战情况,战场中的骨干网络节点可以包括激活、休眠、瘫痪或关闭多种状态,在建模时,每一种状态都可以映射为相应实体模型的属性值。部分状态映射之间的映射表如表 5.1 所示。

表 5.1　状态映射表

模型属性	平台实际状态	属性值
ActivityStatus	激活	1
	休眠	2
	关闭	3
	瘫痪	4
DefendAbility	未装防火墙	0
	装有一级防火墙	1
	装有两级防火墙	2
InfectedStatus	未感染病毒	0
	已感染病毒	1

建立状态映射的一一对应关系,可以在很大程度上简化战场网络实体模型的

描述,提高后续具体建模仿真的效率。数量映射是指根据建模分辨率和建模范围的需要,将战场计算机主干网络中的多个节点映射为一个节点过程。当部分主干网络数据难以获取或某些区域范围不需重点关注而需要用较低分辨率描述时,可以根据其信息处理能力将多个主干网络节点及相关链路抽象描述为一个单独的节点。链路映射方法是根据已有数据确定链路两端节点及相关链路属性的方法。

5.3.3 动态网络生成机制建模

在骨干网络生成后,需要进一步生成战场计算机局域网络,由于数量众多且实际数据难以获取,因此主要采用生成算法进行建模。战场计算机局域网络是指战场内某一物理区域或某一指控范围内由多个计算机平台及相关链路互联而成的网络系统。从覆盖范围和拓扑组成来讲,战场计算机局域网络是与骨干网络相连接、层次相对较低的战场计算机子网,如旅以下作战单位的依赖计算机设备构成的网络等。战场计算机局域网络包含大量的计算机或具有计算机功能的平台节点,由于战场网络本身的动态对抗特性,网络拓扑也可能随时改变,数据难以准确获取,因此需要基于一定的算法动态生成。

在复杂网络研究和分析的基础上,结合计算机网络节点分类、网络分层和动态对抗的特性,本节提出一种战场计算机局域网动态生成模型。首先,根据战场网络的基本指控结构和层次构建计算机网络的初始网络模型。然后,区分战场计算机网络的核心节点和普通节点,给出战场计算机网络的动态增长机制。最后,基于跨级指挥、本级协同等作战需求,以及战场网络的动态对抗特性,提出战场计算机网络的动态演化机制。为了合理描述具有特定规律的战场计算机网络,首先给出战场计算机网络动态生成模型的相关假设。

假设 1 网络中节点被区分为两种类型,即核心节点和普通节点。核心节点代表战场计算机网络中的路由节点。普通节点代表战场计算机网络中的计算机节点。

假设 2 普通节点只能与核心节点建立连接。普通节点之间不能直接建立连接,核心节点之间可以相互连接。根据作战需要和规则设定,单个普通节点可以连接到多个核心节点上。

假设 3 网络中节点的属性由其所在的指挥层次确定,同一指挥层次核心节点或普通节点的信息属性相同。

假设 4 同一个节点既可以发送信息,也可以接收信息,即节点之间的所有连接链路都是双向连通的。

假设 5 同一层次核心节点之间的连接链路称为协同关系链路。不同层次核心节点之间的连接链路称为指控关系链路。普通节点与核心节点之间的连接链路也称为指控关系链路。

1. 初始计算机局部网络生成

军队是一个组织严密、层次分明的体系，具有严格的指挥序列，在此强关联指控结构指导下建立的战场网络也应具有基本的层次特性。根据战场网络的基本结构特征和层次划分，战场计算机网络的初始网络可以用传统的树形网络结构来表示，初始网络中的每一个节点都表示一个核心节点。设定初始网络中每个节点的层次号为 L，指挥跨度为 M，网络的总层数为 I，其生成算法如下。

Step1，生成初始网络的根节点，设置该节点的层次号 L 为 1。

Step2，根据指挥跨度 M，生成第 L 层中所有节点的 M 个下属节点，将下属节点与其上级节点相连，并设定新生成节点的层次号 $L=L+1$。

Step3，判断新生成节点的层次号为 L 是否小于 I，若 L 小于 I，则重复 Step2；否则，算法结束。

2. 网络的动态增长机制

战场计算机网络初始网络的树形拓扑只能表示其基本层次结构和指控关系。实际战场计算机网络中的节点数量和连接关系要复杂得多，网络的规模也要大得多。为了获取更大规模的战场计算机网络，在初始树状网络模型的基础上，结合战场网络结构分层特性，区分核心节点和普通节点，给出战场计算机网络局部网络的动态增长机制。在动态增长过程中，新节点与网络中已有节点建立链路时，不但与已有节点的度相关，而且与所在的指挥层次和节点的类型相关，节点度更大、层次更高(数值更小)的核心节点具有更大的依附偏好特性。具体算法描述如下。

Step1，从战场计算机初始树形网络的 m_0 个节点开始，设定网络的总规模为 N。

Step2，在每一个时间步长增加一个核心节点或普通节点，核心节点与普通节点的增加比例为 $1:n$。

Step3，当新增加的节点是核心节点时，首先设定其层次。核心节点的层次 L_i 按照如下概率公式确定，即

$$p(L_i) = \mathrm{e}^{-L_i/\gamma} \Big/ \sum_{j=1}^{I} \mathrm{e}^{-L_j/\gamma} \tag{5-1}$$

其中，γ 表示归一化系数。

随后，选择 1 个比新增核心节点高一级的核心节点建立连接。当在高一级层级中有多个核心节点时，另一核心节点 i 的选择概率与该节点的度 k_i 成正比，即

$$p(k_i) = (k_i + \alpha) \Big/ \sum_{j=1}^{m_{Li}} (k_j + \alpha) \tag{5-2}$$

其中，k_i 表示节点 i 的度；m_{Li} 表示第 L_i 层节点的数量；α 表示统计各节点度时的噪声。

如新增核心节点的层次为 1,则直接连接到初始网络的根节点上。

Step4,当新生成的节点是普通节点时,则从所有核心节点中随机选择一个节点与之建立连接,核心节点 i 的选择概率 $p(k_i)$ 与该节点的度 k_i 及其所处的层次 L_i 相关,即

$$p(k_i) = e^{-L_i/\gamma(k_i+\alpha)} \Big/ \sum_{j\in\Omega_C} e^{-L_j/\gamma}(k_j+\alpha) \tag{5-3}$$

其中,Ω_C 为网络中所有核心节点的集合。

具有较高指挥层次和度更大的核心节点被建立新连接的概率更大。

Step5,判断网络中节点的数量是否大于 N,如果未达到,则返回 Step2;否则,算法结束。

3. 网络的动态演化机制

由于战场网中的跨级指挥、本级协同等作战需求,以及战场网络本身的对抗性,战场计算机网络的不同类型、不同层次节点或者链路可能随时增加或减少,存在一定的动态演化特性。

战场计算机网络中原来没有协同关系或指控关系的节点,由于作战任务的需要,可能需要建立协同关系链路或(跨级)指控关系链路,节点指挥层次越高,度越大,重要性也越强,与其他节点建立新的协同链路或(跨级)指控链路的概率也就越大;作战任务完成或经敌打击后,节点之间的协同链路或指控链路可能在网络中消失,节点的层次越低,度越小,或重要性越低,与其他节点建立的协同链路或(跨级)指控链路持续存在可能性就越低。网络演化时,其协同关系链路或指控链路消失的可能性也就越大。同时,由于任务需要或作战对抗,随时可能有新的节点加入或旧的节点离开战场网络。战场计算机网络动态演化机制可以用算法描述如下。

Step1,设定初始时间 $t=0$,算法运行总步长为 T。

Step2,以概率 P_1 在已有网络中增加节点之间的协同关系链路。按照式(5-1)选择一个层级,从该层次随机选择一个节点,按照式(5-4)从该层次选择另一个节点并建立连接边,即

$$p(k_i) = (k_i+\alpha) \Big/ \sum_{j\in\Omega_1} (k_j+\alpha) \tag{5-4}$$

其中,Ω_1 为网络中与已选定节点不具有协同关系链路的节点集合。

Step3,以概率 P_2 在已有网络中去除协同关系链路。按照式(5-5)选择一个层次(层次越高,受保护程度越大,去除节点时应与该节点的层次成反比),从该层次中随机选择一个节点,按式(5-6)从与该节点具有协同关系链路的节点集合中随机选择一个节点,并去除两个节点之间的连接边(节点的度越大,作用越大,受保护程度越大,协同关系链路去除概率越低),即

$$p(L_i)=\mathrm{e}^{L_i/\gamma}\Big/\sum_{j=1}^{I}\mathrm{e}^{L_j/\gamma} \tag{5-5}$$

$$q(k_i)=\left(\frac{1}{N_{\Omega_2-1}}\right)\left[1-(k_i+\alpha)\Big/\sum_{j\in\Omega_2}(k_j+\alpha)\right] \tag{5-6}$$

其中，Ω_2 表示与第一个节点同一层次且没有协同关系链路的节点集合；N_{Ω_2} 表示集合 Ω_2 中节点的数量。

Step4，以概率 P_3 在已有网络中增加指控关系链路。按照式(5-1)选择一个层次，从该层次中随机选择一个节点，另一端节点的选择由下列概率公式随机确定，即

$$p(k_i)=(k_i+\alpha)\Big/\sum_{j\in\Omega_3}(k_j+\alpha) \tag{5-7}$$

其中，Ω_3 表示第一个节点的所有上下级节点中没有指控关系链路的节点集合。

Step5，以概率 P_4 在已有网络中去除指控关系链路。按照式(5-5)选择一个层次，从该层次中随机选择一个节点，另一端节点的选择由下列概率公式随机确定，即

$$q(k_i)=\left(\frac{1}{N_{\Omega_4-1}}\right)\left[1-(k_i+\alpha)\Big/\sum_{j\in\Omega_4}(k_j+\alpha)\right] \tag{5-8}$$

其中，Ω_4 表示与第一个节点具有指控关系链路的所有节点集合；N_{Ω_4} 表示集合 Ω_4 中节点的数量。

Step6，以概率 P_5 在已有网络中添加一个节点。为表示因作战需要新的网络节点和链路的加入，按照前面描述的网络动态增长机制增加一个节点和相应链路。

Step7，以概率 P_6 在网络中随机去除一个节点。为表示网络对抗过程中节点因为瘫痪或被摧毁而退出网络，按照下列概率公式随机选择一个节点并删除，同时删除与该节点相连接的链路，即

$$q(k_i)=\left(\frac{1}{N_{\Omega-1}}\right)\left[1-(k_i+\alpha)\Big/\sum_{j\in\Omega}(k_j+\alpha)\right] \tag{5-9}$$

其中，Ω 表示网络中所有节点的集合；N_Ω 表示集合 Ω 中节点的数量。

Step8，使 $t=t+1$，判断 t 是否小于 T，若小于，则返回 Step2；否则，算法结束。其中，$P_1+P_2+P_3+P_4+P_5+P_6=1$，且 $P_1P_2P_3P_4P_5P_6\geqslant 0$。

4. 动态生成模型的仿真验证分析

按照上述规则，在 MATLAB 中对战场计算机网络的动态生成模型进行仿真，根据生成的数据在 Ucinet 中进行网络拓扑结构的呈现，动态生成网络的拓扑结构如图 5.8 所示。

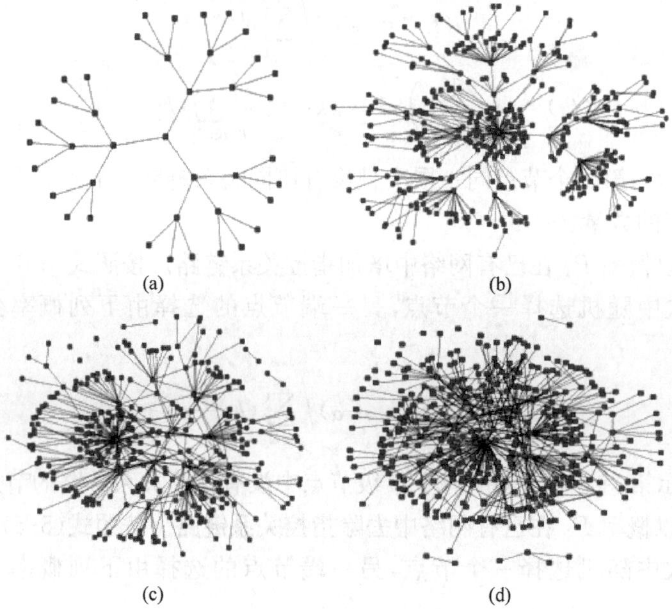

图 5.8　动态生成网络的拓扑结构

进行算法实现时，设定初始网络的层数 $I=4$，指挥跨度 $M=3$，归一化系数为 $\gamma=8$，统计各节点度时的噪声 $\alpha=1$，增加协同关系链路概率 $P_1=0.3$，去除协同关系链路概率 $P_2=0.15$，增加指控关系链路概率 $P_3=0.28$，去除指控边的概率 $P_4=0.15$，去除某个节点及其相连边的概率 $P_5=0.02$，新增节点概率 $P_6=0.1$，动态增长后的网络中节点总数 $N=340$，动态演化的总步长 $T=300$。

由于战场计算机网络是具有指挥层次和级别的信息网络，因此初始生成的网络拓扑结构是具有一定指挥层次和跨度的树形网络，如图 5.8(a)所示。

随着战场网络信息化程度越来越高，网络规模也越来越大，在初始网络模型的基础上，经过动态增长后，战场计算机网络拓扑模型如图 5.8(b)所示。

由于战场网络本身的对抗性，以及跨级指挥和本级协同等作战需求，战场计算机网络节点和链路可能随时处于动态演化中，经算法运行后，图 5.8(c)显示了动态演化算法运行 100 次后的网络拓扑图形。从网络拓扑结构上可以看出，网络明显复杂，并开始出现部分的孤立节点和子网。

如图 5.8(d)所示为动态演化算法运行 300 次后的网络拓扑图形，可以看出，网络拓扑结构更加复杂，孤立的节点和子网进一步增加。

从图 5.9 可以看出，战场计算机网络动态生成模型的聚集系数随着网络的动态演化次数的增加而缓慢变大，并逐步稳定在一定的范围，说明网络节点之间“抱团”现象逐步增强，网络节点之间的协同能力逐步增加。

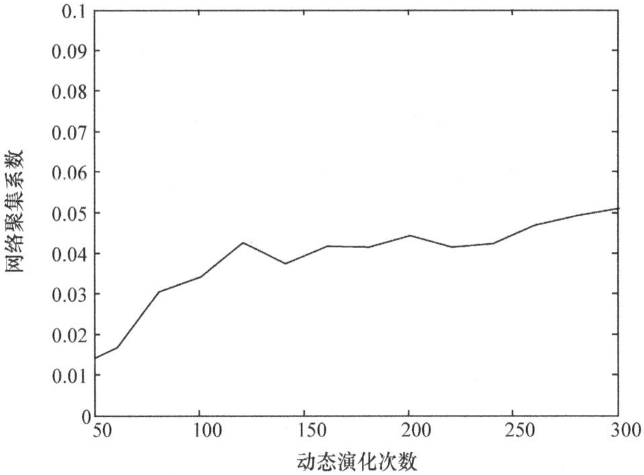

图 5.9 网络聚集系数与动态演化次数之间的关系

从图 5.10 可以看出，动态生成模型的网络平均距离随着网络动态演化的进行而缓慢变小，并逐步稳定在 3.5 左右，说明网络具有较小的平均距离，具有小世界特性，同时具有较高的信息交互效率。动态生成网络模型的相关特性符合 Jarvis 对现实战场网络的描述①，在一定程度上验证了动态网络生成算法的可行性。

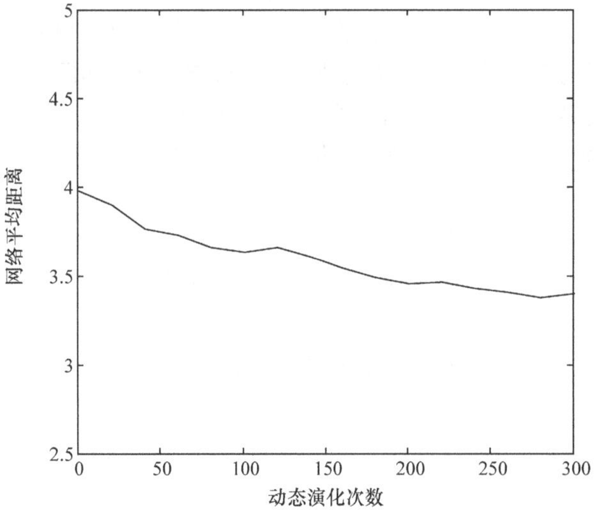

图 5.10 网络平均距离与动态演化次数之间的关系

① 参见 David A J. A methodology for analyzing complex military command and control (C2) networks//The 10th International Command and Control Research and Technology Symposium, 2005.

5.4 建模实例2:基于变结构机制的战场传感网建模

对于联合作战背景下的网络信息体系对抗,实体间会通过信息、物质或能量进行动态交互,使战场传感网络的拓扑结构不断地发生变化。这种变化来源于两方面因素的作用。

① 节点被毁伤或通信中断。

② 网络本身所具有的自适应性,如指挥关系动态调整、多传感器动态协同等。

接下来要研究的传感网变结构,是指在对抗过程中由自适应行为导致的网络拓扑结构的变化,即传感网节点与节点之间逻辑关联关系的建立或消解。传感网的变结构体现体系的涌现性特征,是传感网整体感知能力动态变化的一种映射。对传感网的变结构建模,实质就是对与导致变结构相关的基于网络的指控关系转隶行为和协同感知行为建模。下面从指控关系和协同关系两方面阐述传感网基于变结构机制的动态网络模型。

5.4.1 基于指控关系的变结构建模

指挥控制及情报(C^2I)实体是战场传感网的重要节点。从功能上来说,它既是信息融合中心,又是下级实体的指挥控制单元。因此,C^2I实体必然成为敌方攻击的具有较高价值的关键节点。为了防止C^2I实体被摧毁后预警探测信息传输中断和部分指控功能丧失,设计接替指挥响应行为即指控关系转隶,由备用指挥所进行指挥,从而建立新的指挥关系。例如,设定的C^2I实体被摧毁后,可将指控权交给上级C^2I实体。

指控关系转隶的BNF范式描述如下,即

＜指控关系转隶＞::=＜选择模式＞＜选择限制＞＜排序＞＜动态通信路径生成＞

＜选择模式＞::=＜同级指挥＞|＜越级指挥＞|＜动态通信路径＞

＜选择限制＞::=[＜最大距离＞][＜通信路径＞][＜最大下属数＞][＜系统类型＞]

＜排序＞::={＜权重＞}

动态通信路径的生成建模主要与通信模型相关,在此不作介绍。下面对选择模式、选择限制、权重计算等进行说明。

1. 选择模式

以图5.5对指挥关系动态调整机制所遵循的三种选择模式为例进行说明。

(1) 同级调整模式

选择与上级 C^2I 实体在网络中处于同一层级的 C^2I 实体进行替换。当通过指控关系检查时，发现 CX 的上级 C^2I 实体遭到破坏或者丢失，选择 C11 或者 C13 作为 CX 的替换上级 C^2I 实体。

(2) 越级调整模式

选择原所属指挥单元的上级 C^2I 实体作为替换 C^2I 实体。当 CX 的上级指挥单元遭到破坏或者丢失，直接选择 C1 作为 CX 的替换 C^2I 实体。在这个标准中，若 C1 同样不可用，则选择 C1 的上级直接指挥单元作为 CX 的替换指挥单元，依此类推。

(3) 非线性调整模式(图中未画出)

选择与本级指挥所不在同一信息网络内的同级 C^2I 实体进行接替指挥。CX 的替换指挥单元为 C21 或 C22 或 C23。

2. 选择限制

由于上述任何一种模式中的待选备用指挥所可能都不唯一，因此必须设置相应的选择条件，限定备用 C^2I 实体唯一。因此，必须设置相应的选择条件，限定备用 C^2I 实体的选择范围。共设计四类限制条件，可以组合使用，包括最大距离、通信路径、最大下属数、系统类型等。

3. 权重计算

选择唯一备用 C^2I 实体的方法是选择权值最大的待选备用 C^2I 实体。每个备用指挥所 i 的权值 W_i 为选择模式权值 W_m 和选择条件权值 W_c 之和，即

$$W_i = W_m + W_c$$

选择条件权值 W_c 采用距离权值表示，即

$$W_c = \frac{R_{\min}}{R_{\text{candidate}}} \cdot W_{\text{range}}$$

其中，$R_{\min}$ 表示下属到距离最近的待选备用 C^2I 实体之间的距离；$R_{\text{candidate}}$ 表示某待选备用 C^2I 实体到该下属之间的距离；W_{range} 表示定义的距离权重因子。

当指控关系转隶完成，接替指挥节点与新的下属传感实体间就建立了指控关系。

5.4.2　基于协同关系的变结构建模

协同关联关系是传感网的三种逻辑关联关系中唯一的只能在对抗中动态产生的关系。在协同关系的三种形式中，协同跟踪是指传感网中的多个存在信息共享关联关系的传感实体在均能单独主动跟踪同批次目标的情况下，互相协同实现以

最小的资源保持对目标的跟踪。这里协同跟踪模型描述的是多部相控阵雷达基于资源管理的协同跟踪。监视责任区域覆盖指传感网中的 C^2I 实体管理协调所属传感实体监视区域以保持对 C^2I 实体监视责任区域的覆盖，例如多部地面雷达在其指挥所作用下协同对某部分空域的覆盖。接力跟踪是指多个空间上有一定距离的多个传感实体互相接力配合以保持对同一目标的连续跟踪，例如卫星、远程雷达、火控雷达的配合实现对导弹的跟踪、拦截。多传感实体协同的目的是为了最大限度利用传感网的资源，提升传感网的战场感知能力，如提高同时跟踪监视的目标数或缩短对时敏目标的发现时间。基于协同关系的变结构建模实质就是对基于规则的自适应协同感知行为建模。下面就协同跟踪、监视责任区覆盖、接力跟踪等三种自适应行为进行建模。

1. 协同跟踪模型

(1) 基本原理

单个传感实体对目标的跟踪方式可以分为主动跟踪和非主动跟踪。主动跟踪是利用目标量测数据支持跟踪的过程，要求传感实体分配一定的资源来支持目标跟踪。非主动跟踪目标的传感实体可以通过处理来自其他主动跟踪传感实体的目标数据对目标进行跟踪。这里假设接收到的目标数据质量与发送者主动跟踪得到的目标数据质量相等。

传感实体由于空间位置不同或者具有不同目标量测精度，必须动态相互配合进行态势感知。例如，某目标在传感实体 A 的探测范围之外，传感实体 A 可以从探测到该目标的传感实体接收到目标相关数据。同样，如果多个传感实体在同一时刻均具备对同样的目标进行主动跟踪的能力，其中的某些传感实体也可以自适应地选择在下一时刻实施非主动跟踪，在不降低目标跟踪精度的情况下有效地减少传感实体的资源载荷，使多个传感实体能跟踪更多的目标。对于选择对同样的目标进行主动跟踪的多个传感实体，仍然能减少自身的资源载荷，因为在此情况下单个传感实体消耗的资源为单个传感实体单独主动跟踪时消耗的资源除以同时参与跟踪的平台的数量。

如果每个传感实体都试图由自身通过主动跟踪维持一个完整的战场态势，极端情况下会导致传感实体资源饱和，而资源饱和会极大削弱传感实体的探测跟踪能力。通过建立自适应的跟踪机制，任何一个传感实体都可以自主选择对某一目标的跟踪方式，减少单个传感实体用于维持战场态势的资源，结果是 n 个传感实体可跟踪 n 倍于单个传感实体可主动跟踪的目标数，进而大大提高战场感知能力。

在某一时刻，对同样的目标采取主动跟踪方式的传感实体之间建立协同关联关系，随着目标的变化，采取主动跟踪方式的传感实体可能在后来的某一时刻转变为非主动方式，该传感实体原有的协同关联关系也随之消解。协同关系的动态建立或消解意味着传感网中的传感实体能够根据战场态势的变化采取合适的方式共同跟踪监视目标，以减少低效率资源消耗，提升整体感知能力。

如图5.11所示为协同跟踪示意图。$S1$～$S4$存在信息共享关系，目标在时刻1处于传感实体$S1$和$S2$的探测范围内，$S1$和$S2$均对其实施主动跟踪，则$S1$和$S2$之间建立了协同关系；在时刻2，传感实体$S1$～$S4$均能探测到目标，在自适应的选择规则作用下，$S1$、$S3$和$S4$对目标实施主动跟踪从而建立协同关系，$S2$由主动跟踪模式转变为非主动跟踪，接收来自$S1$、$S3$和$S4$的轨迹信息。

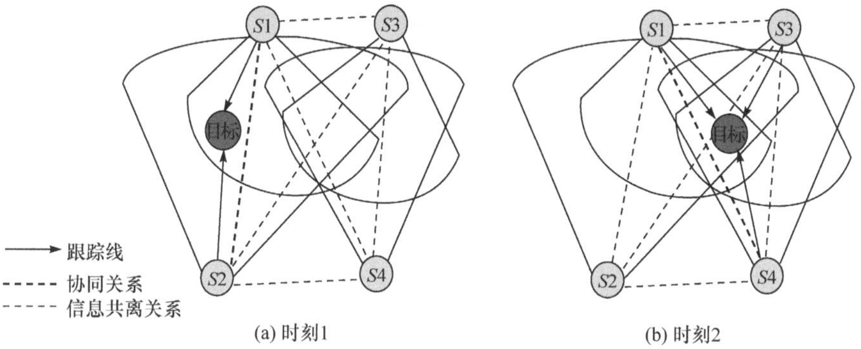

图5.11 协同跟踪示意图

协同跟踪机制在防御密集的空中打击时是非常有效的，如舰艇编队在遭遇饱和攻击时，若多艘舰艇上的相控阵雷达采用协同跟踪，那么编队能同时跟踪的空中目标数量会显著增加，从而能应对更多的飞机或导弹目标，最大限度地提高防空能力。

(2) 传感实体的资源载荷计算

对于传感实体A中存储的每一条轨迹，如果传感实体A单独对其进行主动跟踪，消耗的资源载荷以对资源的占有率θ表示，即

$$\theta=(T_1+T_2+T_3)NF_UR_I$$

其中，T_1表示脉冲的传输时间；T_2表示接收时间；T_3表示波束控制延迟；N表示脉冲数；F_U表示此次跟踪的访问率；R_I表示此次跟踪的时长与仿真步长的比值。

如果传感实体A与网内其他$n-1$个实体共同主动跟踪某条轨迹，那么传感实体A消耗的资源载荷为

$$\theta_i=\theta/n$$

如果是非主动跟踪，$\theta_i=0$。将传感实体跟踪所有存储轨迹消耗的资源载荷相加，可以得到其消耗的总的资源载荷，即

$$\theta_{\text{Total}}=\sum_{i=1}^{n}\theta_i$$

其中，n 表示轨迹数量；θ_i 表示跟踪第 i 条轨迹消耗的资源。

(3) 传感实体跟踪方式的选择

对于跟踪行为模型而言，关键点在于确定每一个传感实体在某一时刻对每个目标是进行主动跟踪，还是非主动跟踪。如果当前时刻目标在某个传感实体的探测范围之外，那么该传感实体只能对其进行非主动跟踪；对于当前时刻正在主动跟踪某一轨迹的传感实体 A，用如图 5.12 所示的步骤来确定其下一个时刻对该轨迹的跟踪方式。

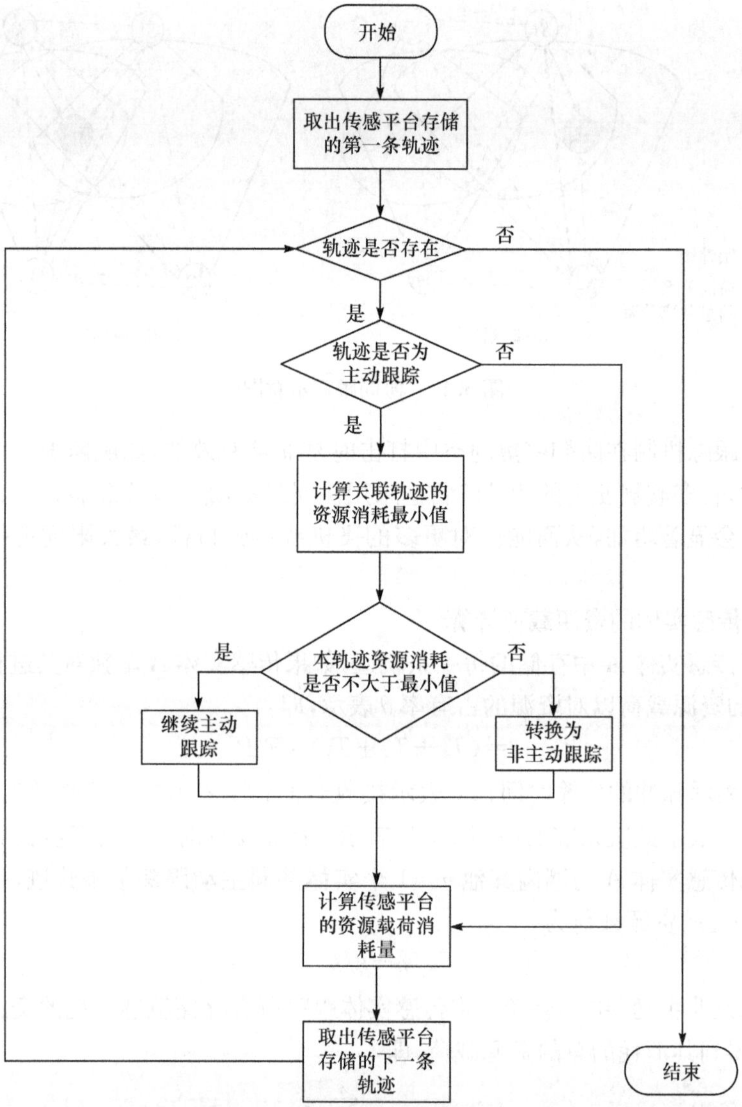

图 5.12　传感器的跟踪方式选择过程

Step1，传感实体 A 计算单独主动跟踪某一轨迹消耗的资源载荷，并将其通过网络分发。

Step2，传感实体 A 根据轨迹关联的结果，得到网内当前时刻主动跟踪该轨迹的所有传感实体，将这些传感实体各自单独跟踪需消耗的资源载荷进行比较，取出最小值 m。

Step3，将最小值 m 乘以预定义的阈值系数 $\alpha(\alpha>1)$，得到阈值 b，若传感实体 A 单独主动跟踪该轨迹消耗的资源载荷 θ_t 大于 b，则传感实体 A 对该轨迹由主动跟踪转换为非主动跟踪（由传感器设备控制模型实施），传感实体 A 跟踪该轨迹消耗的资源载荷将降为 0。

Step4，若传感实体 A 跟踪该轨迹消耗的资源载荷 θ_t 小于 b，则其继续主动跟踪该轨迹。统计此时网内跟踪该轨迹的资源载荷小于 b 的传感实体数量 n，传感实体 A 跟踪该轨迹消耗的资源载荷 $\theta_t=\theta_t/n$。

如果传感实体 A 对某一轨迹由主动跟踪转换为非主动跟踪，那么传感实体 A 将周期性地捕获搜索该轨迹，直到该轨迹重新起始或被清除。单个传感实体的跟踪方式自适应选择的流程如图 5.12 所示。

2. 监视责任区域覆盖协同模型

在对空监视中，每个 C^2I 实体都有一个监视责任区域，由 C^2I 实体及其下属传感实体的全部跟踪关注区域（track area of interest，TAI）组成。C^2I 实体通过控制下属传感实体的传感器开机、关机、调整传感器状态以增加或减少能覆盖到责任区的正常工作的传感器数量，保证对相应责任区内的覆盖能力，使所属的传感实体之间建立动态的协同关系。

如图 5.13 所示为监视责任区域覆盖协同示意图。$S1$ 和 $S3$ 在时刻 1 共同覆盖 $C1$ 的监视责任区域，它们之间建立了协同关系，$S2$ 处于关机状态。在时刻 2，由于目标（如反辐射无人机）试图攻击 $S1$，$S1$ 识别出攻击后关机并发出告警消息

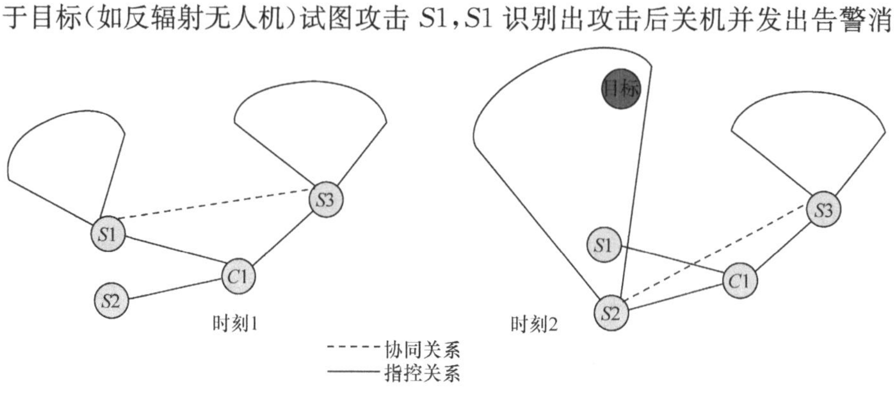

图 5.13 监视责任区域覆盖协同示意图

给 $C1$，$C1$ 接到告警消息后命令 $S2$ 开机，并调整传感器使其覆盖 $S1$ 的监视区域，$S2$ 和 $S3$ 建立协同关系。

监视责任区域覆盖的协同主要针对传感器受干扰后探测能力下降、受反辐射导弹威胁传感器关机或传感器受触发开机等情况设计。监视区域覆盖模型运行流程如图 5.14 所示。

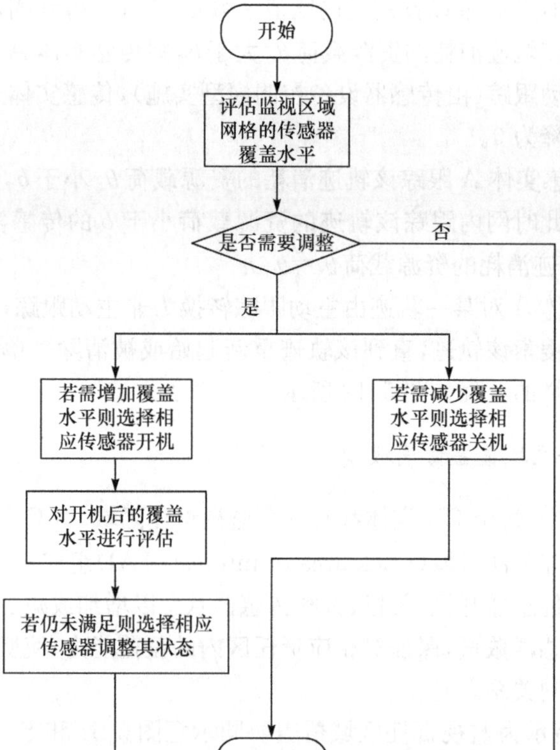

图 5.14　监视区域覆盖模型运行流程图

(1) 监视责任区域网格

监视责任区域网格的范围为跟踪关注区最大和最小经纬度之间的区域。整个网格由若干个小方格(小方格的长、宽分别为经纬度 0.1 之间的距离)组成，每个小的方格有一个数字代表其区域内传感器覆盖水平，记作 GridLevel。若 GridLevel=0，表示该小方格处于当前的 TAI 之外；若 GridLevel＝1，表示该小方格位于一个 TAI 之中，但是目前能覆盖到该小方格区域的传感器数量为 0；如果 GridLevel＝$N(N>1)$，则表示目前有 $N-1$ 部传感器能够覆盖该小方格区域。

在仿真运行开始或 TAI 发生变化时(下属传感实体被摧毁或与 C^2I 实体的连接中断)，需要对监视责任区网络进行初始化。第一步遍历所有的网格区域，将每一个小方格与当前的 TAI 进行对比，如果方格处于 TAI 之中，则 GridLevel＝1，表示该区域处于实体的跟踪关注区之内。第二步建立传感器列表。列表包括所有能够被 C^2I 实体指挥的传感实体，并将在所有传感器的覆盖范围添加到监视网格中，一旦所有的传感器覆盖范围添加完毕，监视责任区域网格初始化完成。

(2) 评估当前网格覆盖水平

传感器状态信息(sensor status information，SSI)包括传感实体的传感器开关机、天线指向、扫描角度、工作模式等信息，用 BNF 范式描述如下，即

<SSI>∷＝<开机/关机><天线指向><扫描角度><工作模式>

传感网中的传感实体会周期性地将自身的 SSI 以消息的形式通过网络共享。

在运行过程中，如果某传感实体的传感器状态发生变化，当它的上级 C^2I 实体接收到其改变后的状态信息或超过一个周期未接收到状态信息(表明该传感实体被摧毁或与 C^2I 实体的连接中断)，会对当前网格的覆盖水平进行评估，以确定哪些传感器需要调整，调整的依据是网格最近一次初始化后的覆盖水平。评估的步骤如下。

① 计算最近一次网格初始化后的覆盖水平，以每个小方格的覆盖数之和表示，记为 $\sum \text{Grid}_{\text{Level}}$。

② 遍历当前网格内的每一个小方格，计算其覆盖水平之和，记为 $\sum \text{Grid}'_{\text{Level}}$。

③ 计算当前覆盖水平与初始覆盖水平之比，记为

$$\alpha = \frac{\sum \text{Grid}'_{\text{Level}}}{\sum \text{Grid}_{\text{Level}}}$$

④ 若 $\alpha > 1$，则减少网格覆盖水平；若 $\alpha < 1$，则设定期望覆盖水平百分比 $\delta(\delta < 100\%)$，若 $\alpha < \delta$，则增加网格覆盖水平，若 $\alpha \geqslant \delta$，则不需要进行调整。

(3) 传感器的控制

当增加网格的覆盖水平时，要按照预先定义的优先级首先选择优先级最高的传感器。如果各传感器之间优先级相同，则认为它们之间没有差别。然后，逐个计算处于关机状态的传感器监视方格区域，将能够提供最大覆盖区域的传感器开机，并视情况调整传感器的指向等状态，直至达到预期的覆盖水平或所有的传感器全部检测完毕。

减少网格覆盖水平的过程与增加网格覆盖水平的过程恰恰相反，首先要选择预先定义的优先级最低的传感器，如传感器的优先级相同则视为无差别，其次逐个计算所有处于开机状态的传感器的覆盖范围，从中选择覆盖范围最小的关机，直至覆盖水平达到预期。

每次调整完毕，处于工作状态的传感实体之间就建立了协同关系，若在后续的仿真运行中某传感实体的传感器关机，则它与其他平台的协同关系消解。

3. 接力跟踪模型

接力跟踪主要用于对空中目标，如飞机、远程导弹等的监视，是跟踪任务的转移过程，可以提高跟踪的质量与连续性。下面以对弹道导弹的拦截过程为例进行说明。首先，卫星对敌弹道导弹在助推段时进行探测跟踪，将预警轨迹信息传给地面站，地面站将轨迹信息传递给远程雷达。然后，远程雷达依据卫星提供的预警信息对导弹进行中段跟踪，同时将跟踪信息通过指挥所继续发送到火控雷达。最后，通过火控雷达实现对弹道导弹目标的本地跟踪，适时进行拦截。上述卫星、预警机、远程雷达等传感实体在跟踪过程中的某一段时间建立协同关联关系。接力跟踪的示意图如图 5.15 所示。

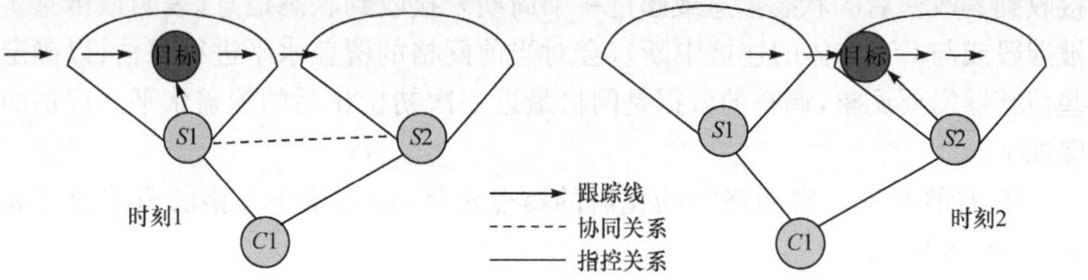

图 5.15 接力跟踪示意图

图中的 S1 和 S2 为传感实体，C1 为 C^2I 实体，C1 与 S1、S2 之间是指控关系。当 S1 探测到目标后，将轨迹信息传输到 C^2I 实体，由 C^2I 实体对轨迹进行处理，并将处理后的轨迹信息传输到 S2，则 S1 和 S2 建立协同关系。至 S2 开始对该目标的跟踪过程，接替 S1 对目标进行跟踪，S1 与 S2 的协同关系消解。

接力跟踪模型实质是对跟踪任务的转移过程的描述，具体过程如下。

(1) 跟踪目标轨迹处理

在仿真运行过程中，较早捕获目标的传感实体将目标的轨迹信息与自身存储的轨迹信息进行融合或传输给上级 C^2I 实体，由 C^2I 实体进行融合等处理，生成目标的速度、高度、航向等信息，对于导弹还可以生成其中段轨迹和弹着点信息。

(2) 目标信息引导

生成的目标轨迹信息会通过网络传输给相应的实体，作为这些实体捕获该目标的引导信息，标记该目标轨迹信息为 TrackInfo。若在之后的某一仿真时刻 T，接收到 TrackInfo 的某一传感实体探测到该目标的点迹信息，则遍历自身存储的轨迹信息，将其与点迹信息进行融合，一旦与 TrackInfo 融合完成，则开始对该目标的跟踪过程。

在对目标的跟踪过程中，提供引导信息的传感实体与被引导的传感实体之间建立协同关系，当被引导的传感实体开始对目标的跟踪过程后，协同关系消解。

5.5　建模实例 3：面向网络空间安全的全球互联网建模①

相对于战场网络，战略网的规模更大、复杂性更强，特殊性也更明显。下面以全球互联网建模为例，从网络空间安全分析与网络空间安全推演的角度简要说明。

5.5.1　需求分析

1. 背景分析

战争始终伴随人类，其形态也随着人类科技水平的发展不断演化。从海湾战争、伊拉克战争到阿富汗战争，再到爱沙尼亚、格鲁吉亚和韩国的网络空间战，针对网络空间这个新的战争领域，全球互联网已经俨然成为网络空间作战最主要的战场。

全球互联网的安全关乎国家安危，影响国民生活。虽然现实世界并没有上演网络大国之间直接冲突的一幕，但全球互联网基础设施确实面临着来自网络空间和物理空间多样化的威胁。这些威胁不仅有对单个路由器或传输链路的蓄意攻击，也有僵尸网络的大规模 DDoS 攻击，更有来自外部的复杂威胁，如电磁脉冲武器、大规模断电，以及地震等自然灾害。2015 年，欧洲网络与信息安全局根据威胁的影响层次和破坏力列出了互联网基础设施面临的四大主要威胁，即路由威胁、DNS 威胁、拒绝服务威胁和通用威胁。通用威胁包括对路由器、通信链路或区域型网络失效或毁伤。

僵尸网络被网络安全公司巨头 Arbor 评为当今网络最大的威胁方式，在已发生的一些网络战中，通过僵尸网络发动 DDoS 攻击已成为网络战的“常规作战样式”。2009 年 7 月，针对韩国关键网络服务的 DDoS 攻击发生后几个月，美国五角大楼的分析专家认为，该攻击很有可能由朝鲜发起，其目的可能是为了评估何种规模和强度的僵尸网络攻击能够使韩国的骨干网络拥塞，并瘫痪其进出口路由器，如果这种攻击强度能够满足的话，那么韩国的互联网骨干网将与其他国家的互联网分离。未来发生可能的对抗状态时，这种态势对朝鲜是非常有益的，因为美国需要依赖韩国的骨干网络来指挥协调美军的后勤增援。不久之前，Github 遭遇大规模的 DDoS 攻击，有媒体称疑似遭到超级加农炮（The Great Cannon）攻击。这是一种国家层面的网络流量劫持工具，可以将流量劫持并指向要打击的目标。

随着我国经济和互联网基础设施的快速发展，互联网对我国信息化支撑程度

① 参考了吴元立博士学位论文《面向网络空间安全战略演习的互联网基础设施建模仿真研究》，国防大学，2016 年。

持续增加，国内外环境日趋复杂，且网络核心技术和软硬件受制于发达国家，造成我国互联网面临的威胁更为严峻。互联网基础设施面临着各类重大安全威胁，但由于其本身的复杂性和多变的威胁种类，使得传统的分析研究方法难以有效应对，因此迫切需要通过建模与仿真技术支撑国家网络安全部门评估网络威胁，研究应对策略。

2. 研究需求分析

建模仿真技术给研究网络安全问题提供了有效手段，可以在计算机上构建一个虚拟化而又尽可能接近真实的"互联网基础设施"，作为研究网络安全问题的重要实验平台和推演环境。互联网基础设施仿真系统是网络空间战略演习的重要组成部分，与国家关键基础设施模型体系和认知域模型体系相互作用，共同构成网络演习所需的模型支撑，如图 5.16 所示。互联网基础设施模型提供通信、控制和威胁传播的网络环境，基本是描述以我国为中心的互联网的网络结构及动力学行为，构造网络安全战略决策信息环境，能仿真威胁和防御行动的元效应通过在互联网传输网络传播造成的复杂网络化效应。

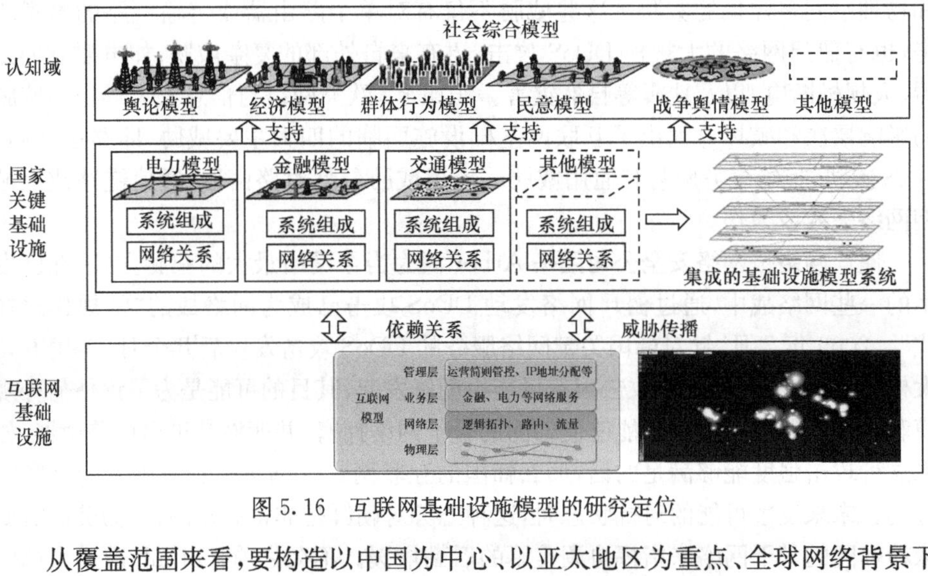

图 5.16 互联网基础设施模型的研究定位

从覆盖范围来看，要构造以中国为中心、以亚太地区为重点、全球网络背景下的我国及周边地区互联网基础设施，确定我国的网络边界及建模重点。从网络空间层次，建立包括物理层、网络行为层在内的多层次网络。物理层表示网络节点、链路等连接关系，支持网络拓扑到地理位置的映射，有助于参演人员掌握网络布局。网络行为层通过路由和流量描述网络的动态业务，既可以提供网络的实时动态状态，又可以对网络威胁和战略决策行动网络化效应提供仿真的基础。从网络威胁选择上，重点研究针对网络传输系统关键节点、链路，以及面向流量的网络威胁行为带来的网络化效应，不研究针对单个网络节点的非法信息获取等网络渗透行为，也不研究网络舆情传播等认知层的影响。

模型在演习中的应用模式分为演习准备和演习实施两个阶段，如图5.17所示。

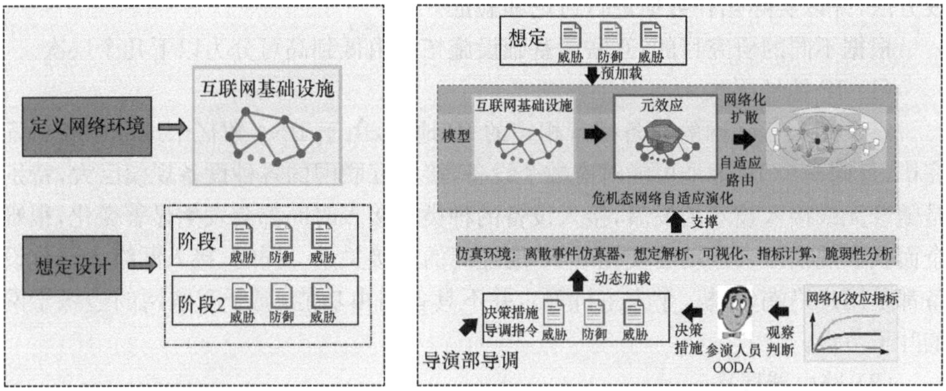

(a) 演习准备阶段　　(b) 演习实施阶段

图5.17 模型在演习中的应用模式

在演习准备阶段，主要完成定义网络竞技场和设计攻防行动脚本的功能。网络竞技场指互联网基础设施模型本身，包括拓扑结构及动态自适应行为。设计攻防行动脚本主要指根据网络安全研究目的，设计和定义演习中要演练的各种威胁、防御行动，在时间和网络空间上进行合理衔接，构成演习脚本。

演习实施阶段可进一步分为静态筹划阶段和动态推演阶段。在静态筹划阶段主要描述互联网的常态自适应演化，可以多视角查看网络环境，提供量化辅助分析工具，使参演人员熟悉网络地形，理解网络空间特性。在动态推演阶段，主要通过创建、动态加载攻防行动脚本，完成互联网基础设施自适应性与威胁和防御行动三元对抗所产生的网络化效应计算。

5.5.2 大尺度多分辨率拓扑建模

网络拓扑结构是研究网络行为和网络化效应的结构基础。由于互联网的大规模、异构及动态变化特性，无法通过网络测量手段获取互联网的全部拓扑数据，即使获得大量的网络拓扑全维数据，从国家互联网基础设施安全保护研究目的和仿真性能开销方面也不适合实现一比一的细粒度仿真，因此需要选择合适的层次和粒度对互联网基础设施拓扑结构进行描述，并生成相应的拓扑结构。另一方面，互联网基础设施面临的重大自然灾害、僵尸网络等主要威胁会作用在网络拓扑结构的不同层次和尺度，因此还需提供灵活可变的拓扑生成方法来构建研究各类威胁传播所需的网络拓扑环境。

1. 互联网拓扑结构分析

首先,对互联网基础设施拓扑结构进行分析,提出大尺度多分辨率的互联网拓扑建模方法。然后,分别研究区域级互联网拓扑和陆上路由器级骨干网拓扑的生成方法,并以实际拓扑数据进行讨论和验证。

根据不同的研究目的,互联网基础设施拓扑由低到高可分为以下几个层次。

(1) IP 地址层次

每个接入互联网的设备都有相应的 IP 地址,由于 IPv4 数亿个地址已经分配完毕,且同一个 IP 地址可能对应数个设备,接入互联网的各种设备规模巨大,特别是随着无线接入技术的发展,接入设备的种类和接入时间都会发生显著变化,很难全面获取规模巨大且动态变化的 IP 地址间的连接关系。同时,接入网络大部分设备都是用户终端(手机、个人主机等),并不具备路由功能,属于互联网的边缘子网的叶子节点。

(2) 路由器层次

把网络中具有流量转发功能的路由器抽象为节点,两个路由器之间存在直接相连的光纤或无线链路使它们之间可以交互数据流量,那么就在这两个路由器节点之间建立一条边,即边代表路由器之间的一跳连接关系,这样就构成互联网的路由器级拓扑。它对互联网的效率和鲁棒性等起着非常重要的作用。

(3) PoP 层次

PoP(point of presence)指网络使用者数据包进入互联网服务提供商(Internet Service Provider,ISP)网络的位置。PoP 一般是含有多个路由器的房间或设备,为一个地区的用户提供网络接入服务,与 ISP 内的其他 PoP 通过光纤等链路相连为 ISP 覆盖的整体区域提供网络接入服务,构成比路由器级拓扑更聚合的网络拓扑层次,由于网络测量的局限性,构建 PoP 层次的网络拓扑是非常困难的。

(4) 自治系统层次

归属于同一机构管理的所有路由器集合称为一个自治系统。该范围的路由器之间的数据流量交换完全由该机构自行决定,一个自治系统通常对应一个域名,如“nudt. edu. cn”就是国防科技大学的域名。在这种拓扑层次上,自治系统用节点表示,自治系统之间的连接关系用边表示。

(5) 区域级层次

区域级拓扑是以地区或国家作为主要网络节点的拓扑结构描述方式,不属于传统的互联网拓扑层次划分类别。区域节点抽象表达了一定地理区域范围内的互联网基础设施网络,具备收发流量的功能。在该拓扑结构中,区域节点之间通过海底光纤系统、陆上网络互联和卫星通信等方式进行连接,连接地理区域之间的海底光纤、卫星通信链路等构成该拓扑层次中的边。海底光纤的着陆点和分支节点等与区域节点一起构成该拓扑层次中异质的节点集合。

2. 大尺度多分辨率拓扑建模方法

面向国家层面互联网基础设施管理和网络安全研究的需要，本节给出一种大尺度多分辨率拓扑建模方法(large-scale multi-resolution topology generation, LMTG)，将互联网基础设施拓扑分为区域级拓扑和骨干网路由器级拓扑两个层次分别予以描述和生成，以一种灵活的方式实现对大尺度、异质的互联网基础设施拓扑结构的描述。如图5.18所示为LMTG拓扑概念模型示意图。

国家的网络边疆从物理层次上是指国家或地区的对外所有出入节点的集合，包括海底光纤系统的着陆点、卫星地面站、陆上邻国之间的互联节点的总和。这些节点集合从物理上构成一个国家或地区的网络边疆，是所有对外网络流量的“出入境关口”。区域级拓扑描述方式适合研究网络边疆封控、海底光纤毁伤分析等大尺度网络安全问题，也适合对非重点区域的网络进行描述，以形成用于研究重点区域的低分辨率“外围网络环境”。

路由器级拓扑结构主要描述某一地区的陆上骨干网及其子网拓扑。中国自治系统级拓扑不同于欧美，自治系统级拓扑不能恰当表示中国的骨干网结构。中国仅有几个巨型自治系统级网络(电信、联通和移动等)和大量的小型自治系统网络。这些自治系统级网络几乎覆盖了全部省份。而路由级拓扑提供的信息既可以直观表示网络连接关系，又可以直接映射到地理信息系统，可以实现与电力等其他国家关键基础设施的关联。同时，由于自然灾害等区域型威胁依赖于地理环境描述，因此适合构建我国陆上骨干网络，适用于研究高层次网络安全问题。

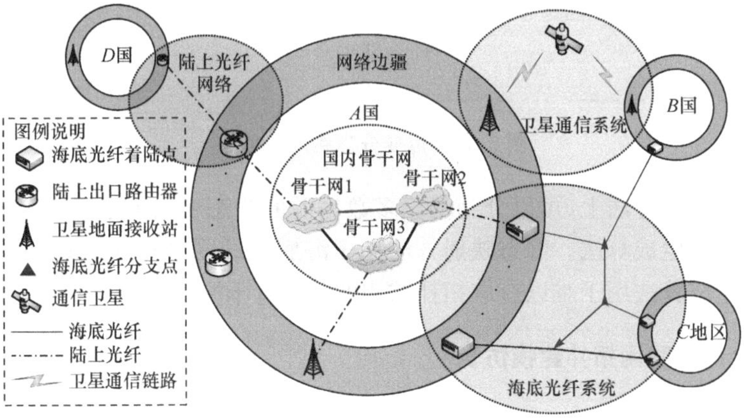

图5.18 LMTG拓扑概念模型

根据研究的需要，可以基于LMTG拓扑概念模型构建不同分辨率的互联网拓扑结构。例如，研究国家或地区之间网络边疆的流量封控问题需要构建粗粒度的逻辑网络拓扑结构。该拓扑结构以地区、海底光纤着陆点为网络节点、海底光纤为边，而研究针对地质灾害、大规模断电等区域型威胁时，就需要提高建模的分辨率，建立包括核心路由器、陆上光纤和接入网络在内的陆上骨干网拓扑结构。

多分辨率指节点和边具有异质性，实现海底光纤系统和陆上骨干网的对接融合。以节点为例，异质节点包括非重点地区的大洲级聚合节点、重点地区某骨干网络中的路由器节点或海底光纤的分支单元等多种类型。需要指出，该拓扑建模方法构建的拓扑实例中可同时并存区域级拓扑和路由器级拓扑结构。这两个层次的拓扑通过海底光纤着陆点、国际通信卫星地面站或陆上骨干网互联设备实现不同拓扑间的连接。如图 5.19 所示的拓扑实例，在该拓扑中，中国互联网基础设施拓扑以中国移动、中国电信和中国联通三大骨干运营商互联形成的细粒度的路由器级骨干网描述，其他国家和地区以粗粒度区域级节点来描述，与中国在青岛的海底光纤着陆点形成互联。

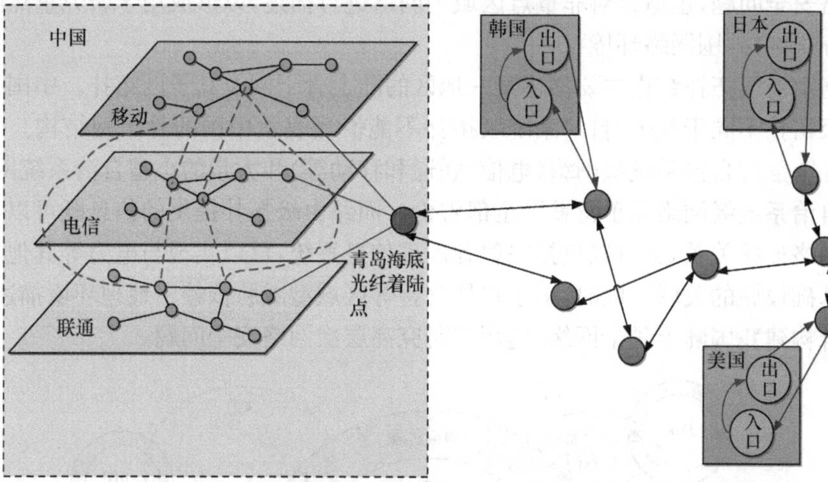

图 5.19　可变分辨率拓扑实例

从拓扑生成方法上，可以分为基于多数据源的静态映射方法和面向多条件约束的动态拓扑生成算法。静态映射方法用于海底光纤网络和陆上骨干网的生成，动态拓扑生成算法用于难以获取拓扑结构的陆上骨干网生成。

5.5.3　全球互联网拓扑建模仿真

1. 区域级拓扑建模

互联网区域级拓扑模型将一个地区的互联网基础设施看成一个聚合节点。该节点所代表地区的规模可变，既可以代表某地区的互联网基础设施，也可以代表洲级别的互联网基础设施。可以说,区域级拓扑本身就是可变分辨率的,可以根据研究问题的需要灵活调整节点分辨率。

2. 跨区域网络传输系统分析

连接各个区域节点之间的网络传输系统主要有海底光纤系统、卫星通信系统和陆上骨干网互联设施三类,可以看做互联网国际流量或地区间流量的主要传输载体。中国作为区域级节点,既有海底光纤国际出口,也有陆上网络国际出口,还有国际通信卫星地面站作为卫星通信国际出口。陆上骨干网互联网设施主要解决陆地毗邻国家或地区间的网络基础设施互联问题,一般由陆上边境安置相应的网络互联设施即可。该设施不具备网络结构,覆盖尺度较小,相对海底光纤系统和卫星通信系统而言较为简单。这里重点比较海底光纤系统和卫星通信系统。

20 世纪晚期,卫星技术毫无疑问是承载全球通信任务的主体。80 年代末占全球大洲间通信量的 97%,而海底光纤仅仅占据了 2%。提供互联网服务的卫星通信系统包括地球同步轨道卫星(geosynchronous earth orbit,GEO)、地面站和小孔径终端设备(VSAT dish antenna)。多个地球同步轨道卫星共同构成卫星网络拓扑,负责在地区间中转网络数据。地面站接收/发送来自卫星的数据,并中转小孔径终端设备间的通信流量。随着光纤技术的发展,海底光纤在通信容量、传输速度、可靠性和使用期限方面具备了越来越多的优势(表 5.2),逐渐成为大洲间国际通信的主要传输系统。

表 5.2　海底光纤系统与通信卫星多因素对比

比较因素	卫星	海底光纤
延迟/ms	250	50
设计周期/a	10～15	25
容量/万信道	4.8	16 000
每 Mbit/s 容量成本/万美元	73.7	1.4
1995 年流量比例/%	50	50
2008 年流量比例/%	3	97

目前超过 97%的互联网流量都是通过海底光纤系统在大洲或国家间传输的,而卫星多用来为地面基础设施不发达的偏远地区提供互联网接入服务,或为需要快速部署网络通信的地区(如军事应用或抢险救灾)发挥作用。此外,卫星的广播传输特性也使得卫星被用来分发网络电视节目等。随着卫星通信技术的发展,尽管出现了 O3B(other 3 billion)等卫星互联网,提供较快的卫星接入服务,但是由

于其通信费用、传输速度和全球流量占比等因素，以及越来越多的面向大流量传输的视频、语音等网络应用类型的出现，海底光纤系统无疑成为大洲间、地区间互联网通信的核心载体，并不断迅猛发展。

目前，已有数百个海底光纤系统部署在全球深蓝的海洋中。截至 2014 年，全球部署的海底光纤已经成为互联网连接的国际海上通信要道。下面以海底光纤系统为，主研究互联网区域级拓扑生成方法。

3. RTGFUCS 建模方法

全球海底光纤系统是由数百个独立的海底光纤系统组成，我们给出一种面向海底光纤系统的区域级拓扑建模方法（regional topology generation for undersea cable system，RTGFUCS）。

首先给出海底光纤系统典型的物理拓扑结构。如图 5.20 所示，海底光纤系统的物理拓扑结构可分为线形、分支线形、环形和混合连通形几类。

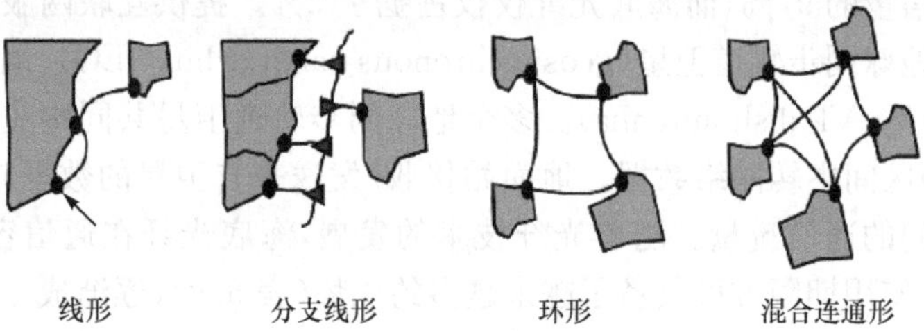

图 5.20　4 种典型的物理拓扑连接方式

RTGFUCS 建模过程如下。

① 确定网络边界和建模粒度。明确研究所需的地理区域，确定该地理区域内包括的各单独海底光纤系统，保存各海底光纤系统 ID 标识。

② 物理拓扑及元数据提取。根据海底光纤系统标识提取各海底光纤的物理拓扑结构及链路等元数据信息，依据不同的物理拓扑连接方式，明确各海底光纤系统的着陆点、分支节点和链路带宽等。

③ 区域节点及对应网络边疆确定。根据研究目的确定建模粒度，建立整体网络系统中需要表达的各区域节点，为各区域节点配置海底光纤着陆点节点。

④ 逻辑拓扑生成。主要完成海底光纤系统中节点、边与相应区域节点的逻辑互联，将区域节点视为流量的收发节点，在海底光纤着陆点和区域节点之间构建逻辑边连接。在逻辑拓扑中，节点分为国家节点、海底光纤着陆点节点和海底光纤分支节点。边是有向边，分为逻辑边和物理边两类。物理边代表实际的一段海底光纤，并受限于该条光纤的物理带宽。逻辑边没有带宽限制，用于连接国家和光纤着陆点，使各个海底光纤形成整体网络。

⑤ 调整逻辑拓扑分辨率。根据研究层次的不同,灵活调整建模分辨率,基于④构建的原始逻辑拓扑,进一步进行整合,生成包含聚合级区域节点和边的低分辨率拓扑结构。

该方法基于真实网络数据源,使用逻辑抽象方法,将一定范围内的地理区域抽象成节点,使各个单独的海底光纤系统连接成覆盖全球的整体网络。该建模方法可以看成是对多个海底光纤系统物理拓扑网络的抽象和整合,可以解决网络安全战略演习对大尺度网络的描述问题,适合对国家和地区的网络边疆进行建模表达。这使得研究人员可以根据研究的需要灵活选择建模边界,增减所涉及的单独的海底光纤系统。

在建模过程中,我们基于 Telegeography 公布的海底光纤系统数据来实现物理拓扑结构的提取。以 Trans-Pacific Express 海底光纤系统为例,可以查到其光纤着陆点的基础数据,包括各着陆点的名称、经纬度等信息。

根据研究问题的层次,可以构造大洲级聚合网络。如图 5.21 所示为逻辑拓扑图。在该逻辑拓扑图中,将互联网基础设施抽象为节点,在这种聚合级拓扑结构中,海底光纤的分支节点等信息被略去,大洲之间的所有海底光纤链路抽象为聚合边,聚合边的容量为所有相关链路容量的总和。

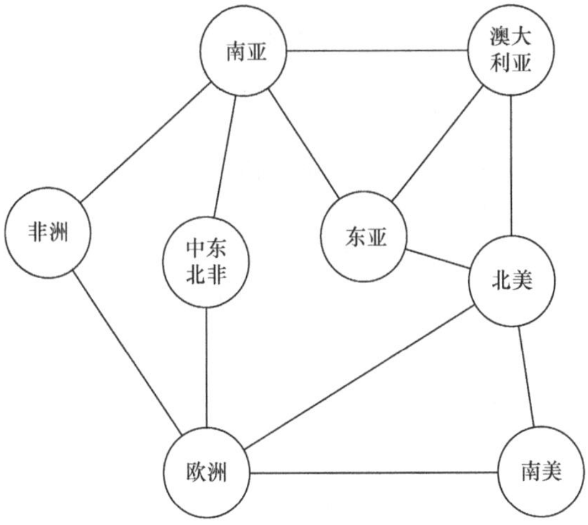

图 5.21 全球海底光纤逻辑拓扑

基于 Telegeography 公布的海底光纤系统数据,可以构建细粒度的区域级拓扑结构图。以东非海底光纤系统(eastern africa submarine system)为例,它属于典型的分支线形物理拓扑结构。图 5.22 给出了其不同的拓扑视角。

在图 5.22(b)中,南非等国家节点抽象表达了南非等国的国内整体网络,LD1～LD5 表示 5 个不同的光纤着陆点,BU1～BU4 表示该光纤系统中的 4 个分支单元,具有路由功能,逻辑拓扑中的物理边用有向实线表示。逻辑边用有向虚线

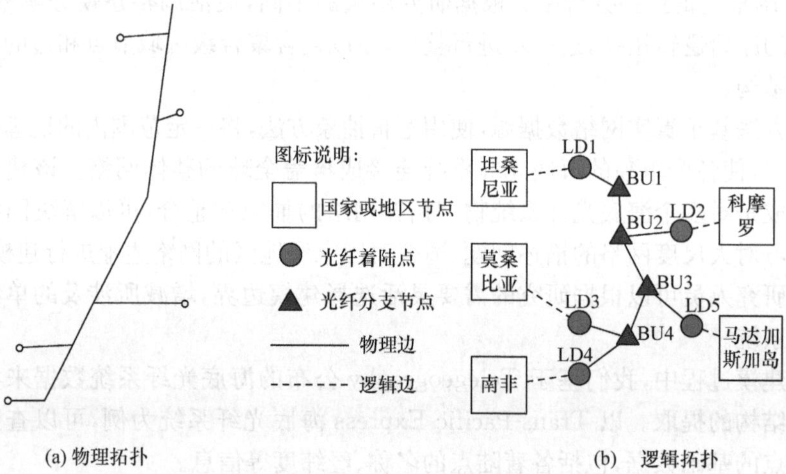

图 5.22 东非海底光纤系统不同的拓扑视角

表示。逻辑边没有带宽限制,用于连接国家和光纤着陆点,使得各个海底光纤形成整体网络。由于光纤的双向传输特性,物理拓扑中的每条光纤对应逻辑拓扑中两条相向的物理边,并受限于该条光纤的物理带宽。这种拓扑建模方法可将待研究区域的多个独立的海底光纤系统,通过国家和着陆点连接成为整体的逻辑拓扑网络。

区域级节点抽象表达了一个地区的互联网基础设施网络,具备发送和接收互联网流量的功能。以××为例(图 5.23),该区域节点可分解为虚拟的入口节点和出口节点,从入口节点到出口节点有一条虚拟边,代表该地区的陆上互联网骨干网基础设施。假定若该地区拥有足够发达的互联网基础设施网络,则陆上骨干网虚拟边的容量为无限大,该区域节点具备中转国际互联网流量的能力;若该地区互联网基础设施较少,则陆上骨干网虚拟边的容量为零,该区域节点不具备中转国际互联网流量的能力,仅作为流量的收发节点。

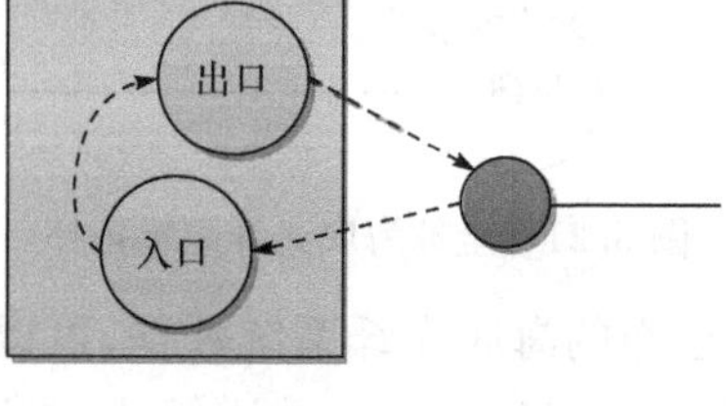

图 5.23 区域节点展开示意(以××为例)

4. 陆上骨干网路由器级拓扑建模

互联网基础设施实际上是多个网络互联形成的覆盖全球的网络,大型网络运营商拥有并维护着由路由器和光纤组成的骨干网。这些骨干网是互联网流量的中枢传输系统。路由器级拓扑既可以表示网络连接关系，也可以直接映射地理信息系统，并描述与其他国家关键基础设施的关联。

由于互联网管理的分布性，一些陆上骨干网 ISP 公布了其路由器级网络拓扑结构，可以采用基于多数据源的静态映射方法构建其拓扑结构。但是，更多的陆上骨干网运营商没有公布其骨干网及下层接入网拓扑结构，且由于网络测量的局限性无法准确还原其拓扑结构，采用动态生成方式生成其拓扑结构。

(1) 静态映射方法

网络拓扑静态映射指利用已有原始网络拓扑数据集，基于一定的抽象、选择和映射策略，生成实际网络拓扑结构的过程。该方法主要确定原始网络数据集和目标网络拓扑模型中对实体属性、功能及关联关系。属性和功能模块构成是实体模型的基本组成，关联关系是指网络的拓扑结构。

首先，获取原始网络拓扑数据集。采用的原始网络拓扑数据集主要来自 Topology Zoo 项目。该项目认为网络测量方法无法获得准确、全面的网络拓扑和拓扑元信息，而网络服务提供商公布的网络结构往往较准确，且包含节点和链路等多种元信息，通过图形处理手段可以将全球近百个网络服务提供商发布的骨干网络拓扑图转换成统一的拓扑数据表达。

然后，确定原始网络数据集到目标网络拓扑模型的映射方法，主要包括网络整体属性、节点属性和边属性的映射。网络整体属性包括网络名称、隶属关系、所在国、网络类型等网络整体层次的描述内容。节点属性包括节点名称、节点经度、节点纬度、节点类别等信息。边属性包括源端节点、目的端节点、链路容量、链路类别等信息。

下面以 Topology Zoo 项目实例来描述本书的静态映射方法。Topology Zoo 项目中所有的拓扑结构及其相关信息都通过 XML 语言来描述，并存储为各个单独的文件。拓扑文件采用通用的 GraphML 格式来描述，GraphML 格式通过 XSD (XML schema definition)来实现格式的合法性检测。这些格式的拓扑文件提供了提取陆上骨干网数据的各类可用信息。

如表 5.3 所示为 Topology Zoo 项目中中国教育和科研计算机网网络拓扑的部分内容，可以看出该网络整体属性方面采用无向图描述方式(graph edgedefault＝"undirected")，即数据获取时间为 2011 年 10 月 10 日，归属地为中国，网络类别为国家层次(＜data key＝"d2"＞Country＜/data＞)的教育科研网(＜data key＝"d9"＞REN＜/data＞)，网络名称为 Cernet。

在节点层次上，文件中的 node 节点给出了节点 ID、节点名称、节点经纬度等相关信息。以 id 为 0 的节点为例，该节点的位置为(北纬 25.28194、东经 110.28639)，所在城市为桂林，隶属国为中国。在边层次上，文件中的 edge 节点给出了源端节点、目的端节点、链路容量、链路类别等信息。以连接节点 id 为 0 和 7 的边为例，可以获取该边的容量为155M。

Topology Zoo提供了提取陆上骨干网数据的各类可用信息。除此之外,针对重点区域的陆上骨干网络构造时,可以增加一些其他来源的数据集进行更多方面信息的描述。以我国为例,为了对中国的陆上骨干网络进行分层、细粒度的构建,数据来源包括《2014年中国互联网络发展状况统计报告》、电信等网络运营商发布的相关文档和Topology Zoo项目发布的电信和中国教育和科研计算机网的拓扑数据集来综合选择并确定数据解析和映射方式。

表5.3 graphml格式表达的Cernet网络部分内容(来自Topology Zoo)


```
<?xml version="1.0" encoding="utf-8"?>
<graphml …>
<key attr.name="id" attr.type="string" for="edge" id="d41" />
…
<graph edgedefault="undirected">
<data key="d0">11/10/10</data>
<data key="d1">China</data>
<data key="d2">Country</data>
<data key="d3">Cernet</data>
<data key="d9">REN</data>
…
<node id="0">
<data key="d29">1</data>
<data key="d30">25.28194</data>
<data key="d31">China</data>
<data key="d32">small</data>
<data key="d33">0</data>
<data key="d34">110.28639</data>
<data key="d35">Gullin</data>
</node>
…
<edge source="0" target="7">
<data key="d36">155</data>
<data key="d37">155M</data>
<data key="d38">M</data>
<data key="d39">155000000.0</data>
<data key="d40">0</data>
</edge>
…
</graph>
</graphml>
```

陆上骨干网从结构上往往是多个国家级骨干网在几个主要城市形成对等互联来交换网间流量，不同骨干网的节点在地理位置上有重合，并通过有限的几个海底光纤着陆点作为国际出口。在基于多数据源的静态映射构造各个骨干网拓扑之后，骨干网间的互联关系通过相关运营商公布信息或基于 BGP 路由表的推测算法来确定。如图 5.24 所示为中国主要 ISP 骨干互联网拓扑示意图，虚线表示移动、电信、联通等骨干网在北京、上海、广州三个城市形成的对等互联，右侧实线表示三个骨干网与国际出口的连接关系。

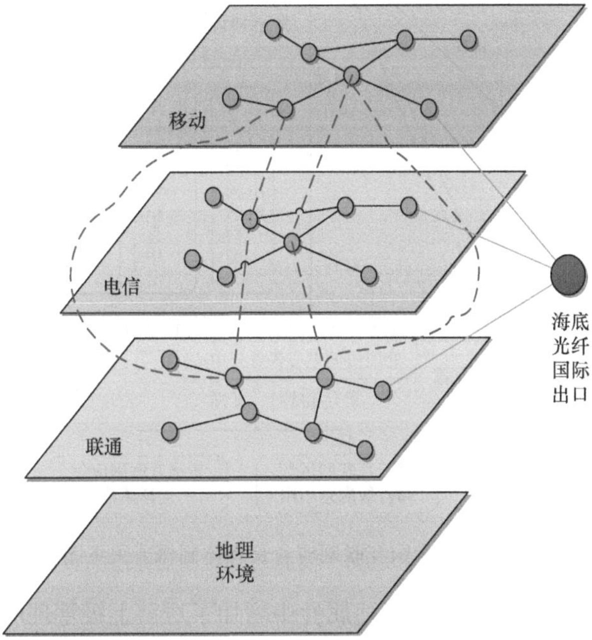

图 5.24 中国主要 ISP 骨干互联网拓扑示意图

为了应对日益严峻的网络安全形势，我国不断完善健全国家网络安全应急体制，主要指应急管理机构组织形式，包括应急管理机构相互间的权利分配和指挥关系。如图 5.25 所示为我国互联网应急管理体制的概要关系图。

在演习过程中，很多情况是通过各级网络应急技术处理中心发布给参演人员的，促使参演人员决策，推动演习进程。另外，当某类威胁被定位到某个网络中时，需要提供一种查询功能，使参演人员迅速掌握该威胁所处网络的管理机构、应急响应结构，并提供对国家层面网络应急响应体系的查询。因此，需要描述互联网基础设施管理机构及管理关系等相关信息，并实现网络基础设施（主要是各级骨干网）到其上级管理应急机构的关联映射。

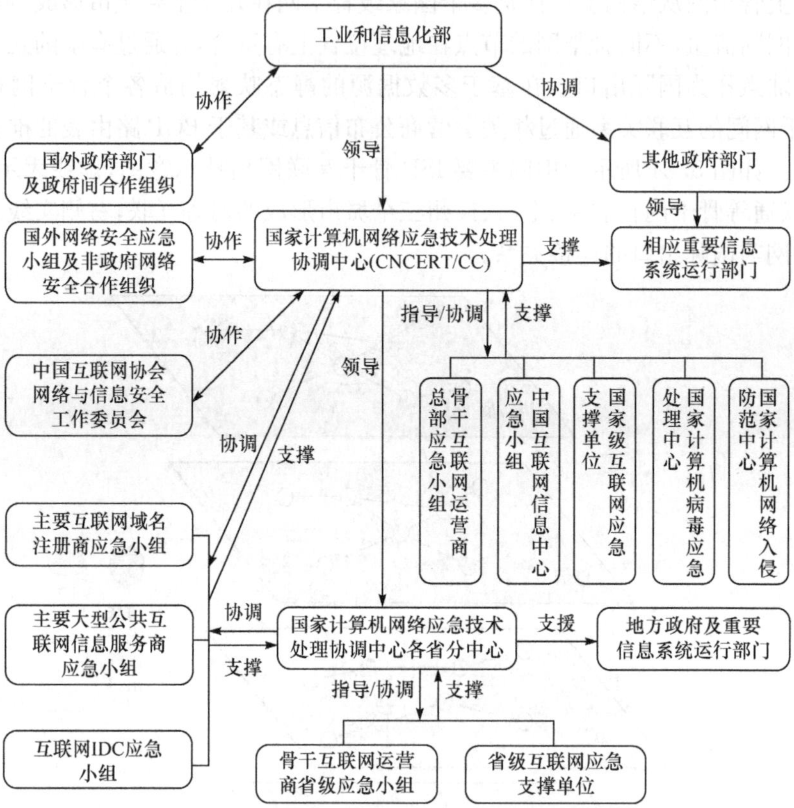

图 5.25　我国互联网应急管理体制概要关系图

为此，在骨干网的网络整体描述属性中增加了对其上级管理应急机构的描述，可以实现互联网基础设施模型与国家层面网络应急响应体系网的关联关系建立。以中国移动的广东省骨干网为例，其所有者为中国移动，应急管理的上级为广东CERT，当威胁发生在广东省骨干网时，需要首先报送广东CERT，并由广东CERT上报给国家CERT按需进行总体解调和指挥。由于各国网络紧密相连，一些大型的威胁往往需要跨国协同才能有效处置。在APEC组织的网络演习中，在一个亚太地区的大规模DDoS攻击想定中，韩国僵尸网络攻击中国某服务器，需要各国的CERT进行有效协同才最终达成目标。

(2) 多约束条件下骨干网路由器级拓扑生成算法

① Waxman模型。

不同于数万个节点的自治系统级拓扑所对应BA生成模型，拥有数十个节点的大型互联网骨干网路由器级拓扑往往与Waxman模型更为匹配。Waxman模型是随机图拓扑生成的代表，模型将节点按泊松分布放置在平面上，边的添加依赖

于节点间欧几里得距离来决定的概率。对于节点 A 和节点 B 而言，其连边概率为

$$P_{AB}=\alpha e^{\frac{-d}{\beta L}}$$

其中，d 表示节点对之间的欧几里得距离；L 表示所有节点对之间的最大欧几里得距离；α 和 β 的取值范围是(0,1)，α 表示节点间连边的概率，β 表示长边相对于短边的概率。

② 骨干网形成因素分析。

第一，地理位置。

BA 等传统算法是针对逻辑拓扑生成的，没有考虑网络拓扑节点的地理位置限制。对大型网络而言，核心路由器或 PoP 节点的位置受到多种经济和政策因素制约，通常部署在多个网络光纤交汇的人口密集处，而不是如 Waxman 模型中节点的随机分布。算法面向大尺度的骨干网，用经纬度坐标表示节点的位置。一方面，在生成已有骨干网的不同特性的替身拓扑时，可直接使用其公开的路由器节点的地理位置。另一方面，对于难以获取拓扑地理位置的骨干网可通过人口密度数据集估算骨干网路由器节点可能的地理位置，而地理位置的粒度取决于骨干网的规模和人口密度数据集的精度。例如，CIESIN 提供了多种分辨率的全球人口密度数据集，在粒度选择上可以根据骨干网规模灵活选择相应的分辨度，以国家级的骨干网络为例，可基于 1km^2 分辨率的人口密度数据集并指定相应的路由器节点数量，采用 K 均值聚簇算法推算路由器节点的经纬度坐标。

第二，节点间联系强度。

路由器节点间的光缆布线与节点所在地的互联网发展水平息息相关。一般来说，节点所在地区的互联网发展水平越好，地区之间互联网信息交换的强度就越大，从保证重要节点间的服务质量并节省整体建设费用的角度来说，重要节点间铺设光缆的可能性就越大。例如，中国电信骨干网络在北京、上海、广州三个重要城市之间就采用全互联的拓扑连接结构。通常根据公开的人口的数据和地理位置信息，用 Gravity 模型可以计算出两个地区之间联系的紧密程度。Gravity 模型也同样适用于地区之间互联网流量强度的预测，但不同于实体货物的传输，由于网络的高速传输速度，地区之间的距离对互联网流量交换强度几乎没有影响，而地区的互联网发展水平则成为地区间网络流量联系强度的主体因素。这里选择互联网上网人数作为节点互联网发展水平的衡量标准。

第三，建设费用。

费用对路由级拓扑影响很大，大型网络运营商希望通过有限的资金来满足网络通信服务的需要。因此，即使不把费用作为拓扑生成过程的一部分加以考虑，也要在拓扑生成集合的基础上进行费用分析，来筛选满足特定费用约束的模型参数集，在这个参数集上可以进一步分析哪些模型参数会使网络效率更高，鲁棒性更好。一般来说，一对节点之间的光纤布线由一次性基础设施投入（购买光缆、光交

换设备、挖掘，以及光缆的安装费用）和日常维护费用组成，挖掘费用与节点间的距离成正比，光缆的费用取决于其长度和质量。由于大型骨干网通常跨越辽阔疆域，普遍认为挖掘和铺设费用是光缆费用的主要组成部分，即距离成为衡量光缆费用的主要因素。因此，骨干网络的总体费用 C 为

$$C = v_c \sum_{e_{i,j} \in E} d_{i,j}$$

其中，$d_{i,j}$ 表示节点 i 和 j 之间的距离；v_c 表示每千米所需费用。

第四，鲁棒性。

鲁棒性对承载着巨大流量的骨干网而言至关重要，互联网前身 ARPANET 的目的就是为了能够在部分节点或连边失效时在剩余节点之间仍然保持通信可达性。骨干网在设计时需要充分考虑网络鲁棒性，某个拓扑结构若能在任意一个网络要素发生失效时仍然能将受影响的网络流量重新转发，那么就可以认为这个网络拓扑结构具备一定的鲁棒性。在图论中，使得一对节点分属于不同的连通片所需去除的一组节点成为这对节点的点割集。将包含节点数最少的割集命名为极小割集。普遍认为，具有较好鲁棒性的网络拓扑应是一个二连通图，即对图 $G(V,E)$ 中的任意两个节点 v_i, v_j，设 $k(v_i, v_j)$ 是 v_i, v_j 极小割集所包含的节点数量，那么应满足下式，即

$$k(v_i, v_j) \geqslant 2, \quad v_i, v_j \in V$$

二连通图的判断方法，即鲁棒性约束算法如下。

已知 $G=(V,E)$ 是某骨干网的拓扑。

步骤 1，$\forall v_i, v_j \in V$，选择一个节点 $v_k \in V-\{v_i, v_j\}$，移除 v_k 及其相邻的边。

步骤 2，用 Dijkstra 算法计算 v_i 和 v_j 之间是否存在可达路径。若存在，则将移除的节点及边恢复，转步骤 1；否则，该图不是二分图，返回。

步骤 3，若对所有的 $v_k \in V-\{v_i, v_j\}$，使得步骤 2 中 v_i 和 v_j 之间都存在可达路径，那么该拓扑图是二连通图，满足鲁棒性约束。

③ 拓扑生成方法。

节点间的连边概率由下式决定，即

$$P_{AB} = (\alpha + \gamma_{AB}) e^{\frac{-d}{\beta L}}$$

$$\gamma_{AB} = \omega \frac{N_A N_B}{\sum_{i \neq j} N_i N_j} \tag{5-10}$$

该算法在 Waxman 模型的基础上引入了节点间信息交换强度调节参数 γ_{AB}，其中 d、L、α 和 β 参数的定义与 Waxman 模型一致。算法的输入包括算法参数（由

α、β 和强度系数 ω 组成)、节点间的距离和节点间的流量联系强度,节点间的距离可通过节点地理位置计算得到,节点间的流量联系强度可通过节点所在地的互联网上网人数运用式(5-10)计算得到,其中 N_A 代表节点 A 所在地互联网用户的人数。

在 Gravity 模型的基础上,流量交换强度可用下式表达,即

$$\frac{N_A N_B}{\sum_{i \neq j} N_i N_j}$$

这意味着两个地区互联网人数越多,铺设光纤的概率就越大,ω 为强度系数,在后续的算法评估中,令 $\omega=1-\alpha$,易知 $\alpha+\gamma_{AB}\leqslant 1$。

两个节点间的连接概率由其地理距离和互联网人数共同决定。对某一特定算法参数集(包括 α、β 和强度系数 ω)而言,算法运行一次会得到一个拓扑,由于概率的作用,算法多次计算后会到一个拓扑集合。

④ 拓扑生成方法评估。

第一,数据集。

研究选择中国电信和美国 ANS 两大互联网骨干网作为算法评估的样本,其拓扑数据集来自 Topology Zoo 项目。拓扑生成使用的地理位置直接使用该拓扑数据中节点的经纬度坐标,并基于经纬度坐标就可以计算得到城市间的距离。

对算法中节点联系强度计算所需的互联网人数数据,中国电信拓扑中各节点所在城市数据,以及美国 ANS 拓扑中各节点所在城市数据均来自公开数据。以中国为例,公开数据显示北京 IPv4 地址数的比例为 25.65%,上海为 4.48%,然后通过式(5-10)即可算出北京与上海间的流量联系强度系数。

第二,拓扑评估指标。

由于每个骨干网拓扑在设计上都有其特点,评估生成的拓扑结构是否与现实拓扑相匹配通常通过一些特定的、可量化的拓扑指标来计算。研究选取以下四种拓扑参数作为评估指标。

其一,节点度分布。节点度分布指网络中随机选择的节点度为 k 的概率,是比较网络拓扑结构的重要指标。

其二,最短路径跳数。任意两个节点之间的最短路径跳数,代表数据包通过路由器转发的次数,可用来衡量网络效率。

其三,链路长度。链路长度指两个路由器节点之间的链路(通常是光缆)的物理长度,决定节点间的链路延迟和总体建设费用。

其四,网络效率(全局连通效率)。网络效率是网络可靠性的主要指标。定义节点 i 到 j 的连通效率为

$$E_{i,j}=\frac{1}{d_{i,j}},\quad i\neq j$$

其中，$d_{i,j}$表示节点 i 到 j 的最短路径跳数。

设 N 为网络节点总数，则全局网络效率为

$$E_g=\frac{\sum\limits_{\forall i,j,i\neq j}E_{i,j}}{N(N-1)}$$

第三，拓扑生成评估。

通过 Visual Studio 2012 对上述算法进行代码实现。算法包含 α 和 β 两个可变参数，针对某一个骨干网，在算法评估过程中循环遍历 α 和 β 的取值范围(0,1)，每次参数的增量设为 0.01，为了消除随机数带来的偏差，对每个参数集 α 和 β 重复计算 100 次，计算并记录节点度、最短路径跳数和链路长度这三个拓扑指标的均值和方差，作为与真实拓扑结构比较的标准。因此，为了覆盖拓扑生成的整个参数空间，对每个骨干网络拓扑节点集合需进行一百万次（100×100×100＝1 000 000）指标计算。将生成的拓扑指标与现实网络拓扑指标匹配较好的参数集称为匹配参数集。

表 5.4 给出了中国电信和 ANS 真实拓扑结构与匹配参数集拓扑结构的指标对比情况，μ 为均值，σ 为方差。其中，中国电信的匹配参数集为 $\alpha=0.31$，$\beta=0.19$。可以看出，匹配参数集的节点度、最短路径，以及链路长度均与真实拓扑较为匹配，可作为构建真实拓扑不同“替身”拓扑的参数指标。

以中国电信骨干网为例，这里的匹配参数集为($\alpha=0.31$，$\beta=0.19$)，强度系数 $\omega=0.69$。据公开资料显示，IPv4 地址数占比统计，北京为 25.65%，湖北省为 2.43%，广东省为 9.62%，黑龙江省为 1.23%，不妨设省会城市的互联网人数占所在省比例的一半，则有武汉为 1.22%，广州为 4.81%，哈尔滨为 0.62%。经过计算，最远的两点距离为哈尔滨到喀什的 4110 千米，即 $L=4110$ 千米。

令 E 表示 $e^{\frac{-d}{\beta L}}$，即 E 表示地理距离所决定的连边概率部分。计算可得距离和流量联系强度影响，对比结果如表 5.5 所示。

表 5.4 拓扑指标对比(μ/σ)

骨干拓扑		节点度	最短路径	链路长度	网络效率
中国电信	真实拓扑	3.26/4.03	2.48/0.74	969.34/608	0.45
	本节算法①	3.26/1.96	2.91/1.14	985.54/593.02	0.38
	KU-Locgen②	3.26/1.74	2.99/1.14	1405.74/859.22	0.37

续表

骨干拓扑		节点度	最短路径	链路长度	网络效率
ANS	真实拓扑	2.78/0.85	2.86/1.27	1129.9/1142.15	0.45
	本书算法③	2.78/1.61	2.34/1.03	1203.78/830.56	0.41
	KU-Locgen④	2.78/1.51	2.53/1.11	1858.24/1439.1	0.41
备注	① 匹配参数集为 $\alpha=0.31,\beta=0.19$。 ② 匹配参数集为 $\alpha=0.14,\beta=0.66$。 ③ 匹配参数集为 $\alpha=0.38,\beta=0.15$。 ④ 匹配参数集为 $\alpha=0.27,\beta=0.49$。				

表 5.5 距离和流量联系强度影响对比

节点对	距离/km	距离因子 E	流量强度因子 γ	连边概率 P
北京-广州	1886	0.228	0.190	0.114
北京-武汉	1047	0.439	0.048	0.157
北京-哈尔滨	1057	0.436	0.436	0.146

可以看出，两点间的连接概率由距离和互联网人数共同决定，距离较近的城市间的 E 值较大，使得$E_{北京-武汉}\approx E_{北京-哈尔滨}>E_{北京-广州}$，互联网人数更多的城市间连接强度系数更大，使得$\gamma_{北京-广州}>\gamma_{北京-武汉}>\gamma_{北京-哈尔滨}$。在当前拓扑参数($\alpha=0.31,\beta=0.19$，强度系数 $\omega=0.69$)的情况下，节点间的连接概率中，距离起主要作用，互联网人数起次要作用。相对武汉而言，尽管广州的互联网人数更多，但是由于北京到广州距离较长，综合使得$P_{北京-广州}>P_{北京-武汉}$。另外，对距北京相同距离的武汉和哈尔滨而言，由于武汉互联网人数更多，使$P_{北京-武汉}$略大于$P_{北京-哈尔滨}$。

在与相关研究的比较中，选择 KU-Locgen 拓扑生成器的 Waxman 模型计算其匹配参数集，可以看出研究过程中的拓扑生成算法在平均度指标一样的情况下，在链路长度这个指标上与现实拓扑更为匹配。这是由于本书考虑节点间的联系强度对生成边的影响，而不是简单地考虑长短边的比例因素。同时，在网络效率指标的比较上，研究采用的算法和 KU-Locgen 算法较为接近，但均略低于真实网络拓扑的网络效率，这可能因为真实网络拓扑往往是经过设计部门的反复优化后确定的一次具有较高网络效率的拓扑，而研究采用的算法由于拓扑生成中随机性因素的作用，取的是在某一匹配参数集下的网络效率均值，因此该值略低于真实网络拓扑的网络效率。

以中国电信骨干网为例，在可用参数集 $\alpha=0.31,\beta=0.19$ 的基础上，由于随机数的因素，算法每次都会生成不同的拓扑结构，通过对生成的拓扑集施加不同的约束可筛选得到不同性质的网络拓扑特例。例如，通过施加鲁棒性约束算法，可得到具备较好鲁棒性的拓扑结构(图 5.26(b)),该拓扑结构在单个节点失效的情况下可保证其他任意节点对之间的连通性;通过加入链路总长度约束,可得到具有较高延迟的拓扑结构(图 5.26(c))。

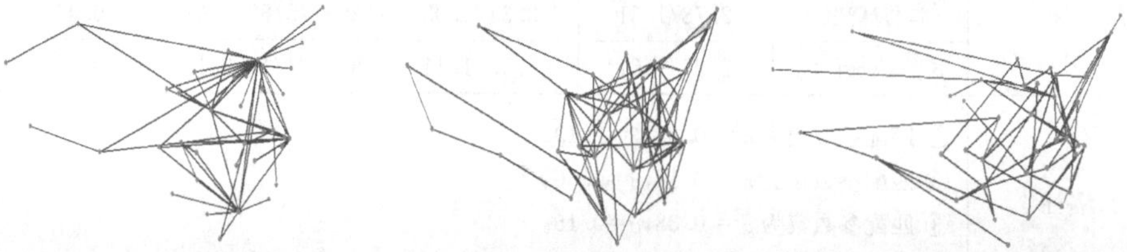

(a) 实际拓扑结构　(b) 鲁棒性拓扑(生成)($k(v_i,v_j)\geqslant 2$)　(c) 高延迟拓扑(生成)

图 5.26　中国电信拓扑结构比较(α=0.31,β=0.19)

(3) 费用约束分析

费用是拓扑生成后的定量过滤。根据费用计算方法,设每千米的费用 v_c 为 10 万元,可计算得到中国电信和美国 ANS 骨干网的实际建设费用分别为 60 亿元和 28.2 亿元。基于 MATLAB R2009b 对拓扑生成算法的参数空间进行总体建设费用分析,可得如图 5.27 所示的分布图。

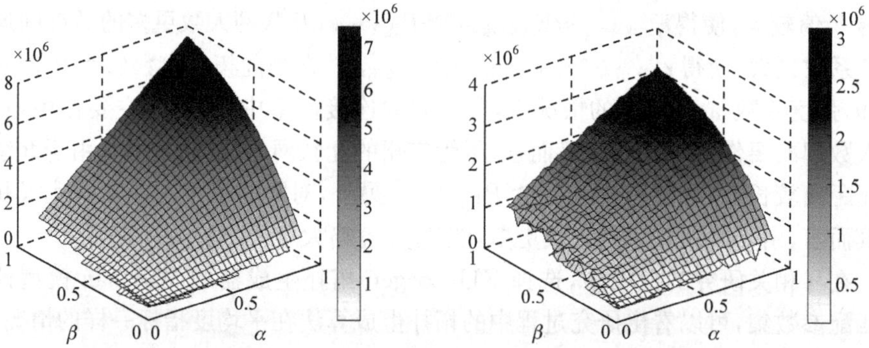

(a) 中国电信　(b) 美国ANS

图 5.27　生成算法参数集费用分布图

通常骨干网络运营商的建设费用有限,假设中国电信和美国 ANS 在现有节点集基础上的建设费用约束分别为 50 亿～70 亿元和 25 亿～30 亿元,那么满足上述费用约束的参数集分布如图 5.28 所示。

通过对参数集进行费用约束分析,可以筛选出符合特定费用约束的参数集,进而构造相应的拓扑结构。

地理位置、节点间联系强度、基础设施费用和鲁棒性是互联网骨干网形成的关键因素,我们提出一种多约束条件下的骨干网路由器级拓扑生成方法,对需要依托

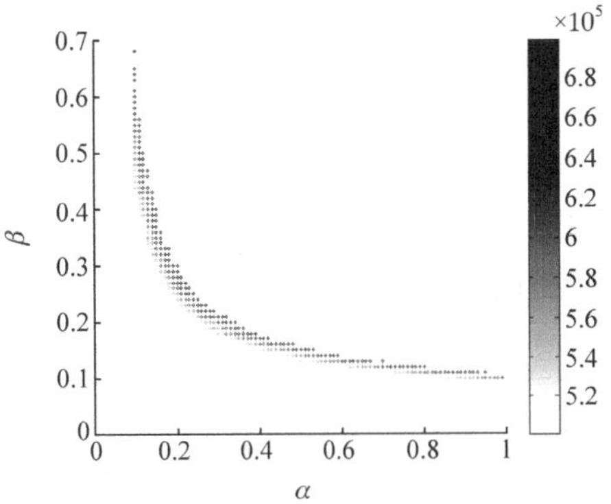

(a) 中国电信

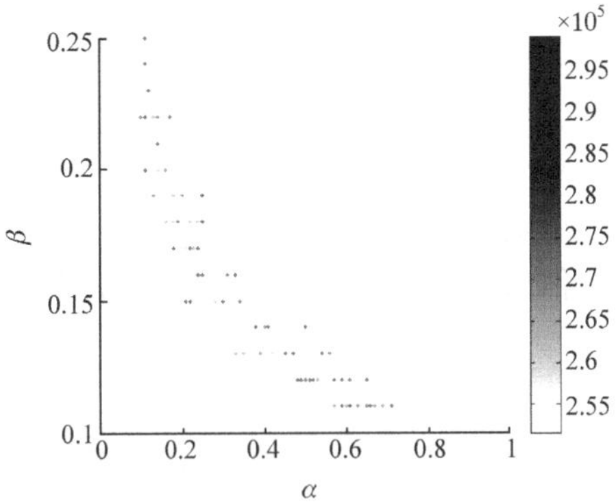

(b) 美国ANS

图 5.28　满足费用约束的参数分布

路由器级网络拓扑进行研究的网络抗毁性分析研究等领域有重要意义。

5.5.4　网络流量建模

流量是互联网这个网络空间作战主战场动态演化行为的体现，更承载着攻防对抗中负载的网络化效应。互联网流量建模研究一直是网络领域的研究热点。互联网的复杂性和演化性使得网络流量测量非常困难，尽管很多学者针对流量的各种特性进行了深入的研究，但是针对高层次网络安全研究的需要，还缺乏从宏观角度对全球互联网流量需求进行描述的建模方法。

本节研究改进了 Gravity 模型，通过综合考虑互联网流量的时间特性和地区间流量的双向流动不对称性，提出网络流量需求分配算法 SCFlow。

1. Gravity 模型

根据文献的描述，Gravity 模型源于牛顿的万有引力定律，即两个物体之间的作用力与两个物体的质量乘积成正比，与两个物体的距离的平方成反比。这个物理学的定律通常被社会学家延伸到社会科学等领域用来对地区间人员、货物和信息的流动进行建模和分析。普遍认为 Gravity 模型同样适用于互联网流量在国家或地区之间的分配，只是由于信息的传输速度远远大于其他领域中人员或货物的流动，因此信息流量的强度与距离因素无关。同时，给出了互联网流量分配模型。模型的两个节点之间交换流量的大小正比于进入和离开这一对节点的流量的大小。设流量需求矩阵为 T，$T(i,j)$代表从节点 i 到节点 j 的总体流量强度，即

$$T(i,j) = T^{\text{tot}} \frac{T^{\text{in}}(i)}{\sum_k T^{\text{in}}(k)} \frac{T^{\text{out}}(j)}{\sum_k T^{\text{out}}(k)} = T^{\text{tot}} p^{\text{in}}(i) p^{\text{out}}(j)$$

其中，$T^{\mathrm{in}}(i)$表示流入节点 i 的总流量；$T^{\mathrm{out}}(j)$表示目的地为 j 的总流量，T^{tot}表示网络的总体流量需求；$p^{\mathrm{in}}(i)$和 $p^{\mathrm{out}}(j)$分别表示流量进入节点 i 和流出节点 j 的比例。

针对海底光纤系统的流量分配，Omer 等提出一种简化的 Gravity 模型①。该模型根据国家中互联网用户的平均下载量和互联网用户的乘积来确定每个国家的流量需求，但是没有给出国家之间的流量分配机制。

2. SCFlow 网络流量需求分配算法

互联网流量的复杂性和难以测量性使得流量建模难以通过依靠测量数据来推断的方式实现。地区之间的流量强度还没有定量的测量数据，只能通过设计算法来预测地区之间的流量传输强度，即转化为如何根据一些限制条件生成流量需求矩阵的科学问题，进而抽象用户对资源网络的访问行为。由于地区的互联网发展水平与当地的互联网人数和平均下载速度成正比，研究将互联网发展水平定义为当地互联网人数和平均下载速度的乘积。定义网络流量需求分配算法 SCFlow 如下。

(1) 相关符号定义

C 表示国家或地区集合。

T_{all}表示选定海底光纤网络中每秒钟的平均网络流量，单位为 Gbit/s。

$N_i, i\in C$ 表示该地区互联网发展指数。

$H_i, i\in C$ 表示该地区互联网人数。

$S_i, i\in C$ 表示该地区下载速度。

$\mathrm{Avg}T_s^t, s,t\in C$ 表示地区家 s 与地区 t 之间每秒钟交换的网络平均流量，单位为 Gbit/s。

$\mathrm{Avg}F_s^t, s,t\in C$ 表示每秒钟从地区 s 流向地区 t 的平均网络流量，单位为 Gbit/s。

$f_s^t, s,t\in C$ 表示在某一时刻，地区 s 每秒钟流向地区 t 的网络流量，单位为 Gbit/s。

(2) 公式

$$N_i = H_i S_i \tag{5-11}$$

$$\mathrm{Avg}T_s^t = \frac{2N_s N_t}{\sum\limits_{i\neq j} N_i N_j} T_{\mathrm{all}} \tag{5-12}$$

① 参见 Omer M, Nilchiani R, Mostashari A. Measuring the resilience of the global internet infrastructure system//The 3rd Annual IEEE International Systems Conference, 2009.

$$\mathrm{Avg}F_s^t=\frac{N_s}{N_s+N_t}\mathrm{Avg}T_s^t \tag{5-13}$$

$$F_s^t=\mathrm{TrafficByTime}(\mathrm{Avg}F_s^t, t\mathrm{TimeZone}, \mathrm{UTCTime}) \tag{5-14}$$

在算法 SCFlow 中，式(5-11)计算某地区的互联网发展水平；式(5-12)基于 Gravity 模型思想，在互联网流量总量的基础上根据地区间互联网用户数量计算地区之间交换的互联网平均流量；式(5-13)计算地区间单向的流量分配策略。这里体现了流量双向流动的不对称特性。例如，美国拥有大量的互联网使用者和发达的互联网基础设施，而南非互联网发展水平相对较弱，现实中从美国流向南非的互联网流量(即南非从美国的下载量)要远大于南非流向美国的流量；式(5-14)体现了互联网流量的时间特性，地区的互联网流量随当地时间而呈周期性的曲线变化。TrafficByTime 根据 t 地区所在时区和 UTC(世界协调时)时间计算某一时刻从 s 流向 t 的网络流量。TrafficByTime 函数映射关系通过如图 5.29 所示的互联网流量统计数据拟合生成，在采样精度上，设定每 30min 采样一次，以平均流量为基准对各个时间点的流量强度进行归一化处理。

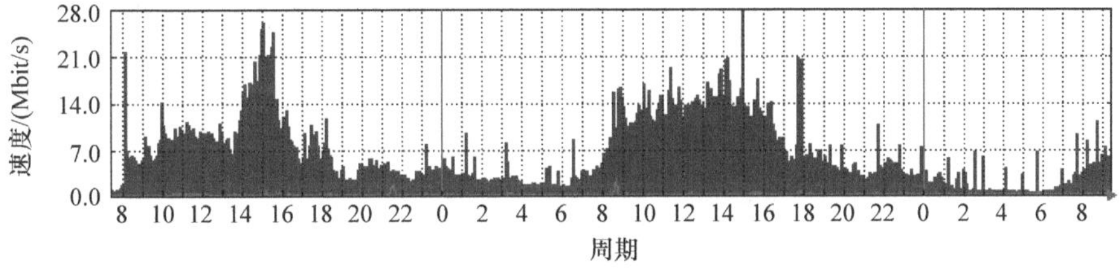

图 5.29 Internet Accounting System 的流量数据

人们对网络使用方式的演变催生着网络流量内容的不断演化，包括 HTTP、Email、P2P 和 Streaming 等网络流量的各种类型占比在不断发生变化，可以根据研究的需要，对流量占比进行进一步细化。如表 5.6 所示为不同流量类型中前四位的流量占比，这些流量占比数据来自对网络流量测量数据的统计。

表 5.6 不同流量类型占比(前四位)

流量类型	家庭用户使用占比/%	公司用户使用占比/%
HTTP	25.1	14.9
Email	11.9	18.1
P2P	18.7	1.3
Streaming	6.3	3.7

5.6 小　结

本章基于对网络空间中的信息网络基础设施的基本认识，对网络的形式化描述进行了研究，提出基于规则的分层多视图信息网络描述方法，为下一步信息网络建模打下了基础。从网络空间安全防御的角度，重点结合战场计算机网络、战场传感网和全球互联网等三个案例，对“静动结合”的网络建模思路和建模方法进行了进一步说明。

第 6 章　网络化交互

与传统领域作战效果相比，网络空间作战更容易引发“多网联动”“跨域铰链”和“级联失效”等新的复杂交互现象。在网络空间作战引发的这些交互中，大多都会表现出类似的反应过程，如网络攻击，甚至是自然失效、物理攻击和信息对抗等引发的某个分系统内的局部扰动，有可能会在更大尺度上产生不可预知的级联效应，进而形成更大规模的连锁反应，导致整个网络信息体系失效或瘫痪。对于这种情况，组织网络空间安全防御需要特别关注，重点研究分析此类交互中所蕴含的复杂机理。站在防御的角度，描述并揭示网络空间作战的网络化交互机理，在建模仿真研究过程中要重视网络信息体系的整体性效应。因此，网络空间作战交互效果建模不是仅考虑从行为到效果的问题，更要考虑从效果到效果的级联传播建模问题。

6.1　多尺度网络化交互效应建模思路

从产生模式来看，网络空间作战涉及的网络化交互效应主要分为 3 类典型情况，如图 6.1 所示。

① 单元级效应（meta interaction），是指网络空间作战行动直接造成的效果，主要对单个节点或局部实体造成的小范围影响，属于小尺度交互范畴。

② 系统级效应（network interaction），是指网络空间作战行动效果在同质网络内部多个节点扩展造成的中等规模衍生作用，属于中尺度交互范畴。

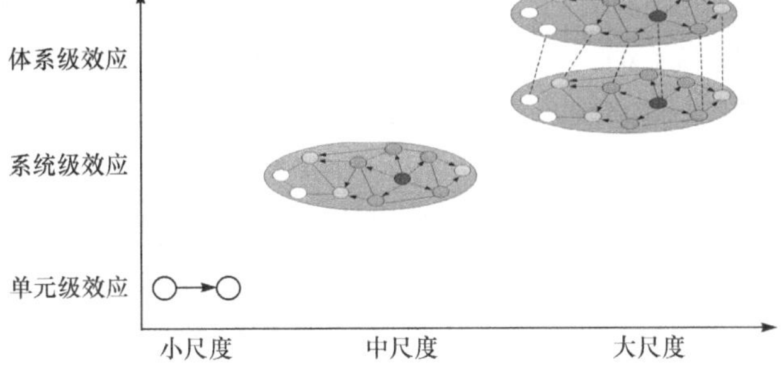

图 6.1　不同尺度下的网络化交互效应模式

③ 体系级效应（multi-networks interaction），是指网络空间作战行动间接引

发的在多个网络间的跨网跨域影响效果，属于大尺度整体性交互范畴。

6.2 单元级效应建模

下面从网络空间安全防御的角度，探讨最基础的网络空间作战交互单元级效应建模问题。

6.2.1 基于作战资源的单元级效应

所谓网络空间作战资源，是指实施网络空间作战所需的可利用的部队、武器，以及各类信息等广义资源。基于这些网络空间作战资源的拥有、获得、利用，以及失去等权限，可以具体构建网络空间作战单元级交互效应模型。表 6.1 列出了部分典型网络空间作战行动可能直接造成的单元级效应模型。

表 6.1 部分典型网络空间作战单元级效应模型列表

模型分类	元效应模型	模型说明
资源主动占用与释放	占用信息处理能力	占用节点的信息处理能力
	释放信息处理能力	释放节点的信息处理能力
	占用带宽	占用节点或者链路的带宽
	释放带宽	释放节点或者链路的带宽
	占用存储空间	占用节点的存储空间
	释放存储空间	释放节点的存储空间
资源控制权变更	获取权限	指定方获取特定节点的特定权限
	下达控制指令	为指定节点下达控制指令
	生成“傀儡机”	将指定节点变成“傀儡机”
	失去“傀儡机”	“傀儡机”节点不再受控
资源获得与丧失	节点信息获取	为指定方揭示指定节点的可侦察信息
	链路信息获取	为指定方揭示指定链路的可侦察信息
	发现网络战武器感染	为指定方提示指定节点上的网络战武器感染情况
	入侵告警	为指定方提示指定节点上的入侵行为
	发现节点	在发现跳板或者网络侦察时，为指定方发现指定节点
	发现链路	在发现跳板或者网络侦察时，为指定方发现指定链路
	发现漏洞	在网络侦察时，为指定方揭示指定节点上存在的漏洞
	发现接入点	为指定方揭示指定节点上存在的接入点
	情报获取	让指定方获取存储于指定节点中的战场情报

续表

模型分类	元效应模型	模型说明
系统安全	修补漏洞	为指定方所有节点修补并免疫一个指定类型的漏洞
	网络战武器捕获	指定方捕获本方节点上感染的他方网络战武器的副本
	安全等级降低	降低指定节点的安全等级
	初始化	根据目标实体的原型，将目标实体状态恢复初始状态

6.2.2　网络空间对抗行为与单元级效应模型的关联

为描述具有现实意义的网络空间作战模型，需要将单元级效应与网络空间对抗行为模型关联。在单元级效应模型的基础上，结合网络空间对抗行为过程，将两者匹配、组合，其中单元级效应模型发挥具有特定交互功能的作战效果描述作用。网络空间行为模型在对抗过程中按需要调用单元级效应模型，并进行作战流程管理。针对典型的网络预置、网络攻击、网络获情，以及网络防御等网络对抗行为模型，匹配可能涉及的单元级效应模型，部分关联情况如表 6.2 所示。

表 6.2　网络对抗行为与单元级效应的部分关联示意列表

模型分类	行为模型	可能涉及的元效应
网络预置类	网络接入	创建链接，删除链接
	部署实体	创建节点，创建链接，创建网络战武器副本
	删除实体	删除节点，删除链接，删除网络战武器副本
	配置网络战武器	配属网络战武器
	配置接入点	创建接入点原型，部署接入点，删除接入点
	创建实体原型	创建节点原型，创建链路原型，创建网络战武器原型，创建漏洞原型，创建接入点原型
	创建漏洞类型	创建漏洞原型
	创建接入点类型	创建接入点原型
网络攻击类	侵入系统	获取权限
	阻塞系统	占用带宽
	瘫痪系统	占用信息处理能力，占用带宽，占用存储空间
	蠕虫攻击	创建网络战武器副本，占用带宽，占用信息处理能力，占用存储空间
网络获情类	漏洞探知	发现漏洞
	实体情况探知	节点信息获取，链路信息获取，发现网络战武器感染，发现节点，发现链路，发现漏洞，发现接入点
	窃取情报	情报获取

续表

模型分类	行为模型	可能涉及的元效应
网络防御类	发现入侵	发现网络战武器感染，入侵告警
	漏洞修复	修补漏洞
	查杀网络战武器	发现网络战武器感染，删除网络战武器副本
	系统修复	初始化，释放信息处理能力，释放带宽，释放存储空间，删除链接，删除网络战武器副本，修补漏洞

6.2.3　单元级效应建模示例

面向联合作战指挥对抗演练需求，以网络防御中的入侵检测和网络修复两个典型单元级效应建模为例，简要阐述交互效应与网络防御行为模型之间的相互关联和调用关系。

1. 入侵检测模型

(1) 模型功能

由具备入侵检测能力的网络空间作战实体发起，网络空间作战实体可以是网络防御部(分)队，也可以是网络安防系统，对所属网络节点实施，可以用来发现对抗方实施的网络攻击迹象。

(2) 模型输出

模型输出参数及效果主要包括被检测节点的被接入点可见方信息和被攻击状态可见方信息。

(3) 模型逻辑

入侵检测模型的核心逻辑，可用伪代码描述如下。

```
Begin CHECKIN.NET
While(CHECKIN.TARGET.LIST>0)
{
    Int M=CHECKIN.TARGET.LIST.UNITNAME
     If M.JOINT.VISIBLE.SIDE≠M.SIDE and RANDOM(正态分布)
≤CHECKIN.UNIT.CHECKIN.PRB   //如果被检测节点被接入，并且产生的
                             //随机数不大于检测成功概率
     Then M.JOINT.VISIBLE.SIDE = M.SIDE   //发现被接入点
      If M.JOINT.ATTACKEDSTATE=1 and RANDOM(正态分布)
≤ CHECKIN.UNIT.CHECKIN.PRB   //如果被检测节点被攻击，并且产生的
                              //随机数不大于网络战部队的检测概率
```

```
    Then  M.ATTACKED.VISIBLE.SIDE = M.SIDE  //发现节点被攻击
  CHECKIN.TARGET.LIST--
   }
     End CHECKIN.NET
```

2. 网络修复

(1) 模型功能

由具备网络修复能力的网络空间作战部队发起，对已发现被网络攻击的节点实施，如果成功可提高网络节点的防御等级并调整可见方状态，能部分消除其他攻击造成的部分影响效果，如消除通信时延。

(2) 模型输出

网络修复主要可以影响通信时延、被修复节点防御等级、被修复节点的被接入状态和被攻击状态等信息。

(3) 模型逻辑

网络修复模型的核心逻辑，可用伪代码描述如下。

```
Begin REPAIR.NET
While(REPAIR.TARGET.LIST>0)
{
    Int M=REPAIR.TARGET.LIST.UNITNAME
     If M.JOINT.VISIBLESTATE = 1 and RANDOM(正态分布)≤ RE-
PAIR.UNIT.REPAIR.PRB //如果被检测节点被接入,并且产生的随机数不
                     //大于网络空间作战部队的修复成功概率
  Then
  {
      M.JOINT.VISIBLESTATE = 0  //清除接入状态
       IF M.ENCPGRD<5 THEN M.ENCPGRD++  //提升防御等级
  }
 REPAIR.TARGET.LIST--
 }
 End REPAIR.NET
```

6.3　系统级效应建模

6.3.1　系统级效应传播机理

系统级效应传播是指单一网络内局部的失效致使网络内其他组件直接或间接

地受到影响的过程。网络信息体系通常可以抽象为拓扑网络的形式加以研究，其各系统及组件用节点表示，系统及组件之间的关系用边表示，节点和边分别赋以权重，表示在网络中传输负载。当网络中的某些节点和/或边由于内在或外在因素导致失效时，失效部分的功能或者被网络的其他部分取代，或者由于其功能的无法替代性而直接造成与之相关节点功能的部分或完全丧失，而这两种情况都将导致网络中的负载重新分配。由于网络中节点和边的负载有限，随着失效部分的增加、流或服务的重新分配将进一步导致过载节点的失效，当整个网络中失效节点的数量达到一定的程度将导致系统功能的降级，甚至崩溃。其网络化效应产生示意如图 6.2 所示。

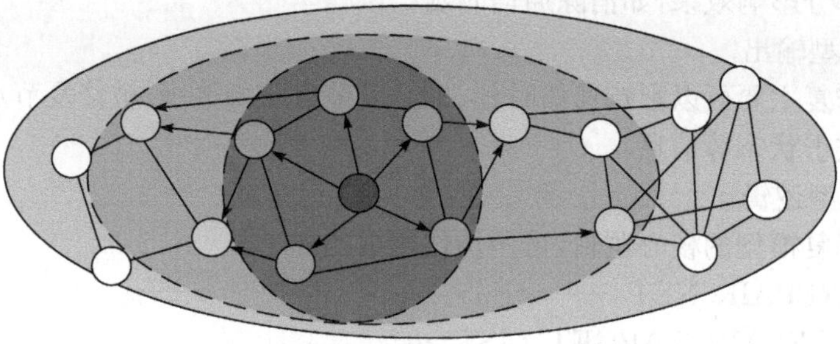

图 6.2　系统级网络化效应产生示意图

系统级网络化效应传播机理可以归结为以下几点。

① 网络结构和功能的不均匀性。网络节点的功能各异、连接结构复杂、节点和边的负载，以及任务区分不尽相同，使得网络具有明显的不均匀性特征。节点度大的功能不一定复杂，功能复杂的不一定承担重要任务，负载大的节点的度并不一定高。因此，功能、结构、负载和任务等参数之间形成一个复杂的非线性关系。当网络面临蓄意攻击时，局部功能的降级或丧失、连接结构的变化、负载的重新分配、任务的重新定位，都将对整个网络产生难以预料的影响。

② 网络负载流量的重新分配。网络节点和链路都会承担一定的负载流量，当网络中的某些节点或链路由于拥塞或遭到破坏而不能正常实现其功能时，该节点或链路承载的负载流量将被重新分配到其他节点或链路中，即网络负载的重新分配。这种网络负载的重新分配特性在使网络具有一定抗毁性的同时，也使网络的级联失效成为可能。

③ 过载负荷节点或链路的失效。由于功能需要和成本约束，网络中的每个节点和链路都有一定的载荷限制，达到或超过时，都会使该节点或链路的功能下降，甚至失效。如果一个节点由于负载流量过大或受到蓄意攻击而失效时，在其上运行的负载会被重新分配到其他节点。新增的额外负载流量可能超过该节点的载荷限制而失效，从而促使新一轮的流量重分配。当这种流量重分配的过程一直持续

时，就会产生整个网络的级联失效。当网络中的节点和/或链路无论是从功能上、结构上，还是承担的负载和任务上处于核心地位，一旦受到毁伤，对整个网络的性能产生的影响就会更大，产生的级联效应也会更加明显。

6.3.2　系统级效应建模实例：战场计算机网络内部系统级效应建模

为了说明系统级效应的建模方法，下面以战场计算机网络内部的系统级效应传播建模为例，简要说明系统级效应产生的过程与描述方法。主要借鉴复杂网络的度、介数等概念，并考虑战场计算机网络的指挥级别、层次和动态对抗等特性。其核心思想是基于自治域级网络拓扑结构模型和复杂网络理论。这里主要给出战场计算机网络的级联失效传播模型，主要包括节点初始负载模型、节点带宽模型和过载失效模型。

1. 节点初始负载模型

由于最短路径路由策略被广泛应用于各类通信网络，如互联网的域内路由协议 OSPF(open shortest path first)，现有级联失效模型的初始负载大多基于最短路径经过该点的次数，即节点的介数确定。其基本假设是，对于一个具有 N 个节点和 M 条边的网络，假设每个时间步长内任意两个节点都交换一个数据包，数据包总是依据最短路径进行传输，那么每个节点的负荷就等于最短路径经过该节点的次数，即节点的介数。这种假设在实际计算机网络中是合理的。

在战场计算机网络中，不同节点所处的指挥层次、类型和重要性不同。节点的负载不仅仅与最短路径相关，单独用节点的介数难以完全描述战场中计算机网络节点的负载状况。结合我军自治域系统级的战场计算机网络拓扑模型，战场计算机网络的普通计算机节点在其网络拓扑中属于叶子节点，其初始负载与介数无关，这里给出一种带调节参数节点初始负载模型。其负载设定为

$$L_i=\alpha d_i R^{-\beta} \tag{6-1}$$

战场计算机网络的路由节点需要连接普通计算机节点和其他路由节点，因此可以将战场计算机网络的路由节点初始负载定义为

$$L_i=b_i+\alpha d_i R^{-\beta} \tag{6-2}$$

其中，L_i 表示节点 i 的初始负载；b_i 表示节点 i 的介数，主要体现最短路径传输原则对节点负载的影响；d_i 表示节点 i 的度；R 表示节点 i 所处的指挥层次，d_i 越大，R 越高(数值越小)，节点的重要性也就越强，对初始负载的影响也就越大；α 和 β 表示初始负载调节系数，$\alpha\in[0,+\infty]$，$\beta\in[0,+\infty]$。

显然，α 越大，节点的层次和度对节点初始负载的影响就越大，介数的重要性相对降低；β 越小，节点层次的重要性越大，即处于较高指挥层次的节点对初始负载的影响越大。

2. 节点带宽模型

在实际战场网络中，由于建设成本和可利用资源的限制，节点的带宽不可能无限大。在现有研究成果中，节点的带宽大多设定为与初始负载呈正比例关系，设节点 i 的带宽为 C_i，即

$$C_i=(1+\mu)L_i \tag{6-3}$$

其中，μ 表示调节系数，$\mu\in[0,+\infty]$；L_i 表示节点 i 的初始负载。

由于初始负载在一定程度上体现了节点的重要性，设定节点带宽与节点初始负载的正比例关系具有一定的合理性。通过电力网、交通运输网及计算机网络的实证研究发现，有较小带宽的网络节点反而有较大比例的未使用流量，即节点的负载和带宽并非完全呈线性关系，节点带宽的线性模型与实际网络并不完全相符。参考 Kim 的理论研究和节点带宽的线性模型①，这里给出一个节点带宽的非线性模型，即

$$C_i=L_i+\mu L_i^{\gamma} \tag{6-4}$$

其中，$\mu\in[0,+\infty]$，$\gamma\in[0,+\infty]$表示带宽调节参数；L_i 表示节点 i 的初始负载。

非线性节点带宽模型不但更加符合网络的实际运行，而且具有很好的灵活性。当 $\gamma=1$ 时，非线性节点带宽模型褪变为线性带宽模型。

3. 过载失效模型

战场计算机网络节点的类型主要分为两种，即普通的计算机节点和核心的路由节点。当普通节点失效时，将其从网络中移除，负载流量不进行重新分配。当战场计算机网络的核心路由节点失效后，其正常工作的负载流量由其他节点承担。设定失效路由节点的负载由其邻居路由节点来分担，相邻路由节点增加的流量与其原有负载成正比，即

$$I_j=L_iL_j\Big/\sum_{k\in\Omega_i}L_j \tag{6-5}$$

其中，I_j 表示失效节点 i 邻居路由节点 j 新增加的负载；Ω_i 表示失效节点 i 的邻居路由节点集合。

当邻居路由节点按比例增加负载流量后，有可能因过载而失效。

在实际计算机网络中，节点并不是只有正常工作和失效两种状态，有些节点在负载过大时可能暂时处于失效状态，在负载减小时又重新恢复正常。因此，描述战场计算机网络的级联失效过程，直接将过载的节点移出网络并不合理。为了合理

---

① 参见 Kim D H，Motter A E. Resource allocation pattern in infrastructure networks. Journal of Physics A Mathematical and Theoretical，2008，41(22)：4539.

描述战场计算机网络的级联失效过程，将战场中的每一个计算机节点赋予一个失效概率 P_i，即

$$P_i=\begin{cases}0, & C_i>L_i\\ \dfrac{L_i-C_i}{\rho C_i-C_i}, & C_i\leqslant L_i\leqslant \rho C_i\\ 1, & \rho C_i\leqslant L_i\end{cases} \tag{6-6}$$

其中，$\rho\geqslant 1$，表示过载承受系数。

正常情况下，节点负载 L_i 小于节点的带宽 C_i，节点的失效概率为 0；在过载但不大时，即节点负载 L_i 虽然大于节点的带宽 C_i 但小于 ρC_i，节点按照概率 P_i 失效；节点负载超过 ρC_i，则直接将该节点从网络中移除。当 $\rho=1$ 时，节点过载即失效，ρ 越大，则节点的过载承受能力越大。

4. 网络级联失效平均规模

为了衡量战场计算机网络战对网络级联的影响程度，同时便于深入分析节点初始负载、带宽及过载失效概率等参数对网络级联失效的整体影响，可以利用网络级联失效平均规模来衡量级联失效的效果。假设网络节点总数为 N，节点 i 失效时引起其他节点失效的总数为 k_i，则网络级联失效平均规模(cascading failure scale，CFS)可以描述为

$$\text{CFS}=\sum_{i\in\Omega}\frac{k_i}{N(N-1)} \tag{6-7}$$

其中，Ω 表示网络中所有节点的集合。

网络级联失效平均规模在一定程度上衡量了网络的抗毁性，CFS 越大，网络抗毁性越差；CFS 越小，网络抗毁性越强。当 CFS=1 时，网络处于极度脆弱，即每一个节点的异常都能使网络完全失效；当 CFS=0 时，网络中任何一个节点的毁瘫都不会引起网络中其他节点的失效，网络具有很强的防御级联失效的效果，也就具有较强的抗毁性。

5. 系统级效应传播模型的验证分析

为分析系统级效应传播情况并验证模型的有效性和合理性，下面基于 MATLAB 分析网络级联失效平均规模与各个参数之间的关系。

(1) 初始负载对网络级联失效的影响

网络初始负载指网络在正常工作时的负载流量。根据式(6-2)，网络中节点的初始负载主要取决于网络节点的介数、度及节点所处的指挥层次；介数主要体现计算机网络信息传输的最短路径特性；度主要体现网络节点本身的中心性特征；节点所处的层次主要体现其战场计算机网络节点的指挥级别的重要性。在网络拓扑结

构研究的基础上，设定 $\mu=0.1$，$\gamma=0.25$，$\rho=1.1$，分析节点初始负载调整参数 α 和 β 的不同取值对网络级联失效平均规模的影响，如图 6.3 所示。

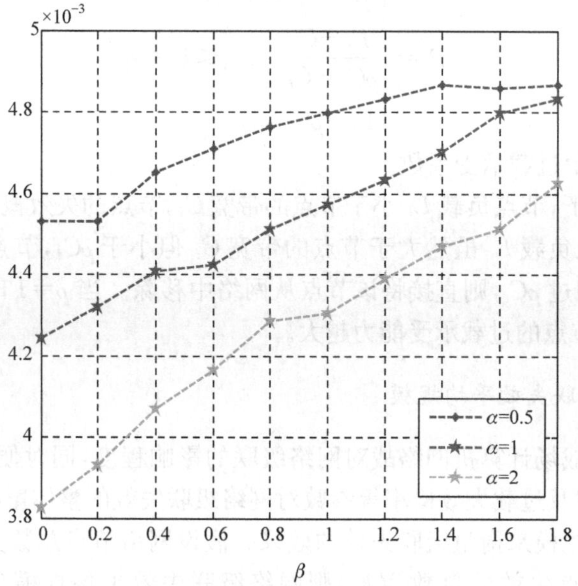

图 6.3　初始负载对级联失效的影响

可以看出，CFS 与 α 具有明显的反比关系，在其他参数不变的情况下，α 越大，网络级联失效平均规模越小；同时，CFS 与 β 具有一定的正比关系，随着 β 值的增加而逐步增加。而从式(6-1)和式(6-2)的分析，网络初始负载与 α 具有正比关系，与 β 具有反比关系。因此，可以得出结论，网络级联失效平均规模与网络初始负载大小具有一定的反比关系，网络初始负载越大，网络级联失效平均规模越小，网络的抗毁性也就越好。当 α 数值变大时，CFS 随 β 增加的幅度逐渐变大，即随着节点初始负载的增加，网络的层次性对网络级联失效的影响变大。这是因为网络级联失效主要是由少数处于高层次且度和介数较大的节点失效引起的。当初始负载增加时，高层次节点失效时重新分配给其邻居节点的负载增加，也会造成更大规模的网络级联失效。

(2) 节点带宽对级联失效的影响

节点带宽是指网络节点处理和转发信息的最大能力。在正常情况下，网络节点的负载流量与其带宽之间具有一定的差值，当负载大于其带宽时，节点才可能失效。基于网络拓扑结构，设定 $\alpha=0.5$，$\beta=0.5$，$\rho=1$，分析节点带宽调整参数 μ 和 γ 的不同取值对网络级联失效的影响，如图 6.4 所示。

可以看出，网络级联失效平均规模与 μ 和 γ 具有明显的反比关系，即级联失效平均规模随着 μ 和 γ 值的增加而逐渐减低。根据式(6-4)分析，节点的带宽大小与

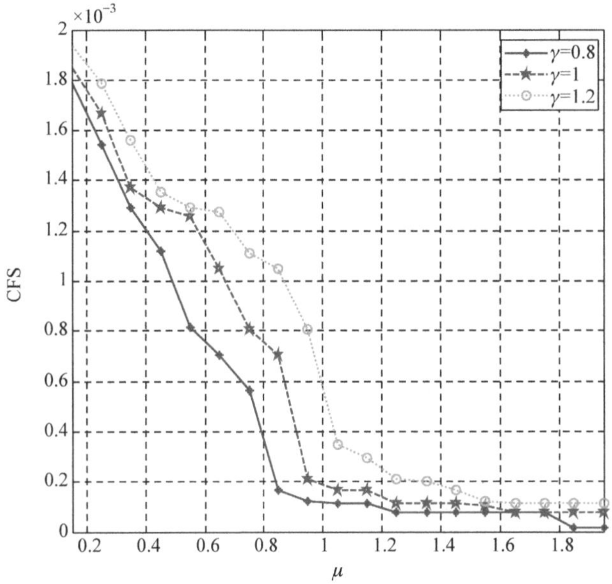

图 6.4　节点带宽对网络级联失效的影响

其调节参数 μ 和 γ 成正比关系，随着 μ 和 γ 的增加而增加。结合图 6.4，可以得出结论，网络级联失效平均规模与节点带宽成反比，带宽越大，网络级联失效平均规模越小，网络抗毁性越强。这也符合战场客观事实，即通过加大投入，增加网络节点的带宽，可以有效防御网络的级联失效，提高网络的抗毁性。同时，从实验的结果来看，虽然提高节点带宽可以对网络级联失效起到明显的防御效果，但是当节点带宽提高到一定程度时，继续增加节点带宽对网络级联失效效果的提高明显减弱。因此，为了防御网络级联失效，对节点带宽的资源过度投入并没必要。

(3) 过载失效概率对级联失效的影响

在战场计算机网络中，并不是每一个节点过载时就一定会失效，过载失效调节参数 ρ 可以衡量节点过载时的承受能力。它决定了网络节点过载时的失效概率，也会影响网络级联失效反应。设定 $\alpha=0.5$，$\beta=0.5$，$\gamma=0.35$，分析 ρ 的不同取值对网络级联失效的影响，如图 6.5 所示。

可以看出，过载失效参数与网络级联失效平均规模具有明显的负相关关系，过载失效参数 ρ 越大，网络级联失效平均规模越小，网络抗毁性也就越好。究其原因，当 ρ 越大时，节点过载时失效的概率越小，节点过载承受能力也就越强，当某个节点失效时引起的网络级联失效反应也就越弱，网络也就具有更好的抗毁性。同时，从实验结果还可以看出，增加节点带宽调节参数 μ 的值，即增加网络带宽，对防御网络级联失效，提高网络抗毁性具有很好的效果；节点带宽调节参数不同时，过载失效参数 ρ 对网络级联失效的影响趋势不变。

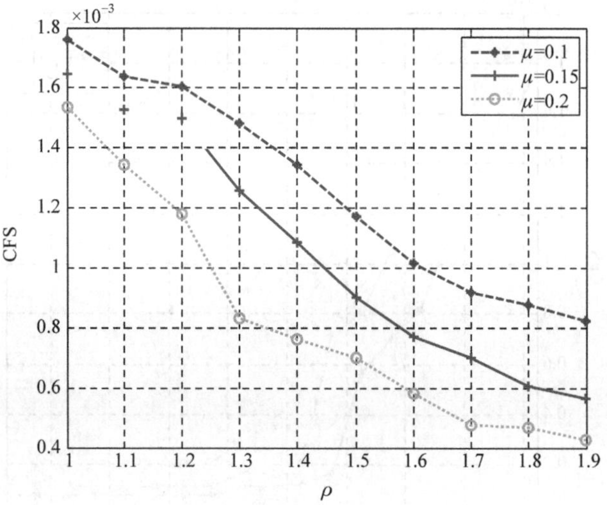

图 6.5 过载失效概率对网络级联失效的影响

6.4 体系级效应建模

网络空间作战交互所产生的效果不是传统的点毁伤或面毁伤效果能够描述的,会通过网络连接和行为依赖在不同的网络间,甚至是不同的作战域间进行传播。很多情况下会在物理域、信息域、认知域之间进行作用和转换,通常强调的所谓联合作战效果就是陆、海、空、天、网等多个领域铰链产生的体系综合作战效能。因此,单从同质网络或一个领域内部来分析交互效应的相互作用是远远不够的,必须对网络空间作战在不同网络、不同作战领域之间产生的体系级效应进行建模研究。

6.4.1 体系级效应传播机理

不同于单层同质网络内部的级联失效机理,跨网级联失效产生机理为部分节点供给产出变动下的资源流重新分配。结构决定功能,因此研究跨网、跨域级联失效产生和传播的机理,就必须深入研究相互依赖的超网拓扑结构特性。

1. 相互依赖的超网体系基于图形的表达方式

如图 6.6 所示,左图为相互依赖的两个网络基于图形的表达方式,黑色虚线表示 A 网络网内关联关系,黑色实线表示 B 网络网内关联关系,灰色实线表示网间依赖关系,将拥有依赖关系的节点合并,就可以得到图形表达的另一种方式

(图 6.6(b))。

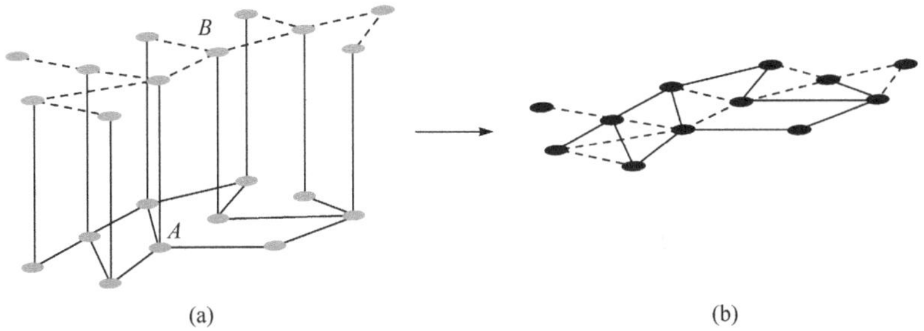

图 6.6　相互依赖的超网体系基于图形的表达方式

2. 超网体系下的连通片

传统单一网络两个节点是连通的,当且仅当节点间存在连通路径,如图 6.7(a)所示。在超网体系下,两节点间存在不止一种类型的链接,如图 6.7(b)所示。借鉴单一网络连通定义,可以给出超网体系下的连通定义,即超网体系下的两个节点是连通的当且仅当节点间至少存在一条每种属性的连通路径,也称为连通片。

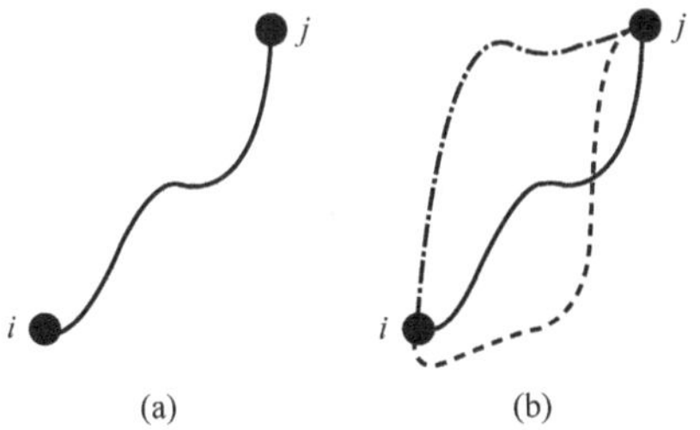

图 6.7　超网体系下的连通节点

3. 网间依赖级联失效机理

节点存在于超网体系下的连通片中,有两种形式,如图 6.8 所示。图 6.8(a)为节点拥有两条以上的各属性链接。图 6.8(b)为节点仅有一条一种属性链接。同时拥有两条以上的另一种属性链接的节点为核心节点。正是核心节点的失效,产生由于网间依赖关系引起的级联失效。图中无穷符号表示连通片中的其他结构。

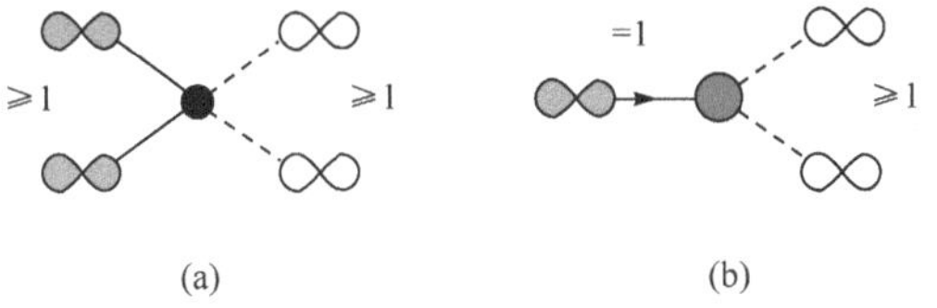

图 6.8　节点存在于连通片中的两种形式

如图 6.9 所示,节点 1 的失效使其与节点 2 之间的唯一路径被切断,导致核心节点 2 失效,进而导致核心节点 3、4、5 瞬间失效。此时发生不连续一阶相变,即体系坍塌现象。

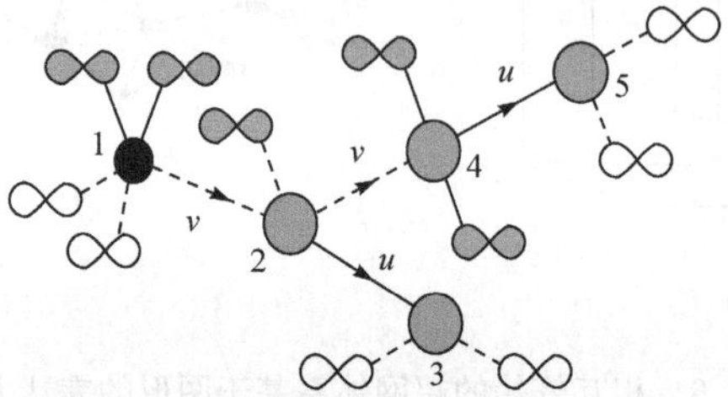

图 6.9　节点存在于连通片中的两种形式

4. 跨域效应级联传播机理

从毁伤传播的流程来看(图 6.10),物理毁伤或网络空间造成的毁伤引发网络信息体系内节点的失效或失能。这一毁伤效果沿网内关联链和网间依赖链同时传播并迭代作用,有可能进一步影响与之有依赖关系的其他作战域作战效果,最终可能导致该联合作战效能的变化。

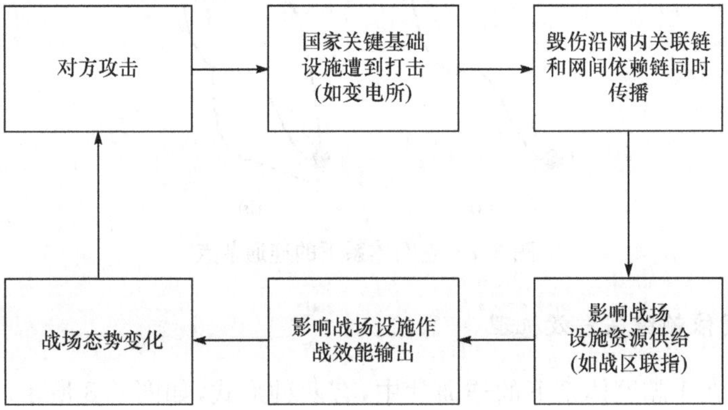

图 6.10　毁伤传播流程图

以由电力、交通和通信系统组成的国家关键基础设施和战场通信网络为例,两者之间的关联关系如图 6.11 所示,实线表示物理拓扑和逻辑拓扑,虚线表示映射关系。依赖性体现在两个方面。

① 国家关键基础设施中部分节点为战场设施提供资源支撑,如大型发电站为战场通信系统提供的电力支撑。

② 国家关键基础设施中部分节点本身即为战场设施节点,如依托国防光缆的通信枢纽。

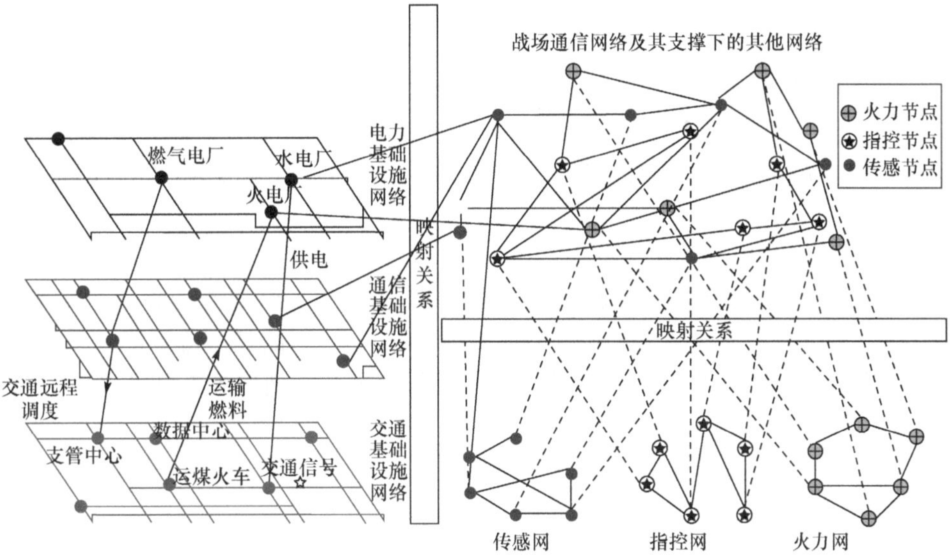

图 6.11　跨域毁伤关联关系示意图

综上,国家关键基础设施域与战场设施域之间的依赖关系及资源分配自适应行为分别是产生跨域毁伤的结构基础和行为基础,因此跨域毁伤建模应重点解决以下几个科学问题。

① 网间依赖描述。

② 战争状态下,资源流动态分配自适应行为建模。

③ 基于跨域资源供给架构的跨域毁伤建模。

6.4.2　体系级效应建模的一种方法

以国家关键基础设施网络为例,基于流平衡理论的各网络间依赖关系描述是解决网络间效应传播问题的一种有效尝试。网间依赖包含点对点依赖和点对边依赖,首先对网络拓扑结构中网内点、边、路径和网间依赖关系进行形式化描述,然后构建多层网络邻接矩阵及网间依赖矩阵。

1. 点

设定 I 为基础设施的集合,第 i 个基础设施构成的网络为 $I_i=(V^i,A^i)$,其中 V^i 表示该网络节点的集合,A^i 表示该网络中边的集合。对于 V^i 中的每一个节点 k,q_k^i 表示该点的供应量或需求量,当 $q_k^i>0$ 时,该点为供应点,记为 V^{i+};当 $q_k^i=0$ 或 $q_k^i<0$ 时,分别表示中间节点和需求点。当节点为中间传送点时,其传送容量限制为 ω_k^i。

2. 边

在基础设施 i 中，x_a^i、c_a^i 和 b_a^i 分别表示边 a 的流量、运送成本和容量；$\varphi(k)$表示与节点 k 相连的边的集合；$\varphi^+(k)$和 $\varphi^-(k)$分别表示以节点 k 为入点的边的集合和以节点k 为出点的边的集合。当 $q_k^i<0$ 时，$\varphi^-(k)=0$；当 $q_k^i>0$ 时，$\varphi^+(k)=0$。

3. 路径

令 H_{od}^i表示基础设施i 网内的所有收发对集合，$h\in H_{od}^i$，某个收发点对 h 下的路径集合用路径 P_h 表示，收发点间的需求量用 u_h^i 表示，路径的流量用 $f_{p,h}^i$表示。令 $\theta_{a,p}^{i,h}$表示边和路径的包含关系，当 $\theta_{a,p}^{i,h}=1$ 时，表示在基础设施 i 中，收发对 h 下边a 包含于路径 p 中，当 $\theta_{a,p}^{i,h}=0$ 时，则相反。

构建网络 I_α、I_β 和 I_γ 的邻接矩阵分别为 A_α、A_β 和 A_γ，则多层网络邻接矩阵可以表示为

$$A_I=\begin{bmatrix}A_\alpha & 0 & 0\\ 0 & A_\beta & 0\\ 0 & 0 & A_\gamma\end{bmatrix}$$

4. 依赖描述

当某一基础设施需要其他基础设施提供服务来维持其正常工作时，我们称这种依赖为输入依赖。

令 $\Theta(i:l)\subseteq V^{i-}$表示在基础设施 i 中，为另一基础设施 l 提供服务的节点的集合，$\Omega(i:l)\subseteq V^{i+}$为基础设施 l 中，接受基础设施 i 所提供服务的输入节点的集合。

定义变量 $y_{l,g}^{i,k}$表示基础设施i 中的节点，k 为基础设施 l 中的节点，g 为提供服务的状态，$y_{l,g}^{i,k}=1$ 表示提供服务，$y_{l,g}^{i,k}=0$ 表示中断服务。

构建 I_α、I_β 和 I_γ 的网间依赖矩阵分别为$A_{\vec{\alpha}}$、$A_{\vec{\beta}}$ 和 $A_{\vec{\gamma}}$，则多层网络网间依赖矩阵可以表示为

$$A_{\vec{I}}=\begin{bmatrix}0 & A_{\vec{\alpha}}A_{\vec{\beta}} & A_{\vec{\alpha}}A_{\vec{\gamma}}\\ A_{\vec{\beta}}A_{\vec{\alpha}} & 0 & A_{\vec{\beta}}A_{\vec{\gamma}}\\ A_{\vec{\gamma}}A_{\vec{\alpha}} & A_{\vec{\gamma}}A_{\vec{\beta}} & 0\end{bmatrix}$$

5. 跨域资源流动态分配行为建模

采用流平衡理论对资源流动态分配自适应行为进行建模，在构建网络流平衡约束、多货物流路径-边-流量约束，以及网间依赖等约束的基础上构建目标函数。若仅从多重基础设施运作考虑，其目标为满足社会需求的情况下，总的运作成本最小。然而，引入对战场设施的供给后，其目标变为两个：一个是以运作成本最小的

规则满足社会普通需求;另一个是以不计成本,优先供给的规则满足军事需求。这两种服务流的重要性不一样,因此分别设立如下惩罚项。

对于普通服务流的收点,定义惩罚因子为 $\lambda_k^i, k\in A^{i-}, i\in I$,对于军需服务流的收点,定义惩罚因子为 $\lambda_h^i, h\in H_{od}^i, i\in I$。

构建相应的目标函数为

$$\min\sum_{i\in I}\sum_{\alpha\in A^i} c_\alpha^i \chi_\alpha^i + \sum_{i\in I}\sum_{k\in V^{i-}} \lambda_k^i \eta_k^i + \sum_{i\in I}\sum_{h\in H_{od}^i} \lambda_h^i \eta_h^i$$

其中,第一项表示服务流的成本;第二项表示对未满足的普通服务流的惩罚;第三项表示对未满足的军需服务流的惩罚。

通过设置合理的未满足军需流惩罚因子,就可以对不计成本的战场设施资源供给行为进行建模。

6. 跨域效应建模

以联合作战中加入国家关键基础设施对抗因素为例,探讨跨域效应建模问题,重点涉及两个方面:一个方面是国家关键基础设施域对战场设施的跨域影响建模;另一个方面是不同资源供给下战场设施的作战效能输出映射关系。

如图 6.12 所示为国家关键基础设施及战场设施网络体系,由两部分组成。图中黑色部分为相互依赖的国家关键基础设施网络,灰色部分为战场设施网络及与战场设施网络有直接依赖关系的国家关键基础设施组成的跨域传播网络。

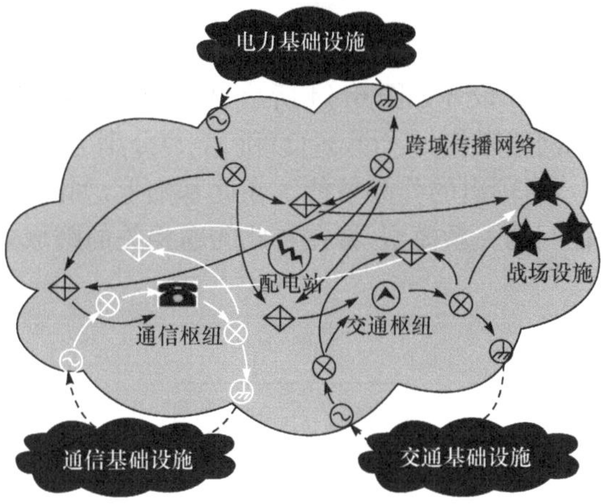

图 6.12　国家关键基础设施及战场设施网络体系

(1) 基于超网体系下战场设施跨域资源供给建模架构

以假想的战场基础设施建模为例,提出的架构结构如图 6.13 所示。其组成包含外部资源、基于Agent的各类基础设施及战场设施功能组件，资源输送渠道，各类经销商，缓冲模型、资源聚合模块和民用负载模块。在该网络中，指挥所正常运转需要电力资源和通信资源的支撑。外部资源模块用于模拟来自国家关键基础设施提供的资源供给(黑色部分)，基于Agent的各类基础设施及战场设施功能组件模拟各类组件相应功能，经销商模块模拟不同决策的执行行为，资源聚合模块模拟外部供给资源和自身缓冲模型资源的聚合分配。

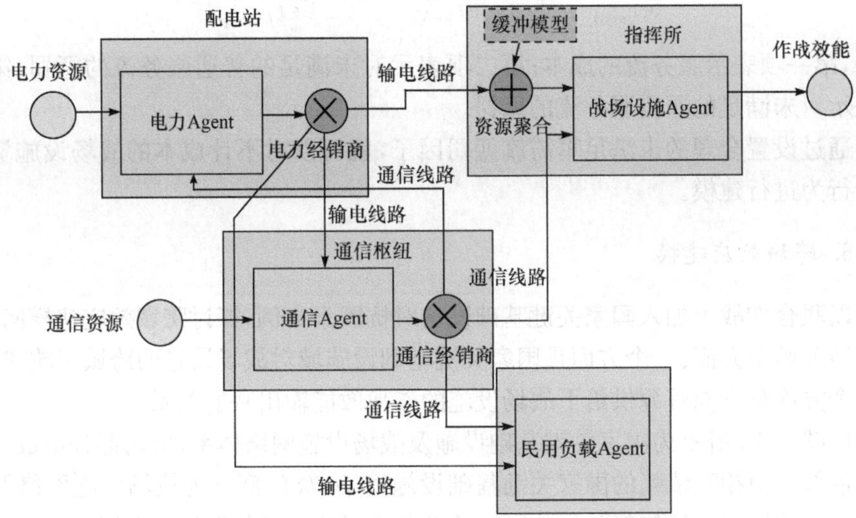

图 6.13　超网体系下战场设施跨域资源供给建模架构

(2) 不同资源供给下战场设施的作战效能输出映射关系建模

典型战场设施 Agent 设计如图 6.14 所示，其中 $m_1(t)$ 和 $m_2(t)$ 为战场设施受到的外部物理毁伤和网络毁伤，$x_1(t)$、$x_2(t)$ 和 $x_3(t)$ 分别为电力资源、交通资源和通信资源的供给，$y(t)$ 为输出的作战效能。在此基础上，如能进一步构建攻击源、资源供给与作战效能间的关系模型，将在与此问题相关的跨域效应传播研究中取得实质性进展。

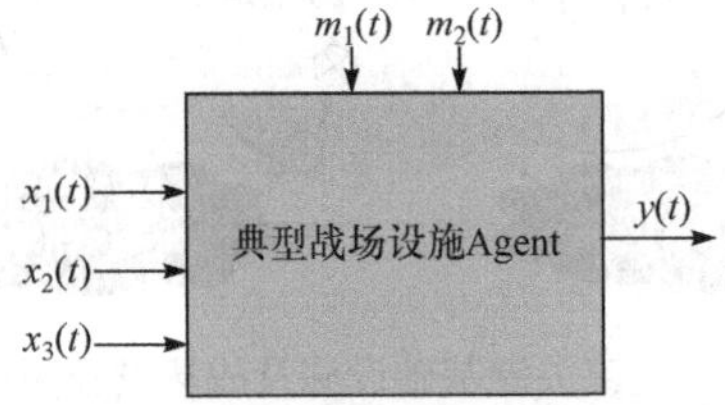

图 6.14　典型战场设施 Agent

6.5　建模实例：电力基础设施网络化效应建模仿真

下面以某电力基础设施网络为研究实例①，说明网络化效应建模思路的可行性。拟采用的主要建模思路基于信息物理系统(cyber physical system，CPS)的理论与方法。CPS 是集成计算、通信与控制于一体的智能系统，是一个具有控制属性的网络，但又有别于现有的控制系统。CPS 的意义在于将物理设备联网，使其具有计算、通信、控制、协调和自治等主要功能。2007 年，美国总统科技顾问委员会在题为《挑战下的领先——竞争世界中的信息技术研究》报告中，将 CPS 列为八大关键信息技术之首。

现代电力基础设施网络具备 CPS 的典型特征，可以借鉴 CPS 理念来指导建模仿真研究。本节从电力监控仿真模型、电力基础设施控制网到电力基础设施物理网仿真模型的科学性，以及电力网防御的角度，仿真分析电力基础设施面临的网络攻击所产生的网络化交互效应，实例性研究级联失效的产生机理。

6.5.1　电力基础设施的 CPS 结构分析

现代电力基础设施可以看成是由两大基本系统组成的(电网系统和电力信息系统)。电网系统，即动态的电力系统，也被称为电力的物流系统，它实现了电能的产生、输送、分配和使用的过程，在我国也常常被称为电力的一次系统。电力信息系统，也被称为电力的信息流系统，包括保障电网系统可靠、稳定、安全和经济运行的生产控制系统和确保电力企业及管理部门正常运转的管理信息系统。

根据电力信息系统的业务类型和安全级别可以将其区分为 4 个层次，如图 6.15 上部虚线框所示。其中，负责生产控制的系统分为实时控制区和非控制业务区。实时控制区是与电力生产直接相关的实时监控系统，包括实现电力调度自动化功能的 SCADA 系统、能量管理系统(energy managment system，EMS)、变电站自动化系统、电厂实时监控系统和配电自动化系统等，这是电力信息系统中最关键和最核心的部分，具有最高的安全级别，被称为安全区Ⅰ。非控制业务区是不直接控制，但是与电力生产有很大关系，并且会影响电力生产的系统，如水调自动化系统、电能量计费系统、发电侧电力市场交易系统、电力模拟市场、功角实时监测系统等，被称为安全区Ⅱ。用于生产和电力企业运行的管理信息系统也分为两个区。其中各类生产管理信息系统所在的生产管理区是安全区Ⅲ，而办公自动化和办公管理系统所在的管理信息区属于安全区Ⅳ。从安全区Ⅰ～Ⅳ，安全级别依次降低，并采取不同的网络安全机制。

① 参考了徐义博士学位论文《Cyber 作战中电力基础设施 CPS 级联失效建模与仿真》，国防大学，2013 年。

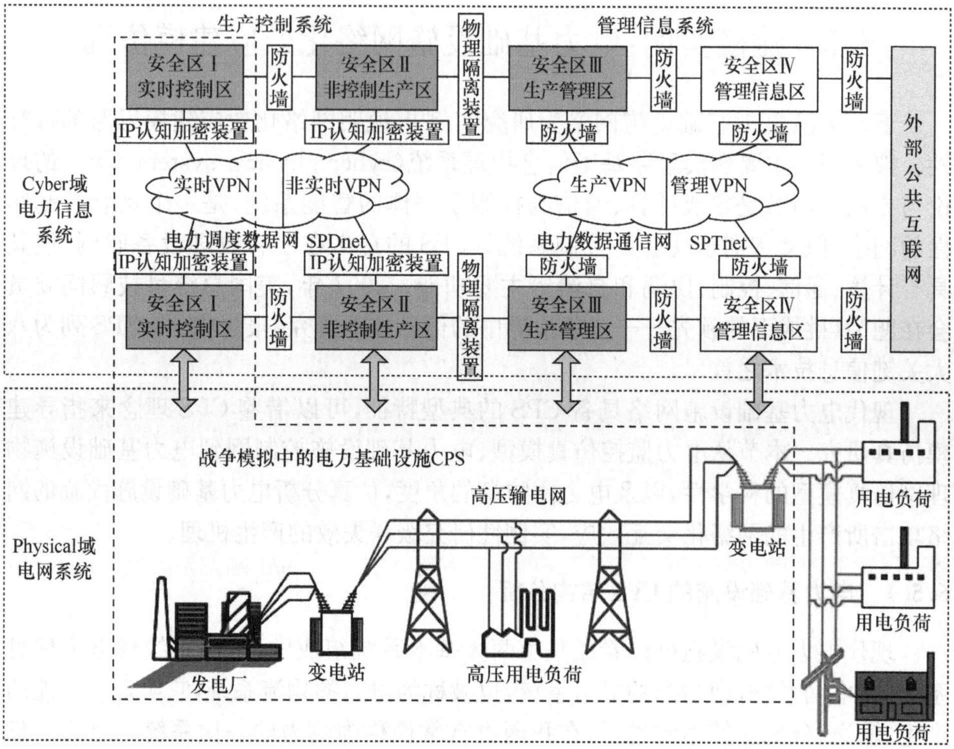

图 6.15　战争模拟中的电力基础设施 CPS

图 6.15 下部虚线框中所示的电网系统直接作用于人类社会，对人类社会的运转和发展有着至关重要的影响，因此在近年来的历次战争中对其的火力摧毁已屡见不鲜。在战争中，要实现对整个电网最大范围的摧毁，一般都会选择攻击电网的关键节点，即那些高压骨干输电系统。在电力信息系统中，安全区Ⅰ的电力调度自动化系统及其功能是与电网系统耦合最紧密的交叉点，其工作状况直接影响电网系统的运行。因此，目前所知针对电力基础设施的网络攻击都是以此为攻击目标。而电力信息系统中的安全区Ⅱ～Ⅳ，由于其影响是间接的，目前暂时未有专门攻击这些系统的公开报道和研究资料，但存在攻击从安全区Ⅳ开始并逐步渗透至安全区Ⅰ的理论可能性。

综上所述，在当前网络空间作战视角下关注的电力基础设施 CPS，是指国家或地区层面的现代电力基础设施人机物融合的复杂体系，主要包括高压以上的骨干电网系统和与其相关联的调度自动化系统，以及参与这其中的电力控制人员的影响。它们是相互紧密耦合并协调运行的人机物融合系统，其中的复杂关联极有可能引起电网的级联失效，从而导致电网大范围故障，如图 6.15 中长虚线框所示的部分。具体来说，高压以上的电网系统主要包括高压及以上输电网，与其相连的各类大型发电厂、高压以上变电站、高压配电站等。调度自动化系统包括安全区Ⅰ中负责高压以上电网的 SCADA 系统、EMS、变电站自动化系统、电厂实时监控系统等(简称电力监控系统)。最后,还包括相关的调度员和厂站端操作人员(统称控制员)对其运行产生的影响等。

6.5.2 电力基础设施控制网、物理网与级联失效模型

电力基础设施控制网、物理网中的级联失效,是指故障在其信息域监控系统和物理域电网系统之间相互作用并跨域传播的过程。其中,信息域监控系统为物理域电网系统的监控关联提供网络攻击影响电网运行的客观条件,是导致电力基础设施控制网、物理网级联失效的主要原因,也是其发生的必要条件。同时,从物理域至信息域的物理关联,以及在各种不确定因素的作用下,故障还有可能在物理域和信息域之间相互作用,激化并跨域传播,从而形成更为严重的级联失效。

本节首先给出电力基础设施控制网、物理网仿真模型的组成,以及级联失效的模型实现。然后,重点讨论监控系统对电网系统监控关联的本质特征,并对其进行建模,进而面向战争模拟中的推演模拟和虚拟模拟的需求,提出三种物理关联的模型。关联模型主要通过 Agent 交互的建模实现。最后,给出一种不确定因素模型,用于模拟战争条件下遭受攻击的不确定性和电网已经发生故障的情况下发生并发故障的情况。

1. 电力基础设施控制网、物理网的模型构成

如图 6.16 所示为电力基础设施控制网、物理网仿真模型的组成示意。电力监控网与物理网之间的网络到物理关联分别通过监控关联模型和物理关联模型实现。此外,为仿真研究级联失效,构建了 Agent 随机并发故障的模型。通过关联电力监控仿真模型和电网仿真模型,可以实现电力基础设施控制网、物理网运行的仿真。这也是仿真研究级联失效的基础。

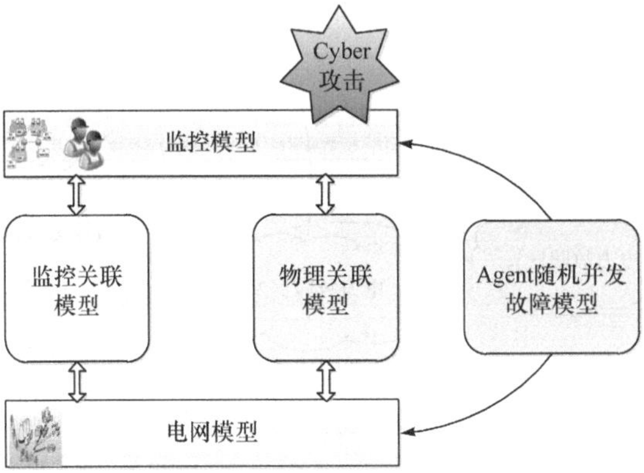

图 6.16　仿真模型组成示意图

实体之间的关联关系是其进行交互的基础，并通过交互表现出相互作用效果。因此，监控关联模型决定监控类 Agent 对电气类 Agent 的监控关联关系，而物理关联模型则决定电气类 Agent 对监控类 Agent、通信链路类 Agent，以及其他电气类 Agent 的供电关联关系。根据 Agent 之间的这些关系，主要基于 Agent 交互实现网络到物理的双向关联建模。

网络攻击作用于监控模型是研究电力基础设施控制网、物理网级联失效的起因。但是，网络攻击的细节并不是网络安全防御研究的重点，因此我们只对网络攻击进行简单描述和仿真。

电力基础设施控制网、物理网的级联失效是其复杂性的典型表现。级联失效的模型实现就是在电网模型和电力监控模型的基础上，对它们之间的关联影响和故障在二者之间传播过程的建模。

成功的网络攻击会导致监控系统部分组成要素或功能紊乱，通过监控系统与电网系统之间的监控关联，监控功能的紊乱会引起电网中与其相关联部分的非正常运行，甚至导致故障。电网系统本身的电气特性决定了故障继续传播的可能，这主要是因为一旦电网某处发生故障，不但可能影响相互连接的电气设备，而且可能因为电网运行已处于临界状态而使电网其他部分发生并发故障的可能性大大增加，从而引起级联失效。

如图 6.17 所示，如果电网中的故障部分又是与监控网络中某些部分有物理关联的，则电网的故障又会引起监控网络故障，导致故障跨域级联传播，扩大在电力基础设施控制网、物理网中的级联失效。

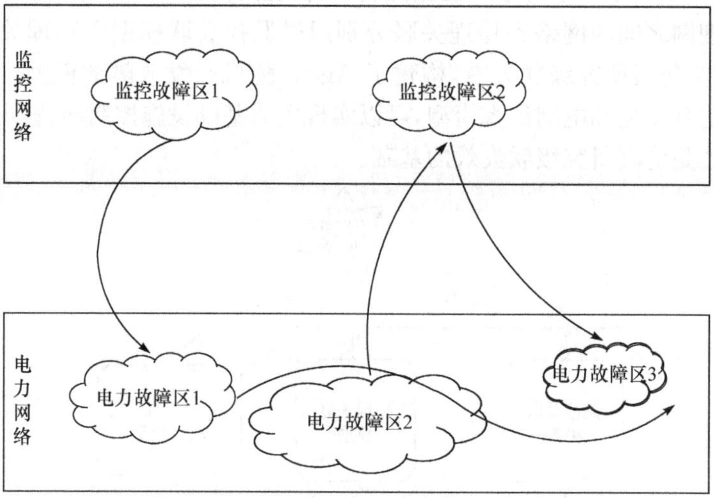

图 6.17　级联失效示意图

由此可知，监控网络引起的电力网络故障，是网络攻击导致级联失效的关键环节。即使电网故障不会继续引起监控网络中更多部分的故障，也有可能在电网中引起大范围的故障。因此，重点关注网电关联的本质特征及其建模，可以帮助我们分析可能导致级联失效进一步恶化的原因。

2. 监控关联建模

电力基础设施控制网、物理网中的网电关联，实际上就是由电力监控任务决定的监控系统和电网系统之间的关联影响关系，或称为电网系统对监控系统的依赖关系。因此，称电力基础设施控制网、物理网中的网电关联为监控关联。

从基础设施控制网、物理网监控的共性特征出发，进一步提出监控关联的三种形式，分别为本地监控关联、区域监控关联和全局监控关联。三种关联方式各具特点、相互配合、互为补充，共同实现基础设施监控系统对物理域系统的监控关联影响，研究其特征和机理对于更好地发挥基础设施的效益具有重要的意义。在深入分析三种监控关联各自特征的基础上，通过 Agent 的交互可以实现对三种监控关联的建模。

(1) 本地监控关联

本地监控关联是由位于直接监控层的自动化监控系统对物理域设备形成的紧密监控关联关系，是根据本地信息实施的就地闭环控制，所有控制数据仅在本地局域网上传输，呈现出完全自动化和分散式的特征。本地监控关联示意图如图 6.18 所示。其功能和目的可以概括为监视本地设备的某项指标，使其处于安全合理的范围；根据本地监测信息控制本地设备或系统的工作。

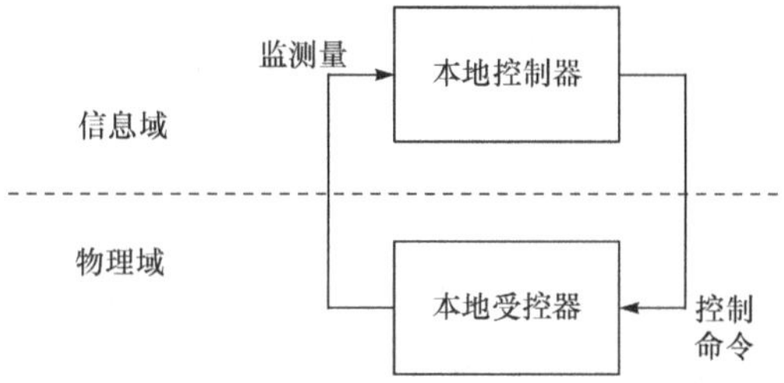

图 6.18　本地监控关联示意图

① 特征分析。

在电力基础设施控制网、物理网中，本地监控关联一般根据对本地电气设备某一运行状态的监测量，不考虑其他信息而自动做出响应，可以迅速对情况做出处置。然而，这也同时导致两种典型的消极特性。

第一，本地监控关联具有“盲目性”。例如，发电机的自动频率控制运行状态、自动励磁调节和变电站的各种无功/电压一级控制等，它们根据本地监测量立即调整自身运行状态，力图为电网运行做出积极的贡献。虽然这种即时的动作有利于抑制电网中突发的异常情况，但是由于缺乏对全网的综合考量，不仅其动作对于全网来说可能并非是最合适的，甚至还有可能造成极为不利的后果。例如，变压器的自动调压就时常成为导致电网电压崩溃的原因。

第二，本地监控关联具有“自私性”。例如，发电机自动切机、变电站切负荷及各种继电保护等，虽然有利于在电网运行不稳定时对设备进行保护，但是这种动作也可能对本已不稳定的电网造成更为恶劣的影响。

虽然本地监控关联存在着消极因素，但其仍然是监控系统中必不可少的。如何使监控系统直接控制层中庞杂的本地监控关联协调运行，并充分发挥其积极效应，是提升电力等现代基础设施控制网、物理网稳定性的重要课题。

② 本地监控关联建模。

本地监控关联由监控类 Agent 和电气类 Agent 之间的物理交互实现，可以直接实现跨域关联，如图 6.19 所示。两个 Agent 通过感知和控制两种方式进行交互。感知是指监控类 Agent 获取电气类 Agent 的状态信息 $x(t)$。控制是指监控类 Agent 根据获得的信息进行决策，输出控制命令 $u(t)$ 立即改变相应电气类 Agent 的相关参数或状态属性，即对其运行状态进行调整。$u(t)$ 可能是新的设定值，也可能是以数字形式表示的控制指令。交互之后，电气类 Agent 以新的电气参数与其他电气类 Agent 交互，实现电网运行的仿真。

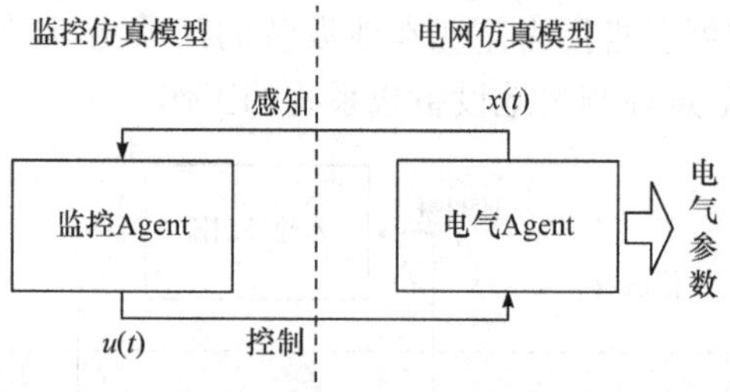

图 6.19　本地监控关联中 Agent 物理交互关系示意图

凡是电网模型仿真状态有变化，就要执行所有本地监控关联的交互，即感知电气类 Agent 的相关状态，判断是否需要进行控制操作，若需要则动作，否则不动作。由于本地监控关联是即时的，因此一次交互必然于一次离散的仿真中结束。

在电力基础设施控制网、物理网仿真模型中，本地监控关联包括发电厂监控类 Agent 与发电厂类 Agent 一一对应的关联，及变电站监控类 Agent 与变电站 Agent 类一一对应的关联，是确定不变的关联关系，在仿真中不发生改变。一个发电厂监控 Agent 始终只与一个发电厂 Agent 进行交互。在其执行的本地监控任务中，本地频率控制、自动切机和低频自启动从发电厂 Agent 中获取的 $x(t)$ 都是当前电网的频率 f，控制输出 $u(t)$ 为新设定的有功功率 P_G，或者是启动发电及停止发电的命令。在自动励磁控制中，从对应发电厂 Agent 中获取的 $x(t)$ 为端电压 U_G，控制输出 $u(t)$ 为功率因素 $\cos\varphi$，交由发电厂 Agent 改变无功出力。在上述本地监控关联交互之后，发电厂 Agent 以有功出力 P_G 和无功出力 Q_G 参与电网模型的仿真。一个变电站自动化 Agent 也只与一个变电站 Agent 交互。其执行的本地监控任务包括自动调压、无功补偿设备自动投切和各种继电保护。在与变电站 Agent 的交互中，从变电站 Agent 中获取的状态信息 $x(t)$ 是其所连接母线的电压或功率流，而控制输出 $u(t)$ 全部是执行相应控制动作的命令。变电站 Agent 基于这些命令以新的电压、补偿的无功功率，以及对功率流的重新分配参与电网模型的仿真。

(2) 区域监控关联

区域监控关联是根据物理域系统的结构特征，由一个控制中心与一定区域内的物理域系统之间建立的监控关联关系。区域监控关联是综合一定范围内物理域系统的运行状态信息，必要时也会根据本区域与其他区域物理域系统之间的联系情况及其运行信息，对本区域内物理域系统运行实施优化控制和调整。其关注的指标一般是物理域系统中的分布式指标，并在各自区域范围内分别针对这些指标进行控制，如电网中的电压，如图 6.20 所示。

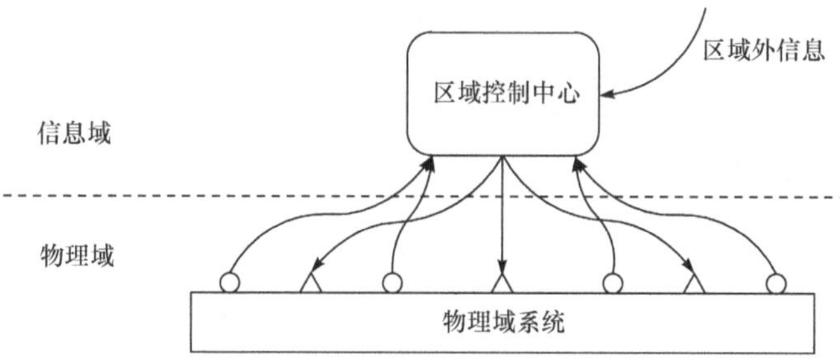

图 6.20 区域监控关联示意图

在图 6.20 中，物理域系统上的圆圈表示传感器，三角形表示控制的执行器。区域监控关联中位于物理域系统的传感器和执行器分散配置，可能是独立的设备。区域控制中根据对大量传感器及区域外信息组成的信息集进行处理，得到控制命令的一个集合，交由相应的执行器执行。因此，干扰个别传感器不一定会导致区域监控关联的错误决策，即使区域监控关联对物理域系统执行了错误的控制操作，也有可能将影响限制在本区域内，这就是区域监控关联的作用。

① 特征分析。

在电力基础设施控制网、物理网中，区域监控关联主要由自组织控制层执行，并在厂站端传感设备和执行设备的配合下完成。区域监控关联响应速度比本地监控关联慢，但是效果更好，可以实现时效性和最优性的平衡。同时，在监控系统最优监控层(即全局监控关联)发生故障时,区域监控关联还有可能发挥至关重要的替代作用,从而分区确保全网在尽可能大的范围正常运行。

② 区域监控关联建模。

区域监控关联以地区为准则,每个配电调度中心 Agent 与该地区内所有负荷中心 Agent 之间建立区域监控关联关系;每个区域调度中心 Agent 与本区域内所有的配电调度中心 Agent 和某电压等级的所有变电站监控 Agent 之间建立区域监控关联关系,并通过它们确定与电网仿真模型中相应变电站 Agent 和负荷中心 Agent 之间的区域监控关联关系,从而实现跨域关联。因此,区域监控关联既有物理交互,也有监控类 Agent 的信息交互。

区域监控关联关系也是在仿真前根据电力基础设施控制网、物理网的实际情况确定,在仿真中不会发生改变。各种区域监控关联的交互都是发生在本地监控关联动作的基础之上,根据相关信息进行必要的优化操作。因此,参与区域监控关联的每一个交互过程的 Agent 是不确定的。如图 6.21 所示为区域监控关联的 Agent 交互关系示意图。

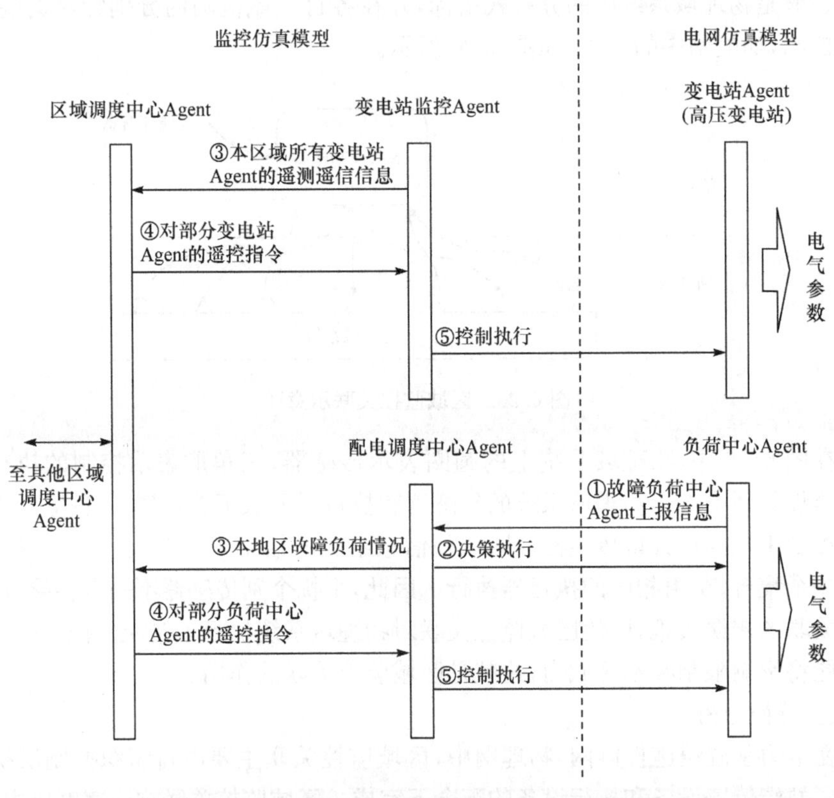

图 6.21　区域监控关联的 Agent 交互关系示意图

一个配电调度中心 Agent 会与其负责的多个负荷中心 Agent 进行交互,实现跨域的关联。当负荷中心 Agent 执行了自动切负荷,则这些负荷中心 Agent 同时向配电调度中心以消息的形式上报信息,如图 6.21 中①所示。在这种情况下,配电调度中心 Agent 进一步根据规则判断是否需要限电,若需要则与决策得到的负荷中心 Agent 交互,使其负荷变为 0,退出电网模型的仿真以模拟对其限电,如图 6.21 中②所示。同时,配电调度中心 Agent 还要向上级区域调度中心 Agent 上报被切除的负荷中心 Agent 的信息,参与区域调度中心的区域监控关联交互仿真。

同时,所有变电站监控类 Agent 和配电调度中心 Agent 都要将其经过本地监控关联后获得的相应电气类 Agent 的运行状态信息及其处理结果作为遥测和遥信信息,以 Agent 消息的形式上报区域调度中心,如图 6.21 中③所示。区域调度中心 Agent 根据这些信息做出决策,判断是否需要对个别电气类 Agent 进行控制。如果需要则以消息的形式向其对应的变电站监控 Agent 或配电调度中心 Agent 发出控制指令,由其实施对电气类 Agent 状态的调整,如果不需要则交互结束,如图 6.21 中④和⑤所示。

由于包含控制员延时控制模型,区域监控关联的交互过程不一定在一个离散的仿真时刻结束,很有可能跨多个离散仿真时刻。若已处于某次区域监控关联交互的过程中,又有新的本地监控关联交互发生,则立即启动一次新的区域监控关联交互。之前已生成的控制消息这时如果还未发送,则取消该消息;若已发出,则依旧执行。

(3) 全局监控关联

全局监控关联是监控系统中最高层级的控制中心对物理域系统运行中的关键要素进行监控与管理而形成的监控关联关系。它需要根据整个物理域系统的运行情况及下级控制中心的处理情况,对整个物理域系统的运行进行最优的控制与调整,并协调下级控制中心的工作。其功能和目的也可以概括为负责监控全网性的关键指标,如电网中的频率等;综合整个物理域系统的运行状况,实施协调与综合的最优化控制。

其监控可能是直接的,也可能是间接的。直接关联,即最高层级的调度中心直接采集物理域系统关键节点的运行信息,直接对物理域系统进行控制和调整;间接关联,即通过下级调度中心的信息上报,通过协调下级调度中心的工作实现对物理域系统的控制与管理。在一般全局监控关联中,直接关联和间接关联同时存在,如图 6.22 所示为其关联示意图。

① 特征分析。

在电力基础设施控制网和物理网中,全局监控关联处于监控系统的最优监控层。整个关联的核心是电力系统的主调度中心,并且既有监控系统的实时控制,也

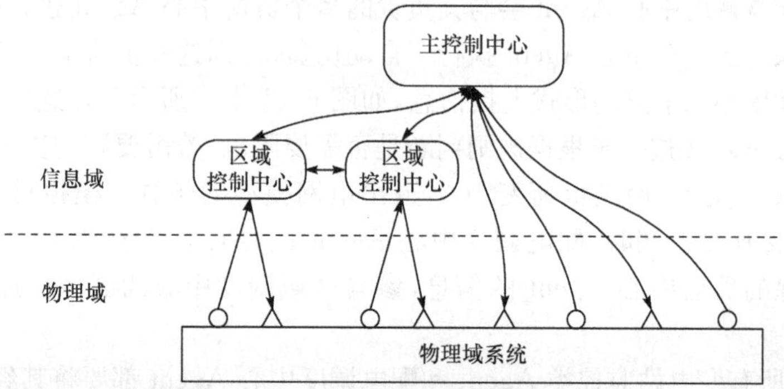

图 6.22 全局监控关联示意图

有调度人员的决策和计划。全局监控关联反应速度最慢，但是具有最佳的效果。其主要功能并不是及时处理物理域系统中的突发事件，而是对系统运行制定长期的规划，并协调监控系统网络中自组织监控层和直接监控层的工作。在发生突发性情况时，全局最优监控将充分研判整个物理域系统的情况，做出综合处置，在下级监控层控制和调整的基础上，进行滞后的优化修改，从而确保物理域系统的持续稳定运行。

② 全局监控关联建模。

全局监控关联的交互是中央调度中心 Agent 为确保电能在全网中的供需平衡，而与其他监控类 Agent 和电气类 Agent 之间进行的交互，既包括基于通信链路类 Agent 的信息交互，也包括跨域的物理交互。这种交互关系是根据电网统一调度原则建立的确定不变的监控关系。全局监控关联关系实际上可以认为存在于中央调度中心 Agent，以及所有其他监控类 Agent 和电气类 Agent 之间，是影响面最大的关联关系。

在电力基础设施控制网和物理网中，由于中央调度中心的关键作用及其复杂功能，全局监控关联交互也表现为非常多的样式。其中，最典型的全局监控关联就是为实现统一的发电调度任务，中央调度中心根据当前电网频率和各个发电厂的情况，实时地安排各个发电厂的有功出力的过程。

如图 6.23 所示为这一过程中 Agent 的交互关系图。交互在每个离散的仿真时刻都要进行，它决定了电网运行的基本状态。首先，特定的几个变电站自动化 Agent 从本地测得电网当前频率发给中央调度中心 Agent。同时，所有负荷中心 Agent 中心逐级上报当前有功负荷直至中央调度中心 Agent，各发电厂监控Agent 把发电厂当前有功出力和该电厂发电的相关信息发送给中央调度中心 Agent。中央调度中心 Agent 根据经济调度和自动发电控制决策模型得到各个发电厂当前合适的有功出力，并发送给各个发电厂监控 Agent，进而对发电厂 Agent 的有功出力进行调整。整个交互过程完成的时间很短，一般在秒级，因此在一次离散的仿真中实现。

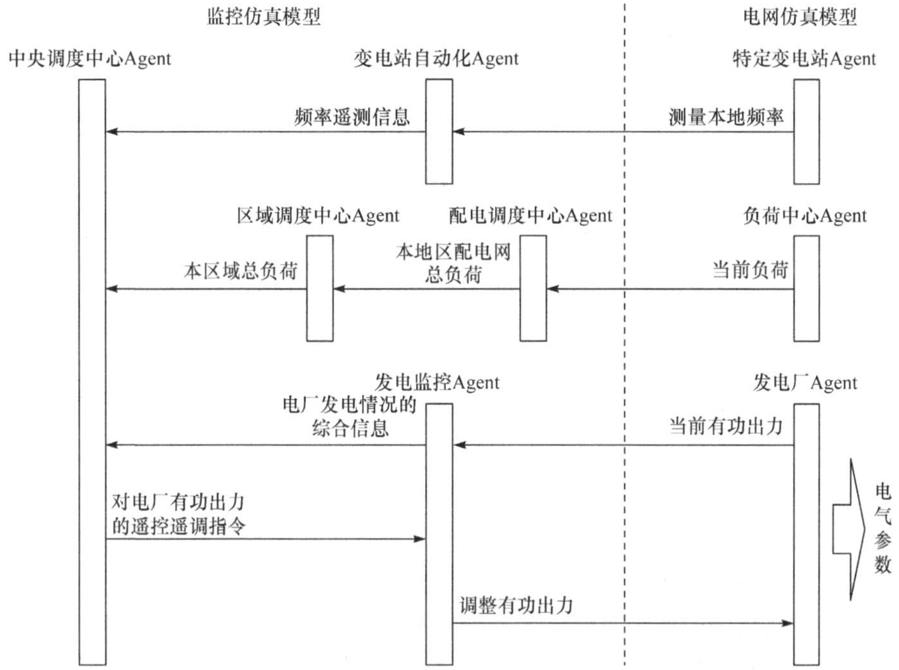

图 6.23　发电调度过程的全局监控关联交互关系图

此外，中央调度员根据电网运行的总体情况和外部环境的变化等因素对电网运行实施各种调整和控制，或者当监控系统及其通信发生故障时，调度员接替系统实施调度等。这些由中央调度中心 Agent 执行的所有非实时的监控过程，都是中央调度中心 Agent 与其他监控类 Agent 和电气类 Agent 的非实时全局监控关联关系，每次参与交互的 Agent 根据具体的情况确定。这种非实时的交互一般不在一个离散的仿真时刻完成。

(4) 比较分析

如表 6.3 所示为三种监控关联形式比较。可见，三种关联各有其独特的作用，关键在于三者之间的协调配合。本地监控关联对物理域系统的运行状况进行即时处置，能在一定程度上缓解物理系统运行的压力，是为优化控制争取时间。同时，区域监控关联和全局监控关联也需要立即收集信息做出处置，并对本地监控关联的动作情况进行优化调整，防止本地监控关联消极因素产生负面的影响。全局监控关联需要在新的情况下制定有利于整个物理域系统继续稳定运行的新策略。

表 6.3 三种监控关联形式比较

关联形式	功能	响应时效	控制形式	控制对象
本地监控关联	确保运行于安全范围 根据本地监测信息运行	最快	完全自动化	分散的设备
区域监控关联	对本区域实施综合优化控制	中等	监控系统为主 控制人员为辅	分布式指标
全局监控关联	控制关键指标 对全系统实施综合最优控制	最慢	监控系统为辅 控制人员为主	全网性指标

3. 物理关联建模

物理关联使得故障也有可能从物理域跨域传播到信息域，因此也是导致控制网和物理网出现级联失效的重要因素。然而，由于现实控制网、物理网的物理关联关系表现出各种直接或间接的形式，十分繁杂且不直观，因此一直以来在控制网、物理网体系脆弱性的研究中，对物理关联的建模仿真研究都非常少。

考虑供电故障对监控系统运行中不同方面所产生的关联影响，研究提出电力基础设施控制网和物理网的三种物理关联模型。依据地理接近的原则将部分负荷中心 Agent 指定为监控类 Agent 和通信链路类 Agent 的电源，建立三种由供电而确定的关联影响关系，通过 Agent 交互实现这三种物理关联的建模。这三种模型在战争模拟中可以很好地模拟电网断电后造成的各种影响，对于推演模拟和虚拟模拟都有重要意义。

(1) 战争条件下的备用电源有效性模型

各种监控网络中的监控设备和通信设备都是电力网络的用电负荷，这就建立了一种直接的供电关联关系。虽然关键的监控或通信设备及系统往往有备用电池或备用发电机，即当原来的市电供应中断时还能启用这些备用电源继续工作。但是，备用电源能否持续运行具有不确定性，因此这种供电关联关系依然会产生一定的制约作用。尤其在战争的极端环境下，各种不确定因素急剧增加，备用电源能否正常启用，以及能使用多长时间就都成为未知。因此，采用随机概率的方法构建监控类和通信链路类 Agent 的备用电源使用寿命的模型，实现一种电网供电中断关联影响至监控系统的模拟仿真。

仿真可以建立每个监控类 Agent 与就近的某个负荷中心 Agent 的供电关联关系，建立每个通信链路类 Agent 中两种信道模型分别与三个负荷中心 Agent 的供电关联关系，其中的两个负荷中心 Agent 位于该通信链路始端和终端所在的地区，另一个在其中间地区随机选择。这些负荷中心 Agent 一般会关联多条通信链路类 Agent 中的信道。当上述选定的负荷中心 Agent 处于断电状态时，意味着对应的模型处于市电供应中断的仿真状态，立即运行备用电源寿命模型。这时，将监控类 Agent 的 BackupPower 状态置为 1，通信链路类 Agent 中对应信道的 State 属性置为 2，标志已启用备用电源。该模型采用下面算法计算备用电源 t 时刻依然正常运行的概率 $p_{\text{bps}}(t)$。

算法 6.1　t 时刻备用电源正常运行的概率

采用指数分布模拟备用电源的“寿命”分布，即

$$p_{\text{bps}}(t)=\begin{cases}\lambda e^{-\lambda(t-t_0)}, & t\geqslant t_0\\ 0, & t<t_0\end{cases},\quad \lambda>0$$

其中，t_0 是停电的时刻，即备用电源启动时刻；t 是当前时刻，并以“天”为单位进行计算。

仿真设置 λ 为 0.97，即模拟某系统的备用电源在停电时可以正常投入供电的概率为 97%，那么 1 天以后，其仍能正常供电的概率为 $p_{\text{bps}}(1)$ 约为 36.771%。在战争模拟中这是合理的，因为在战场环境下，一个正发挥着作用的对象，其已经存在的时间越久，则继续生存的可能就越小，因为被发现和被打击的可能性将不断增大。例如，如果已经选定某监控系统为打击对象，当第一波次打击之后其仍能依靠备用电源运行，则必然引来第二波次的打击。

在仿真中，当监控类 Agent 或者通信链路类 Agent 中的两个信道对应的供电负荷中心 Agent 处于断电仿真状态后，自动启动其备用电源寿命模型进行计算。该模型从这个仿真时刻开始，每个仿真时刻生成一个在[0,1]均匀分布的随机数，若该随机数小于由当前仿真时刻所决定的 $p_{\text{bps}}(t)$，则认为备用电源正常工作，仍继续运行于该 Agent 正常的仿真状态；否则，认为备用电源已不可用，监控Agent 的状态属性 Sys_available 和 BackupPower 均置为 0，相关监控功能模型不再运行，而通信链路 Agent 中对应信道的 State 属性置为 3，并启动通信能力下降模型。同时，不再执行备用电源寿命模型的计算。

在备用电源寿命模型运行的过程中，若对应的“供电”负荷中心 Agent 恢复正常运行状态，则备用电源寿命模型停止计算，监控类 Agent 的 BackupPower 置为 0，通信链路类 Agent 中对应信道的 State 属性置为 1，Agent 恢复正常供电状态下的仿真运行。

(2) 通信链路类 Agent 通信能力下降模型

现代通信网络一般都具有冗余路由，因此其中个别设备因断电等情况停止工作，一般不会是通信的完全中断，但是必然会引起网络通信效能的下降。因此，电网中向通信网络供电的负荷中心与监控通信网络的效能之间具有关联关系。

通信链路类 Agent 的通信能力下降模型就是用于模拟监控通信系统中部分设备因供电中断退出运行后，通信系统性能的下降。当某个通信链路类 Agent 中有信道的 State 状态属性为 3 时，意味着其正常路由中出现设备断电，需要选择新

的路由。这必然会导致通信网络运行于非正常的状态，甚至可能出现网络拥塞。因此，构建通信链路类 Agent 的通信能力下降模型，使相应信道的传输延迟增加且通信成功概率下降。通信链路类 Agent 的通信能力下降模型包括同时运行的两个部分，且该模型为未来高分辨率的网电攻击建模与仿真奠定了基础。

① 传输延迟变化模型。

算法 6.2 传输延迟增加算法

当某信道处于断电的仿真运行状态时，其传输延迟的中心值 t_0 和方差 σ^2 变为

$$\begin{cases} t_0 = k_1 t_0 \\ \sigma^2 = k_1 \sigma^2 \end{cases}$$

始端或终点监控类 Agent 位于相邻区域的所有通信链路类 Agent 中对应信道的传输延迟的中心值 t_0 和方差 σ^2 将分别变为

$$\begin{cases} t_0 = k_2 t_0 \\ \sigma^2 = k_2 \sigma^2 \end{cases}$$

其中，k_1 和 k_2 在仿真中设置，存储在信道属性集的 Pmt_LapseChange 中，且有 $k_1 > k_2 > 1$。

这表明，相应通信信道在传输延迟增加的同时，传输延迟的随机性也将增加，且对本地区的影响程度大于对相邻地区的影响程度。每当有一个向监控通信供电的负荷中心 Agent 断电时，则执行一次上述计算。

算法 6.3 传输延迟减少算法

当已断电的任意一个向监控通信供电的负荷中心 Agent 恢复时，则执行相反的计算，也就是同地区的通信链路类 Agent 相应信道的传输延迟中心值 t_0 和方差 σ^2 按下式计算，即

$$\begin{cases} t_0 = \dfrac{t_0}{k_1} \\ \sigma^2 = \dfrac{\sigma^2}{k_1} \end{cases}$$

相邻地区的通信链路类 Agent 的计算方法类似，也是将当前值除以参数 k_2。

② 传输成功概率变化模型。

算法 6.4 传输成功概率下降算法

当某个属性为向监控通信供电的负荷中心 Agent 处于断电的仿真运行状态时，则始端或终点监控类 Agent 位于该地区及相邻地区的所有通信链路类 Agent 中对应信道的传输成功概率 P_t 将下降，且新的传输成功概率采用如下同样的计算方法。

若通信链路类 Agent 中对应信道当前的传输成功概率为 P_t，则生成一个在 $(0, P_t]$ 均匀分布的随机数作为新的传输成功概率。每次出现向监控通信供电的

负荷中心 Agent 断电时，相关地区的通信链路类 Agent 都执行一次上述过程。

算法 6.5　传输成功概率上升算法

当断电的负荷 Agent 恢复时，则相应通信链路类 Agent 对应信道的传输成功概率会上升。

若当前成功概率为 P_t，则生成一个在$[P_t,1]$均匀分布的随机数作为新的传输成功概率。当最后一个向监控通信供电的负荷中心 Agent 恢复正常运行后，将 P_t 恢复为 1。

③ 故障恢复时间增加模型。

一个地区正常供电中断，会对这一地区的各种活动带来十分不利的影响。这种关联影响是由点至面的，也可以认为是一种地理关联。在电力基础设施控制网、物理网中，一旦监控系统某处发生故障，而该地又处于供电不足或中断的状态，必然会增加故障恢复的难度。因此，地区供电情况与该地区各种活动具有关联关系，这里仅关注其对监控及电气设备或系统故障恢复的影响。

依据行政区划关系，建立地区范围内负荷中心 Agent 的总损失负荷与该范围内 Agent 故障恢复时间之间的关联关系，即负荷损失越多，位于该地区的 Agent 出现故障时，其故障恢复时间越长。基于此，可以以相关 Agent 之间的交互实现这种物理关联的模拟仿真。

算法 6.6　故障恢复时间增加算法

每次切负荷时，仿真系统计算该地区(以配电调度中心所负责的区域为依据)损失负荷的百分比 $\eta_{\Delta L}$，即

$$\eta_{\Delta L}=\frac{\sum_i P_{\Delta L}^i}{P_{\mathrm{Cur}L}+\sum_i P_{\Delta L}^i}$$

则该地区范围内所有 Agent 在这种情况下的平均故障恢复时间 t'_{MTTR} 为

$$t'_{\mathrm{MTTR}}=\mu(1+\eta_{\Delta L})t_{\mathrm{MTTR}}$$

其中，t_{MTTR}表示该故障原来设定的平均故障恢复时间；μ 表示这种关联影响的系数，在仿真中设置 σ^2 保持不变，如果出现该故障，则生成一个服从 $N(t'_{\mathrm{MTTR}},\sigma^2)$的随机变量，作为该故障在此种情况下的故障恢复时间。

4. 不确定因素建模

战争条件下的攻击毁伤和各种并发故障是具有随机性的不确定事件。为了分析这种因素在故障已经存在的情况下对级联失效产生的影响，对每个监控类 Agent 和通信链路类 Agent 都构建其随机故障和故障恢复的模型，并扩展电网仿真模型中电气类 Agent 的随机故障和故障恢复模型。

(1) 战争条件下的随机故障模型

电力基础设施是具有高可靠性的系统,其年平均故障时间一般非常短。但是,在战争情况下,各组成要素由于被打击或被干扰等情况,出现不确定性故障或失效的概率便会大大增大,其影响不可忽视。与此同时,由于导致电力系统故障的原因包括方方面面,有很多细节在现有的低分辨率电网仿真模型中无法体现,尤其是当电网已经发生故障的情况下,很有可能导致并发性故障。因此,我们面向战争模拟,构建故障已经发生条件下的随机故障模型,主要用于仿真研究这些不确定因素对级联失效的进一步影响,并增强模型在战争模拟中的逼真度。

仿真初始化时对每个监控类 Agent 分配一个物理损毁概率 p_{f_p} 和一个系统故障概率 p_{f_s},对每个电气类 Agent 分配一个随机故障概率 p_f,它们都存储在 Agent 基类属性 P_failure 中。对通信链路类 Agent 的专用信道和网络信道分别生成一个随机故障概率 p_f,分别存储在对应的信道属性集中。p_f 一般取值非常小,既可以在仿真中根据需要确定,也可以采用相应的概率分布模型生成。仿真根据下面规则模拟 Agent 发生故障的情况。

规则 1:Agent 随机故障规则。

当处于电网正常运行仿真状态时,即没有攻击或故障等情况发生时,不考虑随机故障问题,随机故障模型不运行。当有攻击或故障等仿真事件发生时,则所有 Agent 都启动随机故障模型。在此之后的每个离散仿真时刻,Agent 模型针对其每个随机故障概率 p_f 都生成一个在[0,1]均匀分布的随机数,将其与该 Agent 自身的随机故障概率属性相比较,判定是否发生故障。

对于监控类 Agent,若随机数小于 p_{f_p} 和 p_{f_s} 中的更小的那个,则认为出现较小概率对应的故障;若仅小于较大的那个,则认为出现较大概率对应的故障;若大于二者,则认为不发生故障。

对于电气类 Agent,若随机数小于 p_f,则认为该 Agent 的功能失效;若大于 p_f,则认为无故障发生。

当判定有故障发生时,监控类 Agent 的 Phl_available 或 Sys_available 属性,电气类的 Agent 的 Phl_available 属性均置为 0。

对于通信链路类 Agent 的每一个信道,若随机数小于自身的 p_f,则该条信道发生物理性故障,其 State 置为 0;相反,则继续运行。这是模拟专用信道的完全故障或网络连接中断等情况,而信道非物理性故障实际就是通过通信链路类 Agent 的通信能力下降模型来实现。

(2) 故障恢复模型

对不同 Agent 的各种故障状态分别设置其平均故障恢复时间 t_{MTTR},则仿真中每当出现相应的故障态时,就生成一个以 t_{MTTR} 为中心值、σ^2 为方差的正态分布随机变量 t_{TTR},即 $t_{\mathrm{TTR}} \sim N(t_{\mathrm{MTTR}}, \sigma^2)$,作为这次故障的恢复时间。其中,$\sigma^2$ 也是针对具体的 Agent 在仿真初始时确定。在 t_{TTR} 这段时间内，始终运行 Agent 相关故障态的仿真模型，直到经过 t_{TTR} 时间后，自动恢复正常运行的仿真状态。

对于监控类 Agent 的物理性故障，即 Phl_available 属性被置为 0 的故障具有较长的恢复时间，仿真一般设置为几天。若仅仅是系统的功能性故障，即 Sys_available 属性被置为 0，而 Phl_available 属性仍为 1 的故障，具有较短的恢复时间，仿真一般设为几个小时。

电气类 Agent 和通信链路类 Agent 中信道的故障都认为是物理性故障，但是这些故障也可能是因为较小的原因而产生，因此恢复时间可能很快。虽然 t_{MTTR} 一般设置为十几个小时，但是采用设置较大的 σ^2 的方式来模拟上述特征。

5. 基于级联依赖度的效应级联传播算法

(1) 级联依赖度描述

级联依赖度是指来围绕着关联依赖定义的一系列可定量描述的不同依赖类型，可用逻辑图的形式进行如下描述。

定义 1　直接依赖(direct dependency)

对网络 G_i 的毁伤无需通过其他网络便可以影响到网络 G_j 的正常运行，则网络 G_j 直接依赖网络 G_i，用符号 G_j<D>G_i 表示。直接依赖图如图 6.24 所示。

图 6.24　直接依赖图

定义 2　直接相互依赖(direct interdependency)

如果网络 G_i 直接依赖网络 G_j，同时网络 G_j 也直接依赖网络 G_i，则网络 G_i 与网络 G_j 直接相互依赖，用符号 G_j<ID>G_i 表示。直接相互依赖图如图 6.25 所示。

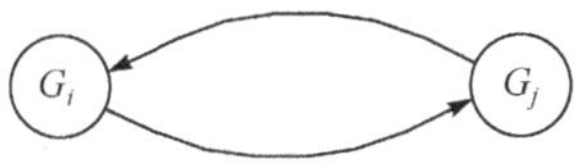

图 6.25　直接相互依赖图

定义 3　间接依赖(indirect dependency)

对网络 G_i 的毁伤需要通过其他网络才能影响到网络 G_j 的正常运行，则网络 G_j 间接依赖网络 G_i。间接依赖图如图 6.26 所示。

定义 4　间接相互依赖(indirect interdependency)

如果网络 G_i 间接依赖网络 G_j，同时网络 G_j 间接依赖网络 G_i，则网络 G_i 与网络 G_j 间接相互依赖。间接相互依赖图如图 6.27 所示。

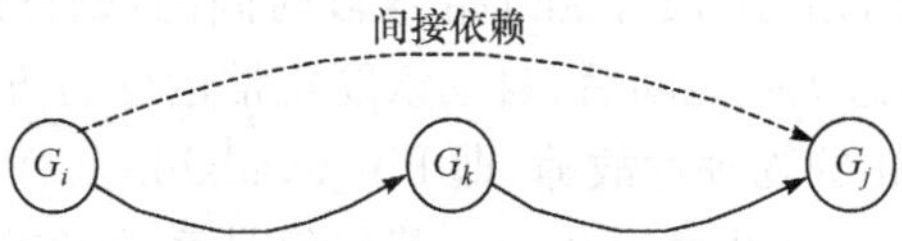

图 6.26　间接依赖图

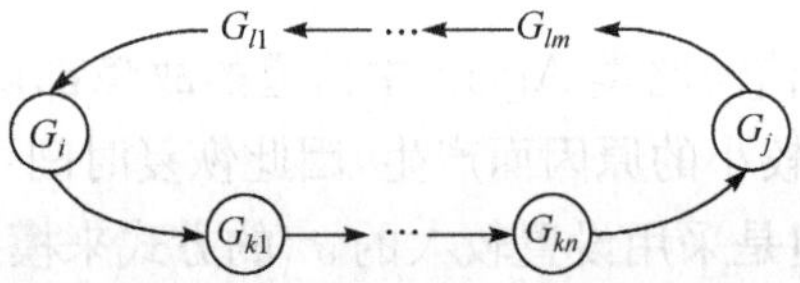

图 6.27　间接相互依赖图

定义 5　依赖链(dependency chain)

多个网络之间依次存在的直接依赖关系,构成一个依赖链。如图 6.25 所示的间接依赖可以用依赖链的形式表示为 G_j<D>G_k<D>G_i。

定义 6　依赖环(dependency cycle)

如果依赖链的链尾直接依赖链首,则构成一个依赖环。一般多个网络之间存在直接相互依赖或间接相互依赖,则可以构成依赖环。两个网络之间的直接相互依赖就是一个最小的依赖环,如图 6.25 所示。如图 6.27 所示的间接相互依赖关系也构成依赖环。

定义 7　依赖阶(dependency order)

依赖链中依赖关系的数量可以称为该依赖链的依赖阶。可以在表示网络间的依赖关系时标明它们之间依赖关系的阶数,用符号 G_j<D^m>G_i 表示,式中 m 的具体数字表示依赖阶数,例如 G_j<D^1>G_i 表示 1 阶依赖(直接依赖),G_m<D^4>G_n 表示 4 阶依赖。

由物理网络和监控网络等构成的电力设施网络,存在多种直接依赖、间接依赖和相互依赖,也存在不同的依赖链和依赖环。多阶依赖链和依赖环对毁伤在体系内的传播起着关键作用。

最终可以将目标体系网络表示为如图 6.28 所示的依赖图的形式。

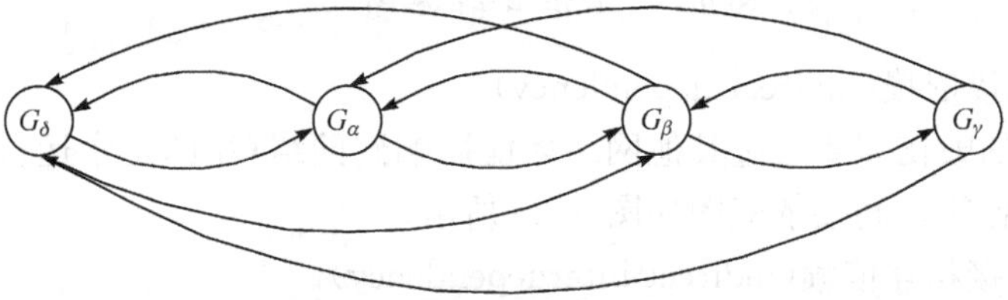

图 6.28　目标体系网络依赖图

(2) 基于依赖度的三阶毁伤传播算法

如图 6.29 所示描述了基于依赖度的三阶毁伤传播过程，相关定义如下。

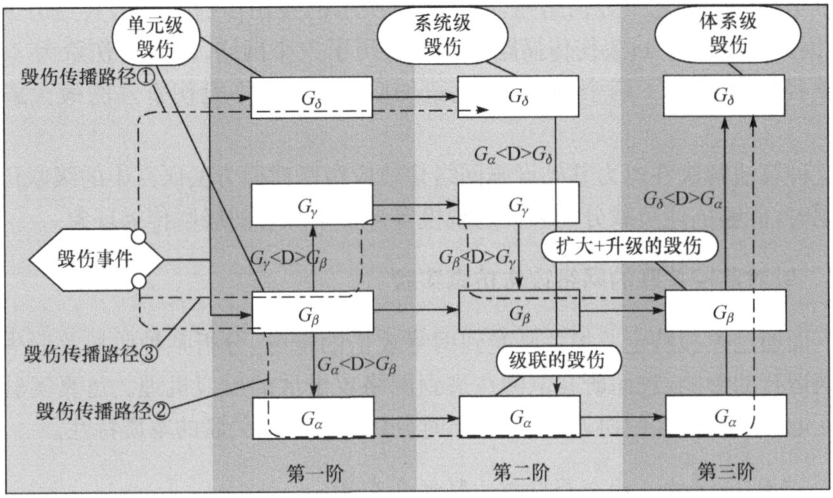

图 6.29　基于依赖度的三阶毁伤传播过程

定义 8　单元级毁伤

网络毁伤事件模型是通过网电空间作战方式，对目标体系的局部进行攻击时导致单个或多个网络的部分顶点和边造成的毁伤，这种初始毁伤由于系统的结构和功能关系，以及系统间的依赖关系会在网络内部和网络之间扩散。初始毁伤在进一步扩散之前称为元毁伤。

定义 9　系统级毁伤

网络 α 受到的毁伤(元毁伤、扩大的毁伤)通过网络之间的依赖关系致使网络 β 受到的毁伤称为系统级毁伤。其中涉及多个网络，依靠层间的结构和功能依赖关系传播毁伤。

定义 10　体系级毁伤

网络 α 通过 $\alpha\rightarrow\beta$ 依赖关系造成网络 β 受到系统级毁伤后，网络 β 反过来又通过 $\beta\rightarrow\alpha$ 依赖关系造成网络 α 受到的级联毁伤称为体系级毁伤，主要涉及两个网络，靠两个网络之间的相互依赖关系传播毁伤。

如图 6.29 所示为毁伤传播的整个过程，包括三个阶段。

第一个阶段，由攻击方发动网络攻击，造成 G_α 和 G_β 的元毁伤。两个网络都受到毁伤可能是因为攻击方对某个地域发动电磁脉冲攻击由共因毁伤所致，也可能是对两个网络分别同时发动其他攻击所致。

第二个阶段，G_δ 的毁伤在网络内部扩大，同时由于 $G_\gamma<\mathrm{D}>G_\beta$ 引起 G_γ 系统级毁伤，由于 $G_\alpha<\mathrm{D}>G_\beta$、$G_\alpha<\mathrm{D}>G_\delta$ 引起 G_α 系统级毁伤。

第三个阶段，G_{α} 的毁伤在网络内进一步扩大，并且由于 $G_{\delta}<D>G_{\alpha}$ 引起 G_{β} 体系级毁伤，同时由于 $G_{\beta}<D>G_{\gamma}$ 引起 G_{β} 扩大加速体系级毁伤。

整个过程存在三个毁伤路径，如点画线所示的毁伤传播路径①共经历了一个网络，因此毁伤阶为 1；毁伤传播路径②共经历了三个网络，因此毁伤阶为 3；毁伤传播路径③共经历了两个网络，因此毁伤阶为 2。网络毁伤事件的最大毁伤阶为 3。

这种算法解决在电力基础设施网络化效应级联建模方法研究中的级联传播建模问题时，能够描述负载分配和失效规模等多要素综合的级联传播现象。

6.5.3 针对监控关联的网络攻击仿真实验

下面通过模拟特定监控关联受到网络攻击的情况，分析某种监控关联失效后对电网运行的影响，进而研究电网在遭到网络攻击后的反应机理。仿真实验不但要验证电力监控模型的协调性，而且同时分析三种监控关联的本质特性。

1. 受到 DoS 攻击后全局监控关联仿真实验

全局监控关联在各类控制网和物理网中都是整个监控活动的核心，在电力基础设施控制网、物理网中更是发挥着确保电能供需平衡的关键作用。因此，直观的想法是如果通过网电攻击使得全局监控关联无法执行或者发生紊乱，是否有可能在控制网、物理网中引起大范围的故障？为此，首先仿真实验全局监控关联在受到 DoS 攻击完全瘫痪后产生的影响。

(1) 仿真实验设计

假设某地区电力基础设施控制网和物理网的监控系统在关键的两个中央调度中心分别都有完整的中央调度系统。当这些系统同时被阻断后，极有可能使相关监控命令无法实时送达。出现这种情况时，除核电厂发电量保持不变，其他所有发电厂都进入自动频率控制状态运行，根据频率偏移自动调整有功出力，即转入以各个发电厂的本地监控关联实现对电网运行的实时监控。同时，中央调度员依据负荷的变化，通过电话直接命令各个发电厂调整有功出力，以确保电网稳定运行。

仿真实验选择不同的时间段进行，以研究电网不同负荷状况下可能发生的情况。这里展示负荷模型最大的 7 月 15 日 8:00～13:30，即上午负荷迅速攀升和中午负荷短暂突降阶段的仿真实验结果，并对结果进行分析。该次仿真实验模拟了两个中央调度中心 Agent，在这段时间内同时遭到持续性的 DoS 攻击，致使实时消息全部无法送出。在这个过程中，3 个核电厂全部满载运行，并保持有功出力不变。其余各个发电厂备用容量充足，在遭受攻击后立即进入自动频率控制状态。中央调度中心 Agent 的控制员模型每隔仿真时间的 20 分钟从 EMS 获得自动发电量控制(automatic generation control，EDC)数据，并加入一个微小的随机误差，在负荷上升和下降阶段相应微调输出值以更好地适应负荷的变化趋势。控制员模型的电话命令以延时的方式送出，对各个发电厂监控 Agent，延时服从 27～37s 的均匀分布。

(2) 仿真实验结果

在实验过程中，在除核电厂外的各个发电厂自发的本地监控关联作用下，电力基础设施控制网、物理网可以从总体上满足负荷的需求变化。如图 6.30 所示为这个过程中负载端总负荷与总发电量的变化曲线。整个过程未发生任何故障，并且始终将电网频率偏移控制在 0.04Hz 以内。如图 6.31 所示为这个过程中电网频率的变化曲线。

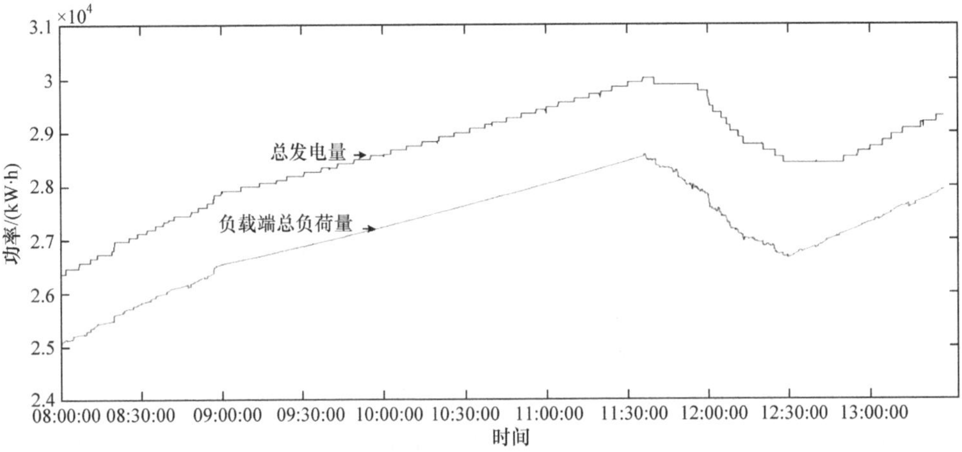

图 6.30　受到 DoS 攻击过程中负载端总负荷与总发电量的变化曲线

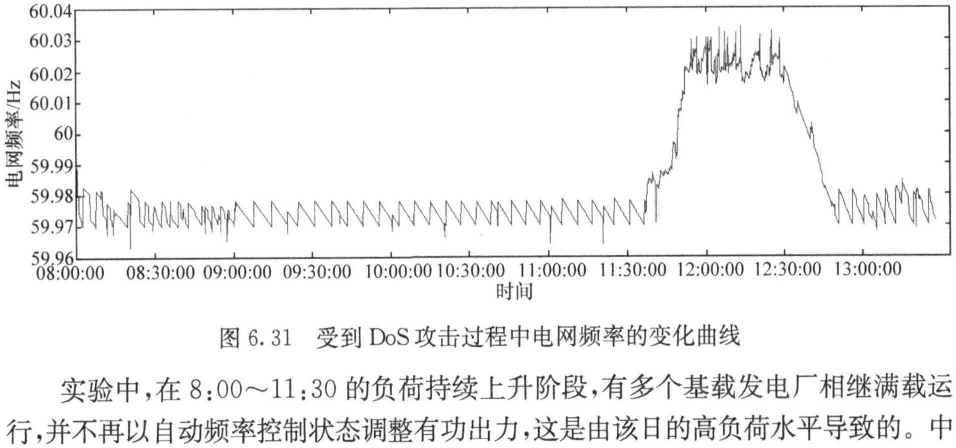

图 6.31　受到 DoS 攻击过程中电网频率的变化曲线

实验中，在 8:00～11:30 的负荷持续上升阶段，有多个基载发电厂相继满载运行，并不再以自动频率控制状态调整有功出力，这是由该日的高负荷水平导致的。中央调度中心 Agent 的控制员模型替代执行的 EDC，使得各个调频电厂能保持足够的可调容量，从而发挥其调频迅速的优势，维持总有功出力尽快适应总负荷的变化。

如图 6.32 所示为两个主调频水电厂的有功出力变化曲线，由于此时为夏季，因此仍有足够容量可用于调频。

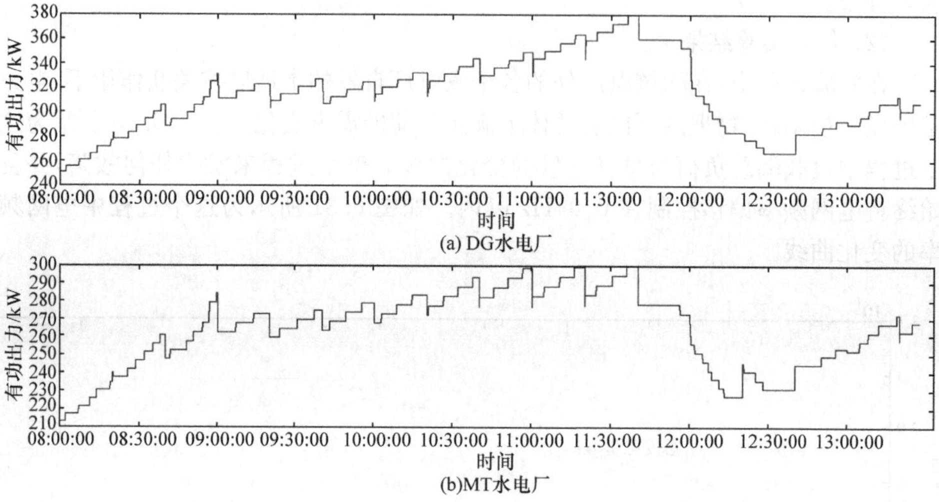

图 6.32　受到 DoS 攻击过程中主调频水电厂的有功出力

(3) 全局监控关联影响的仿真实验分析

针对不同时间段进行的多次仿真实验表明，即使是在负荷需求最大和负荷突变的阶段，当失去全局监控关联，电力基础设施控制网和物理网也可以通过本地监控关联继续运行而不发生故障，这正是分层监控的优势。但是，必须指出，上述实验虽然未引起电网的故障，但是整个过程中电网运行实际上是处于发生事故的临界边缘。因此，失去最优监控层的全局监控关联，意味着失去对电网的最优化控制。

该实验结果也同时给网电攻击研究以重要的启示。在真实情况下，中央调度系统不太可能同时长时间遭到攻击。在这个过程中，电力部门必然采取相应措施以阻断攻击继续在调度数据网中肆虐。即使同时被攻击，在本地监控关联和电力控制人员的干预下，引起电网大面积故障的可能性也非常小。因此，与直观的想法不同，要想使发挥核心作用且安全级别较高的全局监控关联遭网络攻击而瘫痪，不但难度较大，而且很难快速达成目的。

2. 针对本地监控关联的非法控制仿真实验

相对于全局监控关联，执行本地监控关联的各类监控系统一般安全级别较低，因此被网络攻击侵入和成功获得控制权的可能性都相对较大。电网中少量关键节点的本地监控关联受到网络攻击后是否会引起级联失效呢？

(1) 仿真实验设计

依然选择负荷模型总负荷水平最高的 7 月 15 日上午，从 8:00:00 开始的负荷上升的阶段，最大的基载发电厂和两个主调频电厂依次遭到网络攻击。发电机组的控制权被窃取，部分或全部发电机组停止运行，超高压变电站的本地无功补偿设备被破坏。

(2) 仿真实验过程与结果

仿真开始时刻，负载端总负荷约为 24 935.248MW，由中央调度中心 Agent 总发电量约为 26 371.786MW，系统频率约为 59.995Hz。这时，火电厂的有功出力为 3403.682MW。多次仿真实验表明，在这种情况下当火电厂发电量损失在 60% 以下时，电网都能通过监控系统的作用继续正常运行。因此，为得到明显的仿真效果，设定在网络攻击成功控制火电厂的本地监控系统后，使其部分发电机组停止运行而损失 70% 的发电量，记录这次仿真实验的过程和结果。

仿真时间上午 8:00:00 开始，整个电力基础设施控制网、物理网正常运行。8:01:56 时，火电厂被网络攻击，造成其有功出力从 3403.682MW 降至 1022.674MW，这时系统频率骤降至 59.765Hz，因此其他发电厂都迅速转为 EGC 状态运行以增加发电出力。这时由于火电厂有功与无功出力的大幅减少，致使该地区一个一次变电站的主变压器因为电压突降而跳脱，并损失全部负载，而附近地区的一个一次变电站因为低压侧母线电压降低至限定值以下，而切除大部分负载。为实现级联失效的仿真，之后的 8:04:08 和 8:05:20 又模拟两个主调频电厂受到网络攻击相继完全跳脱，当时这两个电厂正处于增加出力以补充火电厂发电损失的阶段，共计损失 2433.289MW 的有功出力；8:10:12 相邻的火电厂又遭到网络攻击，使其损失了 894.091MW 的有功出力。然而，这 3 次网络攻击却并未继续引起电网中的故障。

如图 6.33 所示为 8:00:00～8:25:00 总负荷与总有功出力变化曲线。如图 6.34 所示为这段时间内电网频率变化的曲线图。可见，针对火电厂的网络攻击虽然导致大量发电损失，但是在全局监控关联的统一部署和其他发电厂本地监

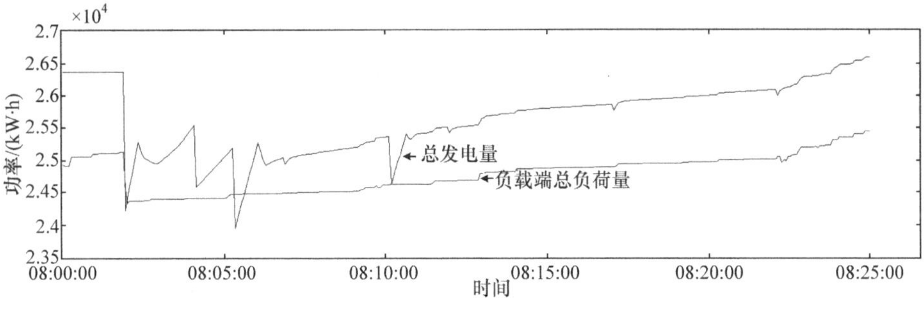

图 6.33　电厂遭受攻击时的总负荷与总有功出力变化曲线

控关联的自发作用下能够迅速补充发电缺额，并且部分变电站本地监控关联的保护行为通过切除一定负荷也帮助减轻了电网的压力。因此，并未造成电网的级联失效。

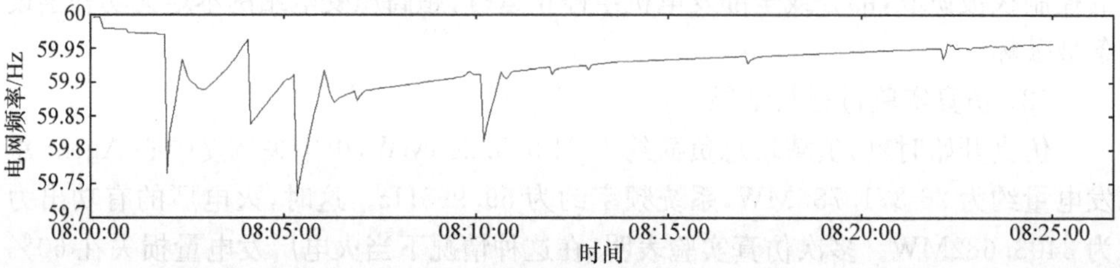

图 6.34　电网频率变化曲线

(3) 本地监控关联影响的仿真实验分析

仿真实验设置自动切负荷的动作频率为 59Hz，而在上述仿真实验中，即使电网中个别重要的节点本地监控关联遭到网络攻击，也很难使全网频率降低超过 1Hz，因此只能引起局部范围内的故障。而这一局部的故障实际是电压/无功综合补偿和继电保护等本地监控关联所发挥的自我保护功能，它能使电网频率不至于大幅降低，并使电网在新的平衡上继续运行，为全局监控关联重新安排发电争取时间。这再次证明不同层级的监控方式之间相互协调配合确保电网持续运行的特点，也同时说明控制网和物理网中的监控系统在一定程度上弱化了物理域系统中关键节点的重要性，因此在很大程度上增强了物理域系统的稳定性。

3. 区域监控关联的仿真实验分析

在电力监控模型中，区域监控关联主要是在故障发生后对电网运行情况进行优化，努力恢复故障，并防止故障的传播和扩大。下面通过仿真实验结果验证区域监控关联的这种作用，并通过分析得出区域监控关联受到网络攻击后可能出现的情况。

(1) 4 个发电厂遭到攻击后负荷恢复情况

在前面 4 个发电厂遭到非法控制的仿真实验中，当火电厂发电出力被突然切除 70%后，用电负荷被迅速切除大约 678.789MW。8:08:00 全网总的有功出力已基本满足用电负荷，频率上升至 59.895Hz。这时损失负荷的两个一次变电站分别在其上级配电调度中心 Agent 和区域调度中心 Agent 的控制下开始逐步恢复被切除负荷。如图 6.35 所示为在这个过程中损失负荷的变化曲线。

(2) 超高压变电站遭攻击被关闭的仿真实验

为比较分析，仿真实验超高压变电站遭网络攻击主变压器被关闭后区域监控关联对负荷的管理过程。仿真设置起始时间为 7 月 15 日上午的 10:00:00，这时

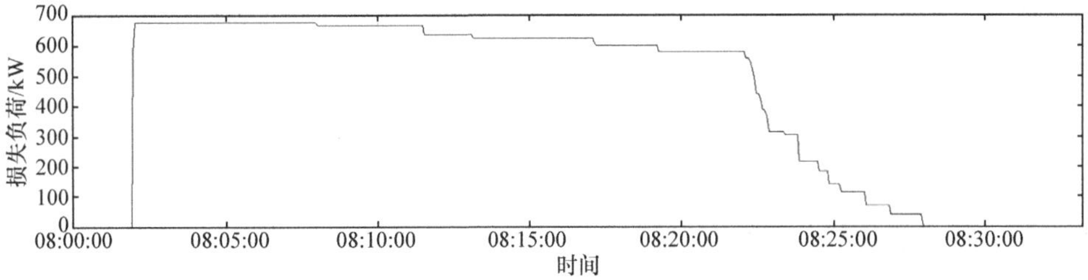

图 6.35　火电厂遭受攻击后电网损失负荷变化曲线

负载端总负荷为 27 266.756MW，总发电量为 28 909.151MW，电网频率约为 60.003Hz。10:00:57 超高压变电站的主变压器被非法关闭，其低压侧连接的两个一次变电站转为通过其他线路供电。

如图 6.36 所示为 10:01:57 仿真系统可视化界面显示的这一地区的供电情况，其中两个一次变电站连接的较粗线路及节点是被切除的负荷，较细线路则是维持供电的负荷。

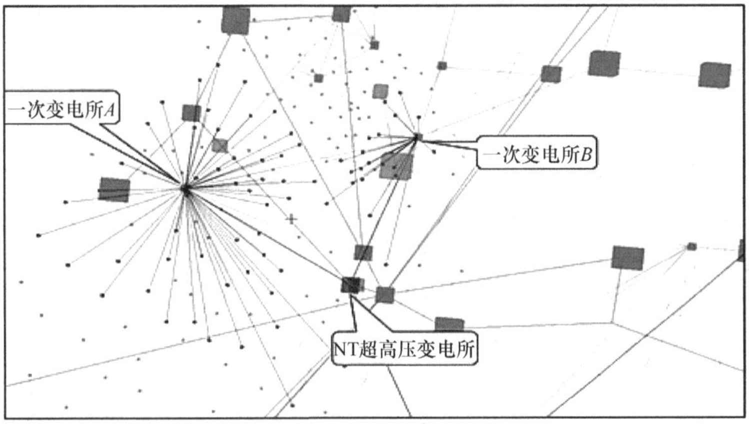

图 6.36　超高压变电站主变压器关闭后该地区供电情况

超高压变电站主变压器故障导致向下级一次变电站供电故障后，整个电力基础设施控制网和物理网中的总发电量是足够的，但是该区域调度中心 Agent 为防止一次变电站 A 和 B 当前可用的供电线路过载，开始逐步切除其负荷。部分负荷被切除后，这两个变电站能确保通过现有的供电线路对一部负荷持续供电。当 NT 超高压变电站主变压器恢复后，区域和配电两级调度中心又开始逐渐恢复被切除的负荷。如图 6.37 所示为这个过程中损失负荷量的变化曲线。

(3) 区域监控关联影响的仿真实验分析

上述两个仿真实验体现了区域监控关联的作用，对本区域内的情况进行及时的处置和优化，能够有效地将故障限制在本区域内，防止故障的扩大和蔓延。显

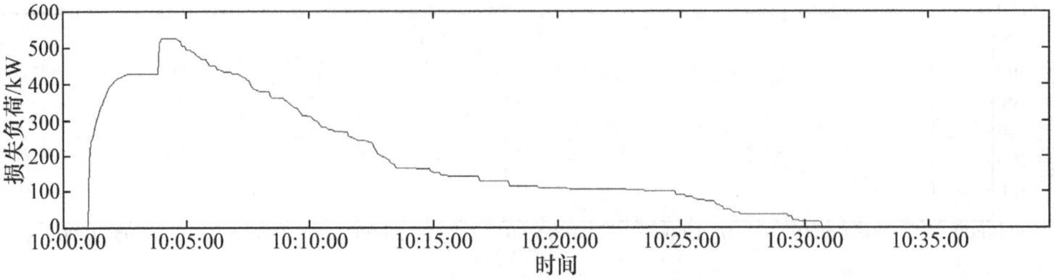

图 6.37 超高压变电站遭受攻击后损失负荷变化曲线

然,区域监控关联遭网络攻击而瘫痪或者扰乱,则有可能造成故障的传播,导致电力基础设施控制网和物理网的级联失效。

6.5.4 仿真实验结论

通过仿真实验可以推断,即使是在频率低于切除负荷的设定值时,只要通过切除一定量低级别的用电负荷,保证用电与供电的暂时平衡,也不会造成电网的大面积瘫痪。这正是电力监控系统对电网的保护机制。具体来说主要体现在两个方面。

① 三种监控关联方式各自都有其独特的作用,正如研究提出的全局监控关联属于最优监控层、区域监控关联属于自组织监控层、本地监控关联属于直接监控层,分别表明其功能特点。

② 三种监控关联相互配合实现对电网运行中各种情况的处置,并能在部分监控功能失效时发挥至关重要的替代作用。

因此,关联在一起的监控系统和电网系统实际上比单独的电网更稳定。

此外,仿真实验还检验了基于 CPS 理念构建电力关键基础设施仿真模型,以及基于依赖关系构建网络化交互效应模型的可行性问题。该方法不仅能真实反应电力监控系统的行为,还能较好地表现电力监控活动的自适应特性,为现代战争模拟提供一种可自主运行的关键基础设施监控网络的建模与仿真方法,并为研究针对电力基础设施防御策略提供思路。

6.6 小 结

本章针对网络空间作战效果网络化效应传播描述难的问题,介绍了分级构建的建模方法,尝试将网络空间作战的体系效应,按照从由网络空间作战行动直接造成的单元级效应,到网内级联造成的系统级效应,再到跨网跨域传播产生体系级效应的思路进行建模,并结合部分建模实例介绍具体建模技术。

第 7 章　体系能力评估

未来战争不再是“单件武器的比拼”，而是“体系与体系的对抗”。联合作战体系是由各类信息网络将各作战要素融合成具有特定使命任务的新的整体，在与对手的激烈对抗中，不断演化出复杂系统特性。到底该如何理解体系能力的复杂性？如何分析评估基于网络信息体系的联合作战能力与效能？这些都是继网络空间作战仿真建模之后需要研究的重点问题。体系能力评估是一个大课题，本书只是简要讨论体系能力评估的基本理念和先进评估技术的基本思路，不过多涉及具体的体系能力评估方法和关键技术细节。

7.1　基 本 概 念

7.1.1　从系统到体系

自 20 世纪 90 年代开始，随着信息技术的高速发展和广泛应用，尤其是网络空间的蓬勃发展，使战争进一步表现为由多个系统组合而成的大规模系统集合。人们给它起了个新名字，叫体系(system of systems，SoS)，学术界普遍认为体系是系统的发展与深化。

系统是由相互作用和相互依赖的若干组成部分结合的具有特定功能的有机整体。通常，系统具有三个基本特征。

① 系统由若干元素组成。

② 这些元素相互作用、相互依赖。

③ 系统作为一个整体具有特定的功能。

按规模划分，系统可以分为小系统、大系统和巨系统；按结构复杂度划分，系统又可以分为简单系统和复杂系统。钱学森曾给出的系统的典型分类，如图 7.1 所

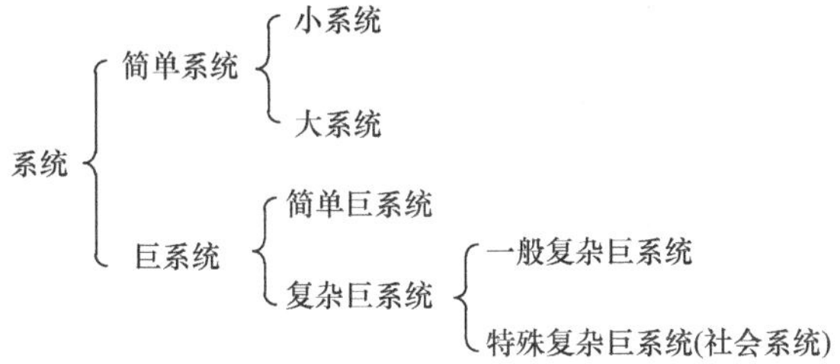

图 7.1　系统分类图

示。目前，国内学术界普遍认为，钱学森提到的复杂巨系统指的就是体系。

从系统分类图来看，体系也是系统，只不过是一种特殊的系统。简单回顾，体系在学术上的研究，最早可追溯到1956年，博尔丁把体系想象成一个由理论上完全形态形成的理论谱系，特征是体系大于各组分之和。20世纪90年代开始，人们才真正开始探索解决体系问题的思路与方法。

1991年，Eisner等把SoS定义为一组独立采办的系统，每个系统都有一个名义上的系统工程过程；这些系统相互依存和组合运行，从而形成面向整体系列使命的解决方案。

1996年，Manthorpe提出将指挥、控制、计算机、通信、信息和情报、监视和侦察结合成体系以实现战场感知。同年，Maier首次提出用特征描述的方法来区分单一系统和体系，用来辨识体系的特征被概括为元素运行独立性、元素管理独立性、进化发展、涌现行为和地理分布等。

2005年，美国体系工程研究中心（System of Systems Engineering Center of Excellence，SoSECE）和老道明大学（Old Dominate University）国家体系工程研究中心（National Center for System of Systems Engineering，NCSoSE）的建立，标志着专业化体系工程研究机构的正式成立。美国麻省理工学院和普渡大学也分别从工程系统领域和智能交通系统方面开始致力于体系设计相关技术的研究。

2007和2008年，美国国防部分别发布了体系工程指南和体系的系统工程指南，从条例的角度规范了美军体系环境的特征、体系工程的复杂性识别，以及系统工程从业人员实践指导。

2011年，Luzeaux、Ruault和Wippler出版的《复杂系统和体系工程》，以及Cantot与Luzeaux主编的《体系的建模与仿真》，在很大程度上推动了体系研究进入成熟期。

目前，关于体系的定义较多，概括起来，大体有三点可以称得上是共识。

① 认为系统和体系都符合公认的系统内涵，即由要素构成。要素之间相互关联，具有特定功能使命，以及整体大于部分之和。体系是一类特殊系统，但并不是所有的系统都是体系。

② 关于体系的权威定义，大多基于2007年美国国防部发布的体系工程指南给出的定义，即为一组或一系列独立的、有用的系统集成到一个更大的系统，能够提供独特的能力，集成后各个独立的系统可以相互依存，是一个相互依存和相互受益的综合系统。

③ 大多数学者认同Maier 1998年曾提出的体系五大关键特性，即组分系统运行独立性、组分系统管理独立性、地理上异地分布、具有涌现行为、具有进化的发展过程。

7.1.2 网络空间与网络信息体系

从作战域的角度讲，网络空间是一个新型作战领域，与陆、海、空、天等相并列，一起构成全域多维联合作战复杂战场空间。未来战争中的主要作战样式将是基于网络信息体系的联合作战。关于网络空间与网络信息体系的关系，可以大致概括为以下几点。

1. 网络信息体系是网络空间的实在支撑

前面讲过，网络信息体系是指依托信息基础设施，通过集成各类信息系统所形成的复杂系统，是指挥控制、预警探测、武器控制等信息系统的综合集成，是融合了网络信息共享环境和信息服务保障环境的有机整体。其核心内容是信息网络、信息系统，以及各类信息等。从概念内涵上区分，网络信息体系是网络空间的实在支撑，或者称物质基础。因此，网络空间的概念要大于网络信息体系，网络信息体系概念的形成使网络空间研究更加具象。同时，网络空间和网络信息体系都强调“联”和“通”。基于网络信息体系，就是基于网络空间，将原先单独存在、独立发挥作用的武器系统和作战部队聚合成相互关联、互相影响的武器装备体系和作战体系，使体系作战能力的生成和释放有了必要的条件和基础。

2. 网络信息体系是构成武器装备体系和作战体系的关键支撑

不管是武器装备体系，还是作战体系，要想真正形成体系，并形成体系作战能力，就离不开网络信息体系。有人认为，网络信息体系的主要内容是 C^4ISR 系统，即指挥员、指挥机构为进行作战筹划，以及作战指挥活动实施指控和管理所依托的设备、系统的总称。指挥信息系统、数据链系统、联合信息分发系统等都是典型的网络信息体系的主要组分。网络信息体系的各个组分共同构成唯一的人造空间——网络空间。因此，可以讲网络空间强调了对体系的“联”与“通”，正是有了网络空间的强有力支撑，原先单独存在、独立发挥作用的装备系统和作战单元才有可能聚合成相互关联、相互影响的武器装备体系和作战体系，体系作战能力的生成才有了必要的基础支撑。

3. 网络信息体系是形成联合作战能力的“黏合剂”和“驱动器”

网络空间是继陆、海、空、天之后的第五作战领域。未来作战是基于网络信息体系的全域多维联合作战，联合作战的作战能力与效能是基于网络信息体系并在体系动态对抗中涌现出来的。因此，可以讲，网络信息体系是形成联合作战能力的“黏合剂”和“驱动器”。从一定意义上讲，网络信息体系效能评估就是对联合作战能力与效能进行整体评估的重要角度和主要内容。

7.2　体系能力评估面临的挑战

目前大家之所以对体系高度关注，主要是因为未来战争比拼的不是单件武器，而是体系。钱学森 20 世纪 90 年代就指出，现代战争是“体系与体系的对抗”。以美军为例，无论是装备发展规划，还是新作战概念的开发均强调发挥体系的作用，其新型作战概念很重要的一部分内容就是塑造攻防两端的作战体系。我军也清晰地认识到体系在未来战争中的关键地位。

过去适用于机械化战争时代的能力评估方法有很多，这些方法在过去是有效的，或者从某种程度来讲可以解决很多评估的问题。例如，指挥员对比计算敌我双方的能力，就是数人头、数火力，在那个时代是非常有效的。但是，在网络时代，这些能力评估方法会面临新的挑战，挑战来自体系的本质特征。

体系是系统的系统，是能够进一步涌现出新的性质的独立系统的集合。这些独立系统是相互关联的，也是多种软硬因素的结合。它们在一个共同的目标和使命约束下运行。由于这些特点，体系具有典型的复杂系统特征，如涌现性、不确定性、适应性、不可分解性等。那么，这些体系的特征作用到网络空间作战产生的体系能力上又有哪些特点呢？

7.2.1　体系能力具有整体性

我们看到的一些作战效果，实际上背后有个庞大的体系支撑。例如，在击毙本·拉登的行动中，表现出的作战能力决不仅是靠前面的二十几名特战队员，而是后面一个庞大的支撑体系，天上有卫星、海上有航母、中间有无人机和空中力量的支援等。体系从武器装备上讲，是通过网络连接各个作战单元；从作战理论上讲，则是一个联合作战体系，包含联合文化、联合制度、联合指挥体制、人员和武器装备等一系列的因素。也就是说，体系会涌现出新的整体性质，即出现“1＋1＞2”的整体性效果。我们评估网络空间作战产生的体系能力时，不能像盲人摸象一样，只根据它很小的一个角度或侧面来评估，也不能单独采用还原论的分解思想，而是要系统地从整体上去把握。

7.2.2　体系能力具有非线性

非线性有多种表现形式，既可以表现为涌现的不确定性，也可以表现为能力的跃升或者坍塌。例如，执行网络攻击任务的无人蜂群的出现，可能导致过去防空体系的坍塌。过去的防空体系对常规飞机是有效的，能够看得到、拦得住，但在无人蜂群出现之后，拦截概率可能从 50％、60％直接降到 0，体系能力完全坍塌了。又如，“舒特”系统出现以后，美军就感觉整个体系能力上了一个大台阶，这不是线性的变化，而是跃升，像量子的跃迁一样，直接从一个能级跃迁到另一个能级。这种非线性也给体系能力评估带来很大困难。

7.2.3 体系能力具有相对性

相对性是指体系能力是在运动中产生的。效能的表现是一个动态的过程。对于不同的战场环境、作战对手，体系表现出的能力是不一样的。体系能力的相对性在体育比赛中表现的最明显。例如，姚明在 NBA 的时候，他所在的火箭队打湖人队时，两队都采用强中锋战术，此时火箭队占优，但是打采用“跑轰战术”的太阳队就不占优势，放到现在，对库里这种“跑轰加三分”的勇士队就更不占优，这就是相生相克的道理。美军很早就意识到这个问题，在 2008 年版的《作战纲要》里就指出：战斗力不是一个数值，它可以评估，但不能量化，因为战斗力总是相对的，只有在相对于条件和敌人能力时，战斗力才有意义。这句话值得深思。

7.2.4 体系能力具有演化性

体系会学习进化，并不断成长。体系结构是可变的、自组织的。体系是复杂系统，它与普通的系统不一样，例如自行车和汽车的能力是固定的，将来只会磨损，无法进化出新的能力。对于军队而言，不断地有新装备列装和老装备退役，随着训练水平的提高、人员的更替、体制的调整等，其战斗力都会发生变化，这是一个不断演化的过程。这种在时间和空间尺度上的不断演化，就给体系能力评估带来新的挑战。有一句话说得好：“体系不能建造，只能演化。”成功的体系建设往往是：“边建边用，逐步完善。”

以上所有的这些特征，最后集中体现在体系能力的不确定性。量子力学中有一个测不准原理，而对于体系来讲，它的能力其实也是测不准的。体系在不同的环境中、面对不同的对手、选择不同的方案、执行不同的任务时，其所表现出的能力也是不同的。具体原因主要有两点。一是体系的动态结构在演化中发生了变化，这导致体系能力也在动态变化。二是能力通过效能表示，而效能有一定的随机性，而且与环境、对手等条件密切相关，因此效能无法用固定的值来表示。总的来说，体系能力评估面临一系列新挑战。一是体系是复杂系统，传统方法已不完全适用，应该基于什么评估理念，才能正确反映体系的性质和特点？二是体系的要素众多、关系复杂，应该采用什么新的评估方法，才能有效地评估体系的能力，满足应用需求？三是对于新的评估方法，需要什么关键技术突破才能实现？

因此，对于联合作战体系的能力评估，需要研究新的评估理念、方法，甚至包括一些具体的评估技术。

7.3　体系能力评估的方法与基本理念

研究体系能力评估的科学理念和方法，首先需要分析通常进行体系能力评估大概会用到哪些方法，以及这些方法的优劣与适用范围。这是体系能力评估研究的起点。

7.3.1　体系能力评估的三类方法

从通常意义上划分，体系能力与体系作战效能的评估方法大体上有数学解析计算评估方法、基于历史数据和实验的统计评估方法，以及基于计算机仿真分析的评估方法。

1. 数学解析计算评估方法

所谓基于数学解析计算的评估方法，是根据能力指标与给定条件的函数关系建立数学解析模型来计算效能指标的方法，它是当前体系能力评估研究最为常用但也受质疑最多的方法。此类方法一般分为四个步骤，包括建立指标体系、低层指标评价、指标聚合、获取顶层评估数值。常见的有指数法、有效性可靠性可用性(availability dependability capacity，ADC)方法、层次分析法(analytic hierarchy process，AHP)、系统效能分析(system effectiveness analysis，SEA)、模糊综合评估法、灰色理论方法、概率模型评估方法、效用函数分析法、网络分析法、影响图方法等。

指数法将综合性的能力指标进行分解，为感兴趣的因素建立指数描述，并对这些指数进行加权聚合，从而达到对能力进行评价的目的。

AHP根据研究对象的性质将要求达到的目标分解为多个组成因素，并按因素间的隶属关系，将其层次化，组成一个层次结构模型，然后按层分析，最终获得最低层因素对于最高层(总目标)的重要性权值，或进行优劣性排序。该方法引入了定性分析的过程，可以体现定性与定量相结合的特点，但在指标的合成上依然沿用线性加权的方法。

ADC将系统效能定义为系统可用性、可信性和固有能力的函数，是得到广泛应用的效能评估方法，但难点在于能力矩阵往往很难给出，并且不能很好地反映系统要素之间的复杂联系及其对效能的影响。

SEA通过把体系能力和使命要求在同一公共属性空间进行比较，得到效能评价的若干分量，适当地组合这些分量，最终获得对系统的总评价。该方法实际上是一种方法论，系统效能分析建模需要根据具体的系统、环境和使命具体分析。

数学解析计算评估方法曾在武器装备能力评估和作战能力评估中起到了十分

重要的作用。工程实践中一般倾向于选择解析方法，因为简单明确，易于工程实现。然而，大多数解析方法都是基于还原论思想，并且在静态条件下使用，难以反映体系的动态性、涌现性、不确定性等复杂性特点，特别是难以反映信息化战争中信息和网络要素对于体系整体能力的重要影响。

2. 基于历史数据和实验的统计评估方法

基于历史数据和实验的统计评估方法，是指通过有针对性的组织演习、开展战争实验，以及对实战中的作战数据进行统计分析等研究战争体系的方法，也是体系能力评估的重要方法之一。在各国军队中，美军最为重视采用演习、作战实验的方式对作战体系能力进行评估和验证。早在“千年挑战 2002”联合一体化军事演习中，美军通过 50 多个作战模拟系统互联的大规模联合演习，对《2020 联合构想》中提出的“快速决定性作战”（RDO）和“基于效果作战”（EBO）等新型作战概念及武器装备体系的整体作战能力进行验证。近年来，为了应对来自赛博空间的威胁，在国土安全部、空军空间司令部和两党政策中心牵头组织下，先后实施了“Cyber Storm”系列演习、“Schriever”系列演习和“Cyber Shockwave”演习，旨在测试各组织应对潜在赛博威胁的能力，锻炼其在攻击出现时做出战略决策，并相互协作的能力，验证情报共享、通信保障和对赛博空间态势的收集感知能力。美国国土安全部从 2006 年起已经举行了多次“Cyber Storm”系列演习，内容涉及互联网身份认证系统和域名系统的攻防战等，旨在测试和锻炼各组织应对潜在 Cyber 攻击威胁的能力，探索国家基础设施保护战略。演习采用 Cyberspace 想定建模及分析工具 CyberSMART，通过低分辨率行动建模、宏观事件响应等机制进行 Cyberspace 仿真，并采用大量实际的网络设备和半实物的仿真系统进行作战效果的评估。美国两党政策中心于 2010 年发起了“Cyber Shockwave”演习，演习内容涉及 Cyber 攻击效应传播、计算机病毒传播等，旨在突出反映网络中存在的问题，展示政府应对赛博攻击的策略。演习采用战略对抗演习方法进行策略研究与评估，通过虚拟事件、系统模拟、角色扮演、和集体研讨得出结论。

美国空军空间司令部自 2001 年至今发起了多次“Schriever”演习，旨在论证空间武器装备的建设和运用问题，并在“Schriever V”演习中首次引入赛博空间对抗，验证了赛博空间具有全球效应、快速攻击、信息获取和超远程打击等特征。

在战争实验方面，美军先后提出先期技术演示计划、先期概念技术演示计划，以及联合能力技术演示计划，强调对多种新装备及新技术在武器装备体系中的技术融合能力进行演示验证实验。在《美国国家网络空间安全综合倡议》推动下，启动了美国国家网络靶场（National Cyber Range，NCR）项目，构建了一个实战化、物理化、智能化的网电靶场环境。CWEID 实验室推出用于赛博作战支撑技术的研究、开发、实验和革新的网络靶场核心资助项目 SHARCNet，该项目通过构建红、白、蓝网络空间进行赛博攻击、分析和防御的研究。Los Alamos 国家实验室开发了 CyberSim 网络仿真分析系统，面向邮箱、网络社区等在线社交网络信息，采用基于规则、神经网络、支持向量机等方法，分析网络中软件的脆弱性和恶意软件的传播，并对传播过程进行了可视化展示。美国 Sandia 国家实验室以物联网环境为背景，针对网电威胁下的系统弱点，以及受攻击后的系统表现等问题，开发了一个虚拟控制系统环境(virtual control systems environment，VCSE)，用来论证各类网电威胁的后果，帮助评估控制系统的优化升级方案等，成为了一个面向网络空间的体系能力智能分析软环境，在国家关键信息基础设施安全防护分析领域应用广泛。美国明尼苏达陆军高性能计算机研究中心研发的 MINDS 入侵检测系统(minnesota intrusion detection system)采用数据挖掘技术自动检测计算机网络和系统的攻击，弥补了先前研究中定量不足和未经真实数据验证的缺陷。西点军校开发了由黑客攻击网、被攻击目标网、指挥控制网、研究网构成的网络战实验环境，通过实验数据研究网络战行动及系统的效能。

基于历史数据和实验的统计评估，从数据处理方法来看，主要采用数理统计的相关方法，如抽样调查、参数估计、假设检验、回归分析等，还有数据挖掘方法，如决策树、分类、聚类、粗糙集、关联规则、神经网络和遗传算法等。

3. 基于仿真推演的评估方法

基于仿真推演的体系能力评估方法是指利用建模仿真技术构造体系对抗的作战实验环境，通过对仿真结果数据的综合处理评价体系能力和体系作战效能的方法。这种方法考虑因素相对周全，适合对抗条件下的作战效能评估，是目前体系研究的主要方法。

基于仿真推演分析评估的首要问题是体系建模。从建模方法来看，早期的计算机仿真基于解析计算模型，是传统解析方法与计算机技术的结合产物。随后出现了事件驱动的战斗仿真模型，可以有效地描述实体之间各种事件发生和影响的效果，逐渐成为作战模拟和武器装备系统仿真的主流方法，也出现了一些具有代表性的仿真分析系统，如海军仿真系统(NSS)、扩展的防空仿真系统(EADSIM)、联合作战仿真系统(JWARS)等。但是，这种由事件驱动的仿真由于不强调对于实体自主行为的建模，难以反映战争复杂系统的涌现性。

随着人们对于战争复杂性认识的进一步深入，特别是复杂适应系统(complex adaptive system，CAS)理论的提出及面向对象开发技术的广泛应用，基于 Agent 的建模(Agent-based modeling，ABM)方法逐渐成为体系建模的主流方法。当前，国内外基于 Agent 的体系建模研究主要集中在开发基于多 Agent 的建模仿真平台和系统，进而对战争系统某一方面的特定问题进行研究。例如，在美国海军陆战队阿尔伯特计划资助下完成的 ISAAC、EINSTein、Socrates、Pythagoras 等系统，都是基于多 Agent 建模方法，采用自底向上的涌现性建模来研究军事系统中的复杂性问题。这些系统在网络中心战建模、美陆军对空间装备的需求分析和评价、网络中心战的数据融合和天基传感器作战效能分析等方面都得到了应用。其他比较著名的作战仿真系统还包括新西兰的 MANA、澳大利亚的 WISDOM、CROCADILE 等。上述系统的共同特点是仿真对象的层次较低（营以下），各 Agent 之间通过简单的交互"突现"战术层次的集体行动（如迂回、穿插等）。近年，美国普渡大学在美国国防部的资助下研制了面向分析与仿真的综合环境（synthetic environment for analysis and simulation，SEAS）系统，通过对个体、团体、组织等不同层面的 Agent 进行感知、目标、动作、行为建模，实现对政治、军事、经济、社会、基础设施、信息（political，military，economic，social，infrastructure，information，PMESII）等多领域战争层面问题的研究。基于 SEAS 系统开发的虚拟国际系统（virtual international system，VIS）可以模拟全球 62 个重点关注国家，能够支持超过上亿个 Agent 实体的仿真。运用 SEAS，美军联合部队司令部进行了"Multi-National Experiment 4"和"Urban Resolve 2015"等演习活动。基于 Agent 的体系建模方法为通过个体建模获得体系层面的整体性效果提供了切实可行的方法，但其弱点在于对体系组分之间复杂的网络化关系的描述比较困难。复杂网络理论的出现恰好能够弥补 ABM 方法在网络建模方面的不足，其相关研究现状将在 7.4 节详细介绍。

基于仿真推演的体系能力分析面临的另一个重要问题就是如何对仿真取得的大量结果数据进行快速有效的分析。兰德公司在 20 世纪 90 年代提出探索性分析方法。早期的探索性分析多基于解析模型，难以体现体系的复杂性特点。探索性仿真实验分析方法随之被提出，并且大量应用于武器装备体系和作战体系的研究。探索性仿真实验分析方法发挥了探索性分析和计算机仿真技术二者的优势，一方面继承了探索性分析方法对不确定因素的空间试探的思想；另一方面采用"自底向上，整体涌现"的建模思路构建研究问题的仿真模型，实现了对体系效能的整体、动态的研究。探索性仿真实验分析方法面临的主要问题是体系不确定性因素带来的"组合爆炸"问题。因此，探索性仿真实验特别注意对想定空间、参量空间和样本空间的选择、优化、收敛，以及对大量样本实验产生的结果数据的分析，相应地也提出拉丁方抽样、支持向量机等一系列的空间优化方法。在探索性分析方法得到广泛应用的同时，出现了一种新的探索分析复杂系统的方法——数据耕耘（data farming）。数据耕耘的核心思想是结合人的定性研究分析和计算机大样本空间探索来快速收缩探测空间，实现快速聚焦关键因素，对体系进行研究。该方法不但能对战争系统中存在的大量不确定要素进行整体性分析，而且能够通过奇异分析，加大对小概率事件的把握，更加符合战争迷雾和不确定性的本质。

4. 体系评估方法的总结分析

要想对体系进行评估，就要建立树状指标体系，先进行单项评估，然后再进行综合评估，如某作战系统相关的信息系统能力指标体系涉及探测、伪装、抗扰、响应、机动、链路攻击、生存维持等指标。数学解析计算评估方法和基于历史数据和实验的统计评估方法，要求选定的指标要符合针对性、独立性、完备性、可测性、客观性、简明性等原则，但这只能在静态(或弱动态)条件下才能做到。因此，这两种方法都无法适应在动态对抗条件下实施体系评估的科学要求。仿真被认为是最有希望的体系评估手段。我们知道，建模仿真是人类认识和改造世界的第三种途径。作战仿真是研究战争、设计战争的有效手段，当然也是研究体系评估问题的一种有效途径。近年来，在体系仿真和效能评估方法上都取得很大进展，出现了探索性仿真、数据耕耘等技术。当前，国内外很多单位都在开展基于仿真的体系评估研究，但在确定体系评估的科学理念与方法上还面临诸多困惑。

通过研究，我们认为体系评估要实现三个转变。一是将“指标树”转为“指标网”，抛弃能力指标独立假设，客观反映各指标之间关系实质。指标间是网状结构而非树状关系。二是将“简单和”转为“涌现和”，抛弃能力与效能可分解的假设，不能用局部指标简单求和来得到整体效能，综合效能应该是涌现出的网络化整体性效果。三是将“单一值”转为“结果云”，抛弃能力结果单一假设，要认识到结果与决策是相关多值变化的，应该建立在整体、动态、对抗基础上。

7.3.2 体系能力评估的基本理念

对于体系能力评估，我们的基本观点是：体系能力评估不能简单的量化，应该用整体、动态、对抗的方法去测量评估。要将整个作战体系放在真实的联合作战背景下，与真实作战对手进行对抗，用动态测量的方法去评估整体的能力。近年，我们采用复杂性科学与大数据方法相结合的思路，探索出一套全新的体系能力评估方法。这个方法的具体思路是，将人在回路的兵棋推演和人不在回路的作战仿真两种方式结合起来，利用大数据的思想，采集所有的数据，然后进行分析挖掘，发现作战体系的运行规律，评估体系的能力。在多年来的探索中，我们形成了体系能力评估的三个基本理念。

1. 从定性到定量的综合集成

这个理念是钱学森先生 20 世纪 80 年代末期提出来的，它并不是简单的定性定量相结合，而是非常强调定性分析。其核心内涵是，从定性分析出发，经过定量分析再回到定性分析。这个理念对体系能力评估是具有方法论意义的指导，具体可以从以下三层面来理解。

(1) 第一个层面:以人为核心

过去的作战实验评估往往是一个单向流程,从作战实验设计和作战实验运行到作战实验评估、统计、分析,并没有反馈和回路。但这种传统的作战实验评估方式无法适应体系整体、动态和对抗等复杂性特点。我们认为,体系能力评估应该是一个循环往复的过程,在循环过程中不断根据反馈,修正初始设计和评估方法,而循环的主导者是人。如图 7.2 所示,我们提出由想定准备环、想定提炼环、仿真实验环、实验分析环,以及人在回路的聚焦实验环组成的"五环实验框架"。无论是想定准备、想定提炼、仿真实验、数据分析,还是整个实验运行,都需要人在回路,以人为核心,以定性分析为主要方式。例如,想定准备首先要把作战问题搞清楚,把双方指挥官的作战思路搞清楚,才能有一个基准仿真实验想定。这就是以作战人员为核心。总之,在五个循环中,都需要以人为核心。

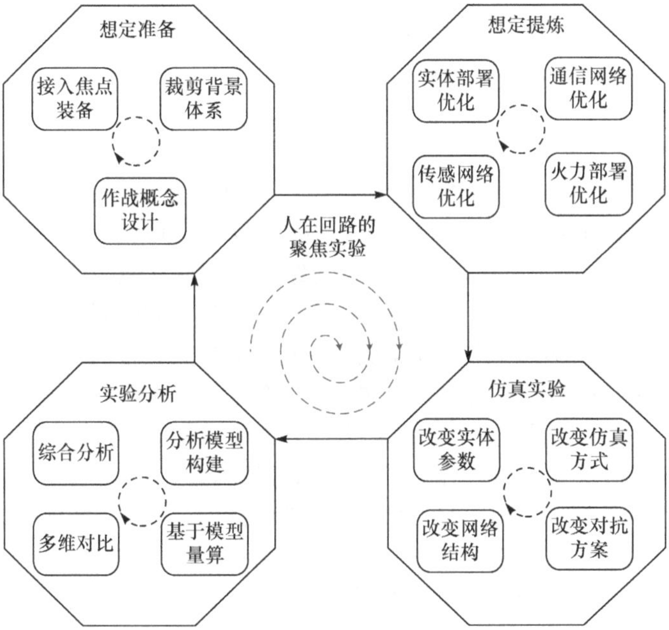

图 7.2　体系仿真实验的"五环实验框架"

(2) 第二个层面:结合人在回路与人不在回路两种方式进行推演

这两种推演方式不是并列的,而是有主次,以人在回路的推演为主,人不在回路的探索性仿真为扩展。具体来说,人在回路的兵棋推演由于指挥员和参谋人员在回路,大量的决策是人做出的,反映了战争的本质,可以更好地反映战争的复杂性,因此可以反映作战体系的整体效能;人不在回路的探索性仿真采用随动、扩展的运行模式,探索某一时刻、体系处于某一状态时的能力。

(3) 第三个层面:指挥员是推演的主导

美军在作战条令中已经配套制定了相应的条例规范,对兵棋推演各个环节指挥员和主要岗位参谋人员的职责、分工要求进行具体明确,建立使指挥人员能真正深度参与推演的机制,把推演过程真正变成指挥员深化思考与细化完善构想、方案和计划的过程,使兵棋推演能够切实融入作战筹划的过程中。在人在回路的兵棋推演中,这个"人"其实指的是指挥员,而我军这些年在实践中还没有很好地理解这一点。过去使用兵棋进行推演,发现很多指挥员把推演任务直接交给任务规划人员,好像交给他们用系统推演一下,得出结论就可以了。后来发现这样不对,这样推演的结果不真实。为什么呢? 因为所有的仗都是由指挥员主导的,如果换一个指挥员,仗就是另一个打法。因此,指挥员不在回路、不主导,兵棋推演就违背了从定性到定量的方法论,推演的结论就不再可信。在兵棋推演中,一定要以指挥员为主导,这样兵棋推演的过程和结论才是可信的。

以上是对"从定性到定量的综合集成"的三个层面的解读,这些具体理念都源于我们的实践。

2. 强调体系对抗推演

体系对抗推演的核心在于"对抗"两个字。过去的推演往往对蓝军也就是对手的研究不够,如果对对手不了解,推演的过程一定不会可信,结果也不可能可靠。这些年,我们对兵棋推演的具体实践可以总结为四句话:"使命任务为基础、联合作战为条件、红蓝对抗为根本、过程推演为方法"。这四句话中第三句最重要:红蓝对抗为根本。美军非常重视兵棋推演,最近提出要重振兵棋推演。2014 年 11 月,美国国防部在《国防创新倡议》中正式发布"第三次抵消战略",提出通过颠覆性技术、作战概念、兵棋推演、组织结构、国防管理等五大领域创新,抵消对手不断增长的实力。2015 年 2 月,沃克发布《兵棋与改革创新》备忘录,进一步要求整个国防部要实现兵棋推演系统化、制度化,助力"第三次抵消战略"。在信息化战争时代,兵棋推演作为一种有着 200 多年历史的技术手段,为何被提到这样前所未有的战略高度? 这反映了美军对兵棋推演的重视,同时也带给我们新的反思。兵棋推演的英文为 war gaming。game 这个词本来就是对抗博弈的意思。美国国防部的权威定义是:"两方或两方以上对抗力量,采用预先设计的规则、数据和过程来预测实际或假想情况的模拟方法"。该定义并不关注采用什么工具、系统,如手工兵棋、计算机兵棋,用什么都可以,但兵棋推演一定要两方以上对抗,也就是说,对抗是兵棋推演的本质特征。兵棋推演的手段不重要,关键是要对抗,要用过程推演,基于对抗的兵棋推演过程才可信,结果才真实。

3. 大数据科学范式

科学研究的范式是指那些在一段时间内为科学家所共同接受的科学信念,是一组假说、理论、准则和方法的总和，用于指导科学研究。目前公认的科学范式有三种：第一范式是科学实验，通过观测、记录、验证得出发现；第二范式是理论推导，通过逻辑推导、数学证明得出发现；第三范式是建模仿真（科学计算），通过科学计算模型仿真得出发现。现在微软的吉姆·格雷又提出新的范式，这就是云计算和大数据时代的大数据科学范式，其核心思想是以海量数据处理为中心。大数据是一种思维方式的革命，可以总结为“全体数据”代替“样本数据”、“相关分析”超越“因果分析”、“深度挖掘”升级“统计分析”、“可视数据”洞察“抽象数据”。大数据科学范式给体系能力评估带来了新的思路，具体落实到兵棋推演方法上，有以下三个方面。

① 全面的数据采集。过去仿真只是按照数据分析的需求记录“变量”和“系统”状态。大数据思维则要求不做过多筛选，进行全过程、全要素的记录，尽可能地保留所有数据。体系是一种复杂系统，具有整体性、不确定性等特征，在研究体系运行规律时，无法预知哪些数据是真正有价值的。因此，先全部采集下来，再基于数据进行分析研究。

② 多线索的数据耕耘方法。大数据分析方法需要海量的数据作为支撑，仅依靠人在回路的有限次推演得不到这么多海量数据。因此，要想办法创造更多的数据，有目的的创造数据。具体的方法是，将人在回路的推演与人不在回路的探索性仿真相结合，以兵棋推演形成的总体框架为作为基线想定，对推演过程中的关键行动点或探索点，展开支线想定，采用人不在回路的方式进行成百上千次的探索性仿真，得到大量的数据，从而为大数据分析提供支撑。

③ 深度的分析和挖掘。过去作战评估采用的指标是简单的战损统计，如发了多少枚导弹、毁伤了多少三代机或四代机、打了多少部雷达等。这些指标不能说没有用处，但是太简单了，无法反映体系的真正能力。要基于复杂网络模型、深度学习算法等，对大数据的富矿进行重新组织和深度挖掘，从而得到整体的体系作战能力。复杂网络（含超网）模型天然适合体系的分析，机器学习、深度分析等技术能够挖掘数据中隐含的各种关系，这些技术与大数据的结合能够挖掘出很多意想不到的“财富”。

从定性到定量的综合集成、体系对抗推演、大数据科学范式这三个理念结合起来，就能够更好地完成对动态体系能力这个测不准的对象进行有效评估，进而辅助作战筹划与决策。

7.4　体系能力评估新技术

在以上理念和方法的支持下，我们进行了一些关键技术研究，包括仿真实验设计技术、推演规则体系与数据体系技术、仿真推演平台技术、仿真推演组织技术、仿真数据采集管理技术、仿真数据分析技术等。仿真数据分析技术是重点，包括整体性超网分析技术、面向使命任务的分析技术、基于动态测量的分析技术、能力图谱与可视化分析技术等。

7.4.1 基于超网的体系能力评估

以往采用建模仿真方法来评估体系，更多的是重视指标体系的构建，通过对仿真结果的简单计算或统计分析得出体系的效能值。但是，随着对体系对抗仿真认识的深化和复杂网络理论的发展，观念需要进一步转变，要求从“效能数值”到“演化机理”，从“数据分析”到“数据建模”。在观念转变的基础上，具体如何评估网络空间及网络空间作战对联合作战背景下的体系作战效能的倍增器作用？如何反映“1+1≥2”的体系效能作用机理？就需要突破相应的体系能力评估方法。超网络是复杂网络理论研究的新成果，可以帮助人们更好地认识体系对抗作战效能的形成和释放过程，有必要进行深入的探索。

1. 超网络理论对体系评估研究的适用性

超网络与体系在理论上具有较好的同构性，即体系可看做由不同网络系统按一定的组成结构和运作流程组合而成的更高层次“网络之网络”。与传统基于单一网络理论相比，基于超网络理论对体系进行研究具有以下优势。

(1) 更有利于反映体系结构

在现实世界，体系是由系统组成的更高层次的系统，各系统是分开管理和独立运行的，系统之间的交互只是在特定的边界产生。传统单一网络理论的建模将整个体系抽象为一个网络，没有区分各种功能网络，既不能体现功能网络内部的特殊关系，也不能体现网络与网络之间的各种级联关系。超网络理论则按照节点-功能网络-体系三个层次抽象体系，将体系看做是“网络之网络”。这正好与体系的概念“系统的系统”对应，采用超网理论研究体系，既能反映体系各功能网络的内部结构，又能反映不同网络之间的级联关系。

(2) 更有利于反映级联失效等体系特点

体系具有级联效应、坍塌、涌现、跃迁等性质，这些性质源于体系内部，以及体系与外部环境的复杂交互。这些交互属于不同的异构网络，是互相依赖的。最近研究表明，超网的渗流特性与单一网络的渗流性存在较大的差异：度分布广的网络(如无尺度网络)在作为单一网络分析时鲁棒性好，但是在超网下则是脆弱的。网络与网络之间的复杂关系导致级联失效，当网络之间存在相互依存的强耦合时，渗流变换是不连续的(一级相变)，不同于单一网络的连续二级相变，从理论上解释了体系的坍塌、跃迁现象，如图 7.3 所示。

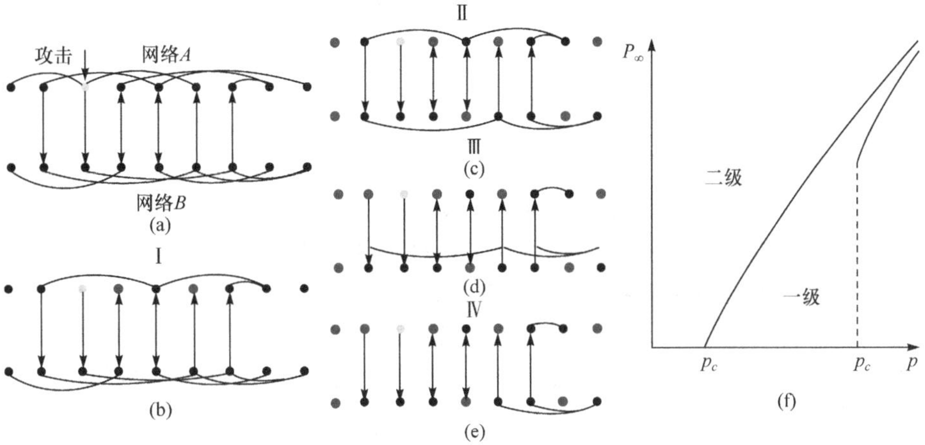

图 7.3　超网的级联失效与渗流变换函数曲线

（3）更有利于研究从微观到宏观的体系行为

在以往的研究中，通常将整个体系中的各个组成部分不加区分地抽象为节点和节点之间的关系，或将研究重点集中在功能网络这一个层次，忽略了对功能网络之间的运作流程，以及级联关系的考虑。采用超网络理论可以更加精细地描述体系内部的组成，以及运作流程，更有利于揭示一些体系内在的机理。

2. 体系的超网评估模型

从体系评估的角度看，体系中的网络主要分为物理网和各种逻辑网。其重点是逻辑网，大致可以分为关系网和交互网。关系网是形成特定功能和完成任务的基础，交互网是履行功能和任务的载体，因此可将网络信息体系能力评估模型重点按物理网、关系网和交互网进行描述。

（1）物理网

物理网是体系在物理域的映射。节点表示各种实体的物理实体。边是它们之间的物理链路。本质上，物理网是由异质的节点和链路构成的网络。

（2）关系网

关系网是各种软件规定的组织关系和作战关系的集合，包括指挥、支援、协同和保障等关系，是对作战单元间交互性质和趋向的一种规范。从这个角度看，可以认为作战计划/方案也是关系网的一部分，因为它在很大程度上规定了作战单元交互的时序、条件、路径和方向。

（3）交互网

交互描述了实体在完成行为的过程中，对各有关实体产生的相互作用的效果。与关系网相似，对抗中与对手的交互（攻击、探测等）是交互网的重要组成部分，因此交互网是体系运行过程中作战单元之间，作战单元与环境（对抗方）的物质、能量、信息等交互的网络化表达。

（4）体系超网络模型

根据节点和边表示的不同内容，抽象出的不同网络代表体系在静止或运行过程中的不同侧面。物理网、关系网和交互网就像一个三维物体在不同二维平面上的投影，每个投影反映体系某方面性质。投影的总和与体系是等价的。

如图 7.4 所示，物理网和关系网对交互网起到支撑和规范的作用，交互网中的效果反过来影响物理网和关系网的形态。如果将体系网络与我们日常生活中的各种管线做一比较，那么物理网就是基础的管道。关系网络是管道中流的动力来源和路径约束，如水压、电压和各种阀门等。交互网络代表流情况，既受管道影响，也受使用因素影响。

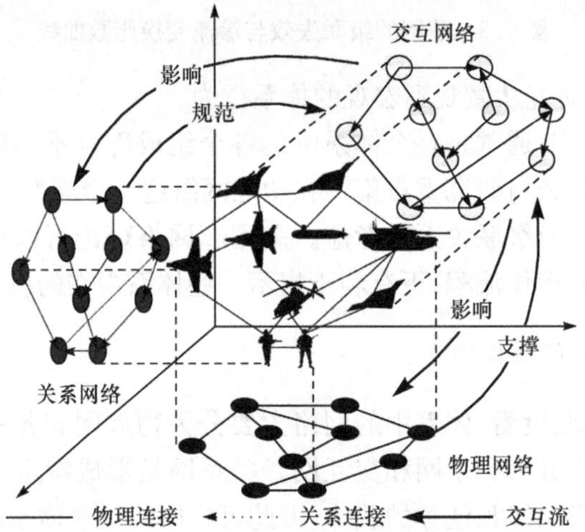

图 7.4　体系的网络映射

3. 体系能力贡献度

目前，类似于“某指挥信息系统的体系能力贡献度”等体系评估研究受到了高度重视。但是，贡献度的本质含义是什么？都包含哪些方面的内容？贡献度可量化吗？如果贡献度可量化，那么该如何量化？量化后有多大意义？贡献度有助于解决装备发展中哪些问题？这一系列问题在引发人们思考的同时，也在不断促进人们对装备复杂体系和体系能力的认识和理解，促进体系评估方法和技术的不断进步。

贡献率和贡献度的含义相同，均源自经济领域的贡献率。贡献率既可以表示投入或资源的收益率、利用率等，也可以表示各分部门对总体收益的贡献比率。金融部门通过不同项目的投资收益率和风险之间的关系确定不同项目的投资比例。企业根据不同部门的利润贡献率调整发展策略，实现对市场的正确反馈。在军事领域，体系能力贡献度研究属于体系能力，贡献度不但继承了体系能力的复杂性，还有其自身的特殊涵义，对它的研究需要首先明确其基本概念和性质。

武器装备的体系贡献度综合反映了单件武器装备对体系的整体作战效能或能力的贡献程度，代表该装备对体系能力提升的促进作用。我们认为武器装备对体系能力的影响和贡献可以归纳为四个方面。

① 提供了新的能力种类，拓展体系能力的维度，如网络空间作战能力等原体系中不具备的能力。

② 补齐了能力的短板，如提升或改进原有装备的技战术性能，增强体系能力的薄弱环节，大幅提升原有作战能力。

③ 提高了体系的运行效率和体系的交互融合度，促进了信息的融合共享，如现代化的 C^4ISR 系统等。

④ 降低成本，包括建设和使用成本。

从这种意义上讲，贡献度既可以通过装备对体系能力或特定的任务效能的影响度来度量，也可以通过资源投入与体系能力提升的比例度量。

下面从网络信息体系的角度简要探讨体系能力贡献度的问题。

所谓网络信息体系能力的贡献度，是指构成网络信息体系的组成要素及其组合对体系整体能力作用和影响的度量。它反映了在面向特定使命任务时，各组分作用发挥与联合作战整体作战效果之间的关系。

网络信息体系的贡献度是包含与不包含该组分的两种体系状态的比较，在效能可简单量化条件下，初步给出贡献度的概念模型，即

$$\text{装备}A\text{的体系效能贡献度}=\frac{\text{体系作战效能}_{\text{包含装备}A}-\text{体系作战效能}_{\text{不包含装备}A}}{\text{体系作战效能}_{\text{不包含装备}A}}$$

7.4.2　面向使命任务的分析技术

过去我们通过复杂网络工具找出来的指标都是复杂网络本身的指标，是技术视角的指标。很难解释清楚军事含义，指挥员也听不懂，接受起来比较困难。而指挥员关心的能力，恰恰是整体性的指标，不是局部、底层的指标。例如，对特定使命任务，什么指标达到什么程度标志着使命任务的完成。这反映出指挥员和技术人员之间存在语义鸿沟。因此，我们提出用使命任务指标及其分解来更清晰地表达指挥关心的整体能力的方法，特别是通过效能指标来体现体系能力。这个模型的基本思路是，将使命任务分解成作战任务，具体的任务都对应有作战行动和指标，每个行动成功与否都有指标来度量，具体的指标由指挥员来明确。

那么，具体如何分解效能指标呢？我们提出使用使命任务效能时间-空间-力

量(T-S-F)三维模型来更清晰地表达指挥关心的整体能力的方法。时间维表示作战阶段,空间维表示作战方向,力量维表示力量编成。以某项任务指标设计为例,时间维可以分为若干作战阶段,空间维可以分为地理位置或空间逻辑区域,力量维可以分为各作战集团。选择其中一个值,加上关注的能力,可组合为"某作战阶段网络空间防御力量的信息安全防御能力",相当于对能力需求进行了较为清晰的定义。

在指挥员关注的使命任务指标建立完成后,如何计算这些指标,并找到影响这些指标的关键因素是体系能力分析中另一个重要的问题。在对仿真推演多年积累的历史数据进行相关性分析与核心指标挖掘后,能够得到一些核心底层指标,但是这些测量出的指标不能直接用,因为它们不一定能反映指挥员关心的使命任务效能指标。经过相关性分析发现,这些指标与指挥员所关心的军事指标有一定的相关关系,有些可以直接反映指挥员关心的指标,有些可以通过组合和变换反映指挥员关心的指标。因此,可以通过关键核心指标来度量指挥员关心的哪些指标。我们将指挥员决策时关心的指标和动态测量得到的指标通过关联分析建立起关联,能够部分地解决很多指挥员关注的指标无法测量的问题。当然,这些指标到底准不准,还需要实践去检验。

7.4.3 基于动态测量的分析技术

体系是"活"的,能力也不会一成不变,只有实时监测体系特定状态,才能判断当前体系能力水平。现在 NBA 的球队,连平时的训练都在全面动态监控每个运动员的各种指标。训练时有各种可穿戴设备和传感器,正式比赛主要靠视频监控、三维重建、大数据分析。对作战体系能力的测量,也要基于时间序列进行动态测量,用状态测量取代单值计算。

动态测量可以分为微观和宏观两个尺度。微观尺度的测量,主要指作战过程中能够直接测量到的各个组分的能力指标,如在某个时刻、某个条件、完成某个任务、针对某个对手体系的状态。这些状态可能只反映整个体系的某个侧面,甚至某个点。类似于人们检查心脏时背着仪器测量动态心电图,这些指标都是微观尺度的,可能无法直接反映体系能力,要在进行分析挖掘后才能使用。

宏观尺度的测量通常指使命任务层面,或战略层面的能力测量。体系在战略方针的指导下,完成多样化使命任务能力的总体评价,会随着体系的发展演化不断变化,因此体系在宏观尺度上表现出来的能力会动态变化。动态测量的结果不是一个"单一值",而是"结果云"。例如,将结果云降维投影到二维空间,常用的表现方式是摘要记分卡(summary card),记分卡的横轴常用任务、时间点、里程碑等离散变量,纵轴常用体系结构和子能力等离散变量。

7.4.4 能力图谱与可视化分析技术

体系能力最大的特点是不确定性，如果采用超网络、关键指标挖掘和动态测量的方法对体系能力及其指标进行分析计算，那么应该具体采用一种什么样的方式进行展现，让指挥员能够一目了然地观察到体系能力的演化和不确定性。基于体系能力图谱的可视化分析是一种可行的技术。体系能力图谱可以将体系能力的不确定性以谱系的形式计算、表现出来，是对上述各种关键技术的综合运用。简单来说，能力图谱是体系能力结果云在其某个低维子空间上的投影，并由这些投影构成的反映体系能力发展演化的集合。例如，如果研究时间维度的体系能力变化，将其他维度压缩，形成的是能力随时间变化的曲线；如果研究时间维度加体系结构维度对体系能力的影响，得到的是不同体系结构下能力随时间变化的曲线。

7.5 小　结

网络信息体系是网络空间的实在支撑，是典型的复杂系统，评估其能力需要借鉴复杂性科学的理论与方法。复杂性特点使得体系能力评估要实现观念上的重大转变，重点是要树立三个基本理念。体系能力评估必须从整体、动态、对抗三个基本原则出发，积极借鉴并突破复杂性科学理论与方法的应用研究。此外，体系评估仍然是个重大难题，本章仅指出体系能力评估的四类先进技术，还有很多具体理论、方法和关键技术有待探索。

参考文献

邓志宏,老松杨,白亮,2012.面向 Cyberspace 作战模拟的 ECE 建模框架//第五届全军"战争复杂性与信息化战争模拟"高层学术研讨会.

窦炳琳,张世永,2011.复杂网络上级联失效的负载容量模型.系统仿真学报,23(7):1459-1463.

胡晓峰,罗批,司光亚,2005.战争复杂系统建模与仿真.北京:国防大学出版社.

胡晓峰,司光亚,等,2009.战争模拟原理与系统.北京:国防大学出版社.

胡晓峰,王艳正,司光亚,2011. Cyberspace 的建模与仿真研究综述.中国电子科学研究院学报,6(3):226-229.

金伟新,2004.大型仿真系统.北京:电子工业出版社.

李春亮,2014.战场计算机网络战建模仿真研究.北京:国防大学博士学位论文.

吕建东,2009.指挥控制概念模型的网络分析研究.长沙:国防科技大学硕士学位论文.

毛子骏,费奇,欧阳敏,等,2009.关联基础设施网络模型研究综述.计算机科学,36(3):5-8,33.

任翔宇,武坦然,2013.美军打造联合赛博靶场.国际电子战,3:34-36.

司光亚,2011.电力关键基础设施网络仿真模型研究.系统仿真学报,22(11):2345-2352.

司光亚,智韬,2010.电力基础设施网络级联毁伤传播算法.计算机仿真,2(3):143-147.

司光亚,王艳正,2013.网电空间与武器装备体系仿真.论证与研究,29(5):5-9.

司光亚,王艳正,胡晓峰,2012. EBNI 框架下 Cyberspace 建模几个关键问题研究//第五届全军"战争复杂性与信息化战争模拟"高层学术研讨会.

王艳正,司光亚,2012.基于规则的自适应 Cyber 对抗行为建模研究//第五届全军"战争复杂性与信息化战争模拟"高层学术研讨会.

文伟平,卿斯汉,蒋建春,等,2004.网络蠕虫研究与进展.软件学报,15(8):1208-1219.

徐义,2013. Cyber 作战中电力基础设施 CPS 级联失效建模与仿真.北京:国防大学博士学位论文.

张锦,秦平,2013.美国地面部队启动赛博项目.国际电子战,1:41-43.

张明智,胡晓峰,司光亚,等,2005.基于 Agent 的体系对抗仿真建模方法研究.系统仿真学报,17(11):2785-2788,2792.

张枣,2013.武器装备体系仿真中的传感网建模研究.北京:国防大学博士学位论文.

赵晔,2010.体系对抗仿真中的指挥控制行为规则建模研究.北京:国防大学博士后出站报告.

智韬,2012.战争潜力目标体系中电力基础设施网络建模与仿真研究.北京:国防大学博士学位论文.

朱尚卿,2013.基于装备体系对抗仿真的信息网络建模技术研究.北京:国防大学硕士学位论文.

朱涛,常国岑,张水平,等,2010.基于复杂网络的指挥控制级联失效模型研究.系统仿真学报,22(8):1817-1820.

Altizer S, Dobson A, Hosseini P, et al, 2006. Seasonality and the dynamics of infectious deseases. Ecology Letters, 9: 467-484.

Andre X C N, Sarkar A, Stone H A, 2004. Two-peak and three-peak optimal complex networks. Phys. Rev. Let, 92(71): 118702.

Andress J, Winterfeld S, 2011. Cyber Warfare: Techniques, Tactics and Tools for Security Practitioners. New York: Elsevier.

Barabasi A L, Albert R, Jepmg H, 1999. Mean field theory for scale-free random networks. Physica A, (272): 173-187.

Barabasi A L, Bonabeau E, 2003. Scale-free networks. Scientific American, (5): 50-59.

Barfoed J, 2009. Center of Gravity Analysis and Operational Design. New Jersey: Air University Press.

Bier A, 2013. Behavioral influence assessment for organizational cooperation in cyber security//Proceedings of the 2013 Winter Simulation Conference.

Cohen R, Erez K, ben-Avraham D, et al, 2001. Breakdown of the internet under intentional attack. Phy. Rev. Let, 86(16): 3682-3685.

de Barros B A, Costa P, Hieb M, 2014. Cyber-Argus modeling C2 impacts of cyber attacks//International Command and Control Research and Technology Symposium.

Defense Information System Agency and Netwars Program Management Office, 2007. Netwars Model Development Guide (Version 3. 0). Defense Information System Agency and Netwars Program Management Office.

Department of Defense Dictionary of Military and Associated Terms, 2013. JP 1-02. http://ftp. fas. org/irp/doddir/dod/jp1_02. pdf[2013-7-21].

Doyle J, 2017. Complex networks. http://www. cds. caltech. edu/-doyle[2017-9-2].

Elder R J, Levis A H, 2010. Use of multi-modeling to inform cyber deterrence policy and strategies. Washington: George Mason University.

Gibson W, 1984. Neuromancer. New York: Printing History Ace edition.

Hamilton J J A, 2013. Architecture-based network simulation for cyber security//Proceedings of the 2013 Winter Simulation Conference.

Hayashi Y, Matsukubo J, 2007. Improvement of the robustness on geographical networks by adding shortcuts. Physics A, 380: 552-562.

Henscheid Z, 2005. Pythagoras: an agent-based environment. Military Operations Research Society, 1: 1-17.

Horne D G, 2003. USMC: project albert. Maneuver Warfare Science, 12: 17-46.

Ilachinski A, 1997. Irreducible semi-autonomous adaptive combat (ISAAC): an artificial-life approach to land warfare. Center for Naval Analyses Research Memorandum CRM: 61.

Ilachinski A, 2000. EINSTein: an artificial-life laboratory for exploring self-organized emergence in land combat. CNA Research Memorandum CRM D239.

Jabbour K, 2010. Cyber vision and cyber force development. Strategic Studies Quarterly, U. S. A..

Jajodia S, Noel S, Kalapa P, et al, 2011. Cauldron//The 2011 Military Communications Conference Track3. Cyber Security and Network Operations.

Kelic A, Warren D E, Phillips L R, 2008. Cyber and physical infrastructure interdependencies. Sandia Report Sand: 6192.

Lewis T G, 2009. Network Science: Theory and Practice. New York: Wiley.

Li C L, Si G Y, Wang Y Z, 2013. Network application technology with high-fidelity modeling of worm containment with benign worms. Applied Mechanics and Materials, 473: 184-189.

Mansoor F, Zaidi A K, Wagenhals L, et al, 2009. Meta-modeling the cultural behavior using timed influence nets//The Second International Workshop on Social Computing, Behavior Modeling and Prediction.

Marshall J, 2009. The cyber scenario modeling and reporting tool(CyberSMART)//Cybersecurity Applications and Technology Conference for Homeland Security.

Mc Quiston B, van Putte M, 2010. National cyber range. Defense Advanced Research Projects Agency.

Misra V, Harmon D, Bar-Yam Y, 2010. Vulnerability Analysis of High Dimensional Complex Systems. Berlin: Springer.

Motter A E, Lai Y C, 2002. Cascade-based attacks on complex networks. Phys. Rev. E, 66(6): 065102.

National Research Council, 2007. Strategy for an Army Center for Network Science, Technology, and Experimentation. Washington: The National Academies Press.

Newman M E J, 2003. The structure and function of complex networks. SIAM Review, 45: 167-256.

Nicol D, Liljenstam M, Liu J, 2003. Multi-scale modeling and simulation of worm effects on the internet routing infras-tructure//International Conference on Modeling Techniques and Tools for Computer Performance Evaluation.

Ralston P A S, Graham J H, Hieb J L, 2007. Cyber security risk assessment for SCADA and DCS networks. Science Direct, 46: 583-594.

Rogers E, 1983. Diffusion of Innovations. New York: Free Press.

Rolins J, Attorney A C, 2011. The comprehensive national cybersecurity initiative. http://www.whitehouse.gov/cybersecurity/comprihensive-national-cybersecurity-initiative[2011-04-28].

Salisbury M R, Seidel D W, et al, 1995. A brief review of the command forces program//Simulation Conference Proceedings.

Salour P L M, Su X, 2008. A survey of internet worm detection and containment. IEEE Communication Surveys and Tutorials, 10(1): 20-35.

Santhi N, Yan G H, Eidenbenz S, 2010. CyberSim: geographic, temporal, and organizational dynamics of malware propagation//Proceedings of the 2010 Winter Simulation Conference.

Stone G F, Gregory A, McIntyre G A, 2001. The joint warfare system(JWARS): a modeling and analysis tool for the defense department//Proceedings of WSC.

Su F, Lin Z W, Ma Y, 2009. Worm propagation modeling based on two-factor model//International Conference on Wireless Communications, Networking and Mobile Computing.

Suda T, Itao T, Matsuo M, 2005. The bio-networking architecture//Park K. The Internet as a Large-Scale Complex System. New Jersey: Princeton Univ. Press, 6: 1-3.

Talcott C, 2008. Cyber-physical systems and events. software-intensive systems. LNCS: 101-115.

U. S. Air Force, 2010. Cyberspace Operations. U. S. Air Force Doctrine Document 3-12 (AFDD3-12).

Watts D J, Strogatz S H, 1998. Collective dynamics of small-world networks. Nature, (393): 440-442.

Watts D J, 2002. A simple model of global cascades on random networks//Proceedings of the National Academy of Sciences, 99(9): 5766-5771.

Xia Y X, Hill D J, 2008. Attack vulnerability of complex communication networks. IEEE Transactions on Circuits and Systems-Ⅱ: Express Briefs, 55(1): 65-68.

Zaidi K, Levis A H, 1997. Validation and verification of decision making rules. Automatica, 33(2): 155-169.

Zavala G J C, Zhang A M, Moore A T, et al, 2008. Sensitivity of hybrid ENSO models to unresolved atmospheric variability. J. Climate, 21: 3704-3721.

Zhou J L, Ji Z R, Takai M, 2014. MAYA: integrating hybrid network modeling to the physical world. ACM Transaction on Modeling and Computer Simulation, (2): 149-169.

Zou C C, Towley D, Gong W, 2003. Email virus propagation modeling and analysis. Technical Report.

附录 A 新型作战空间建模仿真实践与体会①

A.1 引 言

作战空间指的就是作战行动涉及的空间范围，也可以称作战域。而所谓新型作战空间，是相对我军以往所熟悉的传统陆战、空战、近海作战等空间而言的，尤为强调以战略预警、军事航天、防空反导、信息攻防、战略投送、远海防卫等新型作战力量行动重点涉及的太空、网络电磁（简称网电）和远海等空间。此外，由于现代战争无一例外地都将国家关键基础设施纳入作战视野，因此我们认为社会域也应是一类值得关注的新型作战空间。对于这些新型作战空间，由于缺乏实战经验，不足以支撑传统的思辨性研究，且影响巨大又不方便利用现实系统直接开展实验研究，因此建模仿真是更为可行的研究手段。下面简要介绍我们在网电、太空、社会域等新型作战空间建模仿真方面进行的实践探索和研究体会。

A.2 新型作战空间给建模仿真带来新的挑战

A.2.1 新型作战空间是新生事物，且不断发展，认知还有待统一

任何建模仿真的前提和基础都是要了解建模对象的运作机理，新型作战空间建模仿真同样如此。网电、太空和社会域等之所以被称为新型作战空间，是因为它们最大的特点就是“新”，一方面从客观上讲，它们是不断发展的新生事物；另一方面从主观上讲，人们对它们的认知还没有稳定固化，甚至还存在不少误区。为推动新型作战空间建模仿真，我们认为首先应该在以下两个方面形成相对科学的认知。

① 新型作战空间自身特点，包括各类新型作战空间的构建要素、基本特征、运行规律等。

② 新型作战空间对体系作战能力的影响，涉及新型作战空间与传统作战空间的关系、新型作战力量在联合作战中的运用，以及新型作战空间在体系作战能力形成与发挥过程中的作用机理等。

---

① 参考了司光亚，胡晓峰，王艳正《新型作战空间建模仿真实践与体会》，《军事运筹与系统工程》，2014年28卷4期，第5-10页。

A.2.2 传统建模方法难以有效解决新型作战空间建模面临的难题

对于陆战、空战、海战等作战空间，传统建模方法强调地形、地貌、大气、洋流等物理环境的构建；强调外形、机动、火力、碰撞等物理属性与行为的建模；强调以兰彻斯特方程为代表的战斗力损耗计算等。而新型作战空间建模更关注大规模网络环境、信息域及域间，甚至跨域的级联效应等内容。对于新型作战空间建模面临的新问题，传统建模方法很难适用，具体表现如下。

① 传统自然环境建模方法无法体现新型作战空间的信息网络和体系对抗特征。以往针对陆、空、近海，以及浅海等传统作战空间的环境建模方法，更多的是强调对自然环境实体的建模，关注环境实体模型对作战实体模型的物理属性或行为的影响。而对于网电、太空等新型作战空间来讲，在环境建模方面表现出很多不同的特征。例如，网电空间是一个由人造信息化实体构成的虚实结合的空间，信息以光速传播，实体地理位置和自然环境对网电对抗行为的影响日益降低。对这些新问题，传统自然环境建模方法均无法解决。

② 传统物理域建模方法无法描述新型作战空间在信息域和认知域的作战机理。传统的陆战、空战、海战武器平台，以及相应的火力、侦察、探测行为模型，无法刻画类似于网络病毒、临近空间飞行器、空天飞机，甚至是舆情传播等发生在新型作战空间中的作战行动。例如，仅仅在原有传感器、干扰机、武器、通信设备等构件模型，以及基于物质和能量交互计算的行动模型基础上，通过修改参数也很难构建新型作战空间虚实结合的实体模型，以及自适应的对抗行为模型，很难描述以软件化的网络战武器、各类信息化平台系统，以及感知、识别、判断和指挥等认知行为。

③ 传统火力损耗建模方法无法刻画新型作战空间对体系作战能力的核心作用。传统陆海空武器装备的作战机理主要是火力毁伤，而新型作战力量强调网络化、联合、深入打击等作战理念，突出威慑、拒止、介入、消除等体系级作战效果，其作战目的是毁体系重心、破体系短板。这种作战理念要达成的作战效果仅用飞机、导弹和人员的损耗是难以描述的。例如，基于信息网络的反舰导弹打击体系的效果不在于命中概率，而在于对于敌方大型舰船介入行为的威胁效果；网络武器的功效也不过分强调对物理域的毁伤，而更多的是针对对方信息的欺骗、控制、阻塞和利用等效果，因此需要用新的作战效果模型来刻画新型作战空间在体系层面上的能力。

A.3 新型作战空间建模仿真实践

在胡晓峰教授的带领下，我们依托承担的多项课题，从战略战役层面对网电空间、太空作战和社会域等新型作战空间的建模仿真进行了长期探索。下面结合实践,介绍我们在这三类典型新型作战空间建模仿真过程中遇到的突出问题、解决思路和经验成果。

A.3.1 网电空间建模仿真

1. 从联合作战角度思考网电空间的新认知

网电空间是最新出现且最特殊的一类新型作战空间。其首要问题是需要澄清较为常见的认识误区,从联合作战角度思考并形成关于网电空间的新认知。

(1) 网电空间不是传统作战空间的简单延展

网电空间依托电磁装备,联网生成,目的是人感和人控,是一个建立在物理空间之上,为认知服务的特殊空间。它不是陆、海、空、天物理空间的自然延伸,而是唯一"人造"、"人控"的空间。从其与物理空间和认知空间之间的关系来看,网电空间的主要功能是建立物理空间与认知空间联系的第二桥梁。其中,物理空间描述应该包括各类装备实体、环境实体等,是被感知的对象;认知空间主要对参与决策、论证或研究的人员的认知进行刻画;网电空间应重点对虚拟实体和虚拟实体与物理实体关联,以及对感知、判断、决策等认知行动的影响进行描述。

(2) 网电空间对抗不能等同于体系对抗中一般意义的作战行动

不同于传统火力战和电子战行动,网电空间对抗突出特征是"网"和"人",即基于信息网络和面向人的认知,是与信息网络和人的认知密切相关的所有行为和过程,包括武器装备、信息系统、代码软件等实体基于信息网络的探测、传输、处理、分发、施效等行为,以及影响人的感知、判断、决策、指控等认知行为。此外,从战争角度讲,网电空间对抗已超越单纯的军事领域,涉及与信息网络基础设施相关的所有领域,如电信网、物联网、电力网等国家关键基础设施。因此,网电空间对抗不是简单的作战行动,而是能直接影响体系本身,甚至是人的认知的核心作战行动,已成为体系对抗的核心。

(3) 网电空间的作战效果更不能简单地理解为体系某一局部或某一领域的简单作用

网电空间在体系作战能力形成和发挥的过程中起核心和基础作用。它是构成体系作战能力的核心关键要素,是所谓的"基于信息系统"。因此,网电空间作用的发挥决定着体系作战的整体能力,具有优势的网电空间将使体系作战能力及效能大幅提升,起"倍增器"作用;处于劣势的网电空间可使体系整体能力成倍衰减,甚至造成体系坍塌,是体系的"脆弱点"和"崩溃点"。因此,不应该仅仅将网电空间看做是整个体系的某一类要素,应该强化网电空间的作用就是体系作用,将网电空间影响的关注点放在反映体系网络化结构基础、网络化交互过程,以及网络化级联效应等体系作战能力的整体性问题上。

2. 网电空间战场信息网络建模

战场信息网络是联合作战背景下网电空间的结构基础，而网电空间建模仿真的首要问题就是要构建战场信息网络模型。战场信息网络具有明显的异构、大尺度、关联复杂、动态自适应等复杂网络特性，因此我们重点探索基于“网络之网络”理论的战场信息网络建模技术。我们将“网络之网络”的结构特点归纳为以下三点。

① 由多类异质网络组成的更大的网络。

② 每类网络具有特定任务使命和独立运行规律。

③ 异质网络间存在相互依赖关系，即存在相依点或相依边。

通过对比以上特点，可以发现由通信网、指控网、传感网、卫星网、计算机网等构成的相互关联的战场信息网络，就是典型的“网络之网络”。基于“网络之网络”理论的战场信息网络建模技术重点解决两个难题，即跨域、异质网络的关联依赖建模和网络拓扑结构的动态演化建模。其建模思路如下。

① 构建分层分类战场信息网络物理拓扑模型。为构建联合作战背景下的网电空间环境，首先要构建分层分类的战场信息网络物理拓扑模型，主要针对战场通信网、指控网、传感网，以及计算机网等各类信息网络，进一步区分骨干、分支，有线、无线、通信、指控、传感探测、信息分发等不同类型，主要通过对网络节点（细分通信实体、指控实体、传感实体、卫星，以及战场计算机实体等）、各型链路、网络协议、业务流量等信息网络要素进行建模，得到网电空间战场信息网络物理拓扑模型。

② 构建战场信息网络网间、网际，甚至跨域的关联依赖模型。网电空间战场信息网线最大的结构特征是网络化关联，具有链路多网共用、“节点多使命归一”（如特定节点既是通信网络节点，又是战场计算机网络节点）等关联关系，对应在模型上就是有相依点模型和相依边模型。其中，相依点模型强调对网络节点状态依赖的描述；相依边模型是关联依赖模型的核心，指根据各类信息网络内部、网络之间，以及不同域之间的各种依赖关系，抽象而成的特殊的链路模型，主要构建物理依赖、信息依赖和逻辑依赖等模型。例如，用来描述战场计算机网络 DDoS 攻击产生的内部效应及其对整个通信网络性能的影响，甚至是对指控网中指挥员认知产生的跨域关联影响。

③ 构建战场信息网络两重动态演化模型。战场信息网络的动态演化指的是由于网电空间信息网络具有自适应性，其链接和关联关系会随时间在整个联合作战过程中发生演化，表现为在结构方面进行的自我调整。战场信息网络动态演化结构建模表现在两个方面。一是动态拓扑演化模型，即基于自适应规则的强连接动态性构建，主要构建了通信动态组网机制、指控关系自动接替机制、传感自动补盲与交替跟踪机制、卫星网接力机制等模型。二是动态关联演化模型，即弱关系方

面的动态性构建，主要源于信息网络内部或之间发生的各种动态交互，包括协作型、对抗型等交互类型。

3. 新型网电实体以及自适应性网电对抗行为建模

网电空间中有大量以软件形式存在且与物理实体关系密切的特殊实体，如战场计算机网络病毒、网电一体对抗系统等。与传统物理实体相比，新型网电实体具有明显的虚实结合结构特征，以及更为智能的自适应性行为。如何描述这些虚实结合的网电实体，以及自适应行为是网电空间建模的又一大难题。为此，我们提出虚实映射的网电实体建模方法，以及基于规则的自适应性网电对抗行为建模方法。虚实映射的网电实体建模方法的主要思路是将网电实体模型分为实在模型和虚拟模型。实在模型依据网电实体的客观存在构建，刻画物理及能量参数，包括地理位置、自身状态、几何外形、机动特性、火力毁伤、物理通信等属性。虚拟模型是在实在模型的基础上，通过抽象信息域和认知域属性得到的，刻画网络探测、感知、决策、控制，以及消息、信道等属性。在此基础上，重点对实在模型和虚拟模型的映射关系进行建模，主要刻画依存关系、随动关系、制约及影响关系等。基于规则的自适应性网电对抗行为建模方法，主要针对探测感知、网络通信、信息欺骗，以及网络控制、阻塞和防御等网电对抗行为，从分析网电对抗行为的自适应性机理入手，抽象响应、时序和触发这三条自适应性行为的内在规则，并进行形式化描述，重点构建基于规则的网电对抗临机行为模型。

A.3.2 太空域建模仿真

太空域建模并不是新课题，有 STK、SaVi 和 GaLiLEO 等专业的卫星仿真平台，同时在 FLAMES、NETWARS 等军用仿真系统也有涉及。但是，这些建模仿真主要集中在卫星轨道计算分析、卫星通信网性能分析，以及简单的卫星行动仿真等方面，还无法解决联合作战层面太空域建模所关注的重点问题，包括大尺度空间信息环境描述，以及联合作战中太空域相关的信息交互建模两个内容。

1. 大尺度空间信息环境描述

面向联合作战的太空信息环境主要描述卫星信息网络、卫星节点、地面控制站节点和太空自然环境等四部分内容。卫星信息网络主要描述涉及的卫星和地面控制站、链路，以及信息交互内容与规则等组网信息。卫星节点则主要描述通信卫星、光学侦察卫星、电子侦察卫星、合成孔径卫星、海洋监视卫星、导弹预警卫星、中继卫星、干扰卫星等实体的核心参数信息。地面控制站节点描述信息处理节点、信息融合节点、卫星控制节点等实体的参数。太空自然环境负责描述光电环境、空间碎片、太阳光照环境、辐射环境等信息。

太空信息环境描述的主要目的是支撑面向联合作战的多维空间态势表现，要让指挥员能看得懂、看得清。面向战略战役兵棋演习需求，重点探索针对天基信息、支援体系信息和支援行动的多维空间态势建模仿真。在演习过程中，以天基信息支援体系对作战区域的过境覆盖为重点，为支持多种表现样式，通过二、三维显示直观地了解航天侦察力量的部署、分布，以及与演示时间同步显示各方卫星在轨运行的情况，并表现各参演方天基信息支援体系的整体运行情况，也可以聚焦到某类或某颗卫星表现其工作运行情况；通过设置不同的空间环境、气象和云图等展示天基信息支援体系中各种类型侦察卫星在不同天气、气候条件，昼夜之间侦察的效果及其差别；通过统计图表了解各方天基信息支援体系的类型、构成和数量；通过空间态势表现反映当前或未来参演各作战各方航天侦察的能力；支持多模式态势控制机制，包括同步模式和异步模式的态势控制机制。同步机制可以与演习时间同步反映天基信息支援体系对作战区域侦察覆盖的时变特性。异步模式可以回放过去时间或“预览”未来时间内的天基信息支援体系的运行情况。

2. 天基信息支援行动与信息交互效果建模

按照联合作战中天基信息支援的具体功能，对天基信息网络进行抽象，主要描述卫星、地面控制站和嵌入导航、定位、侦察、通信等卫星使用模块的联合作战平台之间的各型信息链路模型，以及在这些网络上产生、传输、处理的各类联合作战信息模型和相关网络规则模型。在天基信息网络建模的基础上，重点对信息支援行动和行动过程中产生的信息交互效果进行建模。为了支撑联合作战背景下战略战役兵棋演习，主要研究卫星侦察预警行动、卫星通信行动、卫星导航定位行动，以及相关的天基信息处理与融合模型构建的方法。具体信息支援行动与信息交互建模过程中，借鉴已有成熟的卫星轨道计算模型和空间自然环境仿真基础，我们重点研究的是基于规则的天基信息支援行动建模，以及天基信息支援行动与联合作战行动间的信息交互计算，如卫星网侦察预警信息产生的时机、信息传输和处理的机制、联合作战行动对卫星预警信息的依赖条件、关键预警信息对联合作战态势的影响等。

A.3.3 社会域建模仿真

现代战争已从国家间军事力量的对抗转变为整个国家综合实力的较量，包括政治、军事、经济、文化、外交等多个方面。因此，对现代战争的研究也要跳出单纯的军事视角，进行全方位的综合研究。这就要求建模仿真从军事域拓展到包含政治、经济、文化等领域的社会域。社会域建模仿真就是解决这个问题的一条有效途径，我们的研究主要集中在关键基础设施建模和社会群体行为建模两方面。

1. 国家关键基础设施建仿真

国家关键基础设施是战争潜力目标体系的重要组成部分，是支撑和稳定战争体系的重要基础。对这些目标实施打击,可能达到瘫痪或削弱敌方战争潜力,破坏其持续作战能力,摧毁其民众战争意志和凝聚力的目的。基于对国家关键基础设施重要性的认识,我们以战略战役兵棋演习中目标体系建模研究为牵引,针对电力网、通信网、交通网、天然气管网四类国家关键基础设施,重点研究国家关键基础设施构建,主要表现国家关键基础设施的复杂行为特征(如自适应性、级联效应等)和宏观整体特性(如鲁棒性、脆弱性),反映国家关键基础设施对联合作战的影响效果。借鉴"网络之网络"理论,基于关联依赖构建国家关键基础设施网络模型。其中,电力网 CPS 关联建模分别构建电力物理设施网络和考虑人的因素的电力监控网络,在此基础上进一步对物理依赖、信息依赖和认知依赖进行建模,能够仿真描述电力物理设施毁坏或监控网络失效后,电力网络的级联失效现象;同时,对电力网、交通网、通信网和天然所管网四类网络间的关联依赖进行详细建模,并重点研究四类网络间的基本故障传播动力学特征和传播机制、网络拓扑结构对连锁故障传播的影响作用、网络节点和链路的动态 Agent 模型表示和连锁故障的传播机制,以及局部扰动在整个网络体系的跨层次级联传播算法等内容。

2. 社会行为建模仿真

对战争危机条件下,非作战人员和平民的群体行为进行建模,是社会域建模仿真的另一个关注点。它包括学习、娱乐、购买、家庭等生活行为,购买、生产、流通、股市等经济行为,民意演化、选举、组织等政治行为,游行、暴动、骚乱大规模群体行为,以及舆论、谣言信息传播行为等内容。这些社会行动建模能够对国家政治、经济、军事体系运行产生巨大影响。例如,对于维和、反恐等新型作战行动进行建模仿真,就需要考虑文化、宗教、种族等社会环境建模,为指挥员领导能力与环境适应能力训练提供必要的仿真条件。社会行为建模主要考虑人的因素,重视对人在社会活动中的行为规则的抽象和描述,采用基于多 Agent 建模方法,在战争危机事件的刺激下,通过各类简单行为规则涌现出具有特定规律的社会性群体行为模型。在这种思路下,先后建立了战争危机条件下的民意演化模型、经济演化仿真模型、国际政治生态演化仿真模型和舆论传播模型等,在面向中高级指挥员的战略模拟训练中发现了重要的支撑作用,取得了良好的应用效果。

A.4 几点体会

A.4.1 网络化的空间环境建模是新型作战空间建模仿真的基础

信息网络是新型作战空间的模型基础,信息网络之间又有相互的关联依赖关系模型,因此这种网络化的空间环境建模成了新型作战空间建模仿真的基础。之所以说是新型作战空间的建模，是因为在建模仿真过程中强调的是空间环境的建模，而非单纯的新型作战力量及作战行动建模。面向联合作战仿真需求，网络化的空间环境建模是首要基础，其核心就是相互关联的信息网络环境建模，包括通信网络、指控网络、传感网络、战场计算机网络，甚至是社会域国家关键基础设施网络、网络间由依赖关系构建的关联网络等“网络之网络”模型。这样的网络化空间环境模型能够反映战争复杂系统的自适应性、关联性和涌现性等本质特征，同时还可以揭示信息化条件下联合作战中的跨域联合、级联失效、体系瘫痪等特殊现象和机理。

A.4.2 信息域的实体和行为建模是新型作战空间建模仿真的关键

我们知道，传统作战空间强调对飞机、大炮等物理实体，以及火力战行动的建模，而对于网电、太空等新型作战空间来讲，主要关注计算机病毒、信息指挥系统、天基信息支援平台等信息化程度更高的新型实体。相对于飞机、大炮，这些实体及实体行为有更多的信息域属性特征，需要重点考虑对它们的信息域能力和行为进行建模。而这些信息域建模要素正是新型作战空间建模的关键，否则构建的模型就体现不出新型作战空间的本质特征，就不是新型作战空间模型。新型作战空间信息域实体与行为建模要划分好建模边界，即首先确定信息域的建模要素，应该包括通信、指控、导航、传感与探测等内容，以信息产生、传输、处理等能力和行为建模为重点。同时，要处理好与物理域模型的关系，说是重视信息域建模，但不是不考虑与物理域模型的关系，应基于已有的物理域模型，建立信息域实体模型相对于物理域实体模型的依存、随动等关联关系模型，以及物理域模型相对于信息域模型的行为依赖模型。这样构建出来的模型可以反映体系对抗所具有物理依赖和信息驱动等跨域联合的作战特点。

A.4.3 体系化的战争综合效果建模是新型作战空间建模仿真的目标

新型作战空间建模仿真不是为了构建多么逼真的战场网络环境模型和新型作战行动模型，而是以战略战役指挥训练为目，将体系化的战争综合效果作为建模目标。体系化的战争综合效果建模更多体现在两个方面。

① 在模型粒度上，应在战略战役指挥训练层次上，而非战术和技术层面，对新型作战空间的实体和行为进行适度抽象，多选取关键性实体、指标性属性和重要行动环节等建模要素。

② 在交互效果计算方面，尽量回避同一层次的实体交互计算，多采用网间交互甚至是跨域交互来描述作战效果。例如，有时可以回避病毒造成的战场计算机网络局部阻塞效应，直接计算由病毒发作间接影响的指挥员认知层面的体验效果。

附录B 网电空间作战建模仿真研究综述①

网电空间既是国家安全的新疆域，也是信息化战争的新战场。在未来依托网络信息体系开展的全域多维联合作战中，网电空间将既是陆海空天等物理作战空间的维系纽带，同时又是决定作战成败的重要作战分域。网电空间作战正日益成为联合作战不可分割的组成部分。由于网电空间作战的行动保密性和效果级联性，采用建模与仿真的方法是研究网电空间作战军事理论与攻防装备的天然有效与不可或缺的手段。

目前，国内外针对网电空间建模与仿真的研究集中在网电空间攻防装备与攻防技术的建模与仿真等领域，研究成果层次较低、模型规模有限、模型分辨率较高。面对网电空间作战从支撑装备研发到服务作战实践的建模仿真新需求，认知电子战、无人集群等网电空间作战新装备、新战法的建模仿真新样式，以及跨域跨网的网电空间作战效果评估与展现的新难题，国内外都在努力突破动态多层大尺度的信息网络描述、自主智能的网电空间作战行动建模，以及跨域跨网的网电空间作战效果评估等网电空间作战建模仿真基础性理论、方法与技术。

B.1 网电空间作战建模仿真演化阶段特征明显

仿真系统是提升网电空间作战能力，辅助网电攻防武器装备体系顶层设计的重要科学手段。以美国为代表的发达国家尤为重视，开展了一系列网电空间建模仿真重大工程。目前，从演化阶段分析，这些网电空间建模仿真重大工程经历了从支持网电攻防武器装备研发与测试的网电攻防武器装备实验靶场，到服务网电空间作战概念设计演示的网电实验场，再到支撑网电空间实际作战的指挥信息系统的阶跃式转变，而建模仿真正是这一转变的关键驱动力。

B.1.1 网电攻防武器装备实验靶场阶段

网电攻防武器装备实验靶场（简称网电靶场）是为了测试与鉴定网电攻防武器装备作战能力而出现的新兴实验手段，是主要依靠建模与仿真技术打造的，服务于技术研发与装备验证的高质量测量、测试与评估环境。美、英等国为了构建大规

① 参考了司光亚，张阳，王艳正《网电空间作战建模仿真研究综述》，《系统仿真学报》，2018 年 2 期，第 386-397 页。

模、高逼真度、高自动化的网电靶场，抢占网电空间制权技术制高点，纷纷推出国家级的网电靶场建设项目。其中影响较大的包括以下两项。

① 2008 年，美国启动的有“数字曼哈顿”之称的国家网电靶场（National Cyber Range，NCR）项目。

② 2009 年，英国启动的由诺斯罗普·格鲁曼公司承建的联邦网电靶场（Federal Cyber Range，FCR）项目。

此外，雷神（Raytheon）公司也建立了军民两用的雷神网电靶场，为客户测试网电攻防武器装备关键技术的敏捷性、灵活性与伸缩性提供了可靠环境。客户可以在数小时内订制复杂的网电靶场实验计划，极大地提高了网电攻防武器装备实验鉴定效率。

B.1.2 网电空间作战概念演示环境阶段

网电实验场（cyber proving ground，CPG）是网电靶场的更高级阶段，是网电空间作战新概念、新战法、新技术的“思维广场”。美国空军网电司令部司令克里斯·P. 温格曼将其视为网电空间作战能力的“铸造工厂”。简单而言，CPG 的职能就是聚合军内外网电业内人才与技术，形成开放式协同工作环境，并且识别与推进创新性概念与技术的应用，提高空军的网电空间作战能力。

从目前美军对 CPG 的职能定位与建设规划来看，CPG 实际上承担着美军网电空间作战部队虚拟演兵场的重任，标志着美军正在从国家网电靶场、虚拟控制系统环境（virtual control systems environment，VCSE）等网电攻防武器装备实验靶场规划建设阶段，转入网电空间作战概念开发与作战力量训练的虚拟演习环境建设应用阶段。CPG 的建设应用几乎与美军网电空间作战力量建设同步，预示着美军网电空间作战力量已经具备了较强的实际作战能力。

在 CPG 构建、开发与应用的过程中，建模与仿真技术是其核心技术。CPG 由网电实验环境（cyber proving environment，CPE）、新兴概念团队（emerging concept teams，ECT）、转换团队（transition team），以及运营搜索与网电元素库（operator research and library element，ORACLE）组成。

其中，网电实验环境是 CPG 的关键物理设施。其核心是铸造层，具备四大特征。

① 快速可订制。网电实验环境跨域快速订制所需的网络、装备与建模仿真工具，为促进网电空间作战新质能力的创新、发展与选择提供易接入的环境。

② 一体化集成。网电实验环境将已有的网电开发与测试环境加以整合，外部团队可以远程接入并安全利用仿真网络。

③ 模型高分辨率。网电实验环境能创建与定义高分辨率的网电空间系统与网络模型，刻画它们的弱点、威胁源与防御措施。

④ 面向实战。网电实验环境还提供了一些网电攻防武器装备实例，以便进行快速测试与评估。

此外，美国陆军也建立了 CPG，为网电空间作战力量提供学习与强化作战技能的虚拟环境，并大大降低网电空间作战人员的训练时间与训练成本。2016 年 2 月，美国陆军宣布其 CPG 将向美军各军兵种所属的网电空间作战力量全面开放。

B.1.3 联合作战条件下网电空间作战指挥信息系统阶段

X 计划于 2013 年组织实施，根本目的是为网电空间作战人员提供首套通用性网电空间作战规划系统，是美军第一次系统性地研发联合作战网电空间作战分域指挥信息系统，解决之前在多次的网络空间作战演习中暴露的网电空间对抗态势难展现、交战规则不明确、指挥控制系统不匹配，以及作战效果难以评估等制约网络空间作战融入联合作战的瓶颈问题。2017 年 5 月，在美国欧洲司令部与战略司令部联合组织的代号为“严峻挑战（Austere Challenge）/全球闪电（Global Lighting）2017”演习中，X 计划已经投入使用，并颇受好评。在此次军演中，X 计划全面用于辅助联合部队指挥部空军网络战分部的指挥决策，同时网电空间的机动与作战也融入联合作战的筹划、机动、目标选择与火力协同之中，与其他作战行动完全同步，标志着网络空间作战将成为联合作战的常规选项。

从概念上分析，X 计划将网电作战空间定义为三个主要概念，即网络地图、作战单元和能力集。从技术上分析，X 计划的关键技术领域包括网电空间作战开放式系统结构设计技术、网电空间战场分析技术、网电空间作战计划生成技术、网电空间作战任务执行技术，以及系统界面人机交互技术。在这些技术中，网电空间作战建模仿真方法将发挥重要的作用，具体表现在以下两个方面。

(1) 网电空间态势可视化

X 计划的核心产品是网络地图的建模。网络地图通过信息收集、建立模型及可视化，实时反映世界各地计算机的位置及其连接方式，如直接连接、桥接、节点连接等，包括显示节点之间拓扑结构的逻辑拓扑图、显示节点属性与状态信息的元数据。网电地图实现了网电空间态势的“一张图”，全面、形象、统一地将网电空间态势展现在联合作战指挥员与网络空间作战人员眼前，将网电空间作战对指挥员与作战人员有关技术的要求降至最低。

网络地图研发的关键是动态、实时的网络逻辑拓扑建模，并以直观的形式加以可视化。网络逻辑拓扑模型是面向全球互联网级别的大尺度网络拓扑模型。该模型从图形化引擎接收实施的网络信息，包括路由链路时延、边界网关协议、追踪数据、节点路由选择表等，进而进行操作系统标识、网电空间实体状态、防御与进攻能力分析及敌我识别。

(2) 网电空间作战辅助分析

网电空间辅助分析的关键是构建网电空间态势分析模型与作战效果评估模型,具体需要研究两种技术。

① 网电空间作战辅助决策技术,对作战行动的效果进行建模,包括行动造成的节点效应、网络效应、级联效应等,目的是帮助指挥员理解和量化网络空间作战的效果,从而支持计划人员制定适应网络空间的动态变化的、鲁棒性强的计划,并获取在主动对抗情况下评估及实现任务目标的能力。实际上,美军网电空间作战辅助决策技术在"舒特"系统中已经得到应用,"舒特"系统本身包括网电火一体的任务规划功能。

② 网络空间作战的兵棋推演技术,以验证决策与计划的可行性,模拟与探寻战略上合理与战术上可行的网电空间作战战术战法。美国国防部支持的深绿(Deep Green)计划曾提出通过超实时的兵棋推演,快速仿真各种作战计划、生成可能的未来态势,辅助战术级的指挥控制行动,其研究成果对于网电空间作战中的兵棋推演技术具有一定的借鉴价值。

B.2　网电空间作战建模仿真研究已取得重大突破

在网电靶场、网电空间作战概念演示环境与网电空间作战指挥信息系统等建模仿真重大工程建设中,其底层的建模仿真技术是相通的,主要包括网络信息环境建模仿真技术、网电空间作战实体建模技术、行动与效果建模仿真技术等。这些技术已经取得重大突破。

B.2.1　网电空间网络信息环境建模仿真技术

对于网络信息体系而言,网络是中心,是形态;信息是主导,是灵魂;两者相结合才形成体系,是信息化的基石,是战争与军事冲突的主体。无网不成体系,体系因网而聚,网络信息环境对于网络信息体系和网电空间既是基础环境,又是对抗和作战的目标背景。无论是国家关键基础设施,还是军事信息网络,在体系背景下的网络信息环境都具有复杂网络特性,异构、大尺度、动态演化等特征明显,在网电空间作战建模仿真研究中,网络信息环境建模的难度非常大。

由于复杂网络与网络信息环境的相似性,采用复杂网络与超网等建模方法描述与构建网络信息环境是当前国内外研究网电空间作战建模仿真领域的研究热点之一。Agostino 等将超网和 CPS 综合运用,在通信网络、交通运输网络、供水网络、电力网络、食物供应网络、石油网络、天然气网络和应急响应网络等民用基础设施一体化建模方面取得重要进展。此外,还有人将人与人、人与组织、组织与组织的社会关系网加入 CPS,提出更为复杂的社会物理信息系统(cyber physical social system,CPSS)建模理论,其核心思想是构造虚拟的人工环境,进而实现物理、认知、计算和社会等资源的一体化融合建模。当网络信息环境数据难以获取、网络动态特征明显时,通行的做法是采用以 BA 算法和 ESF 算法等为代表的各种拓扑动态生成算法。

此外,运用复杂网络脆弱性的相关研究成果,研究网电空间作战目标选定问题,也是网络信息环境建模仿真的热点研究领域之一。网电空间作战目标选择的重点就是寻找体系的重心。对脆弱性导致的体系能力坍塌的分析已被列入现行的美军联合战役规划中,即重心(center of gravity,COG)分析。

针对战略战役层次模拟需要和大尺度的网络信息环境建模需求,我们提出"基于数据静态映射+基于算法动态生成+基于规则动态演化"静动结合的网络信息环境建模方法,构建了战略网与战场网两大类信息网络模型,取得了显著的军事效益。

B.2.2 网电空间作战实体建模仿真技术

与传统的物理空间实体建模相比,网电空间作战实体有很多不同之处。

① 网电空间作战力量属于新质战斗力范畴,已不能以火力、人数、机动等指标来衡量其作战能力。

② 网电攻防武器装备,如病毒、软件系统等,多以代码等软件形式存在。

以往注重火力、机动的物理实体建模思路和方法已不能满足这些网电空间新型实体的建模需求,需要创新和突破。

关于网电空间作战实体的建模方法可以分为两类。

① 采用面向对象的还原论建模方法,详细模拟网电武器,如区分病毒类型、用途、战技参数和各种行为。

② 采用面向效果的"黑箱"建模方法,跳过特定武器实体建模,直接针对可能的攻防效果建模,如某型网电武器可能降低指控能力等。

在实际建模过程中,具体采用哪种建模方法,往往与建模目的和建模层次有关。目前,这两种建模方法都有一些研究成果,例如加州大学"Bionet Project"中的 Cyber Entity 建模,采用自底向上的基于 Agent 建模方法,就是非常典型的面向对象的还原论建模;VCSE 采用 Cyber 攻击脚本的方式,忽略网电攻防武器,主要对攻防效果进行建模,是面向效果的黑箱建模方法的典型代表。

针对网电空间作战实体技战术指标集的构建,Yu 给出了三级量化指标架构;Ji 基于认知需求建立了 CSE 指标模型,该模型根据不同层次指挥员的网电空间认知需要,量化不同层次的网电空间作战实体的技战术能力。

B.2.3　网电空间作战行动建模仿真技术

与传统的物理空间行动建模相比，网电空间作战行动建模更加强调虚拟空间中对信息流和人的认知行为等复杂性行动的建模。目前，国内外对于网络空间作战行动建模做了大量的工作，但大部分工作都是为网络安全服务的，体系对抗的背景性不强。

关于网电空间作战行动等复杂系统自适应行为建模，美军主要提出基于复杂性理论的行动建模方法，如 Agent 行为建模、基于元胞自动机建模、协同进化计算建模等。典型代表是阿尔伯特计划(Project Albert)及其资助完成的 EINSTein 系统、澳大利亚防务学院开发的 RABBLE 系统、新西兰国防技术局开发的 MANA 系统等；关于传播行动建模，以蠕虫传播为典型应用，主要基于蠕虫传播特性和防御策略分析，相继有双因素模型、Kermack-Mackendrick 模型、AAWP 模型等数学解析模型，采用 Monte Carlo 仿真方法，以及美国社会学家罗格斯针对网络传播行为提出的信息流(information flow)和影响流(effect flow)的行为建模概念及方法；关于面向认知规则的攻防行动建模，美军指挥兵力系统(command forces, CFOR)、近战战术训练系统(close combat tactical trainer SAF, CCTT SAF)、JWARS、OneSAF 等，均重点依据规则来构建行动模型。此外，在网电空间攻防行动的描述方面，主要采用攻击/防御树、攻击/防御图、攻击/防御网，以及攻击/防御语言等方法。CAPEC 项目受到美国国土安全部的支持，目的是抽象出网电攻击与防御的共性特征，目前共收纳了 512 种攻击样式(持续更新)，并提供每种攻击及其对应防御手段的细节信息，如目的、方法、执行流程、目标、利用漏洞及对抗手段等。

我们在网电空间作战行动建模仿真领域也做了大量的研究工作，李春亮博士从战略战役层次网络安全角度出发，面向体系对抗仿真的需求，开展了基于 MAS 的 DDoS 攻防仿真研究；张芳博士从认知域层面研究了信息传播建模仿真中的心理模型；崔超构建了面向战略问题决策分析的病毒传播模型，并对传播过程进行了可视化。

B.2.4　网电空间作战效果建模仿真技术

与传统领域作战效果相比，网电空间作战更容易引发多网联动、跨域铰链和级联失效等新的复杂交互现象。要想从防御角度描述并揭示网电空间作战的网络化效应机理，建模仿真就要重视网络信息体系的整体性效应。网电空间作战效果建模不仅要考虑从行为到效果的问题，更要考虑从效果到效果的级联关系建模问题。

关于攻防行为的关联影响建模，国外有关学者将关联影响细分为网络属性、外部环境、运行状态、关联类型、耦合关系和事故类型等。此外，NISAC 针对关键基础设施及关联依赖的一个长期研究计划——高级建模与技术研究(Advanced Modeling & Techniques Investigation,AMTI)项目,针对国家关键基础设施攻防行为的关联影响,提出一系列建模理论、方法和分析工具(fast analysis infrastructure tool,FAIT)。关于网络级联失效建模,最具代表性的有基于直流潮流方程的OPA模型、基于负荷转移的CASCADE模型、基于渗透原理的连锁故障模型等,对于分析网电攻防造成的级联失效特点与规律有重要的参考价值。这些模型均建立在数学公式推导和参数统计分析基础之上,是一种基于数学推理的认识论。Agent建模方法为认识网络级联失效现象提供了新途径,用网络节点和边的动态Agent模型表示连锁故障的传播,从而为探索抑制网络级联失效的有效方法提供新思路。我们从2012年开始,采用Agent仿真技术对电力网络遭受网电攻击产生的级联失效进行建模研究,并研发了原型系统,其研究成果正在继续深化研究中。

B.3 网电空间作战建模仿真面临的新挑战

随着网电攻防武器装备体系越来越完善,网电空间作战力量编制体制建设越来越明晰,颠覆性技术在网电空间作战中的运用越来越广泛,网电空间作战建模仿真正面临着巨大的挑战,具体表现在网电空间作战已经不是单独的行动、跨域协同正成为网电空间作战融入联合作战的关切点,以及颠覆性技术将为网电空间作战带来巨大变革等诸多方面。

B.3.1 网电空间作战已经不是单独的作战行动

以美军为例,目前美军正通过完善网电空间作战法规制度、建立健全网电空间作战力量编制体制、研发网电空间新型武器装备等手段,进行网电空间作战与联合作战的深度融合,具体表现在以下方面。

① 网电空间作战力量已经成为联合作战的主导作战力量之一。2017年8月中旬,美国总统特朗普宣布将网电司令部由原先战略司令部下属的二级司令部升格为第十个独立的联合作战司令部。同时,截至2016年10月底,美军133支网电空间作战部队已经全部具备初始作战能力,并于2018年具备完全作战能力。

② 对网电空间作战的运用正在经历着从“偏重威慑”到“突出实战”转变。在演习训练方面,2017年6月举行的“网络探索2017”等多场演习行动的推动下,美国陆军初步形成远征网络电磁行动队的概念,旨在依托由15名作战人员综合编组的网络/电磁作战分队,根据目标任务的不同,编组为不同规模的战斗小队,在联合作战的架构下加强到各类陆军部队之中,执行战斗与战术任务。在“网络探索2017”演习中,运用单兵级的网电对抗装备,成功地瘫痪了假想敌坦克群的主控系

统与观瞄系统。武器装备研发方面,“舒特”系统具备网络与电磁侦察,网络战、电子战与火力战协同任务规划,以及三者跨域协同攻击的能力,具备软硬毁瘫能力,形成了“发现-定位-跟踪-瞄准-打击-评估”的闭环作战流程。

③ 网络战与电子战的战术融合领域的努力又取得坚实进展。2014 年 2 月,美国陆军颁布《FM3-38 网络电磁行动条令》,同年 5 月美军参联会颁布《JP3-12 联合网电空间作战条令》,这些条令为网络战与电子战在战术层次的融合奠定了坚实基础。2017 年 4 月中旬,美陆军发布最新版的网络电磁行动条令文件《FM 3-12 网电空间和电子战行动》。该条令的目的是提供协调和集成陆军网络战、电子战行动的战术和技术,从而为统一地面行动和联合作战提供支持。目前,网电空间作战行动能够利用现行联合部队和陆军计划流程,如情报流程、目标选定和军事决策流程等,实质上已经成为美军联合作战能力的组成部分。

B.3.2 跨域施效成为网电空间作战融入联合作战的关切点

网电空间作战在联合作战中效能发挥的关键在于网电空间作战的跨域施效,通过网络信息体系广泛而复杂的跨网跨域级联关系,将主要在信息域发生的网电空间作战的效果扩展到传统的物理域,以及与指挥员密切相关的认知域,从而降低敌方整个作战体系的效能。跨域施效正是网电空间作战的本质所在。在联合作战中,网电空间作战与陆海空天电等作战域的作战行动密切跨域协同。这是网电空间作战融入联合作战的接口与关键点,也是国内外网电空间作战界专家关注的焦点之一。

网电空间构成了全域多维联合作战的“筋脉”,没有网电空间就没有跨域作战。2016 年 9 月,美国陆军提出多域战构想,着眼于未来对抗反介入/区域拒止(A2/AD)体系的复杂战争局势,突出多种作战域能力的联合互补运用,并高度强调网电空间作战能力在联合作战中的作用。目前,美国陆军通过投入大量资源建设网电空间作战力量、采办先进的网电攻防装备,以及加大战术单位网络/电磁行动能力训练等方式,大力提升其网电空间跨域协同作战能力。为此,美陆军组建了陆军网络卓越中心(Army Cyber Center of Excellence),借助建模与仿真等手段,开发全新跨域作战概念,制定网电空间作战条令法规。

此外,美军 2015 年提出的全球公域进入与机动联合作战概念、俄军应对混合战争作战概念等未来联合作战纲领性、构想性设计中,都特别强调网电空间跨域作战的重要性。

B.3.3 颠覆性技术将为网电空间作战行动带来巨大变革

未来的网电空间将是高智能化装备与高素质人才密集的作战空间,谁掌握了网电空间技术的制高点,谁将掌握网电空间争夺的主动权。随着智能技术、大数据技术、信息技术等高新技术的迅猛发展，各主要军事强国都在大力设计颠覆性的网电空间作战新概念，研发颠覆性的自主智能化网电攻防装备。由于无人集群作战的自主性、群智性、高效性与低成本，未来无人集群搭载网电对抗装备应用于网电空间作战将成为必然趋势。

美军将把无人集群作为一种颠覆性的网电攻防装备，对于其作战概念、装备需求，以及作战运用的相关研究正在深入开展，不久的将来必将投入网电空间作战实践。2017 年 10 月初，美国战略与预算评估中心（CSBA）发布了《决胜灰色地带——运用电磁战重获局势掌控优势》研究报告，提出网电对抗无人敢死队（EMW expendables）这一颠覆性的作战概念，为美军应对所谓的 A2/AD 能力提供了创新思路，并针对无人集群网电对抗破击一体化防空体系等典型想定，进行初步的作战行动设计，分析了无人集群网电对抗装备需求。该报告认为，由于未来无人集群具备很强的个体自主性和群体协同性，并且成本低廉，将完美契合网电对抗智能性、高速性、体系性与对抗性等作战特点，因此无人集群在网电空间制权的争夺中将大有作为。

此外，具备较强复杂电磁环境适应能力与学习能力的认知电子战技术，具备绝对安全、超空间与超光速能力的量子通信技术，具备“不战而屈人之兵”能力的脑控技术等颠覆性技术都有可能带来网电空间作战指导原则、作战样式、战术战法等的巨大变革。

B.3.4 网电空间作战跨域跨网效能评估问题亟待解决

网电空间作战发生在网电空间，作用于整个联合作战体系，其效果具有非常明显的跨域跨网特征，并且具有不确定性、隐秘性、破坏性等特点。因此，网电空间作战跨域跨网效能评估面临着效果难描述、指标难确定、数据难获取等难题，也是国内外建模仿真领域的研究热点之一。大数据方法提供了认识世界的第四种范式和探索网电空间作战效能评估的新思路、新方法。利用网电空间作战建模仿真系统开展的作战模拟与探索性仿真产生的海量仿真数据，通过深度挖掘等先进数据科学技术，有可能从这些仿真大数据中挖掘出联合作战条件下网电空间作战效能关键的指标，建立网电空间作战效能指标网，并评估网电空间作战力量的体系贡献度。

在基于大数据的效能评估方面，我们引入机器学习和可视化分析形成新的体系效能指标体系构建模式，以可视主动学习度量、校正集成学习挖掘、融合流形学习可视化三种方法的接力运用为支撑，探索出一套武器装备体系效能指标体系构建的新方法。该研究成果能为解决网电空间作战的效能评估问题，提供方法与思路借鉴。

B.4 结 论

2016年5月26日,美国《训练与仿真》杂志的前编辑迈克尔·佩克在老乌鸦协会的官网上发表 *What's the Best Way to Wargame Cyber Warfare*,主要介绍了美军在网电空间作战建模仿真方面的困惑与思考,值得业界共同思考。文中引用多位美军网电业界顶级专家的话:网电空间作战是战争模拟的"圣杯",既神圣,又神秘;网电攻防武器装备密级过多,网电空间作战实战经验太少,具体参数、技术机理很难得到;网电空间作战快速波动,网电攻防武器多数还没有机会使用,对方系统打个补丁,就要重新设计。国内外对于网电空间作战建模仿真的研究虽然已经取得丰硕成果,但是仍有很长的路要走,其中网电空间作战新技术、网电空间作战一体化联合仿真体系的构建,以及网电空间作战效能评估等问题值得业界进行持续不断的深入研究。

附录C 指挥控制体系网络化建模研究与实践[①]

指挥控制体系是指在联合作战背景下由相互联系、相互制约的指挥控制要素组成的具有指挥与控制功能的有机整体。利用建模仿真方法评估指挥控制体系是体系对抗仿真研究的难点。其中,最突出的问题是如何构建指挥控制体系仿真模型和指挥控制体系评估模型。对于指挥控制体系而言,不管是仿真模型,还是评估模型,均不同于传统火力战建模,需要更加重视对网络和信息域的描述,网络化正是它们的共同特征。因此,有必要以网络化为重点,借鉴"超网"等复杂网络理论研究的最新成果,深入探索指挥控制体系建模方法。

C.1 指挥控制体系建模面临的主要难题

C.1.1 网络化是指挥控制体系的主要特征

在跨域多维联合作战中,由指控主体、指控客体、指挥信息系统,以及指控信息等构成的指挥控制体系的网络化特征越来越明显。尤其是,在当前指挥信息系统大量应用,网电空间向核心作战域加速渗透的大背景下,C^4ISR 正成为指挥控制体系的网络化核心。而由指控网络、计算机网络、通信网络、火力打击网络,以及传感网络构成的指挥控制体系,将通过网电空间在物理空间和各级指挥员的认知空间,发挥类似于桥梁的重要作用。此外,指挥控制体系的作用发挥也并不简单,是涉及信息获取、感知、识别、判断、指控等环节网络化的复杂过程。可以说,网络化是指挥控制体系的结构特征和发展趋势,网络化对抗是指挥控制体系发挥效能的主要基础。因此,指挥控制体系建模必须能够反映网络化这个主要特征,不但要在仿真模型构建上反映网络化结构,而且要在评估模型构建上反映网络化交互效果。只有这样,才有可能"仿的真"、"评的准"。同时,网络化的建模要求也给指挥控制体系建模仿真和评估带来新的难题。

C.1.2 构建信息网络仿真模型需解决两个难题

战场信息网络是指挥控制体系的结构基础。指挥控制体系建模的首要问题就

---

① 参考了司光亚,王艳正,李仁见等《指挥控制体系网络化建模研究与实践》,《指挥与控制学报》,2015年1期,第19-24页。

是构建信息网络仿真模型。战场信息网络具有明显的异构、大尺度、关联复杂、动态自适应等复杂网络特性。具体来讲，指挥控制体系信息网络由指控网、通信网、计算机网和传感网等关联组成。如何构建相互关联的多维信息网络仿真模型，以及如何对这些信息网络的动态自适应性进行构建，是指挥控制体系信息网络仿真模型构建面临的两个主要难题。

C.1.3 对网络化评估模型的研究有待加强

以往采用建模仿真方法来评估指挥控制体系，更多的是重视构建指标体系，通过对仿真结果的简单计算或统计分析，给出指挥控制体系的效能值。随着对体系对抗仿真认识的深化，以及大数据、复杂网络等理论的发展，观念需要进一步转变，要求从效能数值到演化机理，从数据分析到数据建模。在观念转变的基础上，具体如何评估 C^4ISR 系统对联合作战效能的倍增器作用？如何反映"$1+1\geqslant 2$"的指挥控制体系效能作用机理？则需要突破指挥控制体系效能评估模型构建方法。超网是复杂网络理论研究的新成果，可以帮助我们更好地认识体系对抗中指挥控制体系效能释放的过程，对于构建网络化的指挥控制体系效能评估模型很有帮助，需要深入探索。

C.2 基于多维动态信息网络的指挥控制体系仿真模型构建方法

C.2.1 相互关联的多维信息网络建模

基于上述分析，我们提出一种基于相互关联的多维动态信息网络建模方法。针对指挥控制体系中的通信网、计算机网、指控网和传感网，包括物理上的实际连接和逻辑上的关联关系等广义信息网络，突出对各类网络间的依赖关系进行建模，从而构建相互关联的指挥控制体系多维信息网络仿真模型。如图 C.1 描述了相互关联的多维信息网络，包括其共同支撑下的火力网络。下面重点介绍通信网、计算机网、传感网、指控网，以及关联依赖关系的建模思路。

(1) 通信网络模型

根据支撑指挥控制体系的战场通信网络实际，建模要素包括通信设备、通信类型、通信协议、通信消息、通信性能、通信关联平台等实体，以及消息处理和通信中继等行为，可以描述国防通信骨干网络、战术互联网、野战通信系统、卫星通信网、数据链等。

(2) 计算机网络模型

针对联合作战中连接战场计算机或具有计算机功能的信息网络，涉及自动化

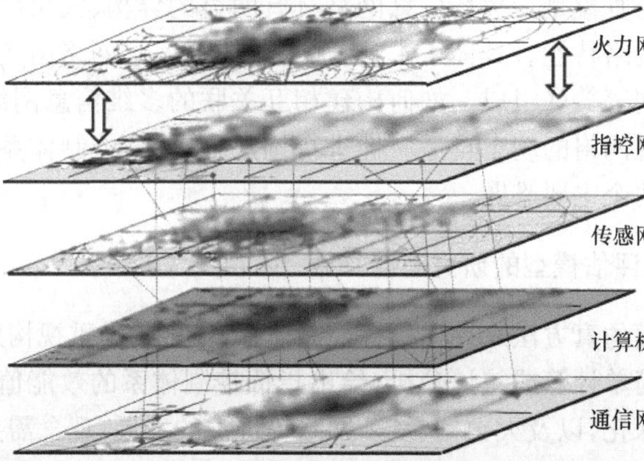

图 C.1　相互依赖的多维信息网络

指挥网络、程控微波网络、数据链、装备可联网处理器和控制器的信息化武器平台等，主要刻画操作系统类型、漏洞、性能、防护等级、通信信道，以及攻防手段等计算机网络属性。

(3) 传感网络模型

传感网络模型又称 ISR 网络，主要为指挥控制体系提供情报，侦察和监视信息，构建要素包括传感器类型、功率、频率、距离、视场、目标类型、跟踪精度等性能参数，以及多传感器组网、任务分配、目标融合、目标识别、威胁判断等传感网行为规则，能够刻画天基预警系统、远程预警雷达、机载及舰载探测系统、火控雷达等实体和组网行动。

(4) 指控网络模型

在通信网和计算机网物理支撑的基础上，主要描述指挥控制主体与指挥控制客体之间的关联关系，建模要素涉及上下级编成关系，以及目标指示、引导、加强、配属等作战支援保障关系。同时，还包括体系对抗过程中的行动下级选择，以及指控命令冲突消解等指控行为规则。

(5) 信息网络关联依赖建模

在信息网络分类建模的基础上，构建信息网络关联依赖模型，用来描述其中大量存在的共用链路、共用节点，以及物理依存、逻辑驱动和级联效应等依赖关系。共用链路和共用节点指的是某些既是传输命令的指控链路，又是传输预警信息的传感链路，某些节点既是通信节点，又可能是指控节点。物理依存指例如通信实体的物理毁伤，可能会造成该节点其他网络功能的丧失。逻辑驱动指例如指挥与控制的实际需求才是通信网络发挥通信功能的内在驱动。级联效应指某些小的故障或毁伤可能会引发大范围的级联反应。

C.2.2　信息网络动态变结构机制建模

在体系对抗过程中，指挥控制体系往往会根据对抗实际情况进行自我调整。其信息网络结构表现出一定的自适应特性，称为动态变结构。在仿真模型构建过程中，主要通过各类动态变结构机制来实现，包括指挥控制接替机制、通信动态组网机制、接替跟踪机制，以及弹性网络机制等。下面以指挥控制接替机制建模为例，介绍主要建模思路。

指挥控制接替机制是指控网络自适应建模的重要内容，其 EBNF 范式如下，即

＜指挥控制接替＞∷＝＜选择模式＞＜选择限制＞＜排序＞＜通信动态组网＞

＜选择模式＞∷＝＜同级指挥＞|＜越级指挥＞|＜通信动态组网＞

＜选择限制＞∷＝[＜最大距离＞][＜通信路径＞][＜最大下属数＞][＜系统类型＞]

＜排序＞∷＝{＜权重＞}

其中，通信动态组网的目的是生成用于指挥控制的通信链路，在此不再展开。

下面，重点介绍指挥控制接替中的指挥控制主体选择模式和选择限制等内容。

为说明建模过程，如图 C.2 所示为指挥控制接替机制的大致过程。图中，CX 表示当前重点关注的指挥控制客体，C12 为故障指控主体，C11 和 C13 为 C12 的同级节点，C1 为高一级的指控主体。

我们构建的指挥控制接替机制模型提供三种选择模式。同级调整模式，选择与失效上级 C12 在同一层级的指挥控制主体进行调整，如图 C.2(a)和图 C.2(c)所示。当通过指控关系检查时，发现 CX 的 C12 实体失效后，则选择 C11 或者 C13 作为 CX 的可用上级；越级调整模式选择更高一级的指挥控制主体替换失效的 C12 实体，如图 C.2(b)所示，当 CX 的上级指挥单元遭到破坏或者丢失，则直接选择 C1 作为 CX 的上级，若 C1 同样不可用，甚至可选择 C1 的上级来指挥控制 CX 的行动；非线性调整模式可随机选择与失效的指挥控制主体不在同一指控网络内的其他指控节点来充当 CX 的指控上级，实施接替指挥。

根据选择模式筛选出的指挥控制主体往往不止一个，这就要求我们给出必要的选择限制，最具代表性的有三种。

① 最大距离。根据体系对抗实际，依据候选指控主体与下级间的距离进行选择，距离越小，权重越大，并排除超过最大距离限制的节点，目的是保障所建立的指挥链路通信路径损耗要小。

② 最大下级数。从指挥控制容量考虑，根据候选指挥节点现有下级数是否达到其能够指挥控制的上限来选择，指挥控制能力越强、实际下级越小的优先选择。

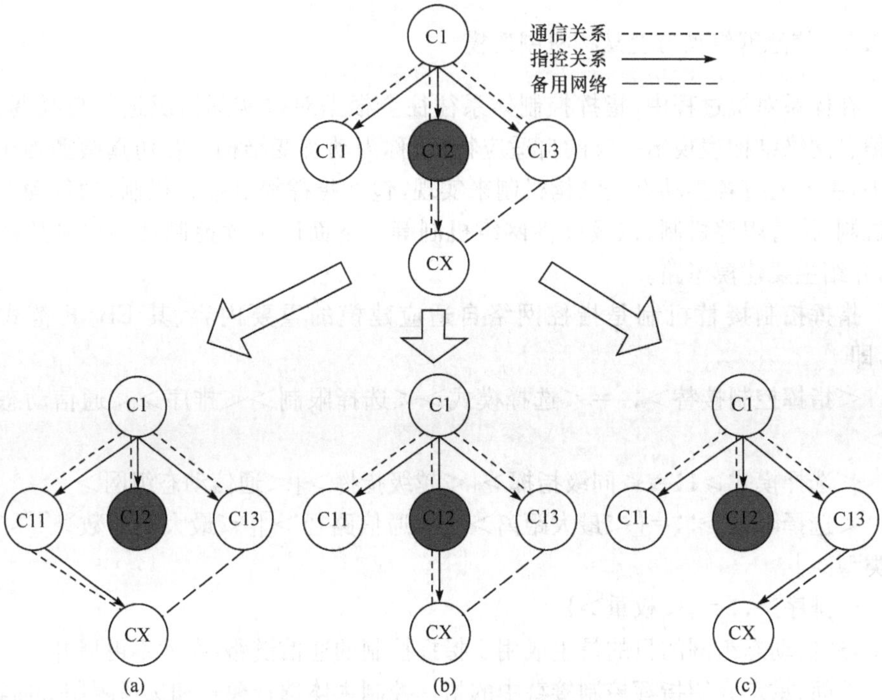

图 C. 2　指挥控制网接替机制示意图

③ 可用通信网络。根据通信网络的可用性来选择,综合考虑是否有可用的通信连接、通信容量、通信路由等相关通信性能指标。

基于多维动态信息网络的指挥控制体系仿真模型围绕体系中的通信网、计算机网、传感网、指控网和信息网络关联依赖等进行建模。仿真运行结果反映指挥控制体系的复杂交互行为及其动态自适应等特性,对其进行进一步的深入分析与挖掘,可对网络化指挥控制体系效能进行评估,进而研究其复杂性机理,具有重要的研究意义。

C. 3　基于超网的指挥控制体系效能评估模型构建方法

基于多维动态信息网络的指挥控制体系仿真模型,其作用是近似真实地反映体系对抗过程中信息感知、传播、判断、指控等环节的复杂行为。下面介绍的指挥控制体系效能评估模型,则是为了进行体系效能评估而建立的一个分析模型,是对体系运行时,行为及运行结果的一种网络化抽象。

C. 3. 1　指挥控制体系的异质超网络概念模型

指挥控制体系由相互关联的指控主体、指控客体、指挥信息系统,以及指控信息等构成。如果将各型系统或系统的组合看成节点，系统间的关联或相互作用关系作为边，指挥控制体系的动态对抗行为就可以抽象为网络。

从超网的角度来看，动态对抗的指挥控制体系可以映射为指控信息网、指控关系网和指控交互网三种网络，如图C.3所示。

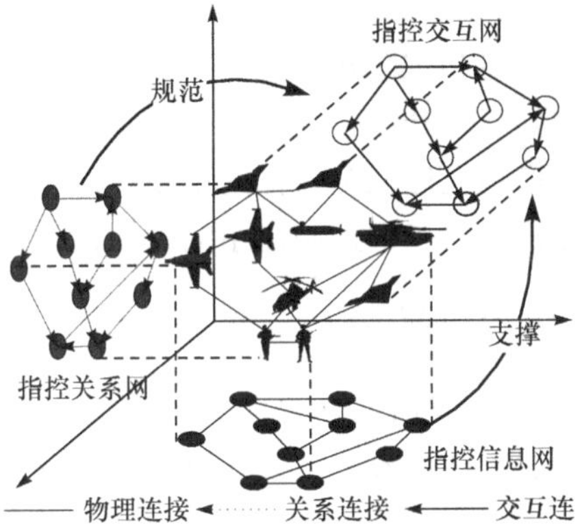

图C.3　指挥控制体系的异质超网概念模型

指控信息网是体系在物理域的映射，节点表示各种装备实体，其中的边主要是各种无线通信、有线通信等指控保障链路。

指控关系网中的结点是作战单元的逻辑表示，可以与作战实体存在一对一、一对多等多种逻辑关系(依据具体建模方法而稍有差异)。其中的边反映各种指控软件规定的组织关系和作战关系，包括指挥、支援、协同等关系，是对作战单元间交互性质和趋向的一种规范。

指控交互网中结点同样表示逻辑作战单元，可以参考Cares的定义，划分为传感实体、决策节点、火力单元节点、目标节点。边描述了体系对抗过程中的动态指控行为。

如果将指挥控制体系超网络模型与我们日常生活中的各种管线做一类比，那么指控信息网就是管道设施，是体系发挥其功能的硬件基础。指控关系网是流的动力来源和路径约束，如水压、电压和各种阀门等。指控交互网代表实际的流情况，如到户水流总量，时间、质量等属性。

相对于指控交互网，指控信息网和指控关系网的变化要慢得多，但这两个网络状态的改变可能会迅速影响指控交互网的状态。例如，一条关键物理链路的失效可能导致诸多实体间的交互无法完成，信息保障关系的改变也会改变信息交互流的状态。

指挥控制体系超网模型中不同网络抽象就像一个三维物体在不同二维平面上的投影，每个投影都是体系某方面性质的反映。指控信息网和指控关系网反映指挥控制体系的静态特征，指控交互网则反映指挥控制体系的动态特征，三者相互依赖、相互关联，从不同侧面描述指挥控制体系，组成一个异质超网络。

指挥控制体系的异质超网络模型能够支持多种重要的网络化体系效能指标评估，以及不同指标之间的关联分析，这对创新指挥控制体系效能评估方法和构建网络化指标体系都具有非常重要的意义。以指挥控制体系敏捷性的评估为例，依据经验，体系敏捷性与网络连通度、链路节点比和 OODA 环交叠模式等指标密切相关。依据指挥控制体系的异质超网络模型，可以分别针对指控信息网、指控关系网和指控交互网进行分析，得到上述三个指标的单项度量结果，进而通过大量的仿真实验和分析验证，综合分析得出指挥控制体系的敏捷性评估指标。

C.3.2 基于流理论的指控交互网模型

指控交互网是作战过程中参战实体之间物质、能量和信息等动态交互的网络化表达，是体系运行行为的一种抽象表现方式，也是指挥控制体系评估模型的难点所在。下面借鉴系统论中“流”的定义给出指控交互网的定义。

定义 1 给定体系节点 ei 与 ej，在 t 时刻 ei 对 ej 的第 n 类交互作用流（包括物质流、能量流、信息流等）定义为 Ifijn(t)，所有交互作用流泛称为系统交互流。

根据上述定义，系统交互流可以看作指挥控制体系运行过程中所有结点之间产生的交互动作。这些动作具有时序属性，根据仿真模型运行时结果，将所有指控行为按照时间属性进行排序，分别构建系统交互流，即可提取和抽象出体系运行时的所有系统交互流。

从作战的角度来看，指挥控制体系包括如下主要的系统交互流。

① 感知流。感知对方和己方的信息流，包括位置、运行特征、敌我识别及类型、信号特征、任务目标等内容。

② 情报流。体系内部节点以形成共享感知为目的的信息流。情报交互过程包括态势融合，是某些传感器或决策节点将单独感知的信息进行汇总，从而形成总体的战场态势信息。决策节点和行动节点是信息的消费节点，他们的行为依赖于情报交互。

③ 指控流。指挥节点向被指挥节点下达指挥控制命令。决策节点在得到情报信息后对其控制的单元进行调整，并对下一步的行动进行决策，这些内容以指控命令的形式下达给其他节点。

④ 协同流。两个或多个作战单元为协同作战产生的信息交互。

⑤ 攻击流。方法包括火力打击、电子干扰、网络攻击等行动。

系统交互流的定义具有时变性，我们借鉴社交网络建模方法将交互流按照一定的规则在一段时间内进行积累，进而得到体系在遂行作战任务过程中产生的指控交互网。

定义 2 指控交互网是体系在一段时间 T 内动态、对抗过程中产生的交互流的集合。设体系中所有结点集合记作 Via，时间 T 内产生的指控交互网定义为 IfIAN(T)＝{Ifijn(t)|ei，ej∈Via，t∈T}。

针对 ei，ej∈Via，任意时间片 T 内可能存在多个时刻 $t_1, t_2, \cdots, t_x$，分别存在从 ei 到 ej 的系统交互流。针对这种情况，我们采取的措施是为每个系统交互流维护一个权重函数 $X()$，$X(\mathrm{ei}, \mathrm{ej}, T)$ 表示时间片 T 内产生 ei 到 ej 的系统交互流的个数。

时间片 T 的选取，以及权重函数 $X()$ 的具体定义形式与所要研究的问题相关。例如，可以按时间段$\{(t_1, t_2), (t_2, t_3), \cdots, (t_{n-1}, t_n)\}$生成连续的指控交互网络，研究其演化性质，也可以根据典型事件的发生来划分时间片，研究指挥控制作战的过程。例如，图 C.4 是作战过程中交互网络的 4 个时间片：t_1 时刻卫星侦察到目标并将信息发送到指控中心；t_2 时刻指控中心控制无人侦察机对目标进行确认、识别和跟踪；t_3 时刻在跟踪的同时命令攻击型无人飞向目标；t_4 时刻一架无人机进行攻击，另一架无人机观察战果补充攻击。

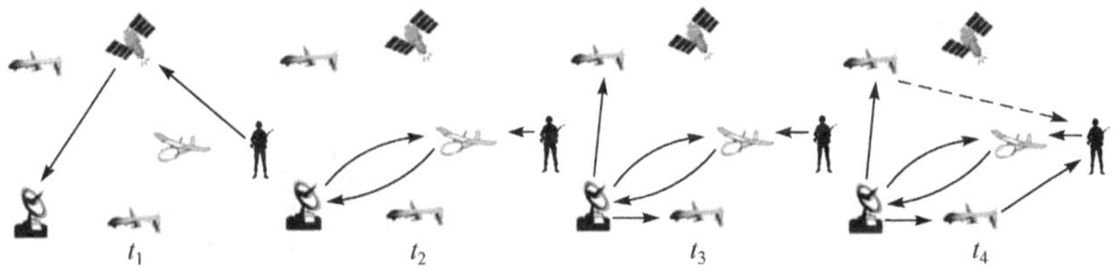

图 C.4 时序交互网络示例

定义 3 设指控交互网中 k 个系统交互流 Ifp$+i-1, p+i(t_i)$ $(i=1, 2, \cdots, k, k \geqslant 2, \mathrm{ep}+k=\mathrm{ep}, t_1 \leqslant t_2 \leqslant \cdots \leqslant t_k)$，且满足 fq(Ifp$+i-1, p+i(t_i)$)＝fq(Ifp$+j-1, p+j(t_i)$) $(i, j \in \{1, 2, \cdots, k\})$，其中 fq 为流 Ifp$+i-1, p+i(t_i)$第 q 种属性，表示流之间存在某种内在的一致性，那么这 k 个指挥交互流构成的序列称为交互流回路。包含且仅包含一个攻击流，其余所有的流均与目标有关的交互流回路称为交战环。

交战环中的流以打击目标为起点，在经过了数级转换和传递后又以打击目标为终点。最简单的交战环只有火力单元和打击目标两个节点，包含感知流和攻击流。不同的交战环有不同的复杂度，其中可能包含多个子交互流，这些子交互流的交叠模式和效果是网络化指挥控制体系效能高低的一个重要指标。交战环是指控交互网的子图，是体系的微观行动到宏观效果的关键结构。网络化作战的优势和目标就是能够形成灵活高效的交战环。通过对指控交互网中交战环时间属性与拓扑属性的分析，可以分析 C^4ISR 系统在体系对抗中起到的作用。

C.4　实 验 示 例

基于指挥控制体系仿真模型与评估模型，我们建立了一个指挥控制体系对抗仿真分析与评估的原型系统。以反映体系使命要求的仿真环境和任务封装成的想定驱动仿真模型，通过对仿真运行时的数据进行深入分析，抽取和构建基于超网理论的指挥控制体系效能评估模型，进而研究指挥控制体系相关性质。实验设定由红蓝双方作战体系构成，按照扁平化指挥、信息共享、分散部署等原则进行配置，并通过指挥关系转隶、动态组网、备用通信路径等机制充分体现指挥控制体系多维信息网络及其动态自适应特性。

如图 C.5 所示为两个波次远程攻击过程形成的指控交互网，图中边的粗细反映其权重，即在打击过程中产生交互流的次数。为了对比和描述方便，图中标出了探测结点 1～4 和指挥结点 A～C。

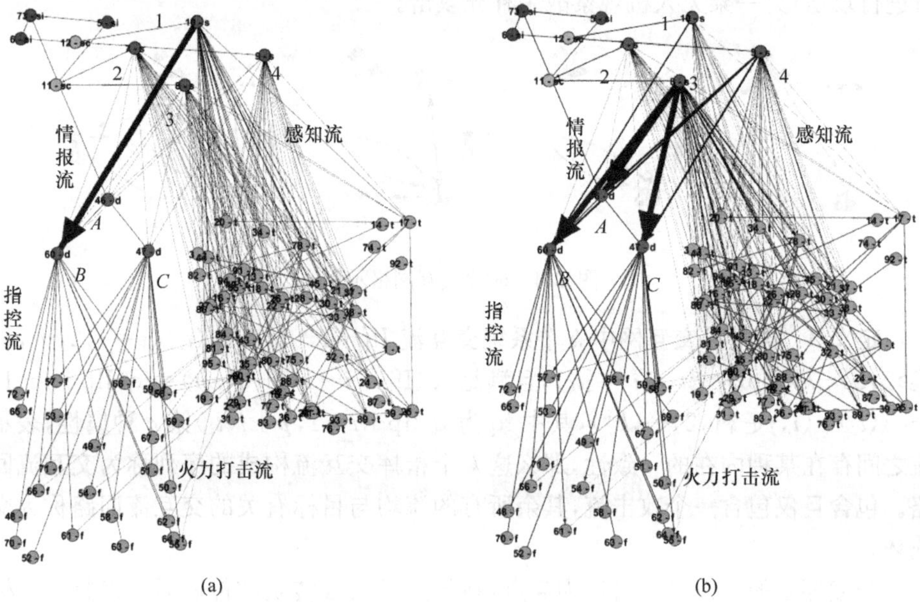

图 C.5　时间窗口内的交互网

总体而言，第二波次（图 C.5(b)）中的系统交互流要比第一波次（图 C.5(a)）密集，攻击过程中的活跃节点更多，指挥控制体系交互的频繁程度有所上升，指挥结点对信息的感知、处理、分发等过程较为合理。

相对于第一波次攻击过程，第二波次中探测结点 3 产生的感知流相对密集，而探测结点 1 产生的感知流相对减少；第二波次中探测结点 3 和 4 产生了大量的情报流，而探测结点1产生的情报流下降明显；第二波次中指挥结点 B 和 C 对情报流的接收和处理较为分散和平均；在两个波次中，探测结点2发挥的作用基本相同；指挥结点 A 在两个波次中均为未产生有效指控流。

综合仿真模型运行结果及评估模型分析结果可以发现，产生上述现象的主要原因如下：第二波次攻击中对方采用干扰等方式对探测结点1进行了干扰；探测节点2在两个波次攻击过程中位置相对固定，且未受到敌方干扰；探测结点3和探测结点4在第二波次中位置前出且抗干扰能力强，因此其作用发挥更加充分；对仿真模型中指控关系网和火力打击网进行分析后发现，指挥结点 A 在两个波次中均未产生有效指控流的原因是其所属部队无法完成对目标的打击。

C.5 结　论

从网络化的视角研究指挥控制体系建模是一种新尝试，我们提出的多维动态信息网络仿真模型和基于超网的网络化评估模型等建模方法，能够较好地反映指挥控制体系的网络化特征，对于联合作战背景下的指挥控制体系建模仿真和分析评估具有重要理论价值。同时，考虑指挥控制体系建模的复杂性，下一步还有很多内容需要进行深入研究。

附录D　网络空间武器装备体系网络化效应建模研究[①]

网络空间(Cyberspace)日益发展为武器装备体系新的对抗空间。在该背景下,武器装备体系的网络化效应越来越明显,逐渐成为武器装备体系建设与论证的重要影响因素。所谓网络化效应,是指由于存在网络化的信息基础设施,以及自适应性网络信息对抗行为,局部效应可能引发体系大规模级联效应的现象和机理。武器装备体系网络化效应对体系建模仿真提出新的挑战和更高要求,是一个新的重要研究领域,面临传统建模理论与方法的变革,以及以往体系效能评估理念的深化转型等诸多深层次问题,急需探索和突破。

D.1　网络空间下体系网络化效应的内涵

网络化效应内涵可从以下几方面来理解。

D.1.1　“网络内涵”是网络空间存在的基本形式

从1984年Gibson在《神经漫游者》中创造出Cyberspace,到2002年美军在其《军语及相关术语词典》中引入Cyberspace,所指的Cyberspace都是计算机网络或Internet。随后,网络化系统和信息技术基础设施网络等要素被不断引入。但网络空间的内涵始终还是网络,包括武器装备体系涉及的计算机网络、通信网、指控网和传感网等。

D.1.2　“多网联动”是新背景下体系对抗的主要模式

随着各种指挥自动化平台和战场信息分发系统等信息系统的大范围应用,孤立装备节点被聚合成武器装备体系。“聚”的形式就是网络。随着网络空间的深入发展,武器装备体系的信息网络彼此关联,构成网络之网络的超网结构,“多网联动”的现象经常发生,一个小的扰动就有可能通过网络关联造成多网络间不同程度的“共振”。这成为新背景下武器装备体系对抗与论证不容忽视的新问题。

D.1.3　“跨域铰链”是网络化效应的主要传播方式

网络空间背景下各类信息系统与物理系统彼此耦合,使得武器装备体系成为

---

① 参考了王艳正,司光亚,荣明等《网络空间武器装备体系网络化效应建模研究》,《系统仿真学报》,2013年8期,第1906-1911页。

一个跨域铰链的复杂巨系统。一方面,这是各国军队进行信息化武器装备建设努力追求的目标,它能够提高军队信息化程度,带来显著的军事效益。另一方,也会带来巨大的风险和隐患,发生于武器装备体系某个域的内部效应,有可能造成物理域、信息域和认知域等域间的大规模连锁反应,甚至导致整个武器装备体系的瘫痪。

D.1.4 "体系效应"是武器装备体系效能研究的深化

以往武器装备体系效能评估总是希望得到一个或多个效能值,并以此评估体系完成某种使命任务的程度,衡量武器装备体系的优劣。而网络化效应的提出,使得追求效能值变为探索效能发挥的过程与机理,从"值的大小"到"值的因果",更好地服务于武器装备体系评估与论证。可以说,网络化效应的这种体系效应是武器装备体系效能评估研究的进一步深化。

D.2 武器装备体系网络化效应建模

利用建模仿真手段,从整体、对抗和动态的角度研究武器装备网络化效应是一条可行思路,但迫切需要解决网络空间武器装备体系网络化效应建模面临的新问题。这涉及诸多方面。

D.2.1 大规模异质信息网络描述与建模

信息网络是网络空间和网络化效应的结构基础。新背景下武器装备体系中的信息网络,具有异构、大尺度、关联复杂、动态自适应等复杂网络特性,如何有效描述信息网络,并进行建模仿真是网络化效应建模研究的难点之一。在网络节点、网络链路、网络协议,以及消息等信息网络基础要素描述的基础上,可以通过抽象指挥控制、感知协同、信息支援,以及通信连接等关联关系,从不同侧面和不同层次描述指控网、传感网、通信网等广义信息网络的构成与演化,重点描述信息网络的自适应规则,构建静态基本结构与动态变结构相结合的武器装备体系动态自适应信息网络模型。

D.2.2 新型 Cyber 装备实体与自适应 Cyber 对抗行为建模

新型 Cyber 武器装备实体及自适应 Cyber 对抗行为是产生网络化效应的行为基础,也是网络化效应建模研究的重点内容之一。随着网络空间技术的成熟与应用,武器装备体系中出现一批新型 Cyber 实体,如战场计算机网络病毒、网电一体对抗系统等。与传统武器装备实体相比,新型 Cyber 实体的信息域和认知域特征更明显,智能性和自适应性更突出,如何对这些自适应 Cyber 武器装备实体及行为建模是武器装备体系建模面临的新问题。

1. 虚实映射的 Cyber 武器装备实体建模

将 Cyber 武器装备实体模型分为 P_Model 和 C_Model。P_Model 依据装备实体客观存在构建，刻画物理及能量参数，包括地理位置、自身状态、几何外形、机动特性、火力毁伤、物理通信等属性。C_Model 在 P_Model 基础上，通过抽象信息域和认知域属性得到，刻画网络探测、感知、决策、控制，以及消息、信道等属性。模型对 C_Model 和 P_Model 之间的映射关系进行建模，主要刻画依存关系、随动关系、制约及影响关系等，如图 D.1 所示。

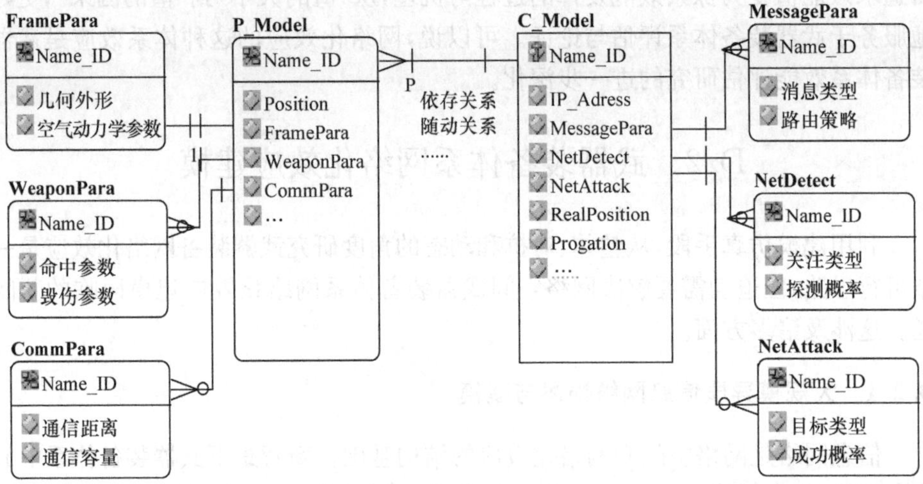

图 D.1　P_Model 与 C_Model 以及两者之间的关系示意

此外，将 C_Model 细化为 PreC_Model(如装备平台上的计算机软件设备)和 TrueC_Model(如计算机病毒)，进而描述新型实体模型之间的映射与寄宿关系，如图 D.2 所示。

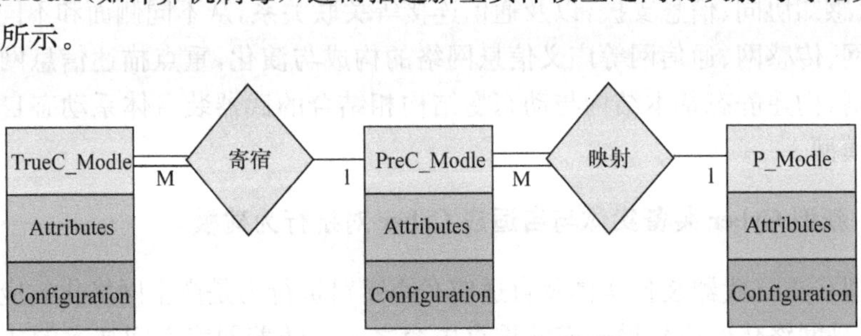

图 D.2　C_Model 与 P_Model 间细化的关系约束

2. 基于自适应规则的 Cyber 对抗行为建模

探测感知、网络通信、信息欺骗，以及网络控制、破坏和防御等 Cyber 对抗行为，与火力毁伤、电磁压制等传统对抗行为相比，具有明显的信息对抗和自适应性对抗特点。信息对抗行为规则建模是网络空间行为建模的有效方法。此部分主要研究Cyber对抗行为自适应性机理分析、自适应性行为规则描述，以及基于规则的临机行为建模等内容。

D.2.3　信息网络关联依赖及网络化效应传播建模

信息网络关联依赖及网络化效应传播是造成网络化效应的内外动因，也是网络化效应建模研究的核心内容。网络空间武器装备体系最大的结构特征是网络化关联，具有链路多网共用、节点多使命归一（如特定节点既是通信网络节点，又是战场计算机网络节点）等关联关系。体系的网络化效应就是在这种关联网络上进行级联传播的。需要重点研究以下内容。

① 战场计算机网络、通信网、指控网，以及传感网等信息网络间的关联关系建模，包括节点和链路等网络结构关联及基于消息的信息流约束关系等具体内容的建模。

② 效应的网间及跨域传播建模，对如战场计算机网络阻塞型病毒攻击效应对通信网络通信性能的影响，甚至对体系对抗认知域产生影响，以及由此造成的武器装备体系对抗整体效能的变化等问题进行建模。

D.3　武器装备体系网络化效应的评估与分析

在网络化效应建模仿真的基础上，为实施网络空间武器装备体系网络化效应评估与分析，需要强化两个理念，即武器装备体系效能指标的网络化和武器装备体系效应分析的整体性。

D.3.1　网络化武器装备体系效能指标体系

构建武器装备体系效能指标体系是网络化效应分析的基础。该指标体系强调网络化，充分借鉴复杂网络理论，关注指标间关联，兼顾武器装备体系复杂的结构特征，以及体系中各型信息网络的实际对抗价值，并将二者融合成统一的指标体系。

1. 武器装备体系结构特征指标

武器装备体系结构特征指标有很多，如节点及链数、度分布、最大中心节点、特征路径长度（小世界）、聚集系数、介数（级联控制）、路径水平（自组织）、中立率（适应性）、敏感度（鲁棒性）、连通片数等。这些指标多属于复杂网络系数指标，之所以选取它们作为武器装备体系特征指标，是因为网络空间的武器装备体系具有天然的复杂网络特征。

武器装备体系复杂网络结构特征分析,除指标,还必须有武器装备体系网络拓扑结构。网络拓扑结构有两种生成途径,即狭义的网络关联和广义的关系关联。其中,第一种多指通信网络的基本结构与动态演化结构,可在具体通信网络邻接矩阵基础上,将其邻接矩阵中节点间的具体关联内容去除,仅描述其是否存在关联,将原邻接矩阵变成 0-1 矩阵,可以得到如图 D.3 所示的某通信网络结构特征替换矩阵;第二种可在海量体系对抗数据的基础上,抽象指挥活动、通信保障活动或者侦察探测活动得到广义的体系网络拓扑结构。

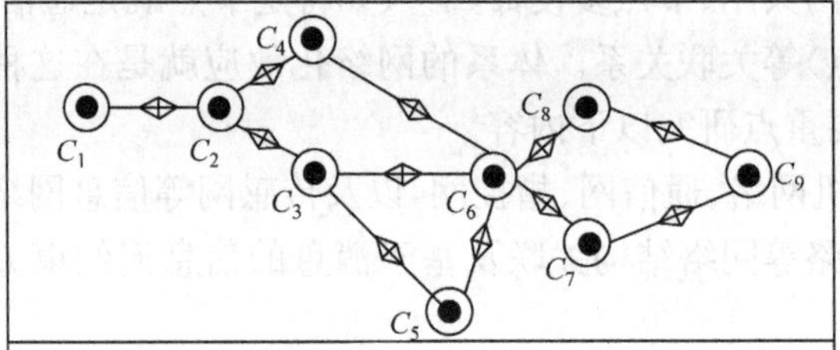

	C_1	C_2	C_3	C_4	C_5	C_6	C_7	C_8	C_9
C_1	0	1	0	0	0	0	0	0	0
C_2	1	0	1	1	0	0	0	0	0
C_3	0	1	0	0	0	1	0	0	0
C_4	0	1	0	0	1	1	0	0	0
C_5	0	0	1	0	0	1	0	0	0
C_6	0	0	1	1	1	0	1	1	0
C_7	0	0	0	0	0	1	0	0	1
C_8	0	0	0	0	0	1	0	1	1
C_9	0	0	0	0	0	0	1	0	0

图 D.3　某通信网络结构特征替换矩阵

2. 武器装备体系对抗网络应用指标

与网络特征指标不同,网络应用指标是在武器装备体系对抗过程中,通过提炼各型信息网络的具体贡献得到的。如图 D.4 所示为武器装备体系对抗各型网络的价值视图,描述了以 OODA 环为核心的武器装备体系对抗过程,包括信息的探测、判断、决策和行动过程。各类网络在体系对抗中发挥着不同的关键作用。其中,传感网负责信息的获取和目标识别;指控网依靠传感网目标信息进行个体决策、团队决策,从而制订行动计划;通信网支撑各网络内部甚至网间的信息流转。因此可以说,体系对抗效能(system of systems measures of force effectiveness, MOFE)是网络应用指标的聚合值。

这些指标包括系统指标(dimensional parameter,DP)、性能指标(measures of performance,MOP)和效能指标(measures of effectiveness,MOE),如传感网的发

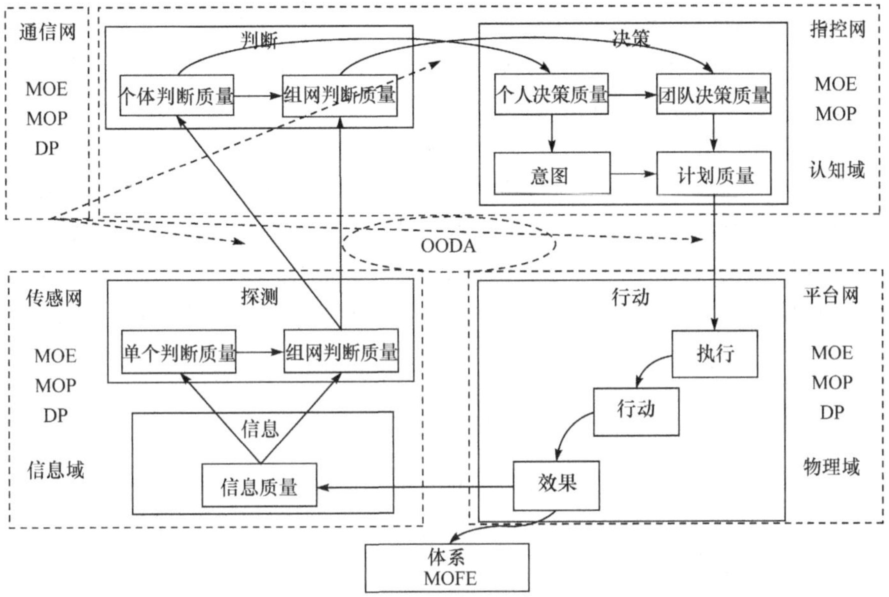

图 D.4 武器装备体系对抗各型网络的价值视图

现概率、轨迹信息准确率、跟踪概率，指控网的控制强度、指控级数，以及通信网的带宽、时延、占用比等。

3. 网络化的体系效能指标体系

基于前面的分析，可以构建出如图 D.5 所示的网络化武器装备体系效能指标体系。

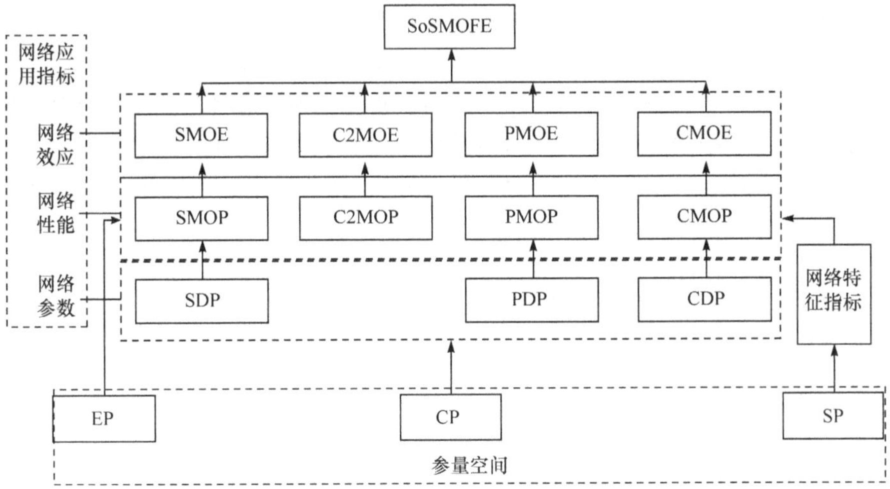

图 D.5 网络化武器装备体系效能指标体系

体系对抗效能(SoSMOFE)也是传感网效能(SMOE)、指控网效能(C2MOE)、打击网效能(PMOE)和通信网效能(CMOE)的聚合。其中,SMOE 又由传感网参数(SDP)和传感网性能(SMOP)逐级聚合;C2MOE 受指控网性能(C2MOP)的影响;PMOE 则由打击网参数(PDP)和打击网性能(PMOP)逐次聚合;CMOE 同样受通信网性能(CMOP)和通信网参数(CDP)的影响。同时,网络结构特征指标对于体系效能的发挥至关重要,通过影响网络应用指标中的性能指标发挥作用。此外,考虑环境因素、部署因素和能力因素对网络结构特征和网络对抗应用的具体影响,该指标体系明确了环境参量(EP)、能力参量(CP)和策略参量(SP)等参量空间与网络指标体系的关系。

D.3.2 武器装备体系网络化效应分析

面向武器装备体系论证顶层需求,网络化效应分析是特定使命任务下体系效能发挥的机理性分析。我们知道,武器装备体系能力,尤其是作战效能是相对的,与联合作战背景、敌方武器装备和武器装备体系运用方式等因素密切相关,不存在绝对能力,并且衡量武器装备体系能力的各指标间的关系也不是相互独立的,而是网络化的,存在相互联系的可能性,不存在孤立能力。因此,网络化效应分析关注体系的整体性问题,代表性的有武器装备体系重心分析、武器装备体系脆弱性分析和武器装备体系效能影响机理分析等。

1. 武器装备体系重心分析

所谓武器装备体系重心,是指武器装备体系中诸节点与之关联依赖程度高,以及体系整体效能发挥最为倚重的核心节点。一般来讲,静态的武器装备体系重心比较好确定,例如战区级武器装备体系中核心指控节点。但是,在动态对抗中,武器装备体系的重心就不容易判断,因为此时武器装备体系使命任务和动态演化具有不确定性,重心也是逐步演化的。在武器装备体系网络化效应仿真分析中,重心分析往往借鉴复杂网络理论和方法,借助体系对抗仿真记录的海量中间与结果数据,多采用度动态演化和网络拓扑势分析的方法,判断特定时刻的体系重心及其演化规律。

2. 武器装备体系脆弱性分析

从武器装备体系健壮性角度,衡量与论证武器装备体系的脆弱性,有利于维护己方武器装备体系的稳定性或提高对敌方武器装备体系的毁瘫效率。网络化效应分析强调的体系脆弱性包括两个方面。

① 武器装备体系的网络结构脆弱性,指武器装备体系静态与动态网络拓扑结构具有的高度不稳定性,例如武器装备体系重心过少且集中,指控网络介数太高,

或者节点分散度低等。

② 武器装备体系的价值脆弱性，指从特定使命任务的角度，衡量体系对抗过程中各节点、链路的价值，以及价值演化，通过权衡价值高低，以及防护效能，判断武器装备体系的价值脆弱性。它相对于结构脆弱性，对体系对抗背景的依赖程度更高，往往意义更为突出。

3. 武器装备体系影响机理分析

围绕关键装备对整个武器装备体系的影响分析，以及体系结构变化对体系能力的影响分析等武器装备体系论证的重点命题，分析武器装备体系影响机理，基于体系对抗仿真的海量数据，通常综合采用模型拟合、回归分析、灵敏度分析、因果回溯等方法，深入探索关键装备与结构变化对体系能力点、影响过程、连带反应等具体分析环节，以期得到体系影响程度和影响规律等结论性分析结果，辅助武器装备体系决策高层和权威论证部门，做出关键武器装备及关键体系结构调整方面的决策。

4. 武器装备体系仿真实验环境的实践探索

近几年，我们结合相关课题和任务，构建了一个武器装备体系仿真实验环境原型系统，由实验设计系统、模型系统、实验分析系统、仿真实验控制与支撑系统和人在回路的设计与分析集成系统五部分组成(图 D. 6)，具备以下功能。

(1) 演示武器装备体系网络化效应新概念

网络空间中的武器装备体系网络化效应涉及诸多新概念，如武器装备广义信息网络环境、自适应 Cyber 对抗行动，以及网络化效应级联传播过程等。这些新概念多停留在理论层面，尤其是对于决策高层更不常见，直接制约着武器装备体系论证工作。因此，需要在武器装备体系仿真实验环境中进行逼真展示，可视化是非常有效的途径。基于可信度较高的武器装备体系基础数据与模型，通过多维可视化分析方法，体系仿真实验环境可以对复杂电磁环境、复杂信息环境、体系对抗过程进行可视化分析，将网络化效应新概念进行多层次、多视角、多模式、多线索的演示，便于决策者更直观、更形象地理解，增强认同感。

(2) 评估关键武器装备对体系效能的影响

武器装备体系仿真实验环境原型系统可以创建信息化条件下联合作战体系对抗仿真背景，通过提供既定的武器装备体系背景模型和快速的构模技术，可以对关键武器装备进行快速建模，并放入既定武器装备体系背景模型中，进行武器装备体系对抗仿真实验，并通过比对分析，衡量关键武器装备对体系效能的影响程度。这一功能能很好地满足武器装备体系论证部门，针对新型武器装备或新改进武器装备进行体系级的仿真实验，预先得到该型装备对体系效能的影响程度，进而决策是否立项研发相关武器装备。

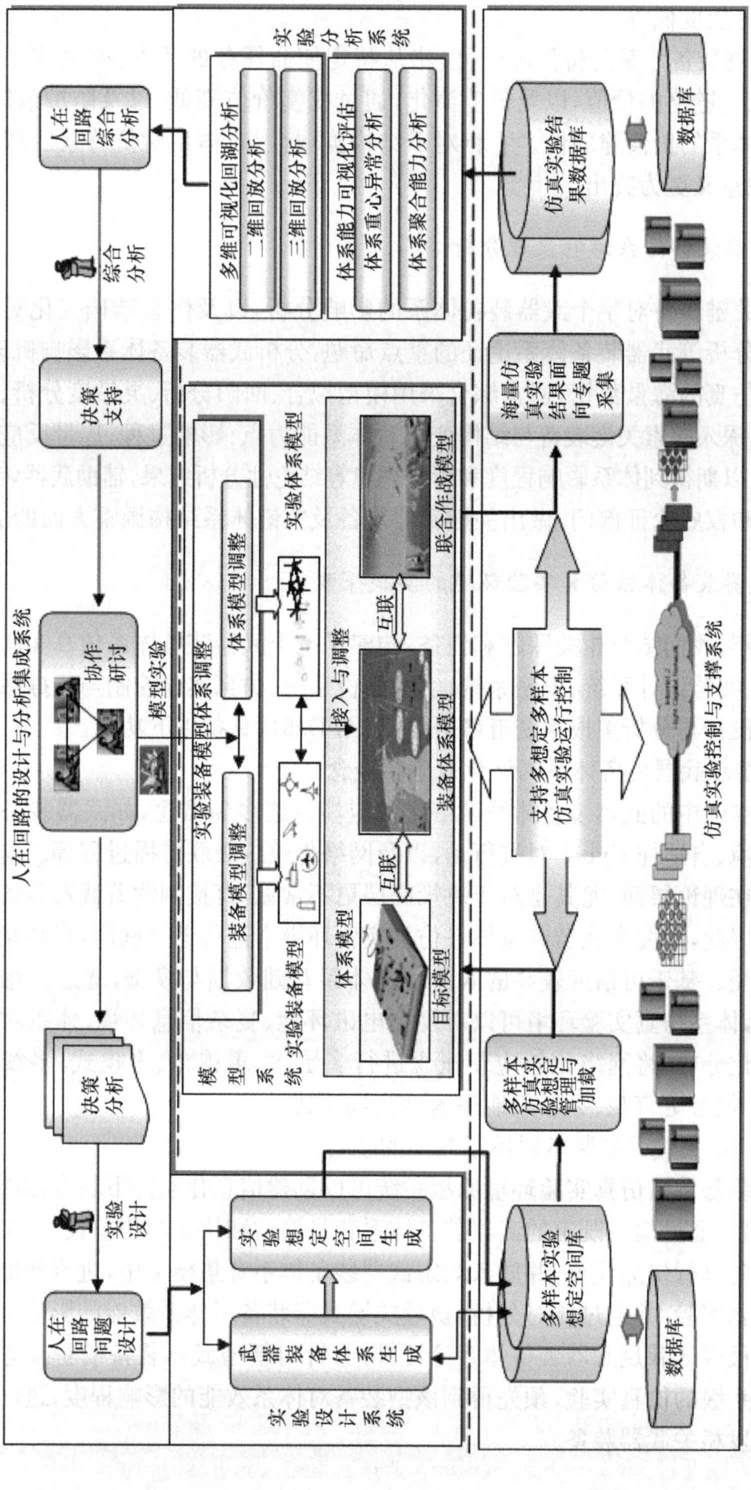

图 D.6 武器装备体系仿真实验环境原型系统体系架构

(3) 探索武器装备体系网络化效应新机理

武器装备体系仿真实验环境原型系统能提供必要的实验设计工具和人机结合的实验设计环境，将探索性仿真实验方法与体系对抗仿真相结合，通过在相当规模的实验空间进行仿真实验探索，实现体系重心、体系脆弱性和体系影响机理等网络化效应机理分析。例如，在应对“空海一体战”背景下，某个体系脆弱性分析实验可能涉及上千个装备实体、上万次仿真实验，在如此大规模的仿真实验中记录海量数据，能够有效地寻找武器装备体系的关键节点，进而发现武器装备体系的某些异常，从结构脆弱性和价值脆弱性等不同角度分析网络化效应机理。

D.4　结　束　语

网络空间武器装备体系网络化效应是体系仿真面临的新的重大课题，深入研究有利于扩展和深化体系建模理论与方法，推进新形势下武器装备体系效能评估进一步发展，增强武器装备体系论证的科学性。同时，网络化效应也是体系仿真领域面临的新的热点和难点问题，涉及武器装备体系建模、指标体系构建、效能评估与分析、仿真实验环境构建等诸多方面。目前，我们的研究虽然取得了些许进展，但还有很多问题不够深入，有待进一步深化探索。

附录 E Modeling the Power Generation Dispatching in Cyber-Physical Interdependent Perspective[①]

E. 1 Introduction

The modern electric power infrastructure with pervasive embedded computation and communication devices and systems which serve as the control system is an extremely complex and geographically-dispersed system. It has now become a typical Cyber Physical System(CPS), which has great benefits for improving the quality of electric power production and the efficiency of management. But the obscure cyber-physical interdependencies and the intrinsic vulnerabilities in information technologies also bring serious security threats to the EPI. The blackouts in North America and Italy in summer 2003, the one in West Europe in November 2006 and so on are all examples which highlight the importance of analyzing the security condition of the modern EPI in the cyber-physical interdependent perspective.

Since the modern EPI is the most fundamental infrastructure, the correlative modeling and simulation works which are not only in the electric engineering but also in social simulation have been the increasing interests in these years. The works in the electric engineering aim at promoting the security and reliability of the EPI. The U. S. government and the E. U. both attach great importance to the EPI protection due to the terrorism. The U. S. National Infrastructure Simulation and Analysis Center(NISAC) set up the National SCADA Test Bed(NSTB) project including many famous laboratories, which is in order to deeply recognize the vulnerabilities in the supervise control and data acquisition(SCADA) system which is widely used in the EPI. And the National Science Foundation project Trustworthy Cyber Infrastructure for the Power grid(TCIP) is for the same purpose. Beside this, the Electric Power Research Center of Iowa State University

① 参考了 Xu Y, Si G Y. Modeling the power generation dispatching in cyber-physical interdependent perspective//ICSC, 2012。

has been applying themselves to the assessment of the cybersecurity of the electric systems. And they have achieved good results in analyzing the cyber-physical interdependencies using the Petri net and attack tree models. The E. U. supports the Critical Utility Infrastructural Resilience(CRUTIAL) project which focuses on proposing a resilient structure of the EPI control system. The French Grenoble Electrical Engineering Laboratory(G2ELab) in this project uses the Bayesian network evaluating the risk level of cyber attacks. And they combine the Power System Analysis Toolbox(PSAT) which models the power flow, the SimPy which is object-oriented in Python to model the communication systems and the Matlab which modeled the control center to simulate the cyber-physical interaction in the EPI. References and which are also a part of the CRUTIAL project introduce the Stochastic Well-formed Nets(SWN) model and Stochastic Activity Network (SAN) model which is dedicated to analyze the cyber-physical interdependencies. The social simulation always focuses on the reciprocal effects of the EPI and the social environment. It has been a powerful way of analyzing the complex evolvement of political, economic and social group behaviors due to the power blackout in crisis. The Interdependent Energy Infrastructure Simulation System (IEISS) project sponsored by the U. S. Department of Energy is a famous one due to the needs. Its models are based on the Actors. The project has achieved the interactive simulations between the electric power models and the natural gas models. But it does not model their control systems. However, the Sandia National Laboratory of the U. S. developed a simulation system based on the Virtual Control System Environment(VCSE), which is a part of the NSTB. They integrate the Power World software to analyze the effect on the power grid which is caused by the cyber attacks. And they also integrated some software such as Regional Economic Account(REA) to analyze the impact of the power grid blackouts to the economics.

In order to understand the modern EPI deeply and insure our national security, we aim at modeling the EPI in a broad region and recognizing the reciprocal effects with the society. So we proposed a modeling and simulation method based on the multi-agent technologies with high level of abstraction. Beside the necessary agent models for the electrical resources, we developed some intelligent agent-models such as the control center agents which could model the behaviors of both the automation systems in it and the dispatchers. And we also modeled the control or automation systems in the power plant agents and substation agents. This paper focuses on the modeling and simulation of the generation dispatching we have achieved now. we successfully implement the Load Forecasting(LF), Economic Dispatching Control (EDC) and Automatic Generation Control (AGC) so that it is the optimal power flow in our simulation. It paves the way for the other simulations in the future. The simulation experiment in this paper analyzed a real power grid. The results showed that our simulation system could finely model the electrical characteristics of the real system. And it can smoothly perform the simulated function of generation dispatching. The agent-models are easily to be extended for social simulation.

E. 2 Models and Simulation Mode

E. 2. 1 Modeling in Cyber-Physical Perspective

We model the EPI as two interacted layers. The cyber layer represents the control systems of the EPI, while the physical layer represents the electric systems. We defined the interactions between them are information and control which are shown in Figure E. 1.

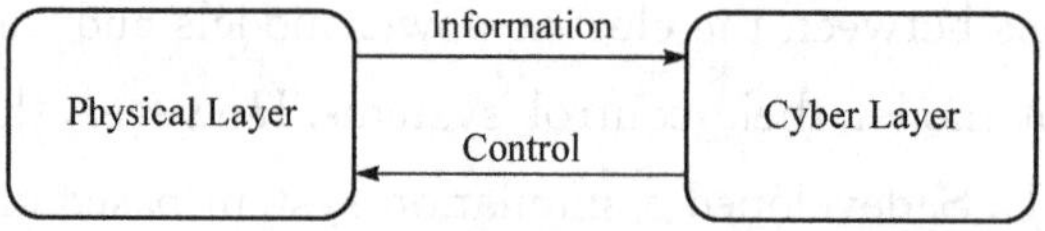

Figure E. 1 The cyber-physical layers and their interdependence

The information coming from different models in the physical layer contain the status signals of breakers and the electric measurements. They are transmitted and processed in the cyber layer. The control is decided by all the information and some rules. And the control signals are sent to the physical layer to modify the model's running states.

The information and control are both modeled by the messages among agents. The agents can read the messages and act accordingly.

E. 2. 2 Agent Models

The modeled objects in the simulation system are mainly the large power plants and the transmission systems with voltages in excess of 110kV. The other transmission and distribution systems with lower voltages are considered as consumer loads.

Figure E. 2 shows the six classes of agents and their interactions in the simulation system. Beyond the dotted line, it is the cyber layer where the control center agents only interact with the power plant agents and the substation agents. They simulate the control systems. But under the dotted line, it is the physical layer where the five classes of agents which model the electrical resources and systems interact mutually according to the electrical connection in the real power grid. They simulate the power flow. And all the agents could also apperceive the environment to decide their running states.

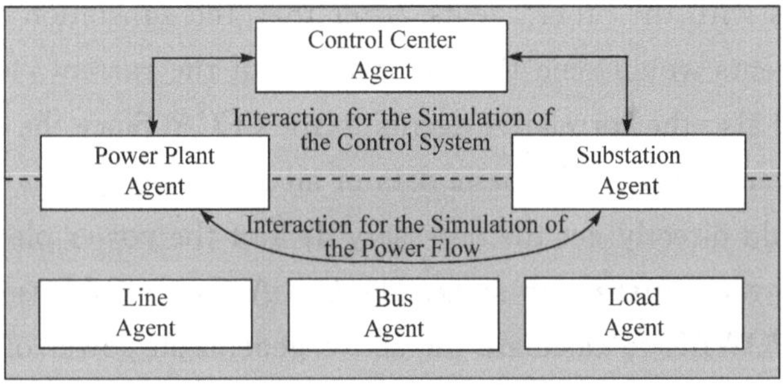

Figure E. 2 The sketch map of the agents interaction

E. 2. 3 Simulation Mode

The simulation is discrete. The changing load decided by all the load agents is the driven event at every simulation time. Then there is an EDC simulation at the beginning and every T_1 period, which decides the basic active power output of each power plant in the next T_1 period. This has the lowest costs of generation for the entire power system. And there is an AGC simulation at every T_2 period of the simulation time, which is modeled as the Constant Frequency Control(CFC). The period T_2 should be much shorter than the period T_1.

All the load agents generate the values of their current power consumption according to their attributes, the current time and the environment. The total load consumption of the entire system should be higher in the daytime, but lower at night. And it is also different because of the seasons. The consumption value of every load agent would multiply by a random number which obeys the law of the normal distribution with the average 1 for the simulation of the EDC and AGC. So this is the modeling of both the changing load and the LF. However, the key points of the generation dispatching simulation are the EDC and AGC, which are introduced below.

E. 3 Modeling The EDC

The EDC is a main function of the Central Control Center Agent (CCCA) based on the Optimal Power Flow function in the MATPOWER. When it is the time to simulate the EDC, the load agents refresh their consumption values first. And then the other agents refresh their states by themselves' attributes and the interactions with the other agents. After that, the substation agents and the power plant agents would send the messages about the current electrical data of themselves and also the correlative agents to the CCCA. Since the control centers in the real power grid have the basic data of all the power plants under control, the CCCA would directly get the necessary data of the power plant agents from the database at the initialization stage. The CCCA then would use all these data and the MATPOWER to calculate the active generation power of all the power plants under the constraint that the total generation cost is the lowest. Two critical kinds of data in the modeling and simulation for the MATPOWER are introduced below.

① The maximun and minimun active power of the power plant, P_{max} and P_{min}: they are according to the principle of making generation scheduling in the real power grid. Table E. 1 shows the two values of different kinds of power plants. P_{ins} is the installed generation capacity of the power plant.

Table E. 1 P_{max} and P_{min} of power plant

Type of Power Plant	P_{min}	P_{max}
Nuclear	P_{ins}	P_{ins}
Hydro	Forced Power	P_{ins}
Thermal	Installed Power of the Coal-Fired Units	P_{ins}
Pumped-Storage	0	P_{ins}
Wind	0	P_{ins}

Additionally, if the sum of all the power plants' P_{min} is much higher than the lowest total load, P_{min} of the thermal power plants should be cut down.

② Generator cost data. The generator cost data is important in the calculation. Here, only the generation costs of different thermal power plants are considered. The generation costs of the other power plants are ignored. The binomial model which is widely used is chosen in the simulation.

The EDC simulation is not only at every T_1 period, but also when the AGC could not cope with the continuous change of the total load. And it always follows the AGC simulation to keep the optimal flow in the power system.

E. 4　Modeling The AGC

The system frequency is considered to be normal after the EDC. Usually, the change of the total load is random in a period which is much shorter than T_1. But if there was a sharp change of the total load which causes a serious frequency deviation, it would be the duty of the AGC to keep the system frequency back to be normal.

We modeled the process according to the principle of the frequency control and the generation control. We ignore the processes of the primary control of the speed of generating sets in the simulation. But we estimate the frequency deviation after that as follow and consider it as the starting condition of the secondary control of the active power.

$$\Delta f = -\frac{P_{L\_cur} - P_{L\_sta}}{\sum_n \frac{P_{Gn}}{f} \cdot K_{Gn^*} + \frac{P_{L\_cur}}{f} \cdot K_{L^*}}$$

In this expression, P_{L_cur} is the current total load, and P_{L_sta} is the total load at the last EDC or AGC simulation, which makes the frequency to be normal. P_{Gn} is the current active power output of each power plant. K_{Gn^*} and K_{L^*} are respectively the per-unit value of the unit power regulation of each power plant and the total load. In the simulation, they are chosen by the average value of their own for simple because it is a calculation for sum. f is the frequency of the power system.

The frequency estimation is executed in some substation agents. And the values are included in the messages passing to the CCCA and other agents at every T_2 period. The agents would refresh their states according to the current Δf and the principle below:

① $|\Delta f| < |\Delta f_1|$. It is considered that the frequency offset after the primary control is small. It may be eliminated by the continuous random change of the total load. So, no agents would act.

② $|\Delta f_1| < |\Delta f| < |\Delta f_2|$. It is considered that the frequency offset after the primary control is large so that there must be a secondary control.

③ $|\Delta f| > |\Delta f_2|$. Start both the secondary control and the EDC.

Figure E. 3 is the flow chart of the secondary control. The decision-making of the AGC is in the fourth step by the CCCA. It would command the primary Frequency Regulation Power Plants (FRPP for short) to change their active power output immediately. If it could not remedy the load change, the CCCA would call the assistant FRPPs for help. The incremental power output of each FRPP is determined according to its adjustable capacity and property by the CCCA. The new active power output of each power plant would be used in the next simulation time. So T_2 should correspond to the response time of the secondary control in the real power grid. Furthermore, the FRPP and their PRI are determined by the real power gird and recorded in the database.

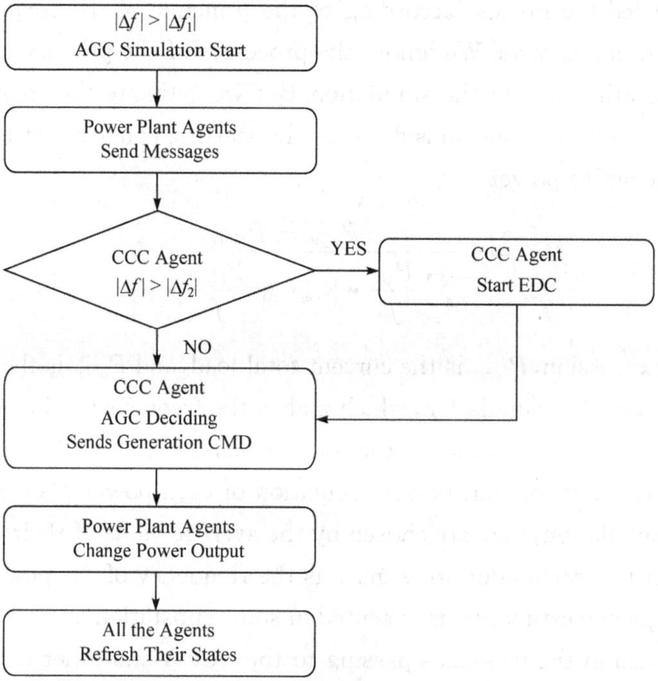

Figure E. 3 The flow chart of the secondary control

E.5 Simulation Experiment

We built the database of a power grid system in China, which is a frequency regulation control region according to the principle of the hierarchical control. It contains the electrical data of all kinds of power plants and the transmission systems with 500kV, 220kV and 110kV voltage. The systems with the lower voltages are considered as all kinds of loads which are also in the database. The effects of the area tie-line are ignored. So the AGC is modeled as the CFC.

There are one central control center and one backup control center in the simulation which could go on working if the other is out of work. T_1 is one hour, and T_2 is one minute. $|\Delta f_1|$ is 0.05 Hz, and $|\Delta f_2|$ is 0.2 Hz. K_{Gn*} of the thermal power plants is 37.5 and the hydro power plants is 20.8. K_{Gn*} of the nuclear power plants and the thermal or hydro power plant which has no adjustable capacity is 0. And K_{L*} is 2. The main FRPPs are two hydro power plants. And there are also some assistant FRPPs which conclude both the hydro and thermal power plants. In the simulation time of half an hour, the curve of the total active power output and the total load are showing in Figure E.4. Because of the outage in the transmission system, the total generation is always higher than the total load. The outage in the simulation is about 4%～8%, which is much the same with the real system.

Figure E.4 shows that the EDC and the AGC coordinately followed the continuous change of the total load. Since the total load is continuously rising, the AGC is executed at the 4th and 7th minute due to the sharp rising of the total load. Then, the CCCA executed the EDC automatically at the 9th minute.

Figure E.5 is the curves of the active power output of the two main FRPPs. The two figures show that although the total generation after the EDC at the 9th minute is higher than the beginning, the active power output of the two main FRPPs are just a little higher than the beginning. It means that the functions of the EDC are not only to keep the total generation cost as lower as possible, but also to keep the main FRPPs having enough adjustable capacity. And the increment active power generation is assigned to the other power plants. At the 16th minute, there was an AGC simulation due to the continuous rising of the total load. And there is an EDC at the 21th minute automatically according to the current total load. Also, the active power output of the two main FRPPs are just a little higher than the beginning.

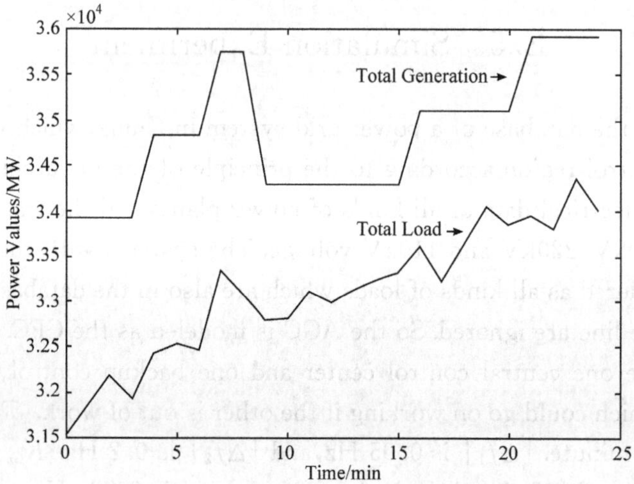

Figure E. 4　The total generation and load

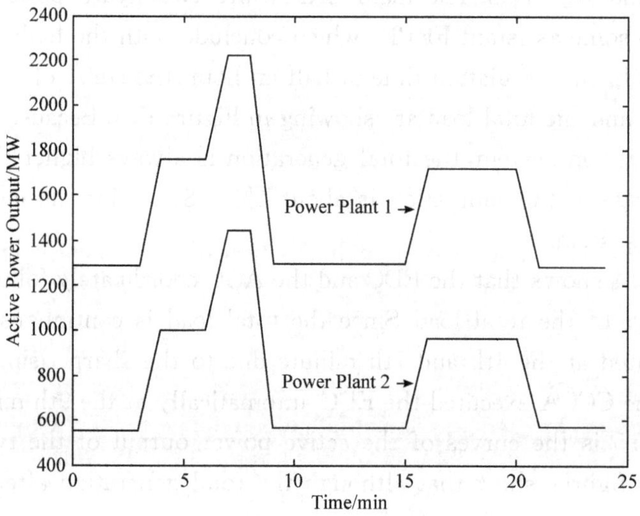

Figure E. 5　The active power output of two main FRPPs

So the simulation experiments such as this one show that our simulation system can well modeled the generation dispatching which is executed by both the dispatchers and the control systems such as the Energy Management System (EMS).

E.6 Conclusion

The simulation system is suitable for analyzing the power grid operating and its impact on the society. It could model the generation dispatching which is executed both by the automation system and the dispatchers in the real world. Although it is needed to be perfected, it has paved the way for the other simulations of the EPI. Next, the automatic frequency control and some self-protecting functions of the generators would be modeled to perfect the generation dispatching. And more conditions will be considered in the EDC. The substation automation and the other functions of the control center, especially the load control & management and the security analysis, would be the focus of our modeling work soon. After that, the communication processes in the control system would be a key point in our simulation works, because analyzing the effect of the control system disabling is the ultimate target.

附录F　信息传播建模仿真中的心理模型研究[①]

F.1　引　　言

便捷的信息传播不仅给社会行为带来巨大变化，也在各个领域发挥着独特而显著的作用，成为社会公众表达民意的方式、政府进行危机管理的平台，甚至是国家层面的舆论争夺和心理控制的新武器，并已在社会生活、战争等现实中得到广泛而有效的应用。目前，建模仿真作为一种可行而有效的途径，已广泛应用于该领域的研究，并取得相当进展。

传播是人类基本的社会行为，是人通过对信息的认知和理解，转化为心理和行为的过程，是人对信息刺激做出的信息-心理-行为过程的反映。在信息传播过程中，不论是传播信息，还是接受信息时，个体的人格、认知、情感、动机、行为等心理因素与信息相互关联、相互作用、相互影响并相互制约，最终影响传播的整个过程。可以说，心理是传播活动的基础，制约和影响着人类的传播活动。因此，在信息传播建模仿真研究中，心理模型研究成为必然。

F.2　基于态度的个体心理描述

托马斯等在研究波兰移民问题时，为了说明社会环境变化对个人行为的影响、社会与个人的关系，提出态度这一概念。

F.2.1　基于认知、情感和行为倾向的态度描述

态度是人们对特定对象所持的评价和行为反应的倾向，是外界刺激与个体反应之间的中介因素，是个体对一定对象持有的较稳定的、内在的心理状态和反应倾向，是个体全部心理过程的具体表现。从信息传播过程来看，信息传播就是人们对信息的心理作用过程对信息的态度和行为的结果。

态度是一个综合性的心理过程，可以由认知、情感和行为倾向三个心理过程来描述。

---

① 参考了张芳，司光亚，罗批《信息传播建模仿真中的心理模型研究》.《计算机仿真》，2013年2期，第165-169页。

认知是个体对外界刺激本身特性的反应，人总是凭借认知在心理上处理事件、加工信息，然后再产生相应行为。人总是在不断了解和适应自己所处的环境，但由于对信息的不能获知或不准确获知，人们往往会按照自己原有的知识结构、信息处理能力、心理需求或意愿等去理解、强化或弱化相关信息，于是信息传播便有了传播的空间和条件。

情感是人对客观事物的态度体验和相应行为反应，与人的切身需要和主观态度相联系，是个体对信息涉及的事物或事件的评价、喜或恶，从中获得的是不适感或者愉悦感。情感是有方向性的，还有不同程度的强弱之分。情感由众多因素组成，其中情绪具有重要作用，甚至有时情绪就是态度的表达。

行为倾向是个体预先具有的心理状态或心理定势，是行为的准备状态，决定了个体对态度目标要采取的行动，反映认识活动的能动性和自觉调节性，是在行为时所作的意识上的加工并付诸实现的过程。一个人的行为倾向与个性紧密相连，个性作为区别于他人的心理特征，也表述为人格，不同人格对外界刺激的反应也不同。

认知、情感和行为倾向互相依赖、协调一致。认知是态度构成的基础，直接决定态度的倾向性和方向性。情感是态度构成的动力，决定态度的持久性和强度。行为倾向是态度构成的准备状态及与外界环境进行沟通交流的媒介，是态度的外在显示和最终体现。在特殊情境下，认知、情感和行为倾向的作用方向也可能发生背离，呈现反向作用，从而使个体的态度呈现出矛盾状态。我们的研究并不涉及这类特殊情况。

F. 2. 2 态度概念的数学描述

态度具有方向性和强度两个基本变化属性。我们参考 Mehrabian 的 PAD 模型定义态度为二维空间，两个维度分别表示个体态度的方向性和在某一方向上的强度。方向性用连续区间[0,1]来表示，0 为高度反对，1 为高度支持，中间的数值代表各种中间态度。态度在某个方向上的强度，也用连续区间[0,1]表示，取值为 1 时，个体对自己当前持有的意见非常确定；取值为 0 时，则意味着个体对自己当前持有的意见完全不确定或者完全不自信。

定义态度为二维度结构模型，并记为

$$x=[x_1,x_2],\quad x_1\in[0,1],\quad x_2\in[0,1]$$

其中，x_1 表示个体态度的方向性；x_2 表示个体态度在某一方向性上的强度。

例如，$X=[1,1]$可以表示对某事件持非常支持态度。

根据受众认知特点，定义受众对信息的认知为二维空间，两个维度为关注度和理解度，记为

$$r=[r_1,r_2],\quad r_1\in[0,1],\quad r_2\in[0,1]$$

当 $r_1>0.5$ 时，表示个体对信息及相关事件比较关注，当 $r_1<0.5$ 时，表示不太关注，与信息内容重要性（与个体的相关性）和内容的可了解程度等有关。当 $r_2>0.5$ 时，表示个体对信息内容比较了解，当 $r_2<0.5$ 时，表示不太了解。

鉴于情绪因素在情感中的重要作用，为研究方便，只考虑个体的情绪，不涉及具体的情感基本元素。同时，参考比较有代表性的情感两极性学说，将情感定义为二维度空间，两个维度分别表示由信息引起的情感的愉悦度（正情感和负情感）和唤醒度（即情感在某一方向的程度，如强或弱），即情感可以表示为

$$y=[y_1,y_2],\quad y_1\in[0,+1],\quad y_2\in[0,+1]$$

其中，y_1 表示情感的愉悦度，0 表示负情感，1 表示正情感；y_1 表示情感的唤醒度，0 表示情绪很弱，1 表示情绪很强。

当 $y_1>0.5$ 时，表示当前情感为正情感；当 $y_2>0.5$ 时，表示当前情感比较强烈。$y=[0.5,0.5]$表示情感状态为平静。

根据 Eysenck 的二维度人格基本模型，将个体的行为倾向定义为二维度结构模型，两个维度分别为外向性（外向-内向）和稳定性（不稳定-稳定）。由此，个体的行为倾向就可以用空间中的某一点来表示，即行为倾向可以表示为

$$h=[h_1,h_2],\quad h_1\in[0,+1],\quad h_2\in[0,+1]$$

其中，h_1 表示个体行为的外向程度，0 表示完全内向，1 表示完全外向；h_2 表示个体行为的稳定程度，0 表示完全稳定，1 表示完全不稳定。

例如，当 $h=[0.2,0.2]$时，表示内向且不易变的行为倾向；当 $h=[0.5,0.5]$时，表示行为倾向较中性的人。

F.3 基于不同交流模式的心理模型

在信息传播过程中，人们传递信息的方式不同，如语言、文字、图片等，根据人与人之间的接触程度可以概括为直接交流和间接交流两种方式。例如，基于语言的电话传播或面对面的交谈就是直接交流。直接交流对双方情绪或态度的现状，以及情境的感受更为直接，极易引起双方态度的变化。短信等则是信息的间接交流，此时交流的双方并不在同一情境中，传播存在“去现场感”。交流的结果往往是个体根据自身的态度对信息加以感知而产生新的态度，而且由于“去现场感”，还容易对信息产生错误理解或理解偏差，甚至产生谣言并广泛传播而引起严重后果。因此，对于不同的交流方式要建立不同的心理模型，以反映不同信息类型对受众心理的影响。

F.3.1 基于直接交流的态度模型

在直接交流过程中，由于个体认知、情绪，以及对事件原有态度的不同等等众

多因素，决定了传播时双方间的相互影响是非对称的，而且双方的情绪更容易相互影响。

假设个体 m 的认知为 $r_m(r_{m1},r_{m2})$，情绪为 $y_m(y_{m1},y_{m2})$，态度为 $x_m(x_{m1},x_{m2})$，行为倾向为 $h_m(h_{m1},h_{m2})$，个体 n 的认知为 $r_n(r_{n1},r_{n2})$，情绪为 $y_n(y_{n1},y_{n2})$，态度为 $x_n(x_{n1},x_{n2})$，行为倾向为 $h_n(h_{n1},h_{n2})$。

定义 $d_{mn}=\min(y_{m1}+y_{m2},y_{n1}+y_{n2})-\max(y_{m1}-y_{m2},y_{n1}-y_{n2})$。

定义 m 对 n 的影响函数为 $f(m,n)$，若 $d_{mn}>y_{n2}$，则 $f(m,n)=\text{Trust}_{nm}\times(d_{mn}/y_{m2}-1)$；若 $d_{mn}<y_{n2}$，则 $f(m,n)=0$；

定义 n 对 m 的影响函数为 $f(n,m)$，若 $d_{mn}>y_{m2}$，则 $f(m,n)=\text{Trust}_{mn}\times(d_{mn}/y_{n2}-1)$；若 $d_{mn}<y_{m2}$，则 $f(m,n)=0$。

其中，Trust_{nm} 和 Trust_{mn} 分别表示 n 对 m 的信任程度和 m 对 n 的信任程度。

定义 n 对 m 的信任程度为 $\text{Trust}_{nm}=r_{n1}\times r_{m2}\times i_3$。

定义 m 对 n 的信任程度为 $\text{Trust}_{mn}=r_{m1}\times r_{n2}\times i_3$。

这就是说，个体对事件信息越不了解，对事件信息产生的情绪和态度越不稳定，受对方情绪及态度影响的程度越大。因此，m 和 n 在电话传播后彼此情绪的转变为

$$y'_m=y_m+f(n,m)\times(y_n-y_m)$$
$$y'_n=y_n+f(n,m)\times(y_m-y_n)$$

若 $y'_m>0.5$，则 $x'_m=x_m+y'_m\times h_{m1}\times h_{m2}$；若 $y'_m<0.5$，则 $x'_m=x_m-y'_m\times h_{m1}\times h_{m2}$。

若 $y'_n>0.5$，则 $x'_n=x_n+y'_n\times h_{n1}\times h_{n2}$；若 $y'_n<0.5$，则 $x'_n=x_n-y'_n\times h_{n1}\times h_{n2}$。

F.3.2 基于间接交流的态度模型

由间接交流引起的心理现象，是一种对初值敏感、动态变化的复杂现象，具有非常明显的非线性特征，可以采用非线性方程来描述。态度由认知、情感，以及行为倾向构成，并在一定程度上表现为情绪的特点。模型中的态度是指一种在较长时间里持续存在的心理状态，而情绪状态是一种狭义的定义，是指短时间内的心理状态，而且情绪在没有刺激时总是向着平静自发转移。

定义由外界信息刺激引起的认知为系统输入，行为倾向和态度的改变因素等为系统参数，各时刻的态度状态为系统状态，系统输出为新的情感，建立态度的非线性模型为

$$\begin{cases}X(x'_1,x'_2)=\varphi(X(x_1,x_2),H(h_1,h_2),Y(y_1,y_2))+\phi(d,H(h_1,h_2),Y(y_1,y_2))\\Y(x'_1,x'_2)=f(\beta,Y(y_1,y_2),X(x_1,x_2))\end{cases}$$

其中，$X(x_1,x_2)$ 表示个体的初始态度状态；d 表示认知对外界信息刺激的反应；$Y(y_1,y_2)$ 表示个体的初始情感；φ 表示态度自身引起的变化分量；ϕ 表示外界刺激

引起的态度变化；$H(h_1,h_2)$表示行为倾向；β表示情感的衰减因子，由于情绪变化较态度明显，因此β取值较大，一般取0.1。

一般情况下，信息包含三个重要属性，即信息的重要性、信息的确定性，以及信息事件的危机程度，由此信息I可以表示为

$$i=[i_1,i_2,i_3],\quad i_1,i_2\in[0,1],\quad i_3\in[1,10]$$

其中，i_1表示信息内容的重要程度，0表示不重要，1表示非常重要；i_2表示信息内容的模糊程度，0表示不模糊，1表示非常模糊；i_3表示信息事件的危机程度，1表示常态，2～10表示信息事件对应的从低到高的危机强度。

定义$d=(\min(r_1+r_2,i_1+i_2)-\max(r_1-r_2,i_1-i_2))\times(1+\lg i_3/10)$。

模型只考虑情感和个性对态度的影响，而不考虑由态度自身性质引起的态度变化，则由情感和个性引起的态度变化函数φ可以描述为

$$\varphi=\alpha X(x_1,x_2)\mathrm{Trust}_{ab}$$

其中，$\alpha=\mathrm{e}^{-(YS_y^{\mathrm{T}}+HS_h^{\mathrm{T}})}$，$S_y$和$S_h$分别表示情感和行为倾向对态度的影响矩阵，且

$$S_y=[S_{y11},S_{y12}],\quad S_{y11},S_{y12}\in[-1,+1]$$

$$S_h=[S_{h11},S_{h12}],\quad S_{h11},S_{h12}\in[-1,+1]$$

Trust_{ab}表示信息接受方a对信息发送方b的信任因子，$\mathrm{Trust}_{ab}=i_1\times i_2\times w_{ab}^2$，$w_{ab}$为信息接受方$a$和信息发送方$b$之间人际关系的权重。

由外界刺激引起的态度变化函数ϕ为

$$\phi=\begin{cases}\exp^{(YS_{yi}+HS_{hi})}d, & d>0\\ \exp^{-(YS_{yi}+HS_{hi})}d, & d<0\end{cases}$$

其中，S_{yi}和S_{hi}分别表示情感和行为倾向受外界刺激的影响因子，且

$$S_{yi}=[S_{yi11},S_{yi12}],\quad S_{yi11},S_{yi12}\in[-1,+1]$$

$$S_{hi}=[S_{hi11},S_{hi12}],\quad S_{hi11},S_{hi12}\in[-1,+1]$$

输出的新的情感为

$$f=(1-\beta)Y(y_1,y_2)+X(x_1,x_2)D\mathrm{e}^{h_2^2}$$

其中，D是态度与情感的映射矩阵，且$D=S_y^{\mathrm{T}}$。

F.4 模型实验和结果分析

建立心理模型的目的是研究信息传播过程中信息对个体心理的影响。基于不同交流模式的心理模型对心理因素的关注点不同，基于直接交流的心理模型主要关注个体直接交互时，在一定认知和行为倾向的基础上、在情感因素的不对称作用下个体心理的变化，而基于间接交流的心理模型则关注在某信息的刺激下，个体态度和情感的变化。

F.4.1　由个体态度到舆论的演化实验

个体态度是由信息直接激发的对某事或现象等的主观认识与观点，而众多个体间态度的传播往往表现为一定倾向的社会舆论。也就是说，社会舆论的形成过程实质上是个体态度交互的结果。

我们利用建立的模型对舆论形成进行实验，观察包含一定数量的个体的态度变化情况。

由于在没有任何先验信息的情况下，均匀分布是较合理的一种假设，因此假设个体的认知和行为倾向，以及情感、态度都是[0,1]均匀分布。对于在[0,1]均匀分布的态度，将[0,1]划分为[0,0.2]、[0.2,0.4]、[0.4,0.8]和[0.8,1]五个区间，分别表示坚决反对、反对、中立（或无所谓，不关注）、支持和坚决支持，纵坐标为个体态度在五个区间的数量。同样，对于个体在[0,1]均匀分布的情感，将[0,1]愉悦度区间的值划分为[0,0.2]、[0.2,0.4]、[0.4,0.8]和[0.8,1]五个区间。信息事件的危机程度为 1（常态），假设所有个体的情绪唤醒度 y_2 为 0.5，即所有个体不管处于正向，还是负向情感状态下，都表现为平静。设置模型中个体的数量为 1000。模型的运行结果如图 F.1 和图 F.2 所示。

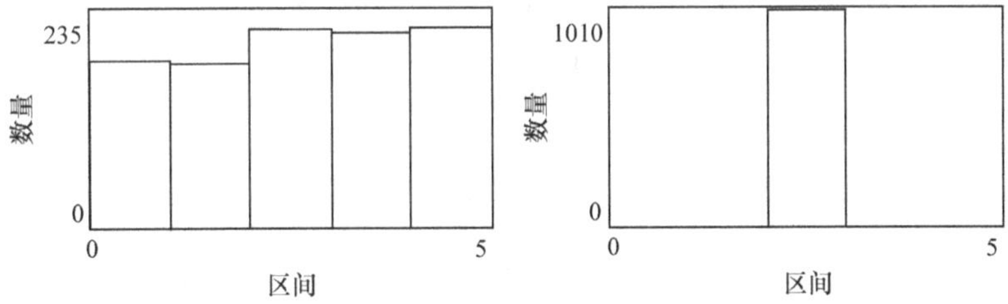

图 F.1　情感由均匀分布逐渐集中到 0.5 附近

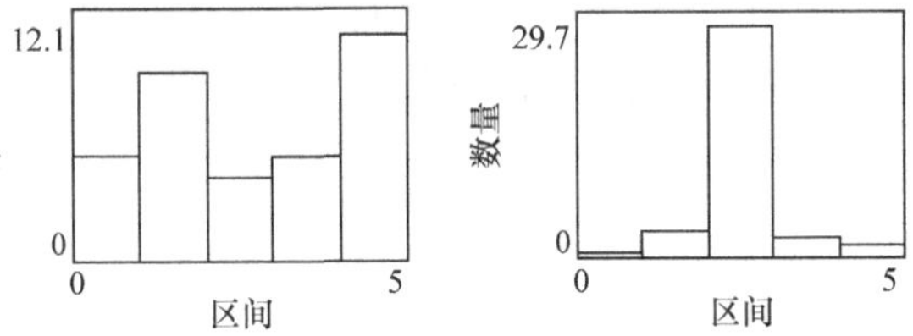

图 F.2　态度由均匀分布逐渐集中到 0.5 附近

在图 F.1 中，常态下，随着仿真时间的推进，个体的态度由均匀分布在[0,1]开始逐渐收敛，最后逐渐集中在 0.5 附近。也就是说，在个体唤醒度为 0.5 时，个体的愉悦度也趋向 0.5，个体表现为情感的整体平静。

在图 F.2 中，均匀分布的个体态度也逐渐收敛到 0.5 附近。在这个过程中，改变个体态度的强度并不影响态度方向性渐进于 0.5 的趋势。这说明，在平静的情感状态下，个体态度更容易趋于中立。但是，图 F.2 中的态度并没有像个体情感那样完全收敛于中立状态，而是在中立状态附近呈现震荡状态。这恰恰说明，情感因素虽然是态度构成的动力，但态度的外在显示和最终体现还由行为倾向决定。

假设个体的行为倾向 $h(h_1,h_2)=[1,1]$，即个体均是外向但行为倾向极不稳定的个体，保持上述实验中个体的情感和态度分量不变，则模型运行后的分布结果如图 F.3 和图 F.4 所示。

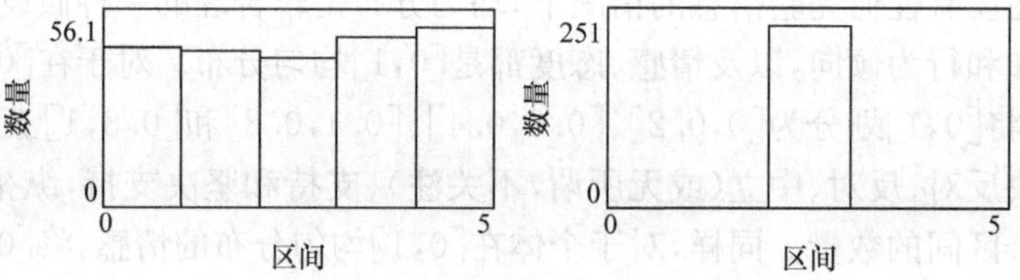

图 F.3　行为倾向极不稳定时情感的分布

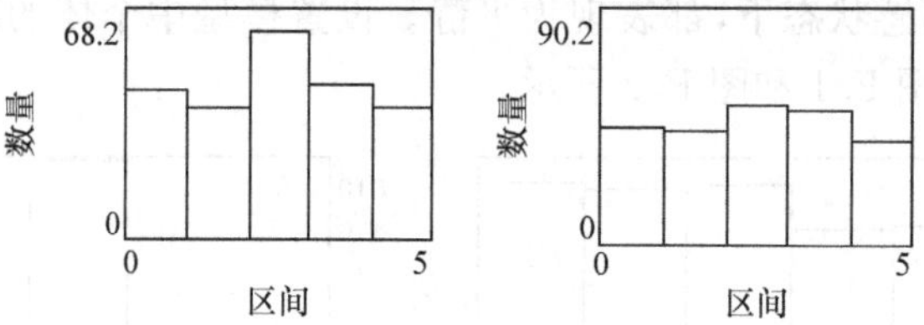

图 F.4　行为倾向极不稳定时态度的分布

图 F.3 中情感的分布依然由[0,1]均匀分布收敛到 0.5 附件，表现为平静的唤醒度状态。图 F.4 中个体态度的分布却没有趋于 0.5 附近，而是在初始分布附近震荡。因此，在个体极易外向且冲动的情况下，很难形成个体态度的统一。

以上结果表明，个体以手机电话方式进行人际交流时以态度为核心的心理变化与心理学研究成果相符，与现实情况在直观上基本吻合，具有一定的可信性，可以应用于相关领域的研究。

F.4.2　信息属性心理影响实验

仿真时，先定义模型中的参数 S_y 和 S_h。假设个体对应的情感状态为恐惧，根据 Larsen 和 Diener 给出的情绪体验的结构图描述的情感唤醒度和愉悦度与各种情绪的关系，定义恐惧情感对态度的影响因子为 $S_y=[-0.5,+0.5]$。由于个体的行为倾向与个性紧密相关，根据 Eysenck 的二维度人格结构模型，确定行为倾向对态度的影响因子为 $S_h=[0.25,-0.75]$。

当个体对信息事件的认知为 $r=[0.06,0.2]$，个体的行为倾向为 $h=[0.46,$

0.01]，个体初始情感为 $y=[0.07,0.86]$，对事件的态度为 $x=[0.02,0.45]$ 时，给个体施加信息属性为 $i=[i_1,i_2]=[0.9,0.85]$ 的信息后，个体的情感和态度的变化曲线如图 F.5 所示（横轴表示时间，纵轴分别表示认知 r、情感 y、行为倾向 h，以及态度 x，以下各图相同）。由图 F.5 可知，在信息的刺激下，个体情感变为 $y'=[0,0.4]$，态度变为 $x'=[0.71,0.73]$，即当施加给个体的刺激信息与当前事件紧密相关且清晰时，个体的恐惧情感趋于减弱，对事件信息的认同度大大提升。

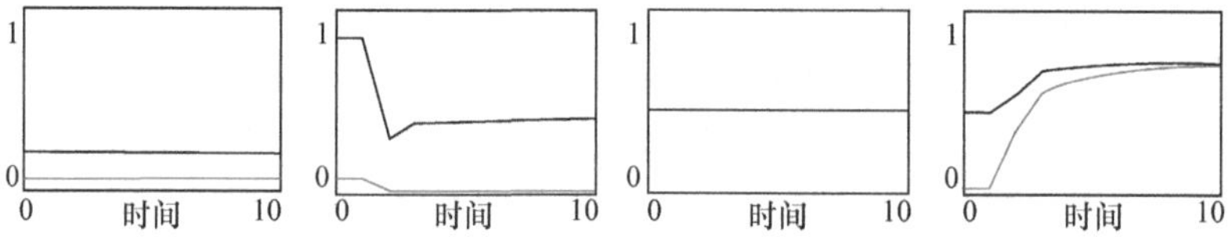

图 F.5　个体的情感和态度的变化曲线

当个体心理各因素初始值维持 $r=[0.06,0.2]$，$h=[0.46,0.01]$，$y=[0.07,0.86]$ 时，减小给个体施加的信息的不确定性属性，即信息属性为 $i=[i_1,i_2]=[0.9,0.62]$ 时，个体的情感和态度的变化曲线如图 F.6 所示。

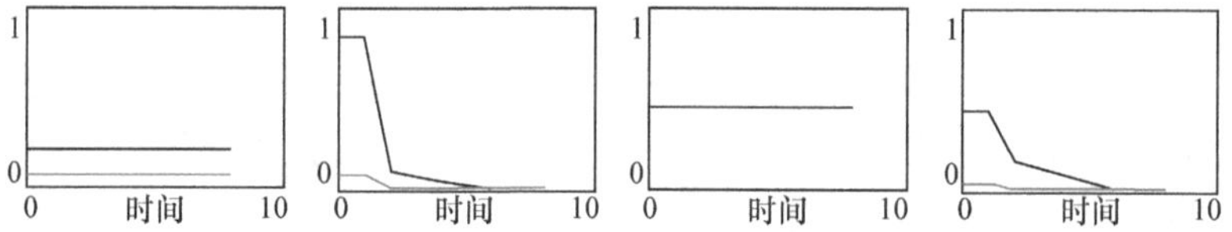

图 F.6　个体的情感和态度的变化曲线

继续减小给个体施加的信息的不确定性属性为 $i=[i_1,i_2]=[0.9,0.32]$，则个体的情感和态度的变化曲线如图 F.7 所示。

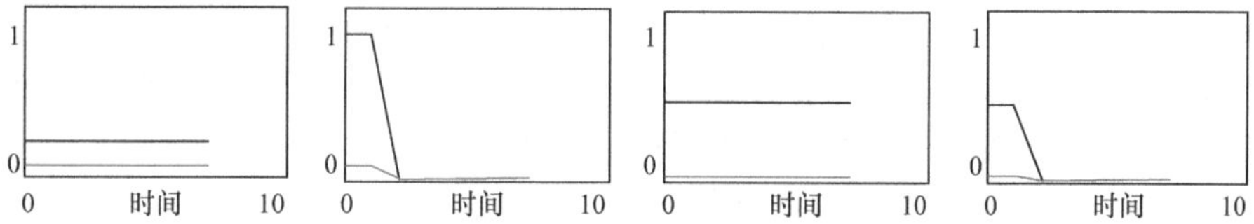

图 F.7　个体的情感和态度的变化曲线

由图 F.5～图 F.7 可见，随着信息不确定性的增大，个体的情绪变化幅度也增大了。改变给个体施加的信息的重要性属性，施加 $i=[i_1,i_2]=[0.27,0.62]$ 信息后，则个体的情感和态度的变化曲线如图 F.8 所示。

比较图 F.7 和图 F.8 可见，随着重要性程度的减弱，个体的情绪变化也趋于减弱。

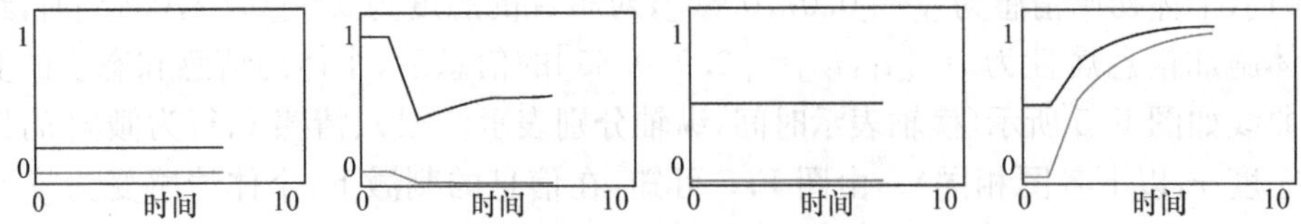

图 F.8　个体的情感和态度的变化曲线

由图 F.5～图 F.8 中态度的变化曲线可以看出，在信息重要而个体对信息的认知较弱时，个体情感波动较小，即个体在平静的情绪下，较易产生支持信息的态度，而个体情感波动较大时，则容易对信息持反对态度。由此说明，情感因素对态度具有决定作用。在社会学领域，Mowen 的研究认为，重要而又不确定的信息可视为谣言。对与谣言的产生，奥尔波特和波斯特曼则更清楚地提出，谣言的产生和事件的重要性与模糊性成正比关系，事件越重要且越模糊，谣言产生的效应就越大。我国著名心理学家张侃曾说，"谣言与其说传播的是信息，不如说传播的是情绪。或许信息是不正确的，但情绪却是真实的。"

以上结果正说明，具有一定重要性和不确定性的信息——谣言的这种传播特点。随着信息不确定性的增大，个体情绪变化的幅度也逐渐增大，从正向情绪变为负向情绪，进而表现为个体不同方向上的态度。图 F.5～图 F.8 的结果还表明，越透明、越确切的信息，越有利于公众个体情绪的稳定。实验的结果与社会学，以及心理学的相关研究成果基本吻合。

F.5　结　束　语

针对信息传播的心理作用，我们确定了以态度为核心的心理变化描述方法，并针对信息传播时交流方式的不同，从直接交流和间接交流两个不同角度建立了信息传播时的心理模型。模型运行结果显示，建立的模型符合人类心理变化的基本规律，能较好地表现信息传播时手机用户对信息刺激所做出的心理反应，为信息传播建模仿真研究个体的心理变化提供可以描述的机制。

附录 G Modeling Internet Backbone Traffic Based on Multi-Commodity Flow[①]

G.1 Introduction

Internet has become an important battlefield for cyber warfare, how to model its running mechanism and operational behavior has become a hot research topic in war simulation and cyber warfare. Plan X is a five-year DARPA research project on cyber warfare, and one of the project's goals is to create a detailed map of the entirety of cyberspace which consists of network traffic. There have been numerous efforts on analyzing network traffic model of the Internet. How to model the traffic of the global undersea cable network, which serves as the backbone of the Internet, becomes a hot research topic in cyber warfare.

Chang et al. present a traffic model based on Gravity model to simulate the network traffic within and between autonomous systems, and the traffic exchanged between two regions is proportional to the traffic amount entering and exiting at those regions in their model. However, there is not effective measures in some basic data. Omer et al. use a simpler gravity model to approximate traffic demand in their network model of Internet. But granularity of their traffic model is so coarse that it only provides description ability for continent level flow and cannot give detailed model for important areas. Crain proposes a fine-grained model for global undersea cable infrastructure and a network traffic modeling method based on network flow theory, but this model doesn't include damage situation and time properties of network flow which are neceesary for real world.

There have been numerous studies on internet traffic measurement and modeling, however, very few studies focused on the model of global Internet traffic according to the need of high-level war simulation or cyber warfare, especially for the Internet backbone transmission system-global undersea cable infrastructure

① 参考了 Wu Y L, Si G Y, Wang Y Z, et al. Modeling internet backbone traffic based on multi-commodity flow//ICCEAE2014, 2014。

system as a whole. We proposes a modeling method for network traffic of global undersea cable infrastructure based on multi-commodity flow theory, which is suitable for warfare simulation.

G. 2 Relevant Concepts

G. 2. 1 Global Undersea Cable Infrastructure

The global undersea cable infrastructure is the backbone of the Internet and has become an important battlefield of cyber war. Currently, there are over two hundreds of undersea cable systems with new systems and upgrades continuing to be installed. The cable systems have different capacities depending on the regions that they are connecting. In 2006, the Hengchun earthquake damaged several undersea cables, and this has seriously disrupted telecommunication services in various parts of Asia. There are two view points of undersea cable network topology. One view point is the physical topology which refers to the physical connection relationship of undersea cable system itself; the other view point is the logical topology which determines how the traffic flows in the physical topology and the node may be a region or a country. Generally speaking, the undersea cable owner will release its physical topology, but will not provide its logical topology to public.

An undersea cable system usually includes cables, branching units and landing stations. A branching unit provides routing ability which is utilized by the operators to maximize system transmission capacity in a flexible way, while landing station is connected to the backbone routers on the shore, which form the backbone of the Internet with the optical cables on the land together.

G. 2. 2 Gravity Model

Gravity model take its name from Newton's law of gravitation, and is widely used to estimate the flow of people, goods, or information between geographic areas by social scientists. In Newton's law of gravitation, the force is proportional to the product of the masses of the two objects divided by the distance squared. Usually, according to public data of population and the geographic location information, we can calculate the intensity of interaction between two regions using the Gravity model, such as the amount of traffic flow.

Chang et al. have explored that Gravity model is suitable for the distribution of Internet traffic between countries or regions, and because the speed of information transmission is far greater than that of personnel or the flow of goods, the strength of the information flow has nothing to do with the distance factor, and finally propose a network traffic assignment model for Internet. Mayada Omer et al. outline a simplified Gravity model which estimates the network traffic demand of each region using the product of numbers of Internet users and the average download bytes per user, but do not discuss how network traffic been allocated between regions.

G. 2. 3 Multi-Commodity Flow Problem

The multi-commodity flow problem is a network flow problem with multiple commodities (flow demands) between different source nodes and sink nodes. In many application contexts, several physical commodities, vehicles, or messages, each governed by their own network flow constraints, share the same network. Formulating and solving network problems via linear programming is called network flow programming. Any network flow problem can be treated as a minimum-cost network flow program. Multi-commodity flow theory has been widely adopted in telecommunications for network traffic allocation and modeling, and there are a lot of related studies in critical infrastructure protection.

G. 3 Modeling Method

G. 3. 1 Logical Topology Modeling Method for Global Undersea Cable System

Each undersea cable system is constructed by individual network service provider, how to connect them to form a global undersea cable system, and make appropriate abstraction and simplification to the backbone cable systems on land is the problem that logical topology modeling method need to solve. This section proposes a logical topology modeling method, which handles country or region as node to make all physical undersea cable systems connected to form a global network. The physical topology data used for the model development is based on the telegeography 2012 undersea cable map.

In order to model the traffic of the global undersea cable network, we address it as a logical network made up of nodes (geographic regions, landing stations, branching units) connected by links (the undersea cables). Logical topology is a directed graph and there are two types of link which are logical link and physical link. Logical link has no bandwidth limits and is used to connect regional node and the landing station node to form a global network. Since undersea cable systems are designed on a fiber pair basis to support bi-directional flow, a cable in the physical topology has two logical links in either direction in logical topology, and the traffic flow in logic link is limited by the capacity of the physical cable.

We introduce our logical topology modeling approach with a specific example of the abstraction of one undersea cable system into a network. Cable System A is an undersea telecommunications cable system linking five regions. There are 6 landing stations and 4 branching units in the cable system. Figure G. 1 shows the logical topology of Cable System A and depicts our network modeling approach. In Figure G. 1, there are five regions ($A \sim E$), 6 landing stations (LD1-LD6) and 4 branching units (BU1-BU4). In the logical topology, solid black edge represents the bi-directional cable link, while dotted edge represents the artificial edge which connects region node and landing station node to form a whole backbone network for Internet.

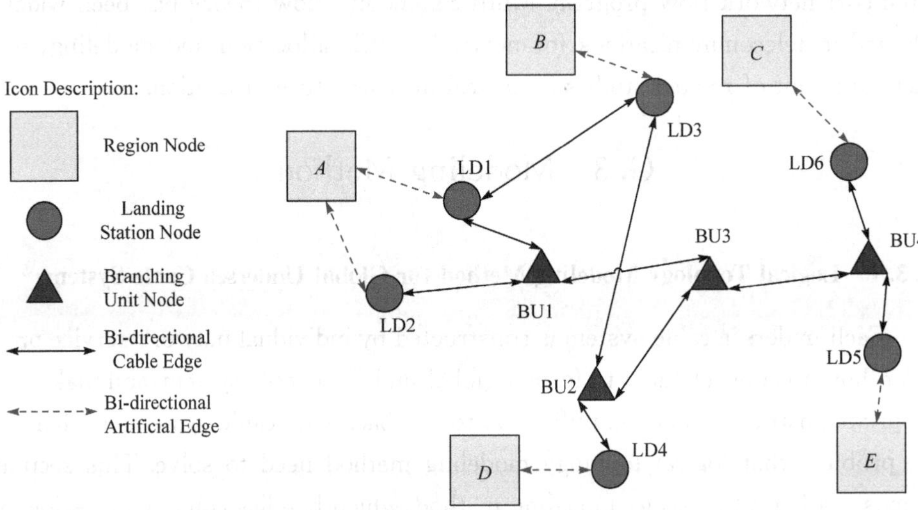

Figure G. 1　Logical topology for an undersea cable system

G. 3. 2　Network Traffic Demand Estimation Algorithm

It is difficult to quantify the traffic demand between each pair of regions. Undersea cable operators seldom provide historical records of the traffic volume on their cables for competitive and privacy reasons. Based on the Gravity model described by literature, we develop an algorithm to estimate traffic flow demands between each pair of regions, which has take account of the temporal characteristics of Internet traffic. We are not concerned with domestic traffic. Our traffic estimation model for computing the traffic matrix $F=[f_s^t]$ follows.

Index Use

$n \in C$: Countries or regions (alias s, t)

Data[units]

T_{total}: Total average traffic across the network per second [Gbit/s]

$N_s, s \in C$: Number of Internet user in region s[scalar]

$\text{Avg}T_s^t, s, t \in C$: Average traffic exchanged between country s and country t [Gbit/s]

$\text{Avg}F_s^t, s, t \in C$: Average traffic from region s to region t[Gbit/s]

$f_s^t, s, t \in C$: Traffic from region s to region t[Gbit/s]

Formulation

$$\text{Avg}T_s^t = \frac{2N_sN_t}{\sum_{i \neq j} N_iN_j} T_{\text{total}} \tag{G-1}$$

$$\text{Avg}F_s^t = \frac{N_s}{N_s + N_t} \text{Avg}T_s^t \tag{G-2}$$

$$f_s^t = \text{TrafficByTime}(\text{Avg}F_s^t, \text{tTimeZone}, \text{currentTime}) \tag{G-3}$$

Discussion

Based on the number of Internet users, equation (G-1) calculates the average traffic exchanged between region s and region t from the total average traffic in the network. Then equation (G-2) computes the average traffic that flows from region s to region t based on the average traffic exchanged between regions s and t. This equation reflects the asymmetric nature of Internet traffic. Regions which have a larger number of Internet users usually send more network traffic than they receive at an international level. Finally, equation (G-3) calculates the traffic on the current time of t according to the time zone of t based on $\text{Avg}F_s^t$. Usually, the Internet traffic fluctuates throughout the day with peak during normal business hours and nighttime. So equation (G-3) reflects the time-varying characteristics of Internet traffic.

G. 3. 3 Internet Traffic Modeling Method Based on Multi-Commodity Flow

Based on the traffic estimation method proposed in section G. 3. 2, we propose a network traffic modeling method based on multi-commodity theory aiming to achieve optimal cost for traffic flow. We add damage factor on undersea cable to provide expression of partial loss of transmission capability on an undersea cable.

Index Use

$n \in N$: Let N be the set of nodes (a node is divided into three categories which are region node, landing station node and branching unit node). Let N_r be collection of regional nodes, and N_r is a subset of N.

$(i,j) \in A$: Directed arcs (two types which are logical arc and physical arc)

Data[units]

$\text{cost}_{i,j}$: Flow cost over arc (i,j)[Y/Gbit/s]

$\text{capacity}_{i,j}$: Bindwidth of arc (i,j)[Gbit/s]

$\rho_{i,j}$: Damage factor on arc (i,j), real number between [0,1], $\rho_{i,j}=\rho_{j,i}$

f_s^t: Traffic demand from region s to region t at some time [Gbit/s]

dropCost_s^t: Cost for dropped traffic flow from region s to region t per unit [Y/Gbit/s]

Decision Variables[units]

$Y_{i,j}^t$: Total amount of traffic destined for region t over arc (i,j) [Gbit/s]

D_s^t: Dropped traffic from region s to region t [Gbit/s]

Formulation

$$\min(Y,D) = \sum_{(i,j)\in A} \text{capacity}_{i,j} \sum_{t\in \text{Nr}} Y_{i,j}^t + \sum_{s,t\in N, s\neq t} \text{dropCost}_s^t D_s^t \tag{G-4}$$

s. t.

$$\sum_{j:(s,j)\in A} Y_{s,j}^t - \sum_{i:(i,s)\in A} Y_{i,s}^t = f_s^t - D_s^t, \quad s,t \in N_r, s \neq t \tag{G-5}$$

$$\sum_{i:(i,t)\in A} Y_{i,t}^t = \sum_{\text{S}:s\neq \text{t}} f_s^t - D_s^t, \quad t \in N_r \tag{G-6}$$

$$\sum_{j:(s,j)\in A} Y_{s,j}^t - \sum_{i:(i,s)\in A} Y_{i,s}^t = 0, \quad s \in N - N_r, t \in N_r \tag{G-7}$$

$$\sum_{\forall t\in N_r} Y_{i,j}^t = \text{capacity}_{i,j}\rho_{i,j}, \quad (i,j) \in A \tag{G-8}$$

$$Y_{i,j}^t \geqslant 0, \quad (i,j)\in A \tag{G-9}$$

$$D_s^t \geqslant 0, \quad s,t\in N_r, s\neq t \tag{G-10}$$

Discussion

The objective function (G-4) gives the optimization goal. The goal is to minimize the total transmission cost of the traffic flow which includes the accumulation cost of traffic over each arc and the penalties for dropped traffic due to exceed the load or damage in the whole network. Constraints (G-5)-(G-7) enforce the balance of flow for source node, destination node and conserving node. Constraint (G-8) ensures that total flow over an arc doesn't exceed actual bandwidth which is capacity multiply by damage factor. Constraints (G-9) and (G-10) ensure amount of normal traffic and dropped traffic is nonnegative.

Solving the traffic modeling problem provides tremendous value. This modeling method can allocate the network flow in the undersea cable systems and make adaptive adjustment of network traffic according to damage condition in a crisis situation.

G. 4 Case Study

We use our model to analyze the network traffic flow in the undersea cable system described in sector G. 3. 1 under two scenarios. We store the undersea cable topology data and region related data in Microsoft Access. We use the Google OR tools (http://code.google.com/p/or-tools/) to implement and solve the mathematical model. Finally, we develop a custom C# program to run scenarios.

Public data shows that the effective bandwidth of the undersea cable system is 1280 Gbit/s. According to relevant statistics, we assume that the total traffic across the network is 4000 Gbit/s. The number of Internet hosts in these five regions is shown in Table G. 1.

Table G. 1 Number of Internet hosts by region

Region	Number of Internet Hosts
A	100 000 000
B	8 000 000
C	63 000 000
D	12 000 000
E	200 000 000

As Table G. 2 shows, the traffic demand matrix is calculated using algorithm in section G. 3. 2.

Table G. 2 Traffic matrix, in Gbit/s, for $A \sim E$ regions

Regions	A	B	C	D	E
A	0	64	92	334	576
B	5	0	4	3	5
C	210	38	0	54	261
D	11	4	10	0	11
E	1153	133	828	195	0

Since E relies much more on A in economic, we set the penalties for dropped traffic per unit higher than other directions.

G. 4. 1 Normal Scenario

In this scenario, we assume the undersea cable system operates normally and doesn't have component failure. Using the model in section G. 3. 3, we get $Y_{i,j}^t$ matrix and D_s^t matrix which are shown in Table G. 3 and Table G. 4.

Table G. 3 $Y_{i,j}^t$ matrix

Physical Arc	Logical Directed Arc	Destination ($Y_{i,j}^t$)					Arc Load/%
		A	B	C	D	E	
LD1-BU1	LD1->BU1	0	0	334	0	576	71.09
	BU1->LD1	1280	0	0	0	0	100.00
LD2-BU1	LD2->BU1	0	0	0	0	0	0.00
	BU1->LD2	0	0	0	0	0	0.00
LD1-LD3	LD1->LD3	0	64	0	92	0	12.19
	LD3->LD1	16	0	0	0	0	1.25
BU1-BU3	BU1->BU3	0	0	334	0	576	71.09
	BU3->BU1	1280	0	0	0	0	100.00
LD3-BU2	LD3->BU2	0	0	4	95	5	8.13
	BU2->LD3	11	4	0	0	0	1.17
BU2-LD4	BU2->LD4	0	0	0	95	0	7.42
	LD4->BU2	11	4	0	10	11	2.81
BU2-BU3	BU2->BU3	0	0	0	14	16	2.34
	BU3->BU2	0	0	0	0	0	0.00
BU3-BU4	BU3->BU4	0	0	0	348	592	73.44
	BU4->BU3	1280	0	0	0	0	100.00
BU4-LD5	BU4->LD5	0	0	0	0	853	66.64
	LD5->BU4	1153	0	0	127	0	100.00
BU4-LD6	BU4->LD6	0	0	0	475	0	37.11
	LD6->BU4	127	0	0	0	261	30.31

Table G. 4 Matrix of lost traffic between regions

Regions	*A*	*B*	*C*	*D*	*E*
A	0	0	0	0	0
B	0	0	0	0	0
C	0	0	0	0	0
D	0	0	0	0	0
E	83	133	701	195	0

Table G. 3 shows that the undersea cable system cannot satisfy the total traffic demand and there is much dropped traffic from *E*. The penalty cost from *E* to *A* is higher than others and traffic demand from *E* to *A* is much more than others. So the load of arcs, which are LD5->BU4, BU4->BU3, BU3->BU1 and BU1->LD1, is nearly 100% from *E* to *A*, and these arcs give priority to the traffic flow from *E* to *A*. Traffic demand from *E* to *B* and *E* to *D* is totally dropped and only a small part of traffic from *E* to *C* is transmitted.

G. 4. 2 Crisis Scenario

We compare the different influence for the whole system by attacking one cable arc each time. We assume the damage factor for each cable arc is 0. 5 which means the cable arc can provide half of its transmission capability after an attack, and the damage is equal for the bi-directional traffic flow.

There are ten cable arcs in the system. We calculate the total traffic transmission cost and lost traffic by attacking a cable each time, and then we compare the two value with them in normal scenario. The results are shown in Figure G. 2.

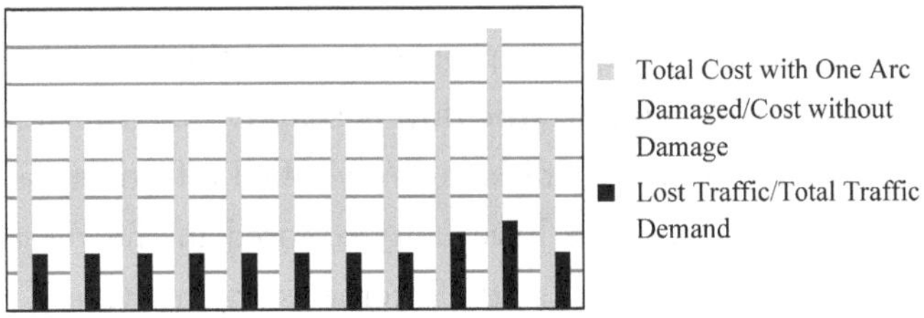

Figure G. 2 Comparative analysis for different damaged cable arcs(Damage factor is 0. 5)

Figure G. 2 shows that for LD2-BU1, LD1-BU1, LD1-LD3, LD3-BU2, or BU2-LD4, the total cost and lost traffic remain unchanged after an attack on single cable arc which damage factor is 0. 5. That is because the arc capability (640G) after damage can still meet the needs of traffic flows. It is clear that capacity redundancy enhances the resilience of undersea cable system in case of small disruptions.

If the attacker makes damage on arc BU1-BU3, the total cost increases, but the dropped traffic remains unchanged. The traffic transmission demand can be satisfied because of the re-routing capability of the whole undersea cable system in physical form. The re-routing traffic flows in a longer path, so the total cost increases. Physical redundancy or re-routing capability can effectively enhance the resilience of undersea cable system, which is consistent with the conclusion in literature.

Damage on BU3-BU4 arc or BU4-LD5 arc make a significant increase in total cost and dropped traffic, and the damage on BU4-LD5 arc leads to the worst situation. Since the number of Internet hosts in region E is the largest, the traffic E exchanged with other regions accounted for majority of the total traffic in the undersea cable system. Attack on BU4-LD5 arc makes region E disconnected with other regions, so BU4-LD5 arc is the most vulnerable arc in the entire system. If we don't take traffic into consideration but only calculate the vulnerability of the undersea cable system based on static topology, the calculation will show that the BU3-BU4 arc is most vulnerable arc because the whole topology will split into two large connected graphs based on betweenness analysis. We show that different selection of vulnerability index will lead to different results, and the traffic dynamically flowing in the system makes BU4-LD5 the most vulnerable arc.

G. 5 Summary

The traffic modeling method we proposed can estimate traffic demands between regions, the distribution of traffic flow is adaptive and can adjust to damage on undersea cables under crisis conditions. We verified effectiveness of the method by two different scenarios. We have only explored in the research of traffic modeling method for undersea part of the Internet infrastructure. Future research might focus on the topology and traffic of the terrestrial backbone network systems to more accurately form the overall level of connectivity of Internet.

附录 H High-fidelity Modeling of Worm Containment Based on Benign Worms[①]

H.1 Introduction

As the computer networks become more and more useful in society, military, politics and economy, worm infestations, such as Code Red, Code Red II, Stuxnet, and Flame, get more and more attention. How to detect worms in time and how to curb down worm propagation effectively are two problems that must be solved. Because of the sensitivity, real-time running, and large-scale of computer application, the method of modeling and simulation can not only avoid breakage and effect of actual computer network, but also has the merits of flexibility, repeatability, and controllability. Through modeling we can also gain insights about the threats imposed by certain scenarios, how effective some special countermeasures could be, and the relevant time scales.

Contributions of this include contriving different kinds of benign worms, designing the framework of network scenarios and worm containment mechanism based on benign worms, and carrying out the modeling and simulation in packet level. That means we can model worm propagation and containment on high-fidelity level.

H.2 Different Modeling Methods of Worm Propagation and Containment

Studying and modeling of worm phenomena has attracted wide attention, and lots of theories of modeling of worm phenomena have been put forward, such as epidemiological worm models, mixed abstraction level simulation, and packet-level simulation. And many methods of worm detection and containment are advanced,

---

① 参考了 Li C L, Si G Y, Wang Y Z. High-fidelity modeling of worm containment based on benign worms//ICCEAE2014, 2014。

for example, honeypot, Agent-Oriented System of Worm Defense(AOSWD), and benign worms.

Epidemiological models, such as SI, SIS, SIR, and two-factor model, assumes that the behaviors of certain worms agree with that of biological diseases. The great advantage of epidemiological model is its good scalability, and it can simulate network of million, even billion nodes. However, because of too much of predigestion and assumption, epidemiological models can only simulate common characteristics of worm at macroscopic level, and it can't simulate the impact of network topology, worm traffic, and the interactions between worms and background traffic. Therefore, it can only model worm propagation with low fidelity. By this method, it is difficult to detect worm phenomena in time, and difficulty to find special actions to deal with the worm threat, especially for local network also.

Mixed-abstraction simulation, using a combination of epidemiological and packet level models, can simulate the impact of network topology, background traffic in some degree. Compared with packet level models, it can also be used to scale network simulations by another order of magnitude. However, they have been largely constrained in its generality, e. g. , limited accounting for feedback effects. And the connection between epidemiological and packet level models is still a problem that can't be solved effectively. Further, it's restricted to core network (backbone links and routers), and difficult to extend to worm application traffic at end-hosts.

In order to reflect the effects of different network scenarios, e. g. , different network topologies, protocols, and background traffics, and to simulate the interactions of worms and nodes, packet level model was put forward. Packet-level simulation has great advances, especially due to parallel/distributed execution capabilities of network simulators. Scales of up to a few million nodes have been come true for simulation of large networks. So, packet-level simulation has the best tradeoff between scalability and fidelity, and holds the potential to sustain Internet-level experiments without great loss of flexibility and accuracy. The simulation system based on packet-level simulation can also be updated easily as needed if new network technologies or new worm types are explored.

Benign worm, as a special kind of worm, can propagate in the network, clean up malicious worms and update the suspicious nodes. So, it can be used to contain malicious worms. Benign worm itself is intelligent and automatic, and this method allows for an active measure to malicious worms that can potentially be deployed with no additional infrastructure in place. For these reasons, we focus on benign worms to contain malicious worms and achieve high-fidelity modeling by packet-level models. High-fidelity modeling enables constructive emulation, which can make us analyze the effects of benign worms in different network scenarios.

H. 3 Models and Methodology

H. 3. 1 Types and Functions of Benign Worms

Generally, benign worms can be divided into three types, including active-benign worms, passive-benign worms, hybrid-benign worms.

Active-benign worms are worms that can scan network to find suspicious or malicious worm infected nodes actively. The nodes that infected with active-benign worms can generate benign worm packets at certain rate, and the destination addresses of the packets are set by some algorithms. If a node receives active-benign worm packets, and is suspicious or malicious worm infected, it will become an active-benign worm infected node. And then, it will begin to generate active-benign worm packets at some rate. Active-benign worms can be divided three sub-types. The first one can find suspicious nodes actively, and update them. And then the nodes will be immune with malicious worms. The second one can find nodes that infected with malicious worms actively, and clear up the worms in them. The third one will have the functions of both of the above benign worms.

Passive-benign worms cannot find nodes that infected with malicious worms actively. The node that infected with passive-benign worms will wait for scanning from malicious worms. If the nodes receive malicious worm packets, they will send benign worm packets to the source nodes according to the source address of the malicious worm packets. When the malicious worm infected nodes receive benign worm packets, the malicious worms on them will be cleaned, and the nodes will be updated. Compared with active-benign worms, passive-benign worms can reduce worm scanning traffic effectively.

Hybrid-benign worms have both of functions of active and passive benign worms. They can find suspicious nodes and malicious worm infected nodes actively and passively. According to active-benign worms, hybrid-benign worms also can be divided three sub-types, i. e. , with updating, cleaning or composite functions.

H. 3. 2 Models for High-fidelity Simulation

In order to achieve high-fidelity simulation of worm propagation and containment in packet level, some kinds of models must be designed and modeled. These models are designed based on agents, and it will be convenient to add or delete attributes if needed. Above all, it will be propitious to implement communications between nodes and worms. The main models are described as below.

① Normal Node: This represents a suspicious end-node that hasn't been infected with malicious worms or benign worms. In order to simulate regulate network environment, normal node can generate packets randomly as background traffic by BTG (background traffic generate) agent.

② MWI Node: When a normal node is infected with malicious worm, it will become a MWI (malicious worm infected) node. Then a MWA (malicious worm Agent) will be started. The agent will take over the nodes, begin to generate malicious worm packets and transfer the packets from the current nodes to the network at certain rate.

③ BWI Node: Both of normal node and malicious worm node can be infected with benign worms, and then the node will become a BWI (benign worm infected) node. And then a BWA (benign worm Agent) will be started. BWA can generate and propagate three kinds of benign worms referred above.

④ Immune Node: Immune Node means the node can't be infected by malicious worm or benign worm. All of the three types of nodes above can become immune node by certain mechanism.

The state transition in the process of nodes infection in the packet-level. Modeling can be illustrated as Figure H. 1.

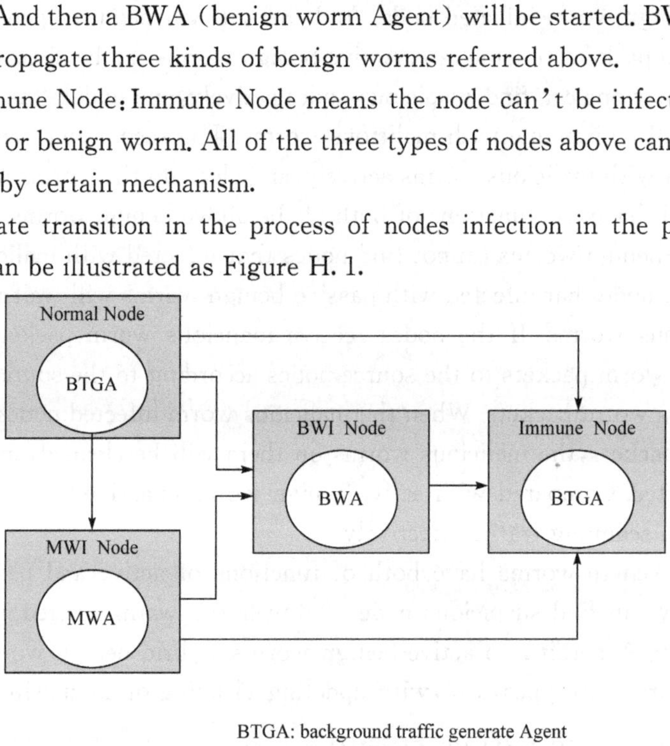

Figure H. 1 State transition of nodes in the process of infection

H. 3. 3 Execution of Worm Propagation and Containment

The execution of worm propagation and containment can be illustrated in Figure H. 2, and the following steps are involved.

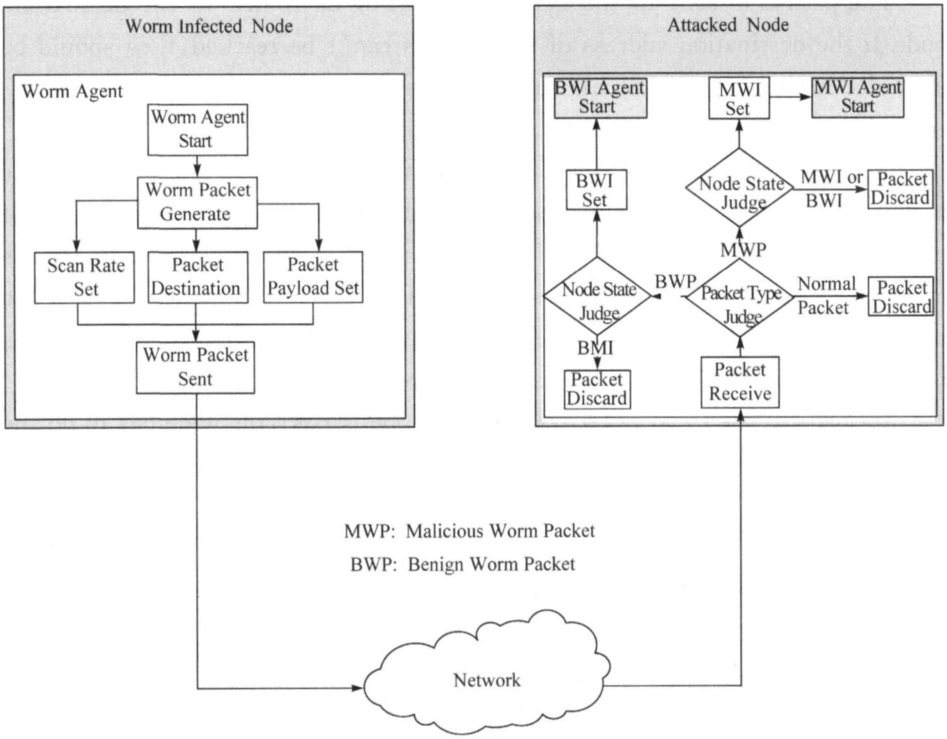

Figure H. 2 Execution of worm propagation and containment

Initialize the simulation by making one node as MWI node, one node as BWI node, and the other nodes as normal nodes. The locality of the MWI node and BWI node in the network scenario can be different. The starting times of MWA in the MWI node and BMA in the BWI node has to be set according to need of experiments. Generally, the MWA in the MWI node is started firstly and begins to generate random scans for spread the infection. After a certain time, the BWA in the BWI node will be started to restrain the spreading of malicious worms.

The worm agents in the worm infected nodes generate worm packets. The speed of worm generation is set by worm scan rate. The normal nodes can generate normal packets also, acting as background traffic.

Get the source address of the source node, and set it to the packet. The destination addresses of the packets are set by certain algorithm, e. g. , created randomly, by certain lists. In order to simulate the true network environment, the payload of the packet is set to be variational, e. g. , according to certain distribution.

The packet is sent to the network, and will be routed to the destination node. If the destination address of the packets can't be reached, they should be discarded in the router that maximally matches the prefix of the packet's destination address, similar to the Internet's operation.

Once a node receives a packet, it will analyze the type of the packet. If the packet is a normal packet, it will be discarded immediately, because this type of packet just acts as background traffic. If the packet is a MWP/BWP, the node has to analyze its state. If the node hasn't been MWI or BWI, the node will be set to be MWI/BWI, and the MWA/BWA in the node will be started. If the node has been MWI/BWI, the packet will just be discarded.

Specially, if the packet is MWP and the node is BWI, the node has to do the next step according to the types of benign worm, see II. A. If the packet is BWP and the node is MWP, the next step will be taken according to the types of benign worm too. In this paper, if a node is MWI, when it receives a BWP, it will become BWI and can't be infected with malicious worm, i. e. , the benign worm is hybrid-benign worm.

If a node is MWI, it will repeat the preceding steps all over again, until the simulation is finished. If a node is BWI, it can be controlled to stop worm scanning and become passive-benign worm, in order to reduce the scanning traffic.

H. 3. 4 Main Model Parameters

In order to simulate worm propagation and containment with high-fidelity in different network scenarios, some corresponding parameters have to be set correctly. The following are some main model parameters.

① Scan rate: It determines the generation speed of worm packets. In high-fidelity modeling of worm propagation and containment, this parameter could affect the overall pattern of worm propagation and containment.

② Switch time: In order to limit the scanning traffic generated by BWI nodes, the active-benign worms should be changed to passive-benign worms. This mechanism will make the benign worm more practical.

③ Delay Time: In actual network environment, it need time to detect malicious worms and design benign worms. Therefore, there will be a delay between the entry time of malicious worms and benign worms to the network. The delay is important to contain malicious worms effectively.

④ The initial locality of worm: Although the worm models are completely independent of the underlying network topology, the initial locality of the malicious worm and the benign worm will affect worm propagation and containment.

⑤ Background Traffic: During worm scanning, propagation and containment, we inject normal packets as the background traffic going through the network, in order to simulate actual network environment. The amount of background traffic could affect the propagation and containment of worm.

H. 4 Experiments and Results Analysis

H. 4. 1 Network Environment

The experiments are implemented based on OPNET, and the platform run on Windows XP with Intel® Core™ 2 Quad Q8200 2. 33GHz, memory 4GB.

The Network topology is illuminated as Figure H. 3. In this model, there are 45 subnets, and each subnet contains 100 to 200 nodes. The nodes in the subnet are organized randomly, and there are almost 54 000 nodes in the network environment. The route protocol is OSPF, and the packets in the network are transferred based on UDP. The benign worms in the experiments are active-benign

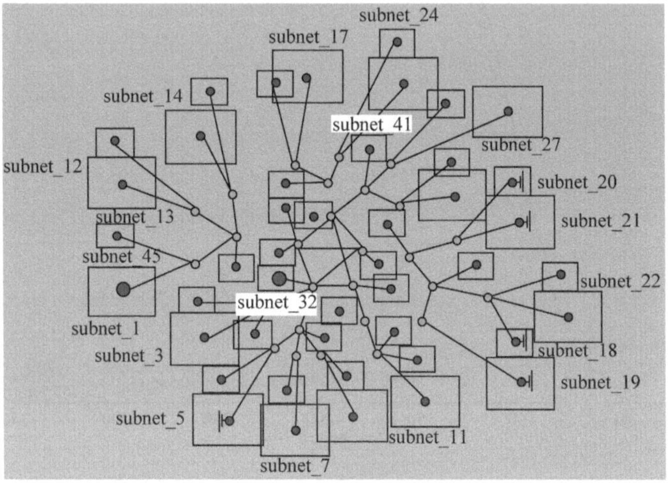

Figure H. 3 The network environment of experiments

worms with the functions of clearing up malicious worms in a node and updating the node.

In the experiments, we test the influences of delay time between the start time of malicious worms and benign worms, the initial locality of worms, and the background traffic going through the network.

H. 4. 2　Delay Time

In this experiment, we set the initial locality of worms, the background traffic going through the network to be the same, and the delay time between the start time of benign and malicious worms are set to be 0s, 40s and 90s respectively. In order to control the worm scanning traffic of the network, the scanning rate of benign worm is half of that of malicious worm.

Figure H. 4 shows the result of this experiment. From the picture, we can see clearly that benign worm can contain the infection of malicious worm infectively. As the delay time between the start of malicious worm and benign worm increases, the largest number of malicious worm infected nodes will increase and the impact of malicious worm infection will last longer.

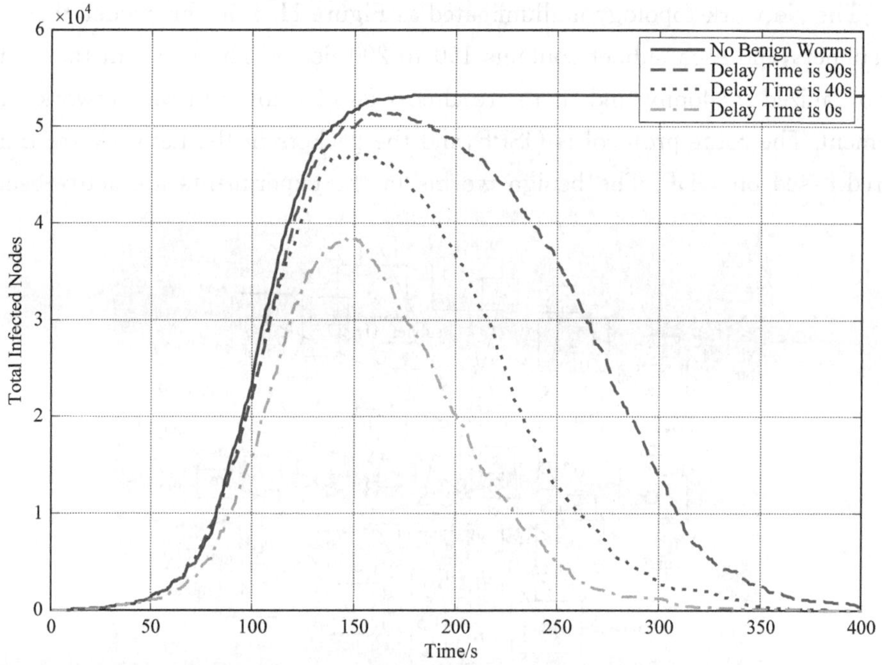

Figure H. 4　The propagation of malicious worms under the conditions of different delay time

H. 4. 3 The Initial Locality of Worm

Once a node is infected with worm, it will scan neighbor nodes to find suspicious hosts and infect them. We set two different initial localities of worm. One is in border of the network, i. e. , in subnet_1, another is in the core, i. e. , in subnet_32. The experiment result is showed as Figure H. 5. From the result, we can find that if the initial locality of worm is in subnet_32, the propagation of worm will be faster. After 90s from the start of worm propagation, the number of infected nodes when the initial locality is in subnet_32 is almost twice as large as the number of infected nodes when the initial locality of worm is in subnet_1.

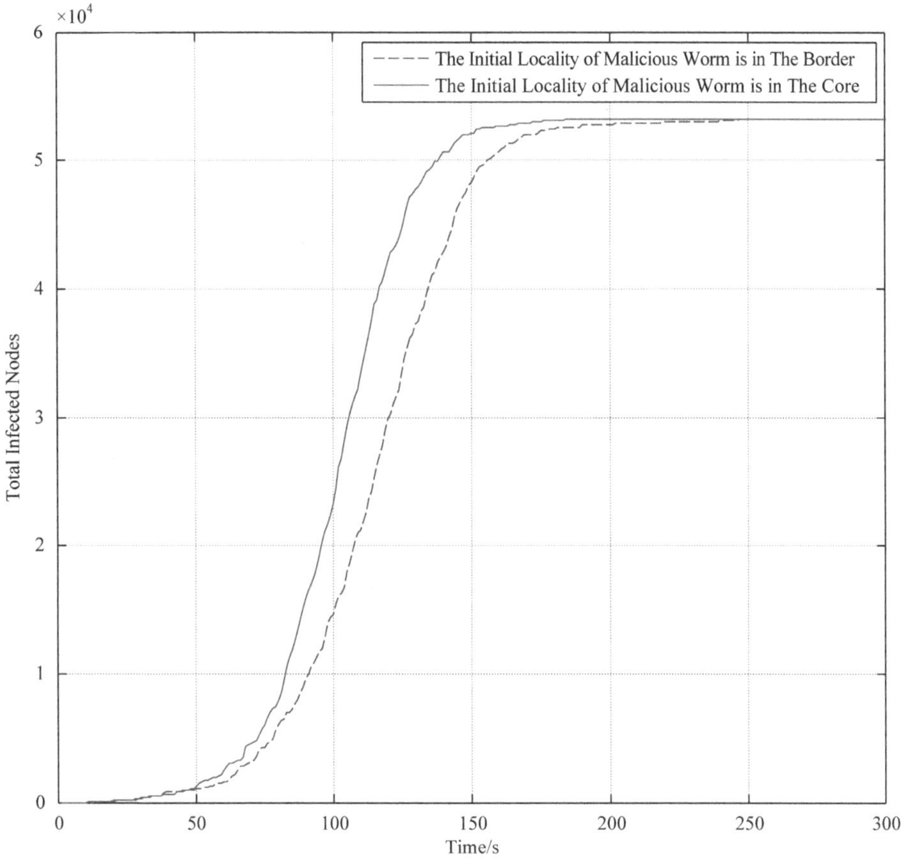

Figure H. 5 Worm propagation with different initial locality

H. 4. 4　Background Traffic

In this experiment, we set the initial locality of malicious worm is in subnet_1, the initial locality of benign worm is in subnet_32, the infection time of malicious worm is 10s after the start of system, and the benign worm will be started after 90s. Figure H. 6 shows the propagation of malicious worm with different background traffic. In the figure, it can be seen that when there is no background traffic, the number of infected nodes will increase faster, and will reach its maximum number at a short time. When the background traffic increases, the utilization of links in the network and the delay time of scanning packet will increase, and so the rates of the propagation of both of malicious worm and benign worm will decline obviously. Because of the dynamic confrontation of malicious worms and benign worms, the largest number of malicious worm infected nodes is changed also.

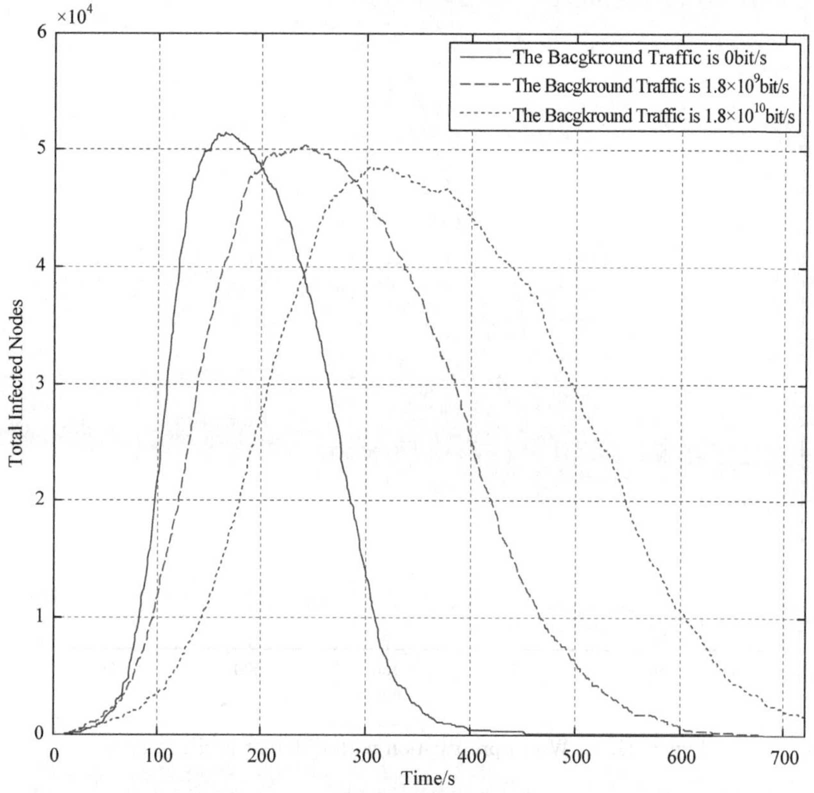

Figure H. 6　Worm propagation and containment with different background traffic

H.5 Conclusions and Future Work

we proposed a worm containment method using benign worms, and designed packet-level modeling and simulation system based on OPNET to describe worm propagation and containment. By this method, we achieved high-fidelity modeling of worm propagation and containment. Compared with other methods, it has lots of advantages, for examples, reflects the influence of different initial locality of worm, the impact of network background traffic, the impact of network topology, and so on.

In the future, we will design larger scale network to simulate the characteristics of worm, and we will increase the communications of different agents to improve the effect of benign worms.

附录I 电力关键基础设施网络仿真模型研究[①]

美国爱国者法案给出的国家关键基础设施(The National Critical Infrastructure,NCI)的定义是支撑一个国家或者社会正常运行的关键公共基础资源服务系统。该资源系统包括两类:一类是硬资源系统,如交通、电力、通信、能源、供水、信息网络系统等;另一类是软资源系统,如食品供应网、银行金融系统、公共卫生服务系统、国家应急处理系统、国家危险品流通系统等。它对国家和社会的正常运行起着至关重要的支撑作用,系统的任何局部组分一旦损毁失效,将对国家安全、社会稳定、经济运行和人民生活造成重大影响和损失。"9·11"事件的发生,使美国更加认识到NCI网络不仅面临自然失效与自然灾害的威胁,同时也面临着恐怖分子的蓄意破坏和暴力袭击,尤其在战争危机条件下,NCI的保护问题显得更加突出。据外媒报道,在科索沃战争中,美军胜利的关键在于火力打击战争潜力目标而产生的"马桶效应",即通过火力打击摧毁国家的供水系统,导致民众缺乏生活用水,从而因国家失去战斗意志而使战争难以继续,最终导致对手失败。由此可见,一个国家的NCI能否正常发挥作用,不仅关系到国计民生,更重要的是它将直接影响战争的进程与胜负。

为了研究军事行动与NCI网络的相互影响作用,采用复杂网络理论、多Agent建模方法、虚拟现实技术等建立NCI仿真模型是一种新的途径。美国国家基础设施仿真分析中心(The National Infrastructure Simulation and Analysis Center,NISAC)建立了基于Agent的经济学实验室并进行经济仿真,开发了城市基础设施套件和相互依赖的能源基础设施仿真系统。Sandia国家实验室在ASPEN系统基础上加入电力网、原油供应网、天然气供应网等基础设施网络研制了ASPEN-EE。由美国国土安全部和国防部联合资助,普渡大学研究开发了SEAS(synthetic environment for analysis and simulation)系统,涵盖政治、经济、军事、社会、信息,以及关键基础设施系统及其复杂的相互关系。我国人民大学的陈禹等在SWARM平台上反演过ASPEN系统。国防大学也开发了基于Agent的通信、交通、能源管网等基础设施仿真模型。电力基础设施网络为社会的正常运行提供了重要的能源支撑,其模型作为NCI建模仿真中的重要组成部分,为其他基础设施模型的仿真运行提供驱动数据,其模型还尚未建立,因此对电力基础设施的开发工

---

① 参考了智韬,司光亚,贺筱媛《电力关键基础设施网络仿真模型研究》.《系统仿真学报》,2010第11期,第2732-2737页。

作是亟待解决的重要课题。在借鉴前人工作的基础上，我们设计开发了电力网络基础设施模型，进一步完善了课题组 NCI 模型，为分析评估战争对社会产生的综合效应提供了理论支持。

I.1 模型采用的基本理论和方法

电力网络在结构和动力学特征上都表现出复杂网络特性。Watts 和 Strogatz 研究了美国西部节点数 $N=4941$ 的电力网，其平均度 $k=2.67$，符合幂率分布。孟仲伟等研究了我国北方电力网，统计出电力网幂指数 $\lambda\approx5$，并证实网络具有小世界特性。陈洁等搜集了我国电力网的有关数据，统计得到的分支系数和平均路径长度结果表明，电力网络具有符合复杂网络共性的性质，即小世界效应和无标度特性。Roccara 给出了复杂网络的一种新定义：如果某些网络局部表现出的行为可知，但由于缺乏足够的知识而无法预测这些网络的整体行为，则称其为复杂网络。这种缺少中央控制的复杂网络具有涌现行为，即无法预测、无法用事先的设计来产生行为。当电力网络偶发级联失效时，其网络的控制系统既无法在事前预测这些事故，也无法在事故发生时采取有效的监测和应对措施，只能束手无策地任凭这些事故造成巨大的损失。电力网络的复杂性同时也表现在网络的自组织和临界性上，自组织是指当条件改变时，系统又可能从有序变成无序，甚至会出现有序和无序交替出现的局面；离开平衡态后，系统可以从一种序到另一种序演变。临界性是指系统或系统的某些节点的破坏或失效程度达到一定阈值时会引起级联失效（雪崩效应），可能产生连锁反应。自组织临界理论目前正逐渐成为解释电力网络动力学特性的热门理论。

1994 年，复杂性科学的先驱者 Holland 提出 CAS 理论，其核心思想是适应性造就复杂性。Holland 认为 CAS 是由许多具有适应能力、相互作用的主体组成，CAS 的整体行为是主体与主体或环境之间的相互作用涌现出来的。电力复杂网络既刻画了电力系统中的个体，又刻画了个体之间的复杂相互关系导致的系统整体涌现性的行为，因此通过对电力复杂网络的研究可以认识电力复杂系统的复杂行为。换言之，研究电力复杂网络的动力学特性是研究电力复杂系统的必经之路。对于复杂适应系统进行建模的最好的方法，就是基于 Agent 的建模（Agent based modeling，ABM），把 CAS 中的基本元素看作各个仿真实体，对各个仿真实体用 Agent 的方式建模，元素间的联系与作用被看成各 Agent 实体之间的交互，以此刻画 CAS 的微观行为和宏观涌现现象。与传统建模仿真方法相比，基于 Agent 建模仿真最基本的特点是能提供更加符合现实的建模方法，同时更重要的是能够获取复杂系统从微观到宏观的涌现行为特征，揭示复杂系统宏观整体特性的内在微观机制。Agent 有弱概念和强概念之分。弱概念规定 Agent 需要具备自治性、社会能力、反应能力、自发行为等特征。强概念除包括弱概念的特征,还强调应具备某些人类的特性,如知识、信念、意图、承诺等心智状态。我们主要从Agent弱概念出发建立电力复杂网络模型。Agent模型的特征主要如下。

① 自治性(autonomy)。Agent运行时不直接由人或其他东西控制,它对自己的行为和内部状态有一定的控制权。

② 社会能力(social ability)。Agent能通过某种Agent通信语言与其他Agent进行信息交换。

③ 反应能力(reactivity)。对环境的感知和影响,无论Agent生存在现实的世界中,还是虚拟的世界中,它们都可以感知所处的环境。

④ 自发行为(pro-activeness)。传统的应用程序是被动地由用户来运行的,而且机械地完成用户的指令,而Agent的行为是主动的,或者说是自发的。

I.2 模型总体结构

根据研究需要,以我国省级行政区域电力网络为仿真对象建立模型。该模型需要对省、市、县各级范围内的主要发电厂、各级变电站、用户负荷中心及输电线路共同组成的电力网络进行结构抽象,并通过Agent对上述实体的行为刻画反映电力能源从发电厂到用户负荷中心的动态输送过程。

I.2.1 电力网络结构分析

电力系统是由发电、输电、变电、配电和用电等环节组成的电能生产与消费系统。省级电力基础设施网络主体结构包括电源(水电站、火电厂、核电站等发电厂)、变电所(升压变电所、负荷中心变电所等)、输电、配电线路和负荷中心。根据电力网络的连接特性及网络中各节点的功能覆盖范围,参考相关电力网络分布图,可以将现实电力网络抽象为省、市、县三级。

① 一级网络包括各类发电厂站、超高压变电所及其之间的链路,主要作用是生成省内各市县消费的电能,并通过长距离超高压输电线将电能输送至超高压变电站。

② 二级网络包括连接超高压变电站的一次变电站及其之间的链路,主要功能是将超高压变电站的电压降低并将电能输送到各市级一次变电站。

③ 三级网络包括市县内的电力负荷中心及其与一次变电站之间的链路,主要功能是消耗从一次变电站获取的电能。

三级电力网络共同完成电能从电厂的产生,经各级变电站和高低压输电线的输送并由负荷中心消费的过程,如图I.1所示。

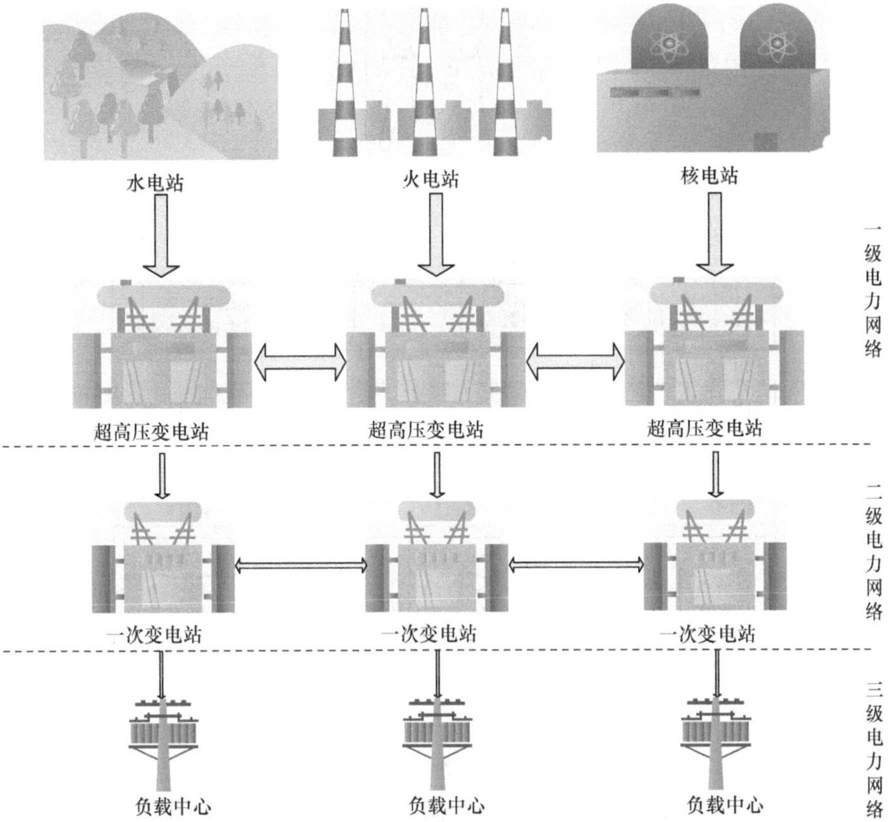

图Ⅰ.1 现实电力网络抽象图

Ⅰ.2.2 模型结构设计

模型结构设计是从需求分析到代码实现的中间环节。电力基础设施模型按功能可以划分为用户控制程序、模型可视化程序、模型仿真引擎和仿真系统数据库。首先，用户可以通过控制程序进行初始化和仿真运行等操作，驱动仿真引擎读取和运算数据，模型运行过程中各个实体状态的变化由模型可视化程序实时动态显示。然后，用户可以通过可视化界面不断观察仿真运算中的各实体状态，并结合统计指标的输出结果来分析电力网络整体行为特征。最后，用户可以根据仿真实验需要多次调整参数来控制仿真运行，得到预期的电力网络模型的工作状态。电力网络模型的功能结构如图Ⅰ.2所示。

(1) 仿真系统数据库

仿真系统数据库是电力网络模型运行的基础，为模型建立和运行提供全部数据资源。主要包括电力网络中发电厂、变电站和负荷中心等实体 Agent 的地理位

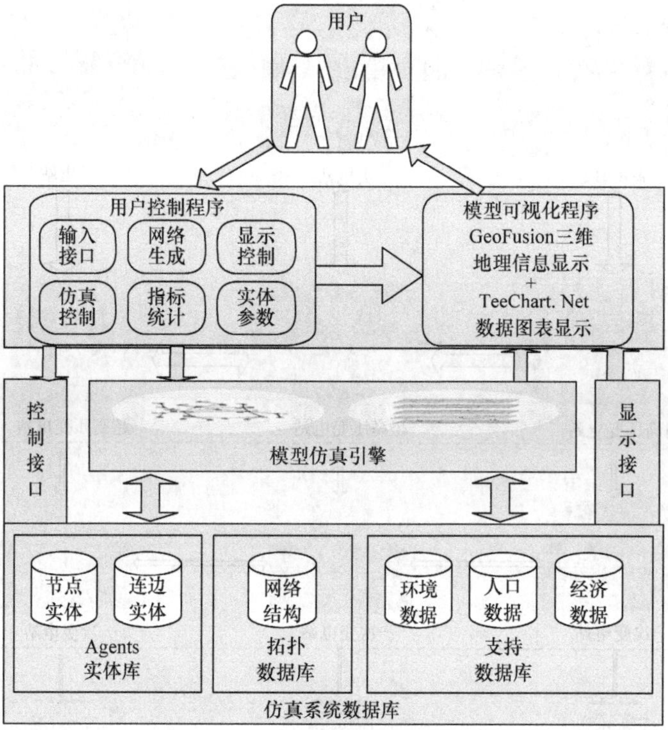

图 I.2　电力网络模型功能结构图

置，所在行政区划，以及各自的额定功率等信息；主要输电线路和生成的用户配电线路 Agent 的起始位置，电缆长度等信息；实际电力网络的拓扑结构信息，以及支持模型运行的各行政区划、人口分布和经济水平等地理环境数据。

(2) 模型仿真引擎

模型仿真引擎是电力网络模型的主要代码实现部分，主要功能是仿真现实中电厂产生电能并通过各级变电所和输配电线路传输到负荷中心的过程。仿真引擎首先从数据库中读取现实电力网络数据，并在计算机内存中生成实体 Agent，在运算过程中各 Agent 独立完成判断环境、决策运算和状态改变等行为，通过自适应的交互过程，共同涌现出电力网络的整体动态行为。

(3) 用户控制程序

用户控制程序是电力网络模型向用户提供的接口，可以向用户提供输入接口和输出部分结果，并通过向仿真引擎传递参数来实现对模型的控制，是用户和模型仿真引擎交互的纽带。同时，控制程序能够干预仿真显示方式，使用户在不同视角下对电力网络模型进行观察和分析。

(4) 模型可视化程序

模型可视化程序是电力网络模型运算过程中的数据显示部分,可以直接显示底层数据库的电力网络信息,用于观察电力网络中的节点分布信息,以及网络的拓扑结构状态,也可以动态显示仿真运算过程中各实体 Agent 的位置、状态和交互行为。用户通过观察电力网络的静态与动态特征,从而分析 Agent 运行过程,发现问题,解决与改进模型。

Ⅰ.3 模型设计实现

Ⅰ.3.1 实体 Agent 设计

实体 Agent 设计包括对实体 Agent 种类、属性、行为及交互的设计。在设计实体 Agent 类型过程中遵循由简至繁、由一般到特殊的原则,即先确定最基本的 Agent,刻画其通用一般属性,之后在此基础上逐渐丰富实体 Agent 种类和特殊行为。

(1) Agent 种类

任何网络是由节点和连边组成的,电力网络是网络中的一种特殊类型,其最基本的实体 Agent 是点类 Agent 和边类 Agent,再由点类 Agent 派生出发电厂、超高压变电所、一次变电所、负荷中心等节点实体 Agent,由边类 Agent 派生出高压输电线、低压输电线和用户配电线等连边实体 Agent。

(2) Agent 属性

实体属性包括静态属性和动态属性,其中静态属性在系统运行过程中保持不变,具有不可更新性,而动态属性则随着仿真系统时间的演进而变化和更新,因此也可称为实体状态。节点类的一般静态属性包括节点的 ID、等级、类型、经纬度、名称和所属行政区划等反映任何节点共性的属性。节点类的特殊静态属性包括节点额定负荷、发电功率、负载功率、变电等级等反应节点特性的属性。节点的一般动态属性包括节点状态、当前负荷、当前电压和电流、当前可用功率等属性,节点类的特殊动态属性包括发电率、剩余功率、高低压端的功率等属性。对连边类 Agent 的属性刻画也按照由静态到动态、一般到特殊的顺序进行。

(3) Agent 行为

实体行为指 Agent 的决策方式和过程,它建立在实体属性基础上的行为动作和信息的输出。电力网络实体 Agent 的行为方式相对简单,属于反应型 Agent,即把与之相连的实体状态作为其输入,经过公式计算改变自身状态而不需要逻辑推理的过程。电力网络所有实体所遵循的共同行为规则如下。

① 满足能量守恒，即输入功率＝输出功率＋消耗功率。

② 在额定功率范围内工作，超负荷则失效。

③ 失效后经过各自修复时间后恢复。

(4) Agent 交互

电力网络 Agent 的交互是确定 Agent 之间及其与环境之间的具体通信连接方式的过程。其描述形式是一系列电能负荷稳态算法，一般是基于电能物理属性的非线性方程组，电能通过震荡式交互影响趋于相对稳态的过程中各项参数之间的关系。网络中各类实体连接方式中最基本的是网络中代表边与顶点的 Agent 的连接方式，两类 Agent 都能根据相邻 Agent 状态进行判断，将获取数据代入各自独立的运算公式得出并刷新自身当前属性。在模型运算的每一个步长内，系统中每个 Agent 都接收到来自其他 Agent，以及环境状态信息，并通过相应算法确定当前状态，在下一个仿真步长为其相邻 Agent 提供可用状态属性值，如图 I.3 所示。

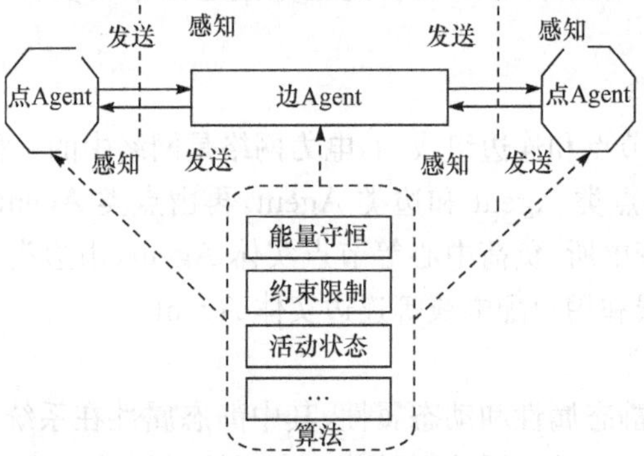

图 I.3　点 Agent 和边 Agent 组成的连接结构

I.3.2　关键算法

1. 电力网络拓扑结构生成算法

建立现实电力网络及其拓扑结构的数据库是开发模型的基础和首要部分。I.2.1 节将省级行政区域的电力网络分为三级，若能够把电力网络组成和结构按照与现实世界中一对一的关系建立其数据，是最理想却不易实现的。对于一、二级电力网络数据的建立，可以依据该地区电厂结构分布图来确定主要发电厂和变电所的位置(经纬度信息)，同时按主要输电线路来确定电力各厂站的连接关系，从而生成电力基础设施拓扑结构中的网络数据。但是，电力结构分布图中没有将实际中大量的、零散分布的用户负荷位置标画出来，因此需要借助计算机模拟生成电力网络中的用户负荷节点及其网络结构来生成三级电力网络拓扑结构数据。

采用增长和优先连接两个机理产生无尺度网络的 BA 模型算法虽然能够生成具有无尺度特性的抽象网络结构，但却无法描述现实网络节点和连边的空间位置信息。电力用户负荷中心的形成和其网络的生长受到很多局部因素的影响，主要包括人口密度、经济水平和地理环境因素等。这些局部因素的影响主要表现为节点依附的偏好性，从而呈现出整体网络结构的无尺度性。在考虑这些局部影响因素的基础上，电力网络拓扑结构生成算法包括节点生成算法和网络生成算法。节点生成算法主要采用信息映射的机制。网络生成算法主要对 BA 模型中优先连接概率进行修改。

2. 节点 Agent 决策算法

Agent 决策算法是实现其行为的关键，同时是模型运行正确性与有效性的重要保证。在电力网络基础设施模型中，节点 Agent 主要有负荷 Agent、一次变电所 Agent、超高压变电站 Agent 和发电厂 Agent。

负荷 Agent 按照以下公式进行当前工作电流的更新，即

$$I=I+\alpha\left[\frac{Pmr}{V}-I\right]$$

其中，P 表示该负荷中心的额定功率；V 表示该负荷当前工作电压；m 表示时间因子，表示模型是否按照 24 小时工作制来产生高峰或低谷用电功率；r 表示随机因子，取 0 时表示负荷中心没有消耗电能，值为 1 时，表示负荷中心正常工作，以自身消耗功率为标准进行随机浮动，以使负荷中心消耗的电能更接近于实际；α 表示收敛参数，通常取值为 1。

发电厂 Agent 更新当前工作电流的状态计算公式相对简单，但发电厂的逻辑判断过程比较复杂。其算法流程如图 I.4 所示。

由于现实电力结构分布图中绘出了电厂之间的连线，因此需要在电厂节点中加入判断是否有电厂间输电行为的逻辑语句。同时，电厂某时刻由于负荷过大，需要判断电厂 Agent 何时将某个输电线路进行跳闸的操作，即对应现实世界中的限制供电现象。

变电所 Agent 的属性更新可按照以下公式进行，即

$$I_i=I_i+\alpha[(V_i-V_{1-i})y+V_iy-I_i]$$

$$|P_i-P_{1-i}|=Wr$$

其中，i 取 1 或 0 分别代表变压器工作时的高低电压端；V_i 表示变压器的高体额定电压；y 和 y' 表示该变压器的串并联导纳；W 取该变压器消耗的无功功率；r 表示随机因子；P_1 表示高压端输入的汇集功率；P_0 表示低压端输出的总分流功率。

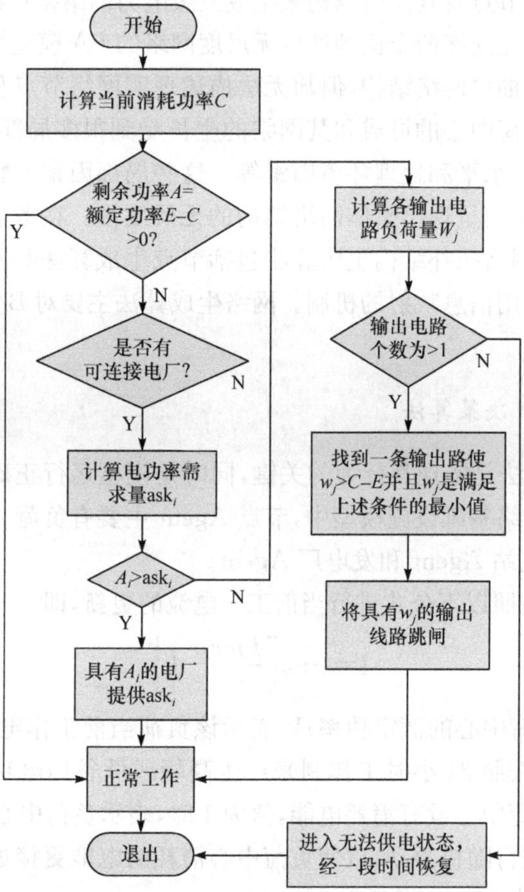

图 I.4 发电厂 Agent 逻辑判断流程图

变电所之间的交互行为是设计中的难点，即很难判断变电所 Agent 之间何时发生输电行为。为此，在模型中引入电势能的概念和参数，节点 Agent 的电势能是指该节点与电源节点的接近程度，即将发电厂的电势能定义为 0，则与其之间相连的变电所节点电势能为－1，没有连接发电厂但连接电势能为－1 的节点的电势能为－2，依此类推可以计算出各个节点的电势能。通过对节点 Agent 的电势能参数赋值，表明它与电厂的远近度，电流也只能由高电势节点流向低电势节点，因此可以通过判断电势能的高低来确定变电所之间的电能流向。

3. 连边 Agent 决策算法

边类 Agent 按照以下公式更新其属性状态，即

$$P_h = P_l + I^2 R + W$$

其中，P_h 和 P_l 分别表示高低压端的功率值；I 表示该线路电流，由线路终端的负载个数与负载量确定；R 表示该线路电阻值；W 表示线路的无功功率消耗。

连边 Agent 通过读取相连的节点 Agent 状态来确定其部分参数值，节点 Agent 同样也读取相连的连边 Agent 来确定部分参数，两大类 Agent 通过读取环境状态、进行决策交互和更新自身参数共同完成电力网络的整体输送功率及负荷的行为，实现由自适应个体 Agent 共同涌现出的电力网络复杂行为。

Ⅰ.3.3　模型实现

模型在 Windows XP 平台下在 Visual C++6.0 编程环境下实现，数据库采用 SQL Server 2000，建立某省级行政区内电力网络模型，包含 1256 个电力网络节点(45 个发电站，29 个超高压变电站，113 个一次变电所和 1069 个负荷中心节点)，1824 条输电线路(93 条超高压输电线路，161 条高压输电线路和 1570 条配电线路)，共有 3080 个 Agent。模型使用基于全球地理信息系统的三维可视化平台 GoeMatrix 系统作为基本的可视化手段。GeoMatrix 是 GeoFusion 提供的一个可以用来创建高性能、交互式数字地球的面向对象 C++可视化软件开发包。它能形象直观地表现电力网络的基本结构特征、网络节点和链路的运行状态，为深入分析电力网络的动态行为特征提供可视化分析手段。

Ⅰ.4　仿真实验与结果分析

仿真实验的主要过程包括初始化、启动仿真、仿真控制和指标统计等步骤。模型的初始化主要是从数据库中读取某省区域电力网络的拓扑数据和模型运行的相关地理信息，人口密度等信息，生成初始电力网络，并计算仿真运行时所需要的各个参数。启动仿真主要是将模型开始运行，此时电力网络中的节点 Agent 和连边 Agent 都开始"活跃"起来，在每一个仿真周期内分别完成独立地读取环境信息、进行数据计算，以及更新自身状态的动作。仿真控制用于对电力网络中的全局参数，以及主要 Agent 的参数进行调节和控制，通过改变某些参数来观察整体电力网的变化情况，为分析研究电力网络动态现象提供反馈信息。指标统计是从宏观角度对电力网络的整体运行状态进行统计，如总发电量、总负荷量、总无功功率等信息。

① 调节电力网络负荷中心的系数，观察负荷量在很小、适中、超大负荷的情况下电力网络的整体运行情况，目的是通过调节模型内部的参数，初步验证模型运行的有效性。

通过实验，发现在负荷量很小的情况下，电力网络能够正常顺利运行，整个网络不会发生断电现象，对应与现实生活中电力网络正常运行状态，如图Ⅰ.5 中前一段仿真时间内各节点 Agent 都处于正常工作状态，无失效节点的发生。随着负荷量的逐步增大，个别电厂开始超过负荷运行而将部分输电线路跳闸，造成部分区域出现小范围断电情况。此时，电厂只能对部分输电线路供电，对应现实生活中的限制供电机制，如图 I.5 中时间从 1:00～3:30 阶段所示，可以看出在负荷增大时，大量的电厂将变电所跳闸，出现了限电行为。少数发电厂由于无法再继续将输出线路跳闸，出现停止供电现象，将负载功率全部放弃，进入待恢复状态。当负荷增大到极值时，经过若干个仿真步长，出现电力网络大面积停电现象，同时由于发电厂无法应付超大功率需求，多数电厂处于无法工作状态当中，如图 I.5 中 4:00 后的电力节点工作状态所示。

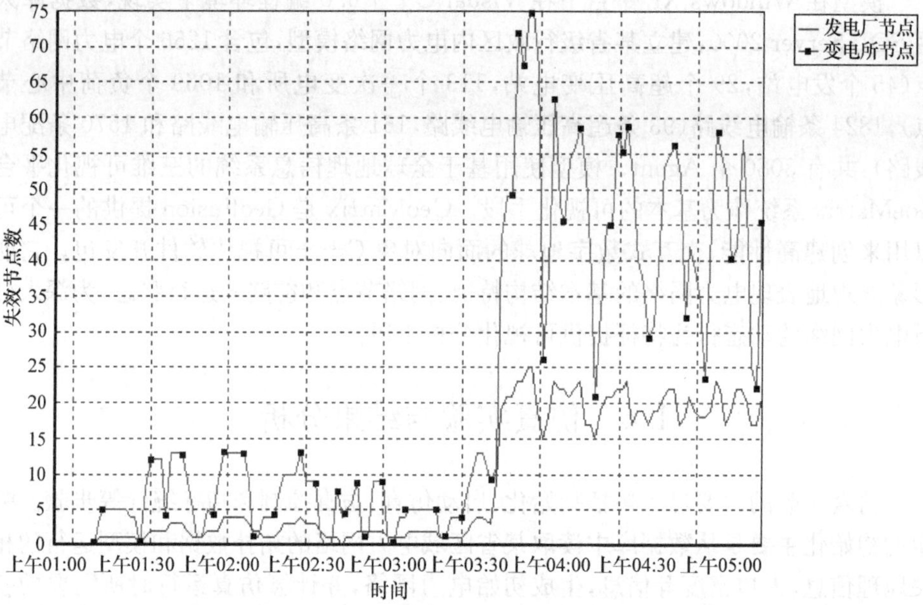

图 I.5　电力节点工作状态图

对电力网络负荷量的调整，发现电力网络行为基本符合现实电力系统供电状态，虽然超大负荷在现实生活中不容易出现，但模型在超负荷下表现出的大面积失效现象符合现实生活中电力负荷过载造成的供电设施跳闸现象，而现实生活中的限电现象也在图 I.5 中得到再现。

② 通过人为控制电力网络中个别重要变电站节点的工作状态，观察电力网络的动态负荷调整过程，验证电力网络模型是否存在级联失效现象。

通过实验，当某重要超高压变电站因人为或偶发故障时，其下属一级变电所节点发生负荷转移，并向其他超高压变电所或发电厂索取负荷，造成其他超高压变电所或发电站因超负荷运行而跳闸，引起级联失效现象的发生，最终造成大面积停电。如图 I.6 所示，在某一时刻，由于某超高压变电所失效直接造成其所属供电范围的一次变电所及负荷中心失效，经过若干个仿真步长，出现负荷转移现象，造成个别变电所节点跳闸失效，而使更多的负荷节点断电，随着时间的推移，更多的变电所及负荷中心出现断电现象，最终由于个别发电厂无法承载巨大负荷而进入无法供电状态。

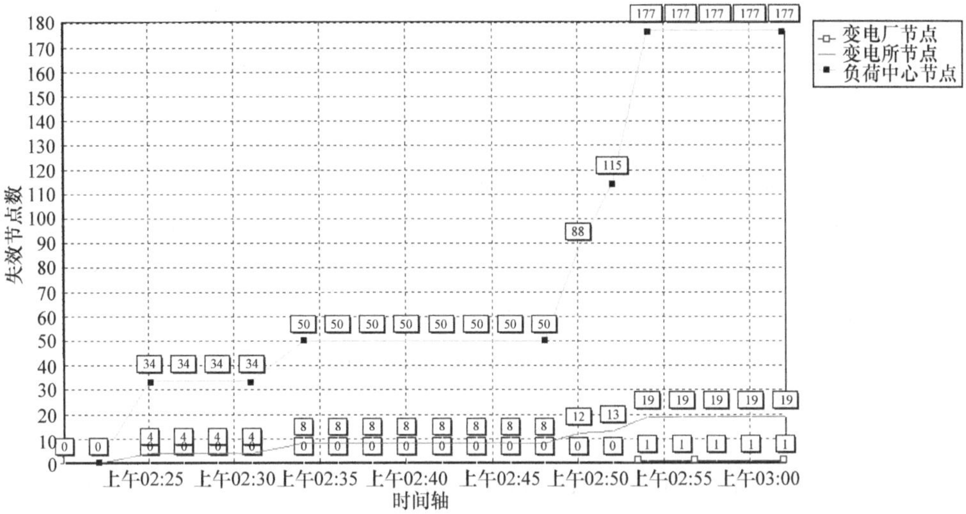

图 I.6　电力网络大面积停电图

I.5　结论与展望

电力网络模型是关键基础设施模型中的重要组成部分。采用复杂网络理论和基于 Agent 建模仿真方法可以实现电力网络模型，为研究电力网络的拓扑结构生成机制、动态连锁反应机制、网络的自适应临界特性和电力网络模型与其他关键基础设施的关联性分析提供有效的手段。同时，为探索战争危机条件下电力网络和其他关键基础设施对战争作用的综合效果提供合理的方法。下一步将在提高模型分辨率的基础上，进一步开发与运用电力网络和各个基础设施网络的关联关系模型，体现出关键基础设施的体系特征，并将关键基础设施的综合模型置于社会仿真，甚至虚拟战争空间仿真的大环境中，为探索和研究国家关键基础设施的安全防护策略，以及未来战争体系对抗问题提供理论依据。

附录 J C2 Model of Agent-based Radar Network①

J.1 Introduction

The warfare has evolved into system-systems confrontation. The war no longer depends on the scale of military hardware and individual advanced weapons, but the integrity and adaptability of weapon equipment system-of-systems architecture. Radar and its combat have always played a crucial role in vying for electromagnetic dominance in the modern war. Along with the development of information technique, radar network on the logic level has been set up on the basis of warfare communication nets. Radar network, as the core component of the surveillance and reconnaissance system, is an important means to acquire the warfare data and acts as a crucial prop to the formation of systematic operation.

In actual combat, radar network must possess great survivability and adaptability in order to cope with the changing and complex battlefield environment, which requires adaptive overall management and control of the status of network entities in time-space domain in accordance with the battlefield situation. For example, encountering an ARM attack, radar network might take coping behavior, such as stopping radiating. The adaptability that radar network shows in the complex battlefield, is the important feature of system-of-systems combat, and the adaptive behavior is generated from the command and control over the entities within radar network. So radar network command and control (C2) is the key to improve the quality of the acquired data and the anti-damage ability.

It's an effective way to study radar network combat by the simulation modeling method. Radar network C2 model can simulate the processes of dynamic configuration of fusion center, resource scheduling in radar network and the proper action selection of the individual radar in line with the rules of its own, and ex-

① 参考了 Zhang Z, Si G Y. C2 model of agent-based radar network//Proceedings of the 2nd International Conference on Computer Science and Electronics Engineering, 2013。

hibits the effects of the unexpectedness and uncertainty of battlefield situation on operational process. Indispensable as the adaptive combat of radar network seems to be, the validity and rationality of radar network C2 model will directly affect the authenticity of confrontation simulation. In recent years, the works in the field of radar network modeling and simulation focus on analysis and evaluation of radar network operation, radar network simulation system framework and construction of intelligence surveillance and reconnaissance(ISR) architecture, etc. , which makes the self-adaptive and dynamic features in radar network combat insignificant. This paper will study on how to model self-adaptive and dynamic C2 of radar network by agent-based modeling and simulation(ABMS). According to ABMS, as the individual entity model in agent-based complex systems supports the simulation of self-adaptive behavior, one agent can receive messages from other agents and external environment, process those messages in terms of its rules and restrictions and then change its internal status or deliver messages to other agents. So ABMS is adopted here to model radar network C2.

J. 2 Structure of Agent

We take land-based radar network for air defense as the research object. As shown in Figure J. 1, Radar network model consists of two kinds of entity agent (radar agent) and fusion center agent.

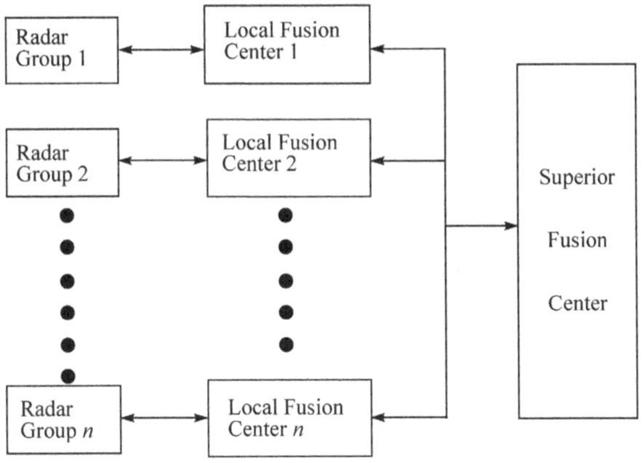

Figure J. 1 The hierarchy of radar network

Radar agent takes actions according to its rules and current battlefield situation or under command of local fusion center. Fusion center agent keeps aware of battlefield situation by such messages as the track conveyed by radar entity to which it attaches, etc. , makes decisions and sends control messages to subordinate fusion center agent or radar agent.

To meet the need of modeling radar network C2, this paper designed the structure of entity agent within radar network, shown as Figure J. 2. Agent is mainly made up of four parts, which are sensor, message processor, controller and actor.

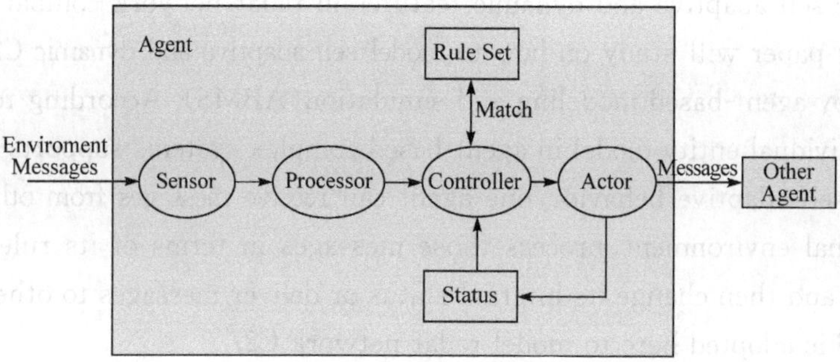

Figure J. 2 Structure of agent

Entity agent within radar network can receive messages from other agents and external environment through sensor. Message processor can distinguish and process messages from sensor. Controller gets input from processor and status, and infers whether agent should take actions and then what kind of action to take. Actor is responsible for the implementation of action, and the action may change status of agent or interact with other agents through messages.

J. 3 Design for Radar Network C2 Model

Based on the description of structure of entity agents within radar network above, We represented C2 model as a 6-tuple system:

$$M = <I, O, S, R, Pt, Pr>$$

Where I is the set of input messages received by controller of agent, O is the set of actions, S is the set of status of agent, R is the set of rules, Pt is the set of response priority of messages within I, and Pr is the set of probability of actions within O. The following will go into details about every parameter.

1. Set of input messages-I

$$I=\{\text{DetInfor},\text{RevMsg}\}$$

DetInfor stands for external environment messages that processor distinguished and processed, including ARM launch, target and track, etc.

RevMsg contains messages that agent received. When agent receives specified messages, it needs to take actions. Messages that fusion center agent receives is alert messages from radar agent, i. e. , a jamming alert message. And messages that radar agent receives are control messages from fusion center agent. For example, radar agent might be to shut down all emitters if an ARM alert is received and deliver shutdown message to fusion center agent. And then fusion center agent delivers corresponding control message to other radar agents and makes them take appropriate actions.

2. Set of status-S

S include multiple status such as communication condition, pointing mode, operational mode, azimuth and elevation field of view, azimuth and elevation pointing angles, etc. Responses of agent depend on its status. For example, radar agent may not be shut down if it is being used to track an engagement.

3. Set of actions-*O*

$$O=\{\text{ThreaAlt},\text{RadarCtrl},\text{ComCtrl}\}$$

ThreaAlt is the action that generates alert messages. Radar agent has the ability to generate various alerts such as ARM alert and Jamming alert. Once radar agent has detected jammer emitters or ARM lauch, it will forward alert to fusion center agent.

RadarCtrl is the action on radar device control. Radar agent is given the ability to shut down emitters, control the pointing mode, operational mode and specify the azimuth and elevation field of view, azimuth and elevation pointing angles.

ComCtrl is the action that generates control messages. After receiving alert messages, fusion center agent deliverscorresponding control messages to radar agent to make them change status.

4. Set of action rules-*R*

R is the set of action rules, which is the mapping: $I\times S\rightarrow O$. Controller obtains the matching rule in terms of input message and status of agent. For example, if $S=\{S1, S2\}$, $I=\{I1, I2\}$, $O=\{O1, O2\}$, and $R=\{R1, R2\}$, $R1: I1 \times S2 \rightarrow O1$ means that when input message is $I1$ and status is $S2$, the matching rule is $R1$ and $R1$ generates action $O1$.

According to the FCFS (first-come-first-served) principle, the information packages which arrived earlier are picked out to be responded first in the process of simulation. Considering an agent may receive multi-input information simultaneously, the model assigned a responding priority for each type of information, with the comparison of which, the controller can pick up the type of the incoming information with high priority to serve first. When these information packages are processed, those packages with lower priority will be the next. That's to say, when $n(n \in N \wedge n > 1)$ packages of information have been input, the collection of these n packages is has priority of Pt_i. $\forall I_j \in I' \wedge I_j \neq I_i (j \in N \wedge j \neq i)$, I_j has priority of $Pt_j (Pt_j \in Pt)$. If $Pt_i > Pt_j$, then the I_i should be responded first.

Assuming that the collection of agent's status is $S_i (S_i \in S)$, which is corresponding with the input I_i. For each I_i and S_i, the model can get the matched rule $R_i (R_i \in R)$, with the help of which, model can choose one or more reaction. These reaction make up the reaction collection $O_i (O_i \subset O \wedge O_i \neq \phi)$, then we get $T_i \times S_i \rightarrow O_i$. In the actual practice, there may exist some X factors to disturb the carrying out of some reactions. To fix this problem, model assigned frequency of occurrence for each reaction, which is in the range from 0 to 1. Then a random number in the same range will be generated by the controller of the agent. By comparing the random number and these frequencies of occurrence, controller can decide which reaction should be executed. That is, $\forall O'_k \in O_i$, $\exists Pr_{O'_k} \in Pr$, if $Pr_{O'_k} >$ Random, then O'_k will be carried out by controller. If $Pr_{O'_k} \leqslant$ Random, then O'_k cannot be executed。

After Oi is generated, agent responses other messages at the same way. The following is the pseudo-code of C2 model:

```
Agent()
{
    //listen to external environment messages
    Listen();
    ProcessMSG();          //process the messages
    //get the message with the highest priority
    Msg=GetInputMSG();
```

```
        Status=GetState();        //obtain status of agent
        //obtain the matching rule
        Rule=FindRule(Info,Status);
        If (Rule! =null)          //if the matching rule exists
        {
          //select actions according to rule
          Actions=Selection(Rule);
          //obtain the probability of actions
          p=MatchProbability(Actions);
          //produce a random number between 0 and 1
          r=random(1);
    //decide whether each action is generated by //comparing p to r
          Excute(Actions,p,r);
      }
  }
```

J.4　Simulation Example

1. Scenario

We designed the scenario in which the blue side launched air strikes on the red target and radar network C2 model will be validated by the response to ARM launch.

2. Result

The simulation experimental result is shown as Figure J. 3. An anti-radiation UAV was cruising according to a specified route. At one time the UAV detected signal emissions from radar *A*, tracked the signal and try to launch ARM to engage radar *A*. Radar *A* immediately classified the ARM, forwarded ARM alert to the fusion center and shut down its emitters so that the UAV failed to destroy radar *A*. At the same time, radar *B* adjusted the antenna point to surveillance area of radar *A* under the local fusion center's command. We can see that in the experiment radar network displayed the adaptability and its survivability was enhanced owing to the adaptability.

Time	Entity	Event	Target
2581.27	Anti-radiation UAV	Navigating *A* Cruise	Radar *A*
2825.05	Anti-radiation UAV	Gain Radar Signal	Radar *A*
2843.05	Radar *A*	Searching Target	
2843.05	Radar *A*	Gain Radar Signal	Anti-radiation UAV
2848.05	Radar *A*	ARM Classification	Anti-radiation UAV
2848.05	Radar *A*	ARM Alert	Local fusion center
2848.12	Local fusion center	Sending Control Message	Radar *B*
2848.12	Radar *A*	Shutting Down	
2852.08	Radar *B*	Ajusting Antenna Point	
2853.34	Radar *B*	FOV Changed	
3183.53	Anti-radiation UAV	Ending cruising	Radar *A*
3185.01	Anti-radiation UAV	Exiting Senario	

Figure J. 3 Experimental result

J. 5 Conclusions

Based on the analysis of radar network combat process, we established C2 model of agent-based radar network for system-of-systems simulation, validated the model through simulation experimentation, and made a beneficial attempt to display the adaptability in system-of-systems modeling.